Lore Maria Peschel-Gutzeit

Das Recht zum Umgang mit dem eigenen Kinde

Sonderausgabe des § 1634 BGB
aus J. von Staudingers
Kommentar zum Bürgerlichen Gesetzbuch
mit Einführungsgesetz und Nebengesetzen
12., neubearbeitete Auflage,
ergänzt um ein Abkürzungsverzeichnis.

Das Recht zum Umgang mit dem eigenen Kinde

Eine systematische Darstellung

von

Lore Maria Peschel-Gutzeit
Vorsitzende Richterin am Hanseatischen Oberlandesgericht zu Hamburg

1989
J. Schweitzer Verlag KG Walter de Gruyter & Co., Berlin

Die Kommentierung des § 1634 entspricht der Kommentierung in **J. von Staudingers Kommentar zum Bürgerlichen Gesetzbuch** (12. Auflage). Die Sonderausgabe enthält zusätzlich ein Abkürzungsverzeichnis.

Zitierweise

Peschel-Gutzeit, Umgangsrecht Rz 1

Stand der Bearbeitung

Dezember 1988

CIP-Titelaufnahme der Deutschen Bibliothek

Peschel-Gutzeit, Lore Maria:
Das Recht zum Umgang mit dem eigenen Kinde : eine systematische Darstellung ; Kommentar / von Lore Maria Peschel-Gutzeit. – Sonderausg., erg. um e. Abkürzungsverz. – Berlin : Schweitzer ; Berlin : de Gruyter, 1989
Aus: J. von Staudingers Kommentar zum Bürgerlichen Gesetzbuch. 12., neubearb. Aufl.
ISBN 3-8059-0761-3

Satz und Druck: Buch- und Offsetdruckerei Wagner GmbH, Nördlingen. – Bindearbeiten: Lüderitz & Bauer, Buchgewerbe GmbH, Berlin. – Umschlaggestaltung: Bib Wies, München.

Vorwort

Das Recht zum Umgang mit dem eigenen Kinde, häufig auch als Besuchs- oder Verkehrsrecht bezeichnet, gewinnt in zweierlei Hinsicht immer größere Bedeutung: zahlenmäßig, weil immer mehr Ehen auseinanderbrechen, viele Eltern und Kinder also nicht mehr selbstverständlich täglich zusammenleben, und inhaltlich, weil Väter an ihren Kindern zunehmend ein personales Interesse nehmen und auch dann behalten, wenn die Ehe scheitert.

Obwohl also diese Entwicklung auch positive Züge hat, türmen sich bei der Einrichtung, Handhabung und Durchsetzung von Umgangskontakten zwischen dem Kind und dem abwesenden Elternteil häufig erhebliche faktische und rechtliche Schwierigkeiten auf. Sie entstehen regelmäßig dann, wenn die Konflikte zwischen den Eltern nicht erkannt oder nicht verarbeitet sind, wenn das Kind als Stellvertreter oder Bundesgenosse in diesen schwelenden Streit einbezogen oder aber als Ersatz für eigene Verluste, zur Befriedigung eigener Bedürfnisse eingesetzt wird. Wird das Umgangsrecht streitig, so entstehen daraus häufig Feindseligkeiten und Zerwürfnisse, die andere Familienkonflikte an Heftigkeit, Verbissenheit, aber auch Aussichtslosigkeit übertreffen. Diese Erfahrung machen Familienrichter ebenso wie Rechtsanwälte, Jugendämter und Sachverständige.

Bisher fehlt es an einer systematischen Darstellung des gesamten Umgangsrechts, das bis in die jüngste Zeit hinein immer wieder Gegenstand rechtspolitischer Reformen war. So enthält bekanntlich § 1634 BGB seit dem 1. Januar 1980, als das Sorgerechtsänderungsgesetz in Kraft trat, eine sogenannte Wohlverhaltensklausel, also ein Friedens- und Loyalitätsgebot an beide Eltern. Seit derselben Zeit hat der nichtsorgeberechtigte Elternteil einen Anspruch auf Auskunft über das Wohlergehen seines Kindes. Welche Auswirkungen diese Neuerungen auf die Rechtspraxis haben, ist hier ebenso dargestellt wie das Problem, das sich nach Scheidung der Eltern ergeben kann, wenn diese gemeinsam sorgeberechtigt sind, sich aber über den Umgang des nicht stets anwesenden Elternteils nicht einigen können. Zweck und Inhalt des Umgangsrechts sind ebenso detailliert beschrieben wie die Gestaltung des Umgangsrechtes durch Elternvereinbarung oder durch gerichtliche Anordnung.

Weil nach der Scheidung ihrer Ehe viele sorgeberechtigte Elternteile den Wunsch haben, den anderen Elternteil möglichst gänzlich aus dem Leben des Kindes zu entfernen, spielt die Frage, ob und unter welchen Voraussetzungen das Umgangsrecht eingeschränkt oder ausgeschlossen werden darf, in der Praxis der Familiengerichte wie der Rechtsberater eine überragende Rolle. Dieses Problem ist deshalb besonders ausführlich behandelt worden. Wegen der ständig anwachsenden Zahl von Familienkonflikten mit Auslandsberührung sind die IPR-Probleme beim Umgangsrecht im Zusammenhang dargestellt, außerdem auch Fragen des interlokalen Rechts. Und schließlich sind in einem umfangreichen verfahrensrechtlichen Teil die Wege gezeigt, die die Betroffenen vor Gericht einschlagen können, um den bestehenden Umgangsrechtskonflikt zu lösen.

Um die vorliegende Gesamtdarstellung des Umgangsrechts einem möglichst breiten Publikum zugänglich zu machen, hat sich der Verlag zur Herausgabe dieser Sonderausgabe entschlossen. Herrn Professor Dr. Helmut Engler danke ich für die langjährige Zusammenarbeit. Seine redaktionelle Betreuung hat in wesentlichen Punkten der Erläuterungen zu größerer darstellerischer Dichte geführt. Herrn Dr. Joachim Czwalinna danke ich für die Organisation und Betreuung der vielen Daten, die ohne ihn in so zuverlässiger Weise nicht in die Erläuterungen hätten aufgenommen werden können.

Hamburg, im Dezember 1988 LORE MARIA PESCHEL-GUTZEIT

Abkürzungsverzeichnis

aA	andere Ansicht
aaO	am angegebenen Ort
abgedr	abgedruckt
abl	ablehnend
Abs	Absatz
AcP	Archiv für die civilistische Praxis (zitiert nach Band und Seite)
AdoptG	Gesetz über die Annahme als Kind und zur Änderung anderer Vorschriften (Adoptionsgesetz) vom 2. 7. 1976 (BGBl I 1749)
AdoptVermG	Gesetz über die Vermittlung der Annahme als Kind (Adoptionsvermittlungsgesetz) vom 2. 7. 1976 (BGBl I 1762)
aE	am Ende
aF	alte Fassung
AG	Amtsgericht
AK-BGB	Reihe Alternativkommentare, Kommentar zum Bürgerlichen Gesetzbuch, Gesamthrsg.: R. WASSERMANN
AK-ZPO	Reihe Alternativkommentare, Kommentar zur Zivilprozeßordnung, Gesamthrsg.: R. WASSERMANN
ält Rspr	ältere Rechtsprechung
Anh	Anhang
Anm	Anmerkung
Art	Artikel
Aufl	Auflage
BAnz	Bundesanzeiger
BASSENGE-HERBST	BASSENGE-HERBST, FGG/Rechtspflegergesetz, Kommentar (4. Auflage 1986)
BAUMBACH-LAUTERBACH-ALBERS-HARTMANN	BAUMBACH-LAUTERBACH-ALBERS-HARTMANN, ZPO-Kommentar (46. Auflage 1988)
BayJMBl	Bayerisches Justizministerialblatt (zitiert nach Jahr und Seite)
BayObLG	Bayerisches Oberstes Landesgericht
BayObLGZ	Amtliche Sammlung der Entscheidungen des Bayerischen Obersten Landesgerichts in Zivilsachen (zitiert nach Jahr und Seite)
BayVerfGH	Bayerischer Verfassungsgerichtshof
BB	Der Betriebs-Berater (zitiert nach Jahr und Seite)
Bd	Band
Bek	Bekanntmachung
Bem	Bemerkung
betr	betreffend
BFH	Bundesfinanzhof
BGB	Bürgerliches Gesetzbuch vom 18. 8. 1896 (RGBl 195, BGBl III Nr 400-2)
BGBl	Bundesgesetzblatt
BGB-RGRK	Das Bürgerliche Gesetzbuch mit besonderer Berücksichtigung der Rechtsprechung des Reichsgerichts und des Bundesgerichtshofes, Kommentar (12. Auflage 1974 ff; zitiert nach Bearbeiter, Paragraphen und Randziffer)
BGH	Bundesgerichtshof
BGHSt	Amtliche Sammlung der Entscheidungen des Bundesgerichtshofes in Strafsachen (zitiert nach Band und Seite)
BGHZ	Amtliche Sammlung der Entscheidungen des Bundesgerichtshofes in Zivilsachen (zitiert nach Band und Seite)

Abkürzungsverzeichnis

BLÜMICH-FALK	BLÜMICH-FALK, Einkommensteuergesetz, Kommentar, begründet von BLÜMICH und FALK, fortgeführt von FALK, ÜLNER, HAAS (11. Auflage 1977)
BMF	Bundesministerium der Finanzen
BR-Drucks	Bundesrats-Drucksache
BStBl	Bundessteuerblatt
BT	Besonderer Teil
BT-Drucks	Bundestags-Drucksache
BUMILLER-WINKLER	BUMILLER-WINKLER, FGG, Kommentar (4. Auflage 1987)
BVerfG	Bundesverfassungsgericht
BVerfGE	Amtliche Sammlung der Entscheidungen des Bundesverfassungsgericht (zitiert nach Band und Seite)
bzw	beziehungsweise
CC	Code Civil
DAVorm	Der Amtsvormund (zitiert nach Jahr und Spalte)
DB	Der Betrieb (zitiert nach Jahr und Seite)
DDR	Deutsche Demokratische Republik
ders	derselbe
DFG	Deutsche Freiwillige Gerichtsbarkeit (zitiert nach Jahr und Seite)
DGVZ	Deutsche Gerichtsvollzieher-Zeitung (zitiert nach Jahr und Seite)
dies	dieselbe(n)
Diss	Dissertation
DIV-Gutachten	Gutachten des Deutschen Instituts für Vormundschaftswesen
DJ	Deutsche Justiz (zitiert nach Jahr und Seite)
DJT	Deutscher Juristentag
DJZ	Deutsche Juristen-Zeitung (zitiert nach Jahr und Spalte)
DNotZ	Deutsche Notarzeitschrift (zitiert nach Band und Seite)
DÖV	Die Öffentliche Verwaltung (zitiert nach Jahr und Seite)
DR (JW)	Deutsches Recht (seit 1939 vereinigt mit Juristischer Wochenschrift; zitiert nach Jahr und Seite)
DRiZ	Deutsche Richterzeitung (ab 1950 vereinigt mit Justiz und Verwaltung; zitiert nach Jahr und Seite)
DRW	Deutsche Rechtswissenschaft (Vierteljahresschrift; zitiert nach Jahr und Seite)
DRZ	Deutsche Rechtszeitschrift (von 1946 bis 1951; zitiert nach Jahr und Seite)
Dt Rechtspflege	Deutsche Rechtspflege (zitiert nach Jahr und Seite)
E	Entscheidung; Amtliche Entscheidungssammlung
E I, II, III	Entwürfe zum BGB
EBE	Eildienst bundesgerichtlicher Entscheidungen (zitiert nach Jahr und Seite)
EGBGB	Einführungsgesetz zum Bürgerlichen Gesetzbuch vom 18. 8. 1896 (RGBl 604, BGB III 4 Nr 400-1)
EheG 1938	Ehegesetz vom 6. 7. 1938 (RGBl I 807)
EheG 1946	Ehegesetz vom 20. 2. 1946 (KRABl 77, BGBl III 4 Nr 404-1)
EheRG	Gesetz zur Reform des Ehe- und Familienrechts vom 14. 6. 1976 (BGBl I 142 I)
Einf	Einführung
Einl	Einleitung
EJF	Entscheidungen aus dem Jugend- und Familienrecht (zitiert nach Abschnitt und Nr)
entspr	entsprechend(e)
Erl	Erläuterung
ERMAN-Bearb.	ERMAN, Handkommentar zum BGB (7. Auflage 1981; zitiert nach Bearbeiter, Paragraphen und Randziffer)
EStG	Einkommensteuergesetz
EuGRZ	Europäische Grundrechte, Zeitschrift (zitiert nach Jahr und Seite)

Ev Akad	Evangelische Akademie
evtl	eventuell
EzFamR	Entscheidungssammlung zum Familienrecht, Loseblattsammlung (zitiert nach Paragraphen und Nr)
f., ff.	folgend(e)
FamR	Familienrecht
FamRZ	Ehe und Familie im privaten und öffentlichen Recht, Zeitschrift für das gesamte Familienrecht (zitiert nach Jahr und Seite)
FGB (DDR)	Familiengesetzbuch der DDR vom 20. 12. 1965 idF des Einführungsgesetzes zum Zivilgesetzbuch der DDR vom 19. 6. 1975
FGG	Gesetz über die Angelegenheiten der freiwilligen Gerichtsbarkeit vom 17. 5. 1898 (RGBl 189, BGBl III 3 Nr 315-1)
Fn	Fußnote
FRES	Entscheidungssammlung zum gesamten Bereich von Ehe und Familie (zitiert nach Band und Seite)
FS	Festschrift
GG	Grundgesetz für die Bundesrepublik Deutschland vom 23. 5. 1949 (BGBl I, BGBl III 1 Nr 100-1)
GKG	Gerichtskostengesetz idF vom 15. 12. 1975 (BGBl I 3047)
GleichberG	Gesetz über die Gleichberechtigung von Mann und Frau auf dem Gebiet des bürgerlichen Rechts (Gleichberechtigungsgesetz) vom 18. 6. 1957 (BGBl I 609, BGBl III 4 Nr 400-3)
GruchB	Beiträge zur Erläuterung des Deutschen Rechts, begründet von GRUCHOT (zitiert nach Band und Seite)
GVG	Gerichtsverfassungsgesetz idF vom 9. 5. 1975 (BGBl I 1077)
hM	herrschende Meinung
HRR	Höchstrichterliche Rechtsprechung (zitiert nach Jahr und Nr)
Hrsg	Herausgeber
HS	Halbsatz
ident	identisch
idF	in der Fassung
iE	im Ereignis
ILR	interlokales Recht
insbes	insbesondere
IPR	Internationales Privatrecht
IPRAX	Praxis des internationalen Privatrechts (zitiert nach Jahr und Seite)
IPRspr	MAKAROV-GAMILLSCHEG-MÜLLER-KROPHOLLER, Die deutsche Rechtsprechung auf dem Gebiete des internationalen Privatrechts, 1952 ff (zitiert nach Jahr und Nr)
iSd	im Sinne des
iSv	im Sinne von
iVm	in Verbindung mit
JA	Juristische Arbeitsblätter (zitiert nach Jahr und Seite)
JANSEN	JANSEN, Gesetz über die Angelegenheiten der Freiwilligen Gerichtsbarkeit, Kommentar (2. Auflage 1969)
JAUERNIG-Bearb.	JAUERNIG, BGB – Bürgerliches Gesetzbuch mit Erläuterungen, Kommentar (3. Auflage 1984)
JbRSoz	Jahrbuch für Rechtssoziologie und Rechtstheorie (zitiert nach Jahr und Seite)
JFG	Jahrbuch für Entscheidungen in Angelegenheiten der Freiwilligen Gerichtsbarkeit und des Grundbuchrechts (zitiert nach Band und Seite)
JGG	Jugendgerichtsgesetz idF vom 11. 12. 1974 (BGBl I 3427, BGBl III 451-1)
JMBlNRW	Justizministerialblatt des Landes Nordrhein-Westfalen (zitiert nach Jahr und Seite)
JR	Juristische Rundschau (zitiert nach Jahr und Seite)

Jura	Juristische Ausbildung (zitiert nach Jahr und Seite)
JurBüro	Das juristische Büro (zitiert nach Jahr und Spalte)
JuS	Juristische Schulung (zitiert nach Jahr und Seite)
Justiz	Die Justiz (Amtsblatt des Justizministeriums Baden-Württemberg; zitiert nach Jahr und Seite)
JVBI	Justizverwaltungsblatt
JW	Juristische Wochenschrift (bis 1939, danach vereinigt mit Deutsches Recht; zitiert nach Jahr und Seite)
JWG	Gesetz für Jugendwohlfahrt (Jugendwohlfahrtsgesetz) idF vom 25. 4. 1977 (BGBl I 633, 795)
JZ	Juristenzeitung (seit 1951; zitiert nach Jahr und Seite)
KG	Kammergericht
KGJ	Jahrbuch für Entscheidungen des Kammergerichts (Abteilung A; zitiert nach Band und Seite)
KLEIN-FLOCKERMANN-KÜHR	KLEIN-FLOCKERMANN-KÜHR, Kommentar zum Einkommensteuergesetz (3. Auflage 1981)
KostenRspr	Kostenrechtsprechung, bearbeitet von LAPPE v. EICKEN-NOLL-SCHNEIDER-HERGET, Loseblattsammlung (3. Auflage ab 1984; zitiert nach Paragraphen und Nr)
KostO	Gesetz über die Kosten in Angelegenheiten der freiwilligen Gerichtsbarkeit (Kostenordnung) idF vom 26. 7. 1957 (BGBl I 960, BGBl III 3 Nr 361-1)
KRABI	Amtsblatt des Kontrollrats in Deutschland (zitiert nach Jahr und Seite)
krit	kritisch
LG	Landgericht
LITTMANN	LITTMANN, Das Einkommensteuerrecht, Kommentar zum Einkommensteuergesetz (14. Auflage 1985)
LK-Bearb.	Strafgesetzbuch – Leipziger Kommentar, herausgegeben von JESCHECK-RUSS-WILLMS (10. Auflage, 1978ff; zitiert nach Bearbeiter, Paragraphen und Randziffer)
LM	LINDENMAIER-MÖHRING, Nachschlagewerk des Bundesgerichtshofs (zitiert in Verbindung mit einer Ordnungsziffer für die jeweilige Entscheidung zu einem betreffenden Paragraphen)
Loseblattsamml	Loseblattsammlung
LS	Leitsatz
LZ	Leipziger Zeitschrift für Deutsches Recht (zitiert nach Jahr und Seite)
m	mit
m Anm	Mit Anmerkung
m krit Anm	mit kritischer Anmerkung
m krit Bespr	mit kritischer Besprechung
m zust Anm	mit zustimmender Anmerkung
m zust Bespr	mit zustimmender Besprechung
MDR	Monatsschrift für Deutsches Recht (zitiert nach Jahr und Seite)
MittBayNot	Mitteilungen des Bayerischen Notarvereins (Bayerische Notarzeitschrift, zitiert nach Jahr und Seite)
Mot	Motive zum Bürgerlichen Gesetzbuch (zitiert nach Band und Seite)
MSA	Haager Minderjährigenschutzabkommen vom 5. 10. 1961 (BGBl 71 II 217)
MünchKomm-Bearb.	Münchener Kommentar zum Bürgerlichen Gesetzbuch (2. Auflage ab 1984; zitiert nach Bearbeiter, Paragraphen und Randziffer)
mw	mit weiteren
mwN	mit weiteren Nachweisen
Nachw	Nachweis(e)
NdsRpfl	Niedersächsische Rechtspflege (zitiert nach Jahr und Seite)

NEhelG	Gesetz über die rechtliche Stellung der nichtehelichen Kinder vom 19. 8. 1969 (BGBl I 1243)
nF	neue Fassung
NJW	Neue Juristische Wochenschrift (zitiert nach Jahr und Seite)
NJW-RR	NJW-Rechtsprechungsreport Zivilrecht (zitiert nach Jahr und Seite)
Nr	Nummer
NStZ	Neue Zeitschrift für Strafrecht (zitiert nach Jahr und Seite)
OLG	Oberlandesgericht
OLGE	Sammlung der Rechtsprechung der Oberlandesgerichte (zitiert nach Band und Seite)
OLGZ	Entscheidungen der Oberlandesgerichte in Zivilsachen (zitiert nach Jahr und Seite)
OVG	Oberverwaltungsgericht
PALANDT-Bearb.	PALANDT, Bürgerliches Gesetzbuch, Kommentar (47. Auflage 1988; zitiert nach Bearbeiter, Paragraphen und Randziffer)
PKH	Prozeßkostenhilfe
PrALR	Allgemeines Landrecht für die Preußischen Staaten vom 1. 6. 1794
Prot. I, II, IV	Protokolle der Kommission für die II. Lesung des Entwurfs des BGB (zitiert nach Band und Seite)
RabelsZ	Zeitschrift für ausländisches und internationales Privatrecht, begründet von RABEL (zitiert nach Jahr und Seite)
RAHM-Bearb.	RAHM, Handbuch des familiengerichtlichen Verfahrens, begr. v. RAHM, herausgg. v. KÜNKEL (2. Auflage 1985; zitiert nach Bearbeiter, Paragraphen und Randziffer)
RdJ	Recht der Jugend und des Bildungswesens (zitiert nach Jahr und Seite)
Recht	Das Recht (seit 1935 als Beilage zur Deutschen Justiz; zitiert nach Jahr und Nr der Entscheidung bzw Seite des Aufsatzes)
rev	revidiert(e)
RG	Reichsgericht
RGBl	Reichsgesetzblatt
RGZ	Amtliche Sammlung der Entscheidungen des Reichsgerichts in Zivilsachen (zitiert nach Band und Seite)
RJA	Reichsjustizamt; Entscheidungssammlung in Angelegenheiten der freiwilligen Gerichtsbarkeit und des Grundbuchrechts (zitiert nach Band und Seite)
RJWG	Jugendwohlfahrtsgesetz vom 9. 7. 1922 (RGBl I 633)
Rpfleger	Der Deutsche Rechtspfleger (zitiert nach Jahr und Seite)
RpflG	Rechtspflegergesetz vom 5. 11. 1969 (BGBl 2065)
Rspr	Rechtsprechung
Rz	Randziffer
S	Satz, Seite
s	siehe
s o	siehe oben
SaarRuStZ	Saarländische Rechts- und Steuerzeitschrift (Justizblatt des Saarlandes; zitiert nach Jahr und Seite)
SchlHAnz	Schleswig-Holsteinische Anzeigen (zitiert nach Jahr und Seite)
SCHMIDT	Einkommensteuergestz, Kommentar, herausgegeben von LUDWIG SCHMIDT (7. Auflage 1988)
SeuffA	SEUFFERTS Archiv für Entscheidungen der obersten Gerichte in den deutschen Staaten (zitiert nach Band und Nr)
SeuffBl	SEUFFERTS Blätter für Rechtsanwendung (zitiert nach Band und Seite)
SK-Bearb.	Systematische Kommentar zum Strafgesetzbuch von RUDOLPHI-HORN-SAMSON, Loseblattkommentar (zitiert nach Bearbeiter, Paragraphen und Randziffer)
SorgeRG	Gesetz zur Neuregelung des Rechts der elterlichen Sorge vom 18. 7. 1979 (BGBl I 1061)

StAZ	Das Standesamt (Zeitschrift für Standesamtwesen; zitiert nach Jahr und Seite)
STEIN-JONAS-Bearb.	STEIN-JONAS, Zivilprozeßordnung, Kommentar (20. Auflage 1977; zitiert nach Bearbeiter, Paragraphen und Randziffer)
StGB	Strafgesetzbuch idF vom 10. 3. 1987 (BGBl I 945, 1160)
str	streitig
Streit	Streit – Feministische Rechtszeitschrift (zitiert nach Jahr und Seite)
stRspr	ständige Rechtsprechung
THOMAS-PUTZO	THOMAS-PUTZO, Zivilprozeßordnung mit Gerichtsverfassungsgesetz und den Einführungsgesetzen (15. Auflage 1987)
u	und
ua	und andere; unter anderem
uä	und ähnliches
UÄndG	Gesetz zur vereinfachten Abänderung von Unterhaltsrenten vom 20. 2. 1986 (BGBl I 301)
UJ	Unsere Jugend (zitiert nach Jahr und Seite)
usw	und so weiter
uU	unter Umständen
v	vom
vAO	vorläufige Anordnung
VerwRspr	Verwaltungsrechtsprechung in Deutschland, Sammlung oberstrichtlicher Entscheidungen aus dem Verfassungs- und Verwaltungsrecht (zitiert nach Band und Nr)
vgl	vergleiche
Voraufl	Vorauflage
Vorbem	Vorbemerkung
WarnR	WARNEYER, Die Rechtsprechung des Reichsgerichts (zitiert nach Jahr und Nr)
WIECZOREK-Bearb.	WIECZOREK, Zivilprozeßordnung, Kommentar (2. Auflage 1977)
wiss	wissenschaftlicher
Z	Entscheidungen in Zivilsachen
zB	zum Beispiel
ZBlJR	Zentralblatt für Jugendrecht und Jugendwohlfahrt (zitiert nach Jahr und Seite)
ZGB	Schweizerisches Zivilgesetzbuch vom 10. 12. 1907
Ziff	Ziffer
zit	zitiert(e)
ZÖLLER-Bearb.	ZÖLLER, Zivilprozeßordnung, Kommentar (15. Auflage 1987; zitiert nach Bearbeiter, Paragraphen und Randziffer)
ZPO	Zivilprozeßordnung idF vom 12. 9. 1950 (BGBl I 533, BGBl III 3 Nr 310–4)
ZRP	Zeitschrift für Rechtspolitik (zitiert nach Jahr und Seite)
zust	zustimmend(e)
zutr	zutreffend(e)
zZ	zur Zeit

§ 1634

Ein Elternteil, dem die Personensorge nicht zusteht, behält die Befugnis zum persönlichen Umgang mit dem Kinde. Der Elternteil, dem die Personensorge nicht zusteht, und der Personensorgeberechtigte haben alles zu unterlassen, was das Verhältnis des Kindes zum anderen beeinträchtigt oder die Erziehung erschwert.

Das Familiengericht kann über den Umfang der Befugnis entscheiden und ihre Ausübung, auch gegenüber Dritten, näher regeln; soweit es keine Bestimmung trifft, übt während der Dauer des Umgangs der nicht personensorgeberechtigte Elternteil das Recht nach § 1632 Abs. 2 aus. Das Familiengericht kann die Befugnis einschränken oder ausschließen, wenn dies zum Wohle des Kindes erforderlich ist.

Ein Elternteil, dem die Personensorge nicht zusteht, kann bei berechtigtem Interesse vom Personensorgeberechtigten Auskunft über die persönlichen Verhältnisse des Kindes verlangen, soweit ihre Erteilung mit dem Wohle des Kindes vereinbar ist. Über Streitigkeiten, die das Recht auf Auskunft betreffen, entscheidet das Vormundschaftsgericht.

Steht beiden Eltern die Personensorge zu und leben sie nicht nur vorübergehend getrennt, so gelten die vorstehenden Vorschriften entsprechend.

E I § 1457; E II § 1480 rev § 1616; E III § 1614; Mot IV 628; Prot I 7374, 7386; Prot II Bd 4, 449; EheG 1938 2. Abschnitt E III; EheG 1946 2. Abschnitt E III; GleichberG Art 1 Nr 22; EheRG Art 1 Nr 27; SorgeRG Art 1 Nr 10.

Schrifttum

Achilles-Greiff, Kommentar zum BGB nebst Gleichberechtigungsgesetz (21. Aufl 1958/63); Andriessens, Zum sogenannten Verkehrs„recht", UJ 1978, 344; Arndt-Oberloskamp, Gutachterliche Stellungnahmen in der sozialen Arbeit – Eine Anleitung mit Beispielen für die Vormundschafts- und Familiengerichtshilfe (1981); Hans Arnold, Der Kommissionsentwurf einer Verfahrensordnung für die freiwillige Gerichtsbarkeit, Rpfleger 1979, 241; Hans-Henning Arnold, Art und Umfang der elterlichen Rechte in der Deutschen Demokratischen Republik – Zugleich ein Beitrag zur Reform der elterlichen Sorge und der Adoption in der Bundesrepublik Deutschland (1975); Arntzen, Elterliche Sorge und persönlicher Umgang mit Kindern aus gerichtspsychologischer Sicht – Ein Grundriß der forensischen Familienpsychologie (1980); ders, Zur Umgangsregelung für Kinder bei strittigem Scheidungsverlauf der Eltern – Eine Untersuchung des Bochumer Instituts für Gerichtspsychiatrie, NJW 1988, 1508; Baer, Stellungnahme zum Entwurf eines Gesetzes zur Neuregelung des Rechts der elterlichen Sorge, ZBlJR 1977, 516; dies, Die neuen Regelungen der Reform des Rechts der elterlichen Sorge für das „Dauerpflegekind", FamRZ 1982, 221; dies, Erweiterung des Besuchsrechts des nichtehelichen Vaters?, DAVorm 1988, 861; Bahr-Jendges, Anm zu AG Hamburg-Harburg, Streit 1983, 35; Bärmann, Freiwillige Gerichtsbarkeit und Notarrecht (1968); Bassenge, Der Vergleich im Verfahren der freiwilligen Gerichtsbarkeit, Rpfleger 1972, 237; Bastian-Roth-Stielow-Schmeiduch, 1. EheRG – Das neue Ehe- und Scheidungsrecht – Kommentar (1978); Baumgärtel, Anm zu BGHZ 72, 169, JZ 1979, 274; Walter Becker, Wird der Wille des Kindes berücksichtigt? Jugendwohl 1972, 400; ders, Anm zu LG Hamburg, FamRZ 1971, 587; ders, Elterliches Verkehrsrecht und Kindesrecht, ZBlJR 1972, 124; ders, Kontakte der Kinder – Rechtliche Probleme um das Verkehrs- und Umgangsrecht, RdJ 1975, 344 = Der Kinderarzt 1978, 385; ders, Die Eigen-Entscheidung des jungen Menschen – Gedanken zur Emanzipation im Kindesrecht, in: FS Bosch (1976) 37; ders, Das zweigeteilte Kind, Jugendwohl 1977, 444; Beitzke, Sorgerechtsregelung bei Ausländerkindern, in: FS Lehmann II. Bd (1956) 493; ders, Anm zu BayObLGZ 56, 333, JR 1957, 141; ders, Betrachtungen zum neuen Kindschaftsrecht, FamRZ 1958, 7; ders, Anm zu BGHZ 48, 228, FamRZ 1967, 606; ders, Mündigkeit und Minderjährigenschutz, AcP 172 (1972), 240; ders, Reform des elterlichen Sorgerechts, ZBlJR 1973, 121; ders, Sorgerechtsregelung für Doppelstaatler, IPRAX 1984, 313; ders, Reform der Ehelichkeitsanfechtung? Variationen über ein altes Thema in: FS Müller-Freienfels (1986) 31; Belchaus, Elterliches Sorgerecht – Kommentar zum Gesetz zur Neuregelung des Rechts der elterlichen Sorge (1980); Beres, Das Kindeswohl in der familiengerichtlichen Praxis, ZBlJR 1982, 1; ders, Gemeinsames Sorgerecht nach Scheidung – Überlegungen zur Entscheidung des BVerfG vom 3. 11. 1982, DAVorm 1983, 16; BERK, Der psychologische Sachverständige in Familienrechtssachen (1985); BETZ, Anm zu LG Kleve, FamRZ 1977, 337; BIRK, Das Verkehrsrecht der Großeltern – Rechtsvergleichende und kollisionsrechtliche Bemerkungen zur deutschen Rechtsprechung, FamRZ 1967, 306; BLAU-MÜLLER-LUCKMANN, Gerichtliche Psychologie (1962); BLUME, Anm zu KG JFG 2, 81, JW 1925, 377; REGLINDIS BÖHM, Rechtliche Probleme der Anordnung, Erstellung und Verwertung von Sachverständigengutachten im Rahmen familiengerichtlicher Entscheidungen in Sorgerechtssachen, DAVorm 1985, 731; BÖHMER-SIEHR, Das gesamte Familienrecht – Bd 3: Das internationale Recht, Loseblattsammlg; CHRISTOF BÖHMER, Die 14. Haager Konferenz über internationales Privatrecht 1980, RabelsZ 1982, 643; ders, Das Europäische und das Haager Übereinkommen über internationale Kindesentführungen von 1980, IPRAX 1984, 282; BÖKELMANN, Anm zu BGHZ 51, 219, JR 1969, 184; BOSCH, Anm zu BGHZ 29, 33, FamRZ 1959, 200; ders, Gutachten zum 44. DJT: Welche Anforderungen sind an eine Reform des Rechts des unehelichen Kindes zu stellen? (1962); ders, Aktuelle Probleme des Familien- und Erbrechts, FamRZ 1970, 497; ders, Volljährigkeit – Ehemündigkeit – Elterliche Sorge, Kritische Gedanken zu mehreren Gesetzesentwürfen, FamRZ 1973, 489; ders, Anm zu BayObLGZ 1977, 200, FamRZ 1977, 653; BOSCHAN, Rechtsformen oder Rechtsformalismus im nationalsozialistischen Familienrecht, Dt Rechtspflege 1938, 226; ROLAND BÖTTCHER, Begriff der Familiensachen, Rpfleger 1981, 3; BOTTKE, Anm zu OLG Düsseldorf, JR 1981, 386; BOXDORFER, Probleme der Regelung elterlicher Gewalt bei Streitfragen in Sorgerechtsfällen und nach der Ehescheidung, RdJ 1974, 260; BRÜGGEMANN, Familiengerichtsbarkeit – Verfahren in Ehesachen im allgemeinen – Verfahren in anderen Familiensachen, FamRZ 1977, 1; BULLE, Das Recht des § 1636 BGB (§ 82 EheG) und seine Reform (Diss Jena 1939); MICHAEL COESTER, Gemeinsames Sorgerecht nach Scheidung? – Verfassungsrechtliche Überlegungen und internationale Erfahrungen, EuGRZ 1982, 256; ders, Das Kindeswohl als Rechtsbegriff – Die richterliche Entscheidung über die elterliche Sorge beim Zerfall der Familiengemeinschaft (1983); CZERNER, Anm zu BayObLGZ 1976, 1, DAVorm 1976, 203; DARKOW, Haben Großeltern ein Recht auf persönlichen Verkehr mit ihren Enkelkindern? JR 1953, 333; DEISENHOFER, Verkehrsrecht – Zum elterlichen Verkehrsrecht, wenn einem Elternteil das Aufenthaltsbestimmungsrecht entzogen ist – Anm zu AG Ingolstadt, UJ 1974, 456; DELLIAN, Anm zu KG OLGZ 1968, 379, NJW 1968, 2149; ders, Überlegungen zu § 1634 BGB, FamRZ 1969, 365; DICKMEIS, Die Umgangsbefugnis im Spiegel elterlicher Verantwortung – Versuch einer interdisziplinären Betrachtung, ZBlJR 1982, 271; ders, Die kinderpsychologische Begutachtung im familiengerichtlichen Verfahren – Chancen und Nutzen einer interdisziplinären Verständigung, NJW 1983, 2053; ders, Der Jugendamtsbericht als Entscheidungshilfe des Gerichts, ZBlJR 1983, 164; DIECKMANN, Betrachtungen zum Recht der elterlichen Sorge – vornehmlich für Kinder aus gescheiterter Ehe, AcP 178 (1978), 298; DIEDERICHSEN, Zur Reform des Eltern-Kind-Verhältnisses, FamRZ 1978, 461; ders, Die Neuregelung des Rechts der elterlichen Sorge, NJW 1980, 1; ders, Anderungen des Verfahrensrechts nach dem Unterhaltsrechtsänderungsgesetz, NJW 1986, 1462; DILGER, Anm zu BGHZ 60, 68, StAZ 1973, 213; DITZEN, Gedanken zur gemeinsamen elterlichen Sorge nach Scheidung, FamRZ 1987, 239; DIV-Gutachten, Umfang der Pflichten des Jugendamtes bei der Anhörung nach § 48 a JWG, ZBlJR 1984, 570; DÖLLE, Familienrecht – Darstellung des deutschen Familienrechts mit rechtsvergleichenden Hinweisen – Band 2 (1965); DÖRNER, Zur Anerkennung und Vollstreckung ausländischer Umgangsregelungen, IPRAX 1987, 155; DUNZ, Anm zu BGHZ 42, 364, NJW 1965, 862; DÜRR, Verkehrsregelung gemäß § 1634 BGB, (2. Aufl 1978); HANS-EBERHARD EGNER, Die elterliche Gewalt nach Scheidung der Ehe der Eltern (Diss. Frankfurt 1950); ders, Zur Problematik und Neuregelung des Verkehrsrechts nach § 75 EheG, ZBlJR 1953, 230; ELL, Regelung des Verkehrsrechtes – Gutachten über die Regelung des Verkehrs eines nichtsorgeberechtigten geschiedenen Vaters mit seinen zwei minderjährigen Kindern, Jugendwohl 1976, 193; ders, Besuch vom eigenen Kind – Die Regelung des persönlichen Umgangs mit den Kindern nach Trennung und Scheidung (1980); ders, Anmerkungen aus psychologischer Sicht zur Regelung der Personensorge, ZBlJR 1980, 319; ders, Psychologische Kriterien zur Umgangsregelung, DAVorm 1986, 745; ders, Väter – Väter – Väter, ZBlJR 1988, 436; ENDEMANN, Anm zu RG, JW 1925, 2115; ders, Anm zu AG Solingen, JW 1933, 2080; ders, Anm zu RGZ 141, 319, JW 1933, 2587; ENGELHARDT, Die Gestaltung des persönlichen Verkehrs eines geschiedenen Ehegatten mit seinem Kinde, DFG 1942, 129; HELMUT ENGLER, Die Vorschläge zur Änderung des Adoptionsrechts im Referentenentwurf eines Unehelichengesetzes, FamRZ 1966, 551; ders, Zum Erfordernis der elterlichen Einwilligung in die Adoption, FamRZ 1969, 63; ENGLER-SCHWAB, Beiträge zur Familienrechtsreform (1974); ERMAN-GÖRKE, Gleichberechtigungsgesetz – Gesetzestext sowie Erläuterung der materiellrechtlichen Vorschriften – Nebenband zum BGB-Kommentar (2. Aufl 1958); Ev. Akad. Bad Boll (Hrsg), Der Anwalt des Kindes als

Konsequenz heutigen Verständnisses von Kindeswohl – Denkanstöße zu einer Neuorientierung (1983); Ev. Akad. Hofgeismar (Hrsg), Das Recht der Scheidungswaisen (1978); Evans-von Krbek, Das „natürliche" Elternrecht – Störfaktor oder Hilfsmittel für eine familiengerechte Rechtsfindung und Rechtspolitik? ZBlJR 1976, 45; Fahrenholt, Sorge- und Umgangsrecht nach der Ehescheidung und die Europäische Konvention zum Schutze der Menschenrechte und Grundfreiheiten, FamRZ 1988, 238; Fehmel, Die Anhörung des Kindes im Sorgerechtsverfahren, DAVorm 1981, 169; ders, Nochmals: Kindesanhörung im Sorgerechtsverfahren, ZBlJR 1982, 654; ders, Kindschaftsrecht und Gleichberechtigung – Zu einem Gutachten von Gisela Zenz und Ludwig Salgo, FamRZ 1983, 971; ders, Zur Bewertung des Kindeswillens bei Entscheidungen nach § 1671 BGB (zu KG FamRZ 1978, 829), FamRZ 1986, 531; Fehnemann, Zur näheren Bestimmung des grundgesetzlichen Elternrechts, DÖV 1982, 353; FGB-Kommentar (DDR) (5. Aufl 1982); Finger, Die Anfechtung der Ehelichkeit eines Kindes durch seine Mutter, NJW 1984, 846; ders, Gemeinsame elterliche Sorge nach der Ehescheidung – Eine Umfrage bei hessischen Familienrichtern, DRiZ 1985, 91; ders, Die Herausnahme von Pflegekindern aus der Pflegefamilie nach § 1632 IV BGB, ZBlJR 1985, 341; ders, Pflegekinder im gerichtlichen Streitverfahren, ZBlJR 1986, 46; Firsching, Familienrecht und andere Rechtsgebiete in der freiwilligen Gerichtsbarkeit (4. Aufl 1979); ders, Anm zu BGHZ 60, 68, JZ 1974, 178; Freund, Die Anhörungspflicht gemäß § 50 b FGG – Nützliche Pflicht oder „des Guten zuviel"? DRiZ 1982, 268; Frommann, Die Wahrnehmung der Interessen Minderjähriger im vormundschafts- bzw familiengerichtlichen Erkenntnisverfahren der freiwilligen Gerichtsbarkeit (Diss. Frankfurt/M. 1977); Fthenakis, Der Anwalt des Kindes, in: Ev. Akad. Bad Boll (Hrsg); ders, Gemeinsame elterliche Sorge nach der Scheidung, in: Remschmidt (Hrsg) 36; ders, Der Vater als sorge- und umgangsberechtigter Elternteil, in: Remschmidt (Hrsg) 55; ders, Väter – Zur Psychologie der Vater-Kind-Beziehung (Band 1), Zur Vater-Kind-Beziehung in verschiedenen Familienstrukturen (Band 2) (1985); Fthenakis-Oberndorfer, Anm zu KG FamRZ 1986, 503, EzFamR § 1634 Nr 3; Gaul, Bemerkungen zu einem Familienrechts-Kommentar (Staudinger), FamRZ 1966, 624; Geppert, Zur strafbaren Kindesentziehung (§ 235 StGB) beim „Kampf um das Kind". Überlegungen de lege lata und de lege ferenda, in: FS Hilde Kaufmann, (1986) 759; Gerber (Hrsg), Kindeswohl contra Elternwillen? – Aspekte eines neuen Familienrechts (1975); Gernert, Zur Rolle des Vaters in sozialwissenschaftlicher Sicht, UJ 1978, 401; Gernhuber, Elterliche Gewalt heute – Eine grundsätzliche Betrachtung, FamRZ 1962, 89; ders, Kindeswohl und Elternwille, FamRZ 1973, 229; ders, Eltern und Kinder sind einander Beistand und Rücksicht schuldig – Ein Beitrag zu § 1618 a BGB, in: FS Müller-Freienfels (1986) 159; Giesen, Das Wohl des Kindes im Falle eines Elternkonfliktes zwischen Sorge- und Verkehrsberechtigtem, NJW 1972, 225 = RdJ 1972, 166; ders, Familienrechtsreform zum Wohl des Kindes? FamRZ 1977, 594; ders, Anm zu BVerfGE 61, 358, JZ 1983, 298; Giessler, Vorläufiger Rechtsschutz in Ehe-, Familien- und Kindschaftssachen (1987); von Godin, Ehegesetz – Kommentar (2. Aufl 1950); Goldstein-Freud-Solnit, Jenseits des Kindeswohls (1974), (zit: Goldstein-Freud-Solnit); dies, Diesseits des Kindeswohls (1982); Göppinger, Zur Verkehrsregelung gemäß § 1634 BGB (Anm zu BGHZ 42, 364), JR 1965, 337; ders, Betrachtungen zum Referentenentwurf eines Unehelichengesetzes, FamRZ 1966, 418; ders, Die vorläufige Anordnung im Verfahren der freiwilligen Gerichtsbarkeit unter Berücksichtigung anderer Verfahrensordnungen, AcP 169 (1969), 513; ders, Anm zu BGH NJW 1984, 1951, JR 1984, 497; ders, Anm zu BGH NJW 1986, 1167, JR 1986, 324; ders, Vereinbarungen anläßlich der Ehescheidung (6. Aufl 1988); Göppinger ua, Unterhaltsrecht (5. Aufl 1987); Habscheid, Freiwillige Gerichtsbarkeit (7. Aufl 1983); Haffter, Kinder aus geschiedenen Ehen – Eine Untersuchung über den Einfluß der Ehescheidung auf Schicksal und Entwicklung der Kinder nach ärztlichen, juristischen und fürsorgerischen Fragestellungen (2. Aufl 1960); Hahnzog, Inhaber des Elternrechts aus Art 6 II GG, FamRZ 1971, 334; Harbauer, Kindeswohl contra Elternwillen – aus der Sicht eines Kinder- und Jugendpsychiaters, in: Gerber (Hrsg) 42; Bernhard Hassenstein, Faktische Elternschaft: Ein neuer Begriff der Familiendynamik und seine Bedeutung, Familiendynamik 1977, 104; ders, Was Kindern zusteht (1978); Hegnauer, Eltern und Kinder sind einander Beistand und Rücksicht schuldig, ZBlJR 1980, 685; Heintzmann, Zur Rechtskraft des Scheidungsausspruchs, FamRZ 1980, 112; Hellbrügge, Die Problematik der außerfamiliären Pflege des Säuglings und Kleinkindes, Der Kinderarzt 1977, 519; Henrich, Anm zu OLG Zweibrücken, IPRAX 1981, 182; ders, Kompetenzkonflikt im Recht des Minderjährigenschutzes, IPRAX 1986, 364; ders, Ehe- und Familiensachen mit Ausländerbeteiligung (4. Aufl 1988); Hinz, Elternverantwortung und Kindeswohl – Neue Chancen zu ihrer Verwirklichung für die Rechtsprechung? – Zur Diskussion um die gemeinsame elterliche Sorge nach der Ehescheidung, ZBlJR 1984, 529; Hobelmann, Schutz des Kindes aus geschiedener Ehe gegenüber der Ehestörerin (Anm zu BGHZ 42, 364), FamRZ 1965, 301; Hoffmann-Stephan,

Ehegesetz – Kommentar, (2. Aufl 1968); Holtgrave, Das neue Recht der elterlichen Sorge, JZ 1979, 669; Holzhauer, Verwandtschaftliche Elternstellung, verfassungsmäßiges Elternrecht und elterliche Sorge, FamRZ 1982, 109; Jans-Happe, Gesetz zur Neuregelung des Rechts der elterlichen Sorge – Kommentar (1980); Jansen-Knöpfel, Das neue Unehelichengesetz (1967); Jayme, Anm zu BGHZ 60, 68, JR 1973, 275; ders, Anm zu OLG Karlsruhe OLGZ 1976, 1, FamRZ 1976, 708; ders, Zur „internationalen Verbundszuständigkeit" deutscher Gerichte für die Regelung des Sorgerechts nach der Scheidung, FamRZ 1979, 21; ders, Die Entwicklung des europäischen Familienrechts, FamRZ 1981, 221; ders, Gesetzliches Sorgerecht und Haager Minderjährigenschutzabkommen (Anm zu BGH FamRZ 1984, 686), IPRAX 1985, 23; Jayme-Reitz, Elternstreit und internationales Paßrecht bei deutsch-syrischer Ehe, ZBlJR 1974, 59; Johannsen, Anm zu BGHZ 42, 364, LM Nr 3 zu § 1634; Johannsen-Henrich, Eherecht – Scheidung, Trennung, Folgen – Kommentar (1987); Jopt, Nacheheliche Elternschaft und Kindeswohl – Plädoyer für das gemeinsame Sorgerecht als anzustrebenden Regelfall, FamRZ 1987, 875; Josef, Verkehr der geschiedenen Gatten mit den Kindern, SeuffBl 75, 202; Juristinnenbund (Hrsg), Neues elterliches Sorgerecht – Alternativentwurf eines Gesetzes zur Neuregelung des Rechts der elterlichen Sorge (1977); Kaltenborn, Die personalen Beziehungen des Scheidungskindes als sorgerechtsrelevantes Entscheidungskriterium, FamRZ 1987, 990; Kanein, Das Ausländergesetz im Meinungsstreit, NJW 1973, 729; Kissel, Ehe und Ehescheidung Bd 1 u 2 (1977); Wolfgang Klar, Was geschieht nach der Scheidung? – Nachbetreuung von Scheidungskindern und deren Eltern, in: Remschmidt (Hrsg) 92; Klauser, Aus der Rechtsprechung in Familiensachen – Zuständigkeit der Gerichte in Familiensachen, MDR 1979, 627; Klussmann, Das Kind im Rechtsstreit der Erwachsenen (1981); Knöpfel, Zur Neuordnung des elterlichen Sorgerechts, FamRZ 1977, 600; ders, Faktische Elternschaft, Bedeutung und Grenzen, FamRZ 1983, 317; ders, Zum gemeinsamen Sorgerecht der Eltern nach Scheidung, NJW 1983, 905; ders, Beistand und Rücksicht zwischen Eltern und Kindern (§ 1618a BGB), FamRZ 1985, 554; ders, Elternrecht, Kindesrecht und Zwang gegen Jugendliche (Anm zu BayObLG FamRZ 1985, 737), FamRZ 1985, 1211; Köhler, Handbuch des Unterhaltsrechts (7. Aufl 1987); Kohlhaas, Anm zu BGHSt 10, 376, EJF D I Nr 2; Kropholler, Das Haager Minderjährigenschutzabkommen – ein neuer Ansatz im deutschen IPR, NJW 1971, 1721; ders, Erste Erfahrungen mit dem Minderjährigenschutzabkommen, NJW 1972, 371; ders, Das Haager Abkommen über den Schutz Minderjähriger (2. Aufl 1977); ders, Gemeinsame elterliche Sorge nach der Scheidung im deutschen und ausländischen Recht, JR 1984, 89; ders, Das Kindeswohl als Rechtsbegriff, JZ 1984, 164; ders, Übereinstimmender Elternvorschlag und Sorgerecht, NJW 1984, 271; ders, Kritische Bestandsaufnahme im Nichtehelichenrecht, AcP 185 (1985), 244; Kropp, Herausgabe eines Kindes, DRiZ 1979, 84, 118; Krüger-Breetzke-Nowack, Gleichberechtigungsgesetz – Kommentar (1958); Hildegard Krüger, Grundrechtsausübung durch Jugendliche (Grundrechtsmündigkeit) und elterliche Gewalt, FamRZ 1956, 329; Evelyn Kühn-Ingrid Tourneau, Familienrechtsreform – Chancen einer besseren Wirklichkeit (1978); Gustav Kuhn, Geltung der Grundrechte für Minderjährige (Diss Kiel 1965); Wolfram Kühn, Psychiatrische und psychologische Gesichtspunkte bei der inhaltlichen Ausgestaltung des Umgangsrechts, DAVorm 1984, 582; Joachim Kuntze, Anm zu AG Mönchengladbach-Rheydt, FamRZ 1985, 532; Wolfgang Kunz, Zur verfahrensrechtlichen Stellung des Minderjährigen in Familiensachen der freiwilligen Gerichtsbarkeit, ZBlJR 1980, 630; ders, Zur Rechtsstellung des Kindes, ZBlJR 1986, 187; Landsberg, Entscheidungen des preußischen Kammergerichts in Sachen der freiwilligen Gerichtsbarkeit aus den letzten zwei Jahren, DRiZ 1915, 401; Hermann Lange, Systematische Darstellungen des Familienrechts, JZ 1965, 425; ders, Ein Reformvorschlag zum Unehelichenrecht, JZ 1966, 727; ders, Anm zu BGHZ 48, 228, JZ 1968, 131; ders, Das neue Nichtehelichenrecht, NJW 1970, 297; Ulrich Lange, Das Elternrecht und das Wohl des fremdversorgten Kindes, RdJ 1971, 267, 361; Rainer Laufs – Adolf Laufs, Aids und Arztrecht, NJW 1987, 2257; Lempp, Das Wohl des Kindes in §§ 1666 und 1671 BGB, NJW 1963, 1659; ders, Nochmals: Kindeswohl und Kindeswille, NJW 1964, 440; ders, Die Rechtsstellung des Kindes aus geschiedener Ehe – Aus kinder- und jugendpsychiatrischer Sicht, NJW 1972, 315 (ident. mit in: Gerber 104); ders, Kindeswohl und Kindesrecht, ZBlJR 1974, 124; ders, Der Entwurf eines Gesetzes zur Neuregelung des Rechtes der elterlichen Sorge aus kinder- und jugendpsychiatrischer Sicht, ZBlJR 1977, 507; ders, Das Kindeswohl und das neue Scheidungsrecht, ZBlJR 1979, 49; ders, Wer soll das Kind holen und bringen bei der Durchführung der Befugnis zum persönlichen Umgang mit dem Kind gemäß § 1634 I BGB? ZBlJR 1979, 517; ders, Braucht der sorgeberechtigte oder der nichtsorgeberechtigte Elternteil einen besonderen Schutz? – Kinderpsychiatrische Gedanken zu zwei Urteilen nach § 1634 BGB, ZBlJR 1981, 283; ders, Die Ehescheidung und das Kind (4. Aufl 1982); ders, Gerichtliche Kinder- und Jugendpsychiatrie (1983); ders, Der Anwalt des Kindes aus kinderpsychiatrischer Sicht, in: Ev Akad Bad Boll (Hrsg) 24; ders, Die Bindungen des Kindes und ihre Bedeutung für das Wohl des Kindes gemäß § 1671 BGB, FamRZ 1984, 741; ders, Das gemeinsame Sorgerecht aus kinderpsychiatrischer Sicht, ZBlJR 1984, 305; ders, Wiss. Bericht über eine rechtstatsächliche Untersuchung über die Bewährung und Handhabung des § 50 b FGG (1986); ders, Die Vermeidung von Verfahren nach § 1632 IV BGB – Eine Aufgabe der Jugendämter, ZBlJR 1986, 543 (= Referat zum 54. DJT 1982); ders, Folgeprobleme nach Scheidungsurteilen des Familiengerichts, JbRSoz 1987, 137; Lempp-von Braunbehrens ua, Die Anhörung des Kindes gemäß § 50 b FGG (1987); Lempp-Eva-Maria Wagner, Untersuchungen über den weiteren Verlauf von Sorgerechts- und Verkehrsregelungsverfahren nach der Begutachtung, FamRZ 1975, 70; Lempp-Winkelmann, Zum „Verkehrsrecht" inhaftierter Väter, UJ 1977, 88; Liebl-Blittersdorf, Stellungnahme zu § 1634 BGB, in: Juristinnenbund (Hrsg) 129; Limbach, Der Anwalt des Kindes aus juristischer Sicht, in: Ev Akad Bad Boll (Hrsg) 12; dies, Gemeinsame Sorge geschiedener Eltern (1988); Lindacher, Verkehrsrecht und Adoption, RdJ 1964, 42; Lohmann, Das Recht des geschiedenen, nicht sorgeberechtigten Ehegatten zum Verkehr mit seinen Kindern und seine Durchführung (§ 1636 BGB), GruchB 61, 22; Lücken, Die Zuständigkeit des Vormundschaftsgerichts und des Prozeßgerichts im Bereich des Verkehrsrechts nach § 82 EheG, DFG 1943, 113; Lüderitz, Elterliche Sorge als privates Recht, AcP 178 (1978), 263; ders, Die Rechtsstellung ehelicher Kinder nach Trennung ihrer Eltern im künftigen Recht der Bundesrepublik Deutschland, FamRZ 1975, 605; ders, Neues elterliches Sorgerecht – Gedanken zum Alternativentwurf der Familienrechtskommission des Juristinnenbundes zur Neuregelung des Rechts der elterlichen Sorge, FamRZ 1978, 475; Luther, Die Rechtsstellung der Kinder aus geschiedenen Ehen im Hinblick auf die Reform des Ehescheidungsrecht, RdJ 1972, 161; ders, Das Haager Abkommen über den Schutz Minderjähriger, Inhalt – Probleme – Rechtsprechung, FamRZ 1973, 406; Luthin, Zur Neuregelung des elterlichen Sorgerechts – Anmerkungen aus der Sicht eines Praktikers, FamRZ 1979, 986; ders, Aus der Praxis zum Sorgerechtsgesetz, FamRZ 1981, 111; ders, Nochmals: Zu den durch das Sorgerechtsgesetz normierten Anhörungspflichten, FamRZ 1981, 1149; ders, Elterliche Sorge, Umgangsbefugnis und Kindeswohl – Neueres aus Rechtsprechung und Schrifttum, FamRZ 1984, 114; ders, Gemeinsame elterliche Sorge nach der Scheidung – Bemerkungen zu Finger, DRiZ 1985, 91, FamRZ 1985, 565; ders, Gemeinsames Sorgerecht nach der Scheidung (1987); ders, Anm zu OLG Bamberg FamRZ 1988, 752, FamRZ 1988, 753; Magnus-Dietrich, Gemeinsame elterliche Sorge nach Scheidung – Eine Erhebung beim Familiengericht Hamburg-Mitte, FamRZ 1986, 416; Mansel, Doppelstaater mit Drittstaatenaufenthalt und die Bestimmung ihrer effektiven Staatsangehörigkeit im Rahmen des Art 3 MSA, IPRAX 1985, 209; ders, Abänderung ausländischer Sorgerechtsentscheidungen und perpetuatio fori im FGG-Verfahren, IPRAX 1987, 298; ders, Vertragsautonome Mehrstaateranknüpfung und nicht feststellbare Effektivität, IPRAX 1988, 22; Martin, Anm zu BGHSt 10, 376, LM Nr 3 zu § 235 StGB; Dieter Martiny, Sorgerecht, Umgangsrecht und Unterhalt – Die Teilung des Unteilbaren, in: FS Ferid 80 (1988) 309; März, Das Bundesverfassungsgericht und der „Verfahrenspfleger" des minderjährigen Kindes im Sorgerechtsverfahren, FamRZ 1981, 736; Massfeller, Das neue Ehegesetz (2. Aufl 1939); Massfeller-Böhmer-Coester, Das gesamte Familienrecht – Bd 1: Das innerstaatliche Recht der Bundesrepublik Deutschland, Loseblattsammlg; Massfeller-Reinicke, Beilage zum BAnz v 26. 3. 1957, 8; dies, Gleichberechtigungsgesetz – Kommentar (1958); Merkert, Extensive Interpretation des § 1634 BGB? NJW 1964, 1059; Th Meyer und W Zeller, Die Praxis familienrechtlicher Entscheidungen, ZBlJR 1988, 357; Wolfgang Metzger, Über die Auswirkungen der Verpflanzung eines Kindes in eine ihm fremde Umgebung, UJ 1971, 153; Heinz Peter Moritz, Anm zu OLG Zweibrücken FamRZ 1982, 531, JA 1982, 503; ders, Die Finanzierung von Kindesbesuch und Ferienaufenthalt beim nichtsorgeberechtigten Elternteil, ZBlJR 1982, 768; ders, Anm zu AG Mönchengladbach-Rheydt FamRZ 1985, 532, Jura 1986, 588; Hanswerner Müller, Der Vergleich im Verfahren der freiwilligen Gerichtsbarkeit, JZ 1954, 17; Müller-Freienfels, Der Einfluß der Schuldigerklärung auf die Regelung der elterlichen Gewalt, JZ 1959, 339, 396; Mümmler, Anm zu OLG Bamberg, JurBüro 1979, 740; ders, Anm zu OLG Düsseldorf, JurBüro 1981, 1551; Münder, Elterliche Gewalt und Wohl des Kindes, RdJ 1977, 358; ders, Soziale Elternschaft – Erziehung außerhalb der leiblichen Ursprungsfamilie, ZBlJR 1981, 231; ders, Der Anspruch auf Herausgabe des Kindes – Zur Reichweite von § 1632 I und IV BGB, NJW 1986, 811; Neddenriep-Hanke, Umgangsrecht und Kindeswohl – Eine Darstellung der Jugendamtstätigkeit (1987); Paul Heinrich Neuhaus, Kindeswohl oder Elternrecht? FamRZ 1972, 279; ders, Gemeinsames Sorgerecht nach Scheidung? FamRZ 1980, 1089; Nowka, Kindesgefährdung durch das „Verkehrsrecht" gemäß § 1634 nF BGB, FamRZ 1960, 218; Odersky, Nichtehelichen-Gesetz – Kommentar (4. Aufl 1978); Oehler, Anm zu OLG Hamm MDR 1982, 1040, JR 1983, 513; Günther Otto, Inwieweit ist der Wille des Kindes bei der Verkehrsregelung nach § 75 EheG beachtlich? Rpfleger 1952, 579;

Peschel-Gutzeit, Ausgewählte Probleme der Neuregelung der elterlichen Sorge, in: Juristinnenbund (Hrsg) 89; dies, Einleitung zu: Simitis ua, Kindeswohl (1979) 13; dies, Die Herausgabe der zum persönlichen Gebrauch eines Kindes bestimmten Sachen – Probleme des materiellen und formellen Rechts unter besonderer Berücksichtigung des Kinderausweises, MDR 1984, 890; dies, Verfahren und Rechtsmittel in Familiensachen (1988); Piaget, Die Bildung des Zeitbegriffs beim Kinde (1974); Prahl, Besprechung von Hensel-Jonas-Linden, Die Vormundschafts-, Familienrechts- und Fürsorgeerziehungssachen in der gerichtlichen Praxis (2. Aufl 1963), DNotZ 1964, 447; Prestien, Die Arbeitsweise des Familiengerichts Bielefeld, DAVorm 1979, 806; Puls, Beteiligung von Psychologen und Psychiatern als Sachverständige in familiengerichtlichen Verfahren, ZBlJR 1984, 8 (ident mit in: Remschmidt 23); Rahm-Künkel, Handbuch des Familiengerichtsverfahrens mit Auslands- und Formularteil (2. Aufl 1985); Rauscher, Doppelstaater und MSA, IPRAX 1985, 214; Reckert, Neuere Rechtsprechung und Rechtserneuerung auf dem Gebiete der Verkehrsregelung (§ 1636 BGB), DFG 1938, 64; Wolfgang Regel, „Entziehen“ und „Entführen“ Minderjähriger: Zur Auslegung der §§ 235, 236 StGB (Diss München 1973); Hans Reichel, Briefverkehr des Kindes mit dem von der Fürsorge für die Person ausgeschlossenen geschiedenen Elternteil, Recht 1917, 526; Remschmidt (Hrsg), Kinderpsychiatrie und Familienrecht (1984); Rudolf Reuther, Verkehrsrecht für den unehelichen Vater? – Ein Beitrag zur Reform des Unehelichenrechts, FamRZ 1967, 258; ders, Persönlicher Umgang des nichtehelichen Vaters mit dem Kinde, ZBlJR 1974, 464; Riedel, Das Recht der Kinder aus geschiedenen Ehen (1960); Röcker, Sorgerecht und Verkehrsrecht, Pädiatrische Praxis 1975/6, 557; Rolland, 1. EheRG – Kommentar (2. Aufl 1982); ders, Zum Entwurf eines Gesetzes zur Neuregelung des Rechts der elterlichen Sorge, in: Gerber (Hrsg) (1975) 50; Rotax, Für die Schwächsten ist das Beste gerade gut genug – Zur Anhörungspflicht gem § 50 b FGG, DRiZ 1982, 466; Roth-Stielow, Die Regelung des Verkehrs mit Kindern im Scheidungsprozeß, NJW 1956, 289; ders, Adoptionsgesetz und Adoptionsvermittlungsgesetz – Kommentar (1976); C Rudolf, Zur Regelung des persönlichen Umgangs des nicht erziehungsberechtigten Elternteils mit dem Kinde, NJW 1965, 457; Rüffer, Rechtsprobleme bei Ehescheidung im Verbundverfahren, FamRZ 1979, 405; Salander, Zahlungspflicht und Auslagenhaftung bei Verfahren nach § 1671 und § 1634 II BGB, Rpfleger 1977, 122; Salgo, Soll die Zuständigkeit des Familiengerichts erweitert werden? FamRZ 1984, 221; ders, Brauchen wir den Anwalt des Kindes? ZBlJR 1985, 259; Schau, Vorschläge zur Reform der Bestimmungen über die elterliche Gewalt, RdJ 1973, 257; Scheid, Fragen der elterlichen Gewalt im deutschen und im französischen Recht (Diss Bonn 1964); Ellen Scheuner, Gesetzesentwurf zur Neuregelung des Rechts der elterlichen Sorge, ZBlJR 1973, 197; Schlotheim, Das Kindeswohl vor dem Familiengericht, ZBlJR 1974, 162; Schlüter-König, Die Konkurrenz von Familiengericht und Vormundschaftsgericht in Sorgerechtsangelegenheiten – Ein ungelöstes Problem, FamRZ 1982, 1159; Schmidt-Räntsch, Gemeinsame Sorge geschiedener Eltern – Keine gesetzgeberischen Maßnahmen, FamRZ 1983, 17; Schnitzerling, Das Recht auf Verkehr mit dem Kinde, FamRZ 1958, 444; ders, Die Rechtsprechung zum Muntbruch, RdJ 1958, 209; ders, Die Paßausstellung für Minderjährige, UJ 1959, 76; ders, Das Recht des nicht sorgeberechtigten Elternteils auf Verkehr mit seinem Kinde, RdJ 1961, 161; Erich Schön, Katamnestische Untersuchung von Scheidungskindern nach Gutachten zur Verkehrsregelung nach § 1634 BGB (Diss Tübingen 1983); Robert Schreiber, Die Abgrenzung der Zuständigkeiten von Familiengericht und Vormundschaftsgericht (Diss Regensburg 1982); Schüler, Die Kindesherausgabevollstreckung seit dem 1. 1. 1980, DGVZ 1980, 97 = ZBlJR 1981, 173; Harald Schütz, Wohl des Kindes – Ein schwierig zu handhabender unbestimmter Rechtsbegriff (§§ 1634 II, III, 1666, 1671 II, 1672, 1696 II BGB), FamRZ 1986, 947; ders, Mehr Rechte für das Kind – Fluch oder Segen für die Erziehung? NJW 1987, 2563; ders, Gemeinsame elterliche Sorge nach Scheidung, durch Gesetz zum Regelfall zu erhebende Chance für Eltern und Kind oder für die Praxis ungeeignetes Ausnahmemodell? ZBlJR 1987, 189; H Schütz-Jopt, Ein Kind soll ins Heim, ZBlJR 1988, 349; D Schwab, Gedanken zur Reform des Minderjährigenrechts und des Mündigkeitsalters, JZ 1970, 745; ders, Handbuch des Scheidungsrechts (1977); D Schwab-Zenz, Gutachten A zum 54. DJT: Soll die Rechtsstellung der Pflegekinder unter besonderer Berücksichtigung des Familien-, Sozial- und Jugendrechts neu geregelt werden? (1972); Schwenzer, „Der Anwalt des Kindes“, FamRZ 1983, 974; dies, „... Vater sein dagegen sehr!“, FamRZ 1985, 1202; Schwerdtner, Kindeswohl oder Elternrecht? – Zum Problem des Verhältnisses von Grundrechtsmündigkeit und Elternrecht, AcP 173 (1973), 227; ders, Das Persönlichkeitsrecht des Kindes – Theorie oder Wirklichkeit, ZBlJR 1980, 149; Schwoerer, Anm zu OLG Neustadt, JZ 1956, 326; ders, Der Einfluß von Störungen in der elterlichen Gewalt des einen Elternteils auf die elterliche Gewalt des anderen Elternteils nach altem Recht, Zwischenrecht und neuem Recht, FamRZ 1958, 41; ders, Die elterliche Gewalt nach Scheidung der Ehe und bei Getrenntleben der Eltern (§§ 1671, 1672 BGB nF), FamRZ 1958, 433; ders, Der Wohnsitz ehelicher Kinder, deren Eltern verschiedene Wohnsitze haben, FamRZ 1961, 195; ders, Anm zu BayObLGZ 1961, 349, JZ 1962, 443; ders, Anm zu OLG Neustadt FamRZ 1963, 300; ders, Anm zu OLG Köln FamRZ 1963, 653; ders, Kindeswohl und Kindeswille, NJW 1964, 5; ders, Verkehrsregelung durch den sorgeberechtigten Elternteil? (Anm zu BGHZ 42, 364), FamRZ 1965, 121; ders, Erwiderung auf Hobelmann FamRZ 1965, 301, FamRZ 1965, 302; ders, Anm zu BGH FamRZ 1966, 94; ders, Zur Bedeutung des in Art 6 GG den Eltern garantierten Grundrechts für Entscheidungen aus den §§ 1634, 1671, 1672, 1696 BGB, FamRZ 1969, 367; Schwoerer-Donau, Sonderfragen zur elterlichen Gewalt (1967); Sedemund-Treiber, Änderungen des Verfahrensrechts nach dem Gesetz zur Änderung unterhaltsrechtlicher, verfahrensrechtlicher und anderer Vorschriften, FamRZ 1986, 209; Seibert, Bindungen zwischen freiwilliger und streitiger Gerichtsbarkeit, DFG 1937, 136; ders, Verkehr mit dem Kinde, ZBlJR 1937/8, 175; Siehr, Kindesentführungen ins Ausland – Ein deutsch-italienisches Beispiel und eine Initiative des Europarats, DAVorm 1976, 219; ders, Kindesentführungen ohne Ende – aber: Il y a des juges à Accra! FamRZ 1976, 255; ders, Das Haager Minderjährigenschutzabkommen und seine Anwendung in der neueren Praxis, IPRAX 1982, 85; ders, Selbstjustiz durch Kindesentführung ins Inland – Ein höchstrichterlicher Lichtblick mit deprimierendem Nachspiel, IPRAX 1984, 309; ders, Gesetzliche Gewaltverhältnisse nach Art 3 Minderjährigenschutzabkommen und neues deutsches IPR, IPRAX 1987, 302; Simitis, Personen- und personenstandsrechtliche Grundfragen des neuen Nichtehelichenrechts, StAZ 1970, 255; ders, Das Kindeswohl neu betrachtet, in: Goldstein-Freud-Solnit (1974) 95; ders, Kindschaftsrecht – Elemente einer Theorie des Familienrechts, in: FS Müller-Freienfels (1986) 579; Simitis-Zenz, Seminar: Familie und Familienrecht Bd 1 u 2 (1975); Simitis ua, Kindeswohl – Eine interdisziplinäre Untersuchung über seine Verwirklichung in der vormundschaftsgerichtlichen Praxis (1979); Dietrich v Simon, Das neue elterliche Sorgerecht, JuS 1979, 752; ders, Neuere Entwicklungstendenzen im Kindschaftsrecht, ZBlJR 1984, 14; Hans-Peter Simon, Das Verkehrsrecht – Ein natürliches Elternrecht? FamRZ 1972, 485; ders, Umgangsrecht, Adoption, Elternrecht: Zur Reform des § 1634 BGB, ZBlJR 1974, 413; ders, Das Wesen des Umgangsrechts (§ 1634 BGB) – Zugleich ein Beitrag zur Grundlage des Eltern-Kind-Verhältnisses (Diss Freiburg 1978); Spangenberg, Besteht in Familiensachen für eine Klage im ordentlichen Verfahren ein Rechtsschutzbedürfnis, wenn eine einstweilige Anordnung zulässig ist? DAVorm 1981, 705; Eduard Spranger, Psychologie des Jugendalters (29. Aufl 1979); Starck, Anm zu BVerfGE 59, 360, JZ 1982, 325; Steffen, Lebensqualität und Persönlichkeitsentwicklung nach Ehescheidung, Sorgerechts- und Verkehrsregelung, ZBlJR 1979, 129; Stender, Zur derzeitigen Praxis des sogenannten Umgangsrechts, in: Remschmidt (Hrsg) 97; Sternbeck-Däther, Das familienpsychologische Gutachten im Sorgerechtsverfahren, FamRZ 1986, 21; Stöcker, Beschränkte Mündigkeit Heranwachsender – Ein Verfassungspostulat, ZRP 1974, 211; Strätz, Elterliche Personensorge und Kindeswohl, vornehmlich in der zerbrochenen Familie, FamRZ 1975, 541; Walter Strauss, Der Entwurf des Familienrechtsgesetzes, JZ 1952, 449; Taegert, Die Mitwirkung des Psychologen im Ehescheidungsverfahren bei der Verteilung der elterlichen Gewalt und der sogenannten Verkehrsregelung, in: Blau-Müller-Luckmann (1962); Thalmann, Die Organisation des familienrichterlichen Dezernats, FamRZ 1983, 548; Tiedemann, Aids – Familienrechtliche Probleme, NJW 1988, 729; Uffelmann, Das Wohl des Kindes als Entscheidungskriterium im Sorgerechtsverfahren (Diss Freiburg 1978); Ullmann, Kindeswohlbeurteilung in Sorge- und Umgangsrechtsverfahren aus medizinrechtlicher Sicht, FamRZ 1987, 1106; Vollertsen, Die Besuchsregelung nach § 1634 BGB, ZBlJR 1977, 230; Gerhard Walter, Das neue Verfahrensrecht in Ehe- und anderen Familiensachen, FamRZ 1979, 259, 663; ders, Neuer Prozeß in Familiensachen (1985); Waskowiak, Die Einigung der Eltern bei der Ausübung der elterlichen Personensorge (Diss Marburg 1967); Peter Weber, Die Anwesenheit des neuen Ehegatten oder „Lebensgefährten" eines Elternteils bei Ausübung des Besuchsrechts nach § 1634 BGB, FamRZ 1973, 285; Ursula Weber, Gemeinsame elterliche Gewalt über das Kind nach der Scheidung? FamRZ 1975, 401; Wegener, Anm zu OLG München NJW 1979, 603, NJW 1979, 1253; ders, Zur Zusammenarbeit des psychologischen Sachverständigen mit dem Familienrichter, ZBlJR 1982, 493; Wendl-Kempmann-Wendl, Partnerkrisen und Scheidung (1986); Westermann-Adelhold, Das Anwesenheitsrecht der Eltern bei der Anhörung eines Kindes gemäß § 1695 II BGB, FamRZ 1978, 863; Zenz, Soziale und psychologische Aspekte der Familienpflege und Konsequenzen für die Jugendhilfe, in: Schwab-Zenz (1972) A 9; dies, Zur Reform der elterlichen Gewalt, AcP 173 (1973), 527; dies, Elterliche Sorge und Kindesrecht – Zur beabsichtigten Neuregelung, StAZ 1973, 257; dies, Kindeswohl und Elternrechte nach der Scheidung, in: Simitis-Zenz (1975), 166; dies, Das Kindeswohl in der richterlichen Entscheidung über Sorgerecht und Besuchsrecht, in: Ev Akad Hofgeismar (Hrsg); dies, Kindeswohl und Selbstbestimmung, in: Kühn-Tourneau 169; dies, Kindesmißhandlungen und

Kindesrecht – Erfahrungswissen, Normstruktur und Entscheidungsrationalität (1979); dies, Gutachten zum 54. DJT 1982: Soll die Rechtsstellung der Pflegekinder unter besonderer Berücksichtigung des Familien-, Sozial- und Jugendrechts neu geregelt werden? Soziale und psychologische Aspekte der Familienpflege und Konsequenzen für die Jugendhilfe (1982); ZIMMERMANN, Anm zu BayObLGZ 1956, 333, EJF A III Nr 8; Zur Sache, Elterliches Sorgerecht – Sachverständigenanhörung vor Ausschüssen des Deutschen Bundestag am 12. 9. 1977, Zur Sache 1978, Heft 1.

Systematische Übersicht

Alphabetische Übersicht

1 **A. Entstehungsgeschichte**

Die Befugnis eines Elternteils, dem die Sorge für die Person des Kindes nicht (mehr) zusteht, mit dem Kinde Kontakt zu haben, mit ihm „umzugehen", war ursprünglich in § 1636 aF geregelt: „Der Ehegatte, dem nach § 1635 die Sorge für die Person des Kindes nicht zusteht, behält die Befugnis, mit dem Kinde persönlich zu verkehren. Das Vormundschaftsgericht kann den Verkehr näher regeln." Vorläufer dieser Regelung war das PrALR II 2 § 101 f. Darin war bestimmt: „Sind beide Eltern, oder einer derselben, von der Erziehung ausgeschlossen, so soll ihnen doch der Zutritt zu den Kindern nicht gänzlich versagt werden. Es bleibt aber richterlichem Ermessen vorbehalten, wie oft und unter welcher Aufsicht dergleichen Besuche zu gestatten sind". Die Praxis des gemeinen Rechts folgte dieser Regelung (vgl Obertribunal Stuttgart 24. 3. 1879 SeuffA 35 Nr 296). Wegen der praktischen Wichtigkeit dieser Frage wurde eine ausdrückliche gesetzliche Regelung im BGB für ratsam gehalten, wenngleich sich deren Inhalt vielleicht schon aus den allgemeinen Grundsätzen ergebe (Mot IV 628; vgl zur Entstehungsgeschichte Reckert DFG 1938, 64, 65). § 1636 aF betraf allein Kinder, deren Personensorge nach aufgelöster Ehe gem § 1635 aF geregelt war. Soweit § 1635 aF nicht zutraf, ein Elternteil also aus anderen Gründen nicht Inhaber der elterlichen Sorge war, hatte zunächst der Sorgeberechtigte nach pflichtgemäßem Ermessen den Verkehr mit den Blutsverwandten zu regeln. Nur wenn er dem Sittengesetz oder in gravierender Weise dem Wohl des Kindes zuwiderhandelte, konnte das Vormundschaftsgericht einschreiten.

2 An die Stelle des § 1636 aF trat mit der Einführung des EheG 1938 vom 6. 7. 1938 (RGBl I 807) die Vorschrift des § 82 EheG, die zwei wichtige Änderungen enthielt: „Der Ehegatte, dem die Sorge für die Person des gemeinschaftlichen Kindes nicht zusteht, behält die Befugnis, mit ihm persönlich zu verkehren. Das Vormundschaftsgericht kann den Verkehr näher regeln. Es kann ihn für eine bestimmte Zeit oder dauernd ausschließen, wenn dies aus besonderen Gründen dem Wohl des Kindes dient." Die Änderung in S 1 war dadurch bedingt, daß mit Einführung des EheG 1938 an die Stelle der automatischen Sorgerechtsregelung des § 1635 aF (der schuldige Teil verlor das Sorgerecht) erstmals die gerichtliche Sorgerechtszuteilung

trat, § 81 EheG 1938. Die in S 3 geschaffene Ausschlußmöglichkeit war neu. Bei den Beratungen zum BGB war sie noch abgelehnt worden (Prot II Bd 4, 449). Auch die Rechtsprechung hatte sie bis zum Beginn der zwanziger Jahre strikt für unzulässig gehalten.*
Erst allmählich hatten Beschränkung und Ausschluß des Verkehrs in die Rechtsprechung Eingang gefunden.**
Das EheG 1946 vom 20. 2. 1946 übernahm den Wortlaut des § 82 EheG 1938 unverändert als § 75 EheG 1946.

Das GleichberG fügte die Regelung wieder in das BGB ein: § 1634 nF ersetzte § 75 EheG 1946 mit Wirkung vom 1. 7. 1958. Sachlich neu war hier die Erstreckung der Vorschrift auf alle Fälle, in denen einem Elternteil die tatsächliche Personensorge nicht zustand (Ruhen und Entziehung der elterlichen Sorge). Die Voraussetzungen für den Ausschluß des Verkehrs wurden verändert (nicht mehr: „wenn dies aus besonderen Gründen dem Wohl des Kindes **dient**", sondern „wenn dies zum Wohle des Kindes **erforderlich** ist"). 3

Das 1. EheRG vom 14. 6. 1976 (BGBl I 1421) Art 1 Nr 27 wies mit Wirkung vom 1. 7. 1977 in Abs 2 S 1 die Regelungsbefugnis dem Familiengericht anstelle des Vormundschaftsgerichts zu. Auf Art 1 Nr 10 des SorgeRG vom 18. 7. 1979 (BGBl I 1061), in Kraft getreten am 1. 1. 1980, beruht die jetzige Fassung des § 1634. Der Ausdruck „Verkehr" wurde durch den Begriff „Umgang" ersetzt und stimmt nunmehr einerseits mit der Regelung des § 1711 Abs 1 S 2 überein, der lautet: „Wenn ein persönlicher Umgang mit dem Vater dem Wohl des Kindes dient, kann das Vormundschaftsgericht entscheiden." Andererseits deckt sich die Regelung insoweit mit derjenigen der DDR. Denn nach § 27 FGB behält nach der Scheidung der nicht erziehungsberechtigte Elternteil die Befugnis zum persönlichen Umgang mit dem Kind (zur Veränderung der Bezeichnung kritisch DIEDERICHSEN NJW 1980, 1, 8 Fn 141; MünchKomm-HINZ § 1634 Rz 4). In Abs 1 S 2 enthält die Vorschrift jetzt erstmals eine Wohlverhaltensklausel in Anlehnung an Art 274 Abs 1 des Schweizer ZGB. Die früher umstrittene Frage, ob das Gericht den „Verkehr" nicht nur im Verhältnis der Eltern zueinander, sondern auch mit Wirkung gegen jeden Dritten regeln kann, ist durch Abs 2 S 1 HS 1 nun geklärt. Neu sind die Bestimmungen des Abs 2 S 1 HS 2 (Recht der Umgangsbestimmung mit Dritten während des Besuches) sowie der Abs 3, der das Recht des Umgangsberechtigten auf Auskunft enthält, und Abs 4, der ausdrücklich regelt, daß die Vorschrift des § 1634 bei Getrenntleben der Eltern entsprechend gilt. 4

---

* In zeitlicher Reihenfolge: OLG Darmstadt (12. 9. 1904) OLGE 11, 297; KG (6. 10. 1911) KGJ 41, 11 = Recht 1912 Nr 2280 (LS) und Nr 2679 = RJA 11, 254 = OLGE 24, 26 gegen RG (12. 7. 1906) Z 64, 47 = JW 1906, 598; (10. 7. 1914) OLGE 33, 364; (24. 9. 1915) RJA 15, 4 = OLGE 33, 356; ebenso BayObLG seit (17. 10. 1913) Recht 1914 Nr 68; (19. 2. 1915) Z 16, 45; (20. 4. 1917) Z 18, 60 = Recht 1917 Nr 1278; (4. 4. 1919) Z 19, 233; (13. 9. 1924) Z 23, 163 = JFG 2, 80 = JW 1926, 1572; (13. 11. 1926) Z 25, 418 = JFG 4, 37 = JR 1927, Nr 133 = ZBlJR 1927/28, 271 Nr 9; (15. 2. 1929) Z 29, 111 = JFG 6, 53.

** Erstmals BayObLG (20. 4. 1917) Z 18, 60 = Recht 1917 Nr 1278; KG (13. 1. 1922) KGJ 53, 30; (12. 2. 1920) JFG 4, 33 = JR 1926 Nr 810 = ZBlJR 1927/28, 271 Nr 8; OLG München (15. 2. 1929) JFG 6, 53; (1. 7. 1936) JFG 14, 26; (25. 8. 1936) JFG 14, 189 = Recht 1936 Nr 9092; vgl Übersicht bei RECKERT DFG 1938, 64, 66 mwN; Voraufl § 1634 Rz 82 und unten Rz 253 ff.

B. Rechtliche Natur des Umgangsrechts

I. Normgrundlage

5 **1. Meinungsstand**

Seit ihrer Schaffung ist die Befugnis des nicht sorgeberechtigten Elternteils zum persönlichen Umgang mit seinem Kinde umstritten, soweit es deren Rechtsnatur angeht (Übersicht bis 1965 Voraufl Rz 2–4 a, bis 1976 VOLLERTSEN ZBlJR 1977, 230 f).

6 Folgende Auffassungen werden vertreten:

a) Das Umgangsrecht entspricht dem zwischen Eltern und Kind bestehenden engen biologischen Verwandtschaftsverhältnis (**Blutsverwandtschaft**) als „natürliches“ Recht.*

7 b) Das Umgangsrecht ist Ausdruck der persönlichen Verbundenheit zwischen Eltern und Kindern. Es beruht auf der **sozialen Elternschaft** und leitet allein aus ihr seine Berechtigung her (SIMON FamRZ 1972, 485; ZBlJR 1974, 413 f; LEMPP NJW 1972, 315; GOLDSTEIN-FREUD-SOLNIT 22 f; KRÜGER-BREETZKE-NOWACK Einl Rz 230).

8 c) § 1634 gibt dem nicht sorgeberechtigten Elternteil nur eine **öffentlich-rechtliche Befugnis**, mit den Kindern nach Scheidung der Ehe weiter zu verkehren. Die Ausübung dieser Befugnis setzt voraus, daß zwischen den geschiedenen Ehegatten über die Ausgestaltung des Verkehrs eine Vereinbarung vorliegt. Gegen den Willen des Inhabers der elterlichen Sorge kann das Vormundschaftsgericht den Verkehr nicht anordnen. § 1634 Abs 1 räumt dem nicht sorgeberechtigten Elternteil kein Recht, sondern ausdrücklich nur eine Befugnis ein, mit den Kindern persönlich zu verkehren. Auch ein verfassungsrechtliches Fundament für ein Verkehrsrecht fehlt (DELLIAN NJW 1968, 2149; FamRZ 1969, 365, 366 mit abl Stellungnahme SCHWOERER FamRZ 1969, 367).

9 d) Das Umgangsrecht erwächst aus dem **natürlichen**, durch Art 6 Abs 2 GG **verfassungsrechtlich geschützten Elternrecht** als eigenständiges Recht und der damit verbundenen Elternverantwortung.**

* KG in stRspr seit seiner Entscheidung vom 6. 10. 1911 KGJ 41, 11, 14 = Recht 1912 Nr 2280 (LS) und 2679 = RJA 11, 254 = OLGE 24, 26; KGJ 49, 29 = RJA 15, 96 = SeuffA 72 Nr 141; RJA 17, 14, 16; PLANCK, BGB (3. Aufl 1906) § 1738 Anm 3, § 1765 Anm 2; STAUDINGER-ENGELMANN (9. Aufl 1926) § 1636 Anm 4, § 1707 Anm 3, § 1738 Anm 1, § 1765 Anm 1 sowie die dort gegebenen Hinweise zu älterer Rechtsprechung und Literatur; KRÜGER-BREETZKE-NOWACK, GleichberG Einl Nr 228, 229; RIEDEL 85, 88; BIRK FamRZ 1967, 306, 310.

** BVerfG E 24, 119 f = NJW 1968, 2233 = FamRZ 1968, 578 = ZBlJR 1969, 24 = DAVorm 1968, 324; E 31, 194 = NJW 1971, 1447 = MDR 1971, 905 = FamRZ 1971, 421 = ZBlJR 1971, 315 = Rpfleger 1971, 300; E 64, 180 = NJW 1983, 2491 = JZ 1983, 703 = FamRZ 1983, 872 = ZBlJR 1983, 427 = DAVorm 1983, 727 (LS); BGHZ 42, 364 = LM Nr 3 zu § 1634 m Anm JOHANNSEN = NJW 1965, 394 m Anm DUNZ NJW 1965, 862 = MDR 1965, 194 = FamRZ 1965, 130 m Anm SCHWOERER FamRZ 1965, 121 = JR 1965, 342 m Anm GÖPPINGER; Z 51, 219 f = LM Nr 4 zu § 1634 = NJW 1969, 422 = MDR 1969, 295 = JZ 1969, 194 = FamRZ 1969, 148 = JR 1969, 184 m Anm BÖKELMANN; BayVerfGH NJW 1973, 1644 = MDR 1973, 912 = FamRZ 1974, 37 = ZBlJR 1974, 448 = DAVorm 1975, 173 (LS); dazu BECKER RdJ 1975, 344, 347 = Der Kinderarzt 1978, 385; BayObLGZ 1964, 28, 29 = NJW 1964, 1324 = MDR 1964, 506 = FamRZ 1964, 217 = ZBlJR 1964, 302; BayObLGZ 1965, 182 = OLGZ 1966, 78 (LS) = NJW 1965, 1716 = MDR 1965, 744 = FamRZ 1965, 442 = BayJMBl 1965, 108 (LS); OLG Karlsruhe (Freiburg) FamRZ 1958, 332; OLG Neustadt RdJ 1961, 175; SOERGEL-STRÄTZ Rz 3; ERMAN-RONKE Rz 3; DÖLLE FamR § 98, I 1; BEITZKE § 27 V 2; STRAUSS JZ 1952, 458; BEITZKE FamRZ 1958, 7, 10; SCHWOERER FamRZ 1958, 41, 42; SCHNITZERLING FamRZ 1958, 444, 445; ENGLER FamRZ 1969, 63, 65; SCHWOERER FamRZ 1969, 367, 370.

Diese vor allem höchstrichterlich vertretene und heute als herrschend anzusehende Meinung geht zurück auf die Entscheidung des BGH vom 21. 10. 1964 (BGHZ 42, 364), in der der BGH die Auffassung vertreten hatte, dem Personensorgerecht des einen geschiedenen Elternteils stehe als selbständiges Recht das Verkehrsrecht des nicht sorgeberechtigten Elternteils gegenüber; beide Rechte beruhten auf dem natürlichen Elternrecht. Das Verkehrsrecht schränke das Sorgerecht des anderen Elternteils ein. Hierbei handele es sich um einen nach Art 6 Abs 2 S 2 GG zulässigen Eingriff in das elterliche Sorgerecht aufgrund einer im Interesse des Wohles des Kindes geschaffenen Vorschrift. In seiner weiteren Entscheidung vom 31. 12. 1968 (BGHZ 51, 219) bekräftigte der BGH diese Auffassung. In seiner nur wenige Monate vorher ergangenen Entscheidung vom 29. 7. 1968 (BVerfGE 24, 119) hat das BVerfG betont, das natürliche Recht der Eltern in Art 6 Abs 2 GG gewähre nicht die Garantie der Rechte aus biologischer Elternschaft etwa in der Form einer unentziehbaren Substanz. Rechte und Pflichten seien unauflöslich verbunden in der Elternverantwortung. Auch Kinder seien Träger von Grundrechten. Eine Verfassung, die die Würde des Menschen in den Mittelpunkt ihres Wertsystems stelle, könne bei der Ordnung zwischenmenschlicher Beziehungen grundsätzlich niemandem Rechte an der Person des anderen einräumen, die nicht zugleich pflichtgebunden seien und dessen Menschenwürde respektierten. Eingriffe des Staates dienten also allein dem Schutz und der Hilfe des Kindes. In seiner Entscheidung vom 15. 6. 1971 (BVerfGE 31, 194) hat das BVerfG diese Rechtsprechung fortgesetzt und ausgeführt, beiden Eltern stehe das durch Art 6 Abs 2 GG verfassungsrechtlich geschützte Recht zu, die Pflege und Erziehung ihrer Kinder nach ihren eigenen Vorstellungen frei und mit Vorrang vor anderen Erziehungsträgern durchzuführen. Art 6 Abs 2 GG gehe von dem Regelfall aus, daß das Kind mit den durch die Ehe verbundenen Eltern in einer Familiengemeinschaft zusammenlebe und Vater und Mutter das Kind gemeinsam pflegen und erziehen. Diese Verfassungsnorm besage aber nichts darüber, wie die Elternrechte und -pflichten zu verteilen seien, wenn die Ehe durch Scheidung aufgelöst werde und eine gemeinsame Wahrnehmung der Elternverantwortung durch beide Eltern in der bisherigen Weise nicht mehr möglich sei. Die für diesen Konfliktfall vom Gesetz vorgesehene Regelung, daß die elterliche Gewalt dann regelmäßig einem Elternteil allein zustehen solle, während der andere nur das Recht behalte, mit dem Kind persönlich zu verkehren, sei verfassungsrechtlich nicht zu beanstanden. Dieses Verkehrsrecht stehe ebenso wie die elterliche Gewalt des anderen Elternteils wegen der fortbestehenden Zugehörigkeit des Kindes zu beiden Eltern und wegen der fortbestehenden Elternstellung und Elternverantwortung beider Eltern trotz Scheidung unter dem Schutz des Art 6 Abs 2 GG. In seiner Entscheidung vom 31. 5. 1983 (BVerfGE 64, 180), in der das BVerfG die Verfassungsmäßigkeit des § 1634 BGB in seiner jetzt geltenden Fassung bejaht hat, ist es auf diesem Wege fortgeschritten, indem es wiederholt hat, das Umgangsrecht des Nichtsorgeberechtigten nach § 1634 Abs 1 S 1 stehe ebenso wie die elterliche Sorge des anderen Elternteils unter dem Schutz des Art 6 Abs 2 S 1 GG. Beide Rechtspositionen erwüchsen aus dem natürlichen Elternrecht und der damit verbundenen Elternverantwortung, die auch auf seiten des nicht sorgeberechtigten Elternteils grundsätzlich fortbestehe.

e) Das Umgangsrecht ist **Restbestandteil des Personensorgerechts.*** Diese Einordnung wird damit begründet, systematischer Standort und Formulierung des Gesetzes („... *behält* die Befugnis") sprächen dafür, das Umgangsrecht als Rest der 10

---

* RG in stRspr Z 64, 47 = JW 1906, 598; Z 141, 319, 320 = JW 1933, 2587 m Anm Endemann = HRR 1933 Nr 1933; Z 153, 238, 242 = JFG 14, 515 = JW 1937, 928 = HRR 1937 Nr 560 = DJ 1937, 360 = ZBlJR 1937/38, 41; KG seit der auf seine Vorlage ergangenen Entscheidung

Personensorge zu verstehen, wobei die familiengerichtliche Umgangsregelung als Entscheidung im Elternstreit und der Ausschluß des Umgangsrechts als Fortsetzung der Eingriffskompetenz des § 1666 erscheine (GERNHUBER § 53 III 1; MünchKomm-HINZ § 1634 Rz 3).

11 **2. Analyse und Stellungnahme**

a) Analyse

Zur Zeit der Geltung des § 1636 aF kam der Unterscheidung zwischen diesen Normgrundlagen maßgebliche Bedeutung zu. Denn wenn das Recht zum Umgang auf dem biologischen Verwandtschaftsverhältnis beruht, seine Berechtigung sich allein aus sozialer Elternschaft herleitet oder aber dem natürlichen Elternrecht im verfassungsrechtlichen Sinne entspringt, so hatten die Eltern (auch die uneheliche Mutter) **in jedem Fall** ein Verkehrsrecht, das das Vormundschaftsgericht näher regeln, aber selbst unter den Voraussetzungen des § 1666 nicht völlig ausschließen konnte. War das Umgangsrecht dagegen Restbestandteil der elterlichen Sorge oder des Personensorgerechts, so stand das Verkehrsrecht dem nicht sorgeberechtigten Elternteil nur in dem von § 1636 a F besonders geregelten Falle der Scheidung zu. In anderen Fällen des Verlustes der Personensorge hatte der betreffende Elternteil keinen Rechtsanspruch auf Verkehr mit dem Kinde, sondern nur einen moralischen Anspruch, der allenfalls in Anwendung des § 1666 durchgesetzt werden konnte, wenn der Erziehungsberechtigte durch die Verweigerung des Verkehrs sein Sorgerecht mißbrauchte. Außerdem konnte das Verkehrsrecht als Restbestandteil der elterlichen Sorge unter denselben Voraussetzungen wie diese selbst nach § 1666 entzogen werden.

12 Mit der Einführung einer Vorschrift, die dem Vormundschaftsgericht erlaubte, das Verkehrsrecht aus Gründen des Kindeswohls auszuschließen (erstmals § 82 Abs 2 S 2 EheG 1938), entfiel der tiefere Grund für die einschränkende Auslegung durch das RG, durch das dieses die Möglichkeit hatte offenhalten wollen, einen ungeeigneten Elternteil vom Kinde fernzuhalten. Dennoch sah die in Rechtsprechung und Schrifttum herrschende Meinung auch weiterhin das Verkehrsrecht nicht als Folge des biologischen Verwandtschaftsverhältnisses oder als Ausfluß des natürlichen Elternrechts, sondern als Restbestandteil der Personensorge an. Dementsprechend betrachtete diese Meinung die für den Fall der Scheidung bestimmte Regelung des § 82 EheG 1938 wie auch die spätere, inhaltlich identische des § 75 EheG 1946 als **Sondervorschrift**, die sich auf andere Fälle, in denen ein Elternteil die Personen-

---

RGZ 153, 238 vom 14. 1. 1937 in stRspr: JW 1937, 962; JFG 15, 202, 203; DFG 1937, 101 = JW 1937, 2197; JFG 16, 178, 180 = DFG 1937, 207 = DJ 1937, 1783; DFG 38, 13 = ZBlJR 1937/38, 502; JW 1938, 1334 = ZBlJR 1937/38, 68; JW 1938, 1599 = ZBlJR 1937/38, 109; DFG 1938, 133 = JW 1938, 2211; seit Inkrafttreten des § 82 EheG 1938: JFG 23, 79; JFG 23, 339 = DFG 1942, 109 = HRR 1942 Nr 837; DFG 43, 141. Seit Inkrafttreten von § 75 EheG 1946: BGHSt 10, 376 = LM Nr 3 § 235 StGB m Anm MARTIN = NJW 1957, 1642 = MDR 1957, 756 = EJF D I Nr 2 m Anm KOHLHAAS; BayObLGZ 1956, 333 = MDR 1957, 39 = FamRZ 1958, 470 (LS) = JR 1957, 141 m Anm BEITZKE = EJF A III Nr 8 m Anm ZIMMERMANN; FamRZ 1982, 958, 959 = MDR 1982, 763 = ZBlJR 1982, 414 = Rpfleger 1982, 284; OLG München JFG 15, 288; OLG Neustadt JZ 1956, 326 m Anm SCHWOERER; GÖPPINGER in Vorauflage Rz 37 vor § 1666; MünchKomm-HINZ Rz 3; HENRICH FamR 1969 § 18 VI; GERNHUBER § 53 I 1; JANSEN-KNÖPFEL 284; DARKOW JR 1953, 333; NOWKA FamRZ 1960, 218, 219; BECKER FamRZ 1971, 589; GIESEN NJW 1972, 225, 227; STRÄTZ FamRZ 1975, 541, 545; HOLZHAUER FamRZ 1982, 109, 117, 118.

sorge verlor, nicht anwenden ließ (KG JW 1938, 1334 = ZBlJR 1937/38, 68; JW 1938, 1599 = ZBlJR 1937/38, 109; DFG 38, 13 = ZBlJR 1937/38, 502; JFG 23, 79; OLG München JW 1939, 289; Soergel-Vogel § 75 EheG Anm 3; Hoffmann-Stephan § 75 EheG Anm 3 A; Palandt-Lauterbach [15. Aufl] § 75 EheG Anm 2; abweichend von Godin § 75 EheG Anm 2; Engelhardt DFG 1942, 129 Anm 1). Allerdings wandte diese Rechtsprechung die Vorschriften über das Verkehrsrecht entsprechend an, wenn die Eltern, ohne geschieden zu sein, getrennt lebten.

Das **Gleichberechtigungsgesetz** hatte das Verkehrsrecht nicht mehr durch eine 13
spezielle Vorschrift im Anschluß an die Bestimmung über die Sorgerechtsregelung nach Scheidung, sondern in genereller Weise im Recht der Eltern-Kind-Beziehung geregelt. Damit hatte es klargestellt, daß ein Elternteil, aus welchem Grunde auch immer ihm die Sorge für die Person des Kindes nicht zusteht, grundsätzlich das Recht hat, mit ihm persönlich zu verkehren. Jetzt lag es nahe, in Rückkehr zur früheren Auffassung des KG und dieses Kommentars (9. Aufl § 1636 Anm 4) das Verkehrsrecht als ein auf dem engen Verwandtschaftsverhältnis beruhendes, dem natürlichen Elternrecht entspringendes Recht der Eltern und nicht mehr als Bestandteil der Personensorge anzusehen. In der amtlichen Begründung zum Gleichberechtigungsgesetz ist dementsprechend ausgeführt, der Entwurf sei der Auffassung, daß sich aus dem natürlichen Verhältnis von Eltern und Kind ein nicht auf den Fall der Scheidung beschränktes Recht auf persönlichen Verkehr ergebe (Strauss JZ 1952, 449, 458). Diese Auffassung vertraten auch H Krüger in Krüger-Breetzke-Nowack, Einl Nr 228, 229 und Riedel S 85, 88, während Beitzke in Achilles-Greiff § 1634 Anm 1, FamR § 27 VI und FamRZ 1958, 7, 10 die Auffassung vertrat, die Einordnung des Verkehrsrechts als ein Rest des Personensorgerechts sei wegen Art 6 Abs 2 und 3 GG nicht mehr haltbar.

Diese mehr verfassungsrechtlich orientierte Einordnung als nach Art 6 GG geschütztes natürliches Elternrecht nehmen auch Dölle § 98 I 1, Erman-Ronke Rz 3, Soergel-Strätz Rz 3, Schwoerer in Vorauflage Anm 4; FamRZ 1958, 41, 42; 1969; 367, 370; Schnitzerling FamRZ 1958, 444, 445; OLG Neustadt RdJ 1961, 175 vor. Andere (zB BayObLGZ 1963, 231 = NJW 1963, 2276 = MDR 1963, 1013 = JZ 1964, 181 = FamRZ 1963, 581) lassen die Frage dahingestellt oder aber meinen, das Verkehrsrecht sei sowohl Teil der Personensorge als auch Bestandteil des natürlichen Elternrechts, das verfassungsrechtlich geschützt sei (Erman-Seiler, GleichberG, § 1634 Anm 2). Nach wie vor wird auch die Ansicht vertreten, das Umgangsrecht sei Teil des Personensorgerechts, so insbesondere von Gernhuber (§ 53 III 1) und Hinz (MünchKomm Rz 3).

b) Stellungnahme 14

aa) Die rechtliche Grundlage der in § 1634 geregelten Befugnis bildet **nicht allein die enge blutsmäßige Verwandtschaft** zwischen nicht sorgeberechtigtem Elternteil und dem Kind. Andere enge Verwandte wie etwa die Großeltern haben diese Befugnis nicht (vgl Rz 94 ff). Und trotz fortbestehender engster Blutsverwandtschaft ruht die Umgangsbefugnis nach Einwilligung in die Adoption des Kindes, also noch vor deren Durchführung (§ 1751 Abs 1 S 1). Es muß also zur engsten verwandtschaftlichen Bindung noch etwas hinzukommen, das diese nicht verliehene, sondern beibehaltene Befugnis zur Folge hat: das fortbestehende Eltern-Kind-Verhältnis.

bb) Aus ähnlichen Gründen scheidet allein die **psychosoziale Elternschaft** als 15
Normgrundlage aus: selbst bei engen persönlichen Beziehungen und bestehender Hausgemeinschaft muß noch das rechtliche Band zwischen Eltern und ehelichen Kindern hinzukommen, um die Umgangsbefugnis auszulösen; Stiefeltern und Pfle-

geeltern haben trotz bestehender sozialer Elternschaft keine Umgangsbefugnis. Immerhin macht dieser Ansatz deutlich, daß die Rechtsposition des nicht sorgeberechtigten Elternteils uU nicht ausreicht und ausreichen kann, um von der Umgangsbefugnis auch Gebrauch machen zu dürfen: Besteht keine gewachsene psychosoziale Bindung zwischen dem nicht sorgeberechtigten Elternteil und dem Kind, wird die Ausübung des Umgangs womöglich mit dem Kindeswohl kollidieren, § 1634 Abs 2.

16 cc) Die Umgangsbefugnis ist auch **keine** bloße **öffentlich-rechtliche Befugnis**, die stets der zivilrechtlichen Ausfüllung durch Elternvereinbarung bedarf (DELLIAN FamRZ 1969, 365). An diesem gedanklichen Ansatz ist allein richtig, daß „Befugnis" etwas anderes als „Recht" bedeutet. DELLIAN weist auf die Unvollkommenheit und das Ungleichgewicht dieser Befugnis zu Recht hin. Nach herrschender Meinung soll ja dem Umgangsrecht des nicht sorgeberechtigten Elternteils keine Umgangspflicht gegenüberstehen, das **Kind**, selbst **verpflichtet zur Umgangsgewährung**, soll hierauf **kein Recht** haben (vgl unten Rz 23 ff, 48). Der nicht gangbare Weg über eine öffentlich-rechtliche Befugnis mit Ausfüllung durch zivilrechtliche Vereinbarung hätte sich auch für DELLIAN erübrigt, stünde der bloßen Umgangsbefugnis auch eine Umgangspflicht auf seiten des nicht sorgeberechtigten Elternteils bzw ein Umgangsrecht auf Seiten des Kindes gegenüber.

17 **dd)** Das Umgangsrecht ist auch **kein Restbestandteil** der ehemals innegehabten **elterlichen Sorge**. Soweit sich die Befürworter dieser Ansicht auf das vom Gesetz gebrauchte Wort „behält" berufen (im Anschluß an RGZ 153, 242), hat schon VON GODIN (Anm 2 zu § 75 EheG) diese Deduktion nicht für zwingend gehalten. Denn aus dieser Wortwahl geht nicht hervor, daß das Umgangsrecht nicht auch früher neben dem und unabhängig vom Personensorgerecht bestanden hat, mag auch das GleichberG es in § 1634 BGB für notwendig befunden haben, besonders auszusprechen, daß das Umgangsrecht durch den Verlust des Personensorgerechts nicht verlorengehe. Außerdem führt die Auffassung, das Umgangsrecht sei ein zusammengeschrumpftes Überbleibsel des Personensorgerechts, zu Ergebnissen, die nach dem positiven Recht offenbar unrichtig sind. So wurde zB ein Geisteskranker, dessen elterliche Gewalt und damit Sorgerecht nach § 1676 aF ruhte, aus diesem Grunde vom persönlichen Verkehr mit dem Kinde ausgeschlossen, während er ein Umgangsrecht nach § 75 EheG behielt, weil sich § 75 EheG auf jeden Fall der Scheidung bezog, auch auf Scheidungen wegen Geisteskrankheit nach §§ 44 u 45 EheG. Mit der von SCHWOERER (Vorauflage Rz 4) vertretenen Auffassung ist davon auszugehen, daß der nicht sorgeberechtigte Elternteil das Recht zum Umgang mit dem Kinde **nicht auf derselben Rechtsgrundlage** behält wie bisher. Das selbstverständliche Recht sorgeberechtigter Eltern, mit ihren Kindern Umgang zu pflegen, beruht ebenso wie das Sorgerecht selbst letztlich auf dem natürlichen Elternrecht. Selbst wenn man das Recht der Eltern, mit dem eigenen Kinde umzugehen, während des Bestehens der Ehe zum Inhalt der Personensorge rechnet, so unterscheidet sich doch das Umgangsrecht des nicht mehr sorgeberechtigten Elternteils aus § 1634 grundlegend von jenem Recht des Inhabers der elterlichen Sorge auf Umgang mit dem eigenen Kinde. Ob es sich, wie SCHWOERER meint, hierbei um ein ius sui generis handelt, das gerade den Verlust des Sorgerechts voraussetze, mag angesichts der Regelung des § 1634 Abs 4 nF offenbleiben. Jedenfalls entspringt es unmittelbar dem natürlichen Elternrecht und bedarf keiner Begründung aus dem verlorengegangenen Personensorgerecht. Dem entspricht auch die höchstrichterliche Rechtsprechung (BVerfGE 24, 119 = NJW 1968, 2233; E 31, 194 = NJW 1971, 1447; E 64, 180 = NJW 1983, 2491; BGHZ 42, 364 = NJW 1965, 394; Z 51, 219 = NJW 1969, 422).

18 Daß es sich bei dem Umgangsrecht nicht um einen Restbestandteil des Personensorgerechts handeln kann, erhellt auch aus der Tatsache, daß auch Eltern, die niemals das elterliche Sorgerecht hatten, weil ihnen dieses seit der Geburt des Kindes entzogen war, doch grundsätzlich das Recht zum Umgang mit ihrem eigenen Kinde behalten (BVerfGE 60, 79 = NJW 1982, 1379 = FamRZ 1982, 567 = ZBlJR 1982, 314).

19 Schließlich besagt auch die Einordnung der Vorschrift des § 1634 in das BGB in unmittelbarem Anschluß an die Vorschriften über das Recht der elterlichen Sorge nichts darüber, daß es sich insoweit um einen Restbestandteil dieses Rechts handelt. Diese durch das GleichberG vorgenommene gesetzliche Einordnung trägt der historischen Entwicklung dieser Vorschrift Rechnung. Als eine das Umgangsrecht für alle denkbaren Fälle regelnde Sondervorschrift durfte sie jedenfalls nicht mehr im Zusammenhang mit den Vorschriften über die Regelung der elterlichen Sorge nach Scheidung im Gesetz erscheinen. Und da sie inhaltlich zu den Vorschriften über die elterliche Sorge bei ehelichen Kindern gehört, bot sich die Einordnung unmittelbar vor Beginn der Vorschriften über die Vermögenssorge bei ehelichen Kindern an.

20 Endlich ergibt sich auch nicht aus der Tatsache, daß das Umgangsrecht nach § 1634 Abs 2 eingeschränkt oder ausgeschlossen werden kann, daß es sich insoweit um einen Restbestandteil der elterlichen Sorge handelt. Denn diese Einschränkung oder der Ausschluß unterfallen gerade nicht den allgemeinen, erschwerenden Voraussetzungen des § 1666, sondern richten sich nach der Sondervorschrift: Das Umgangsrecht ist schon oder nur auszuschließen, wenn dies zum Wohle des Kindes erforderlich ist, auf Gefährdung kommt es nicht an (vgl unten Rz 261 ff).

21 Ist die Umgangsbefugnis kein (Rest-)Bestandteil der elterlichen Sorge, so hat damit zugleich die sogenannte **Substanztheorie** für das Umgangsrecht ihre Bedeutung verloren: Beitzke (FS Lehmann, 2. Band, 493, 506, 507) warf 1956 erstmals die Frage auf, ob es in Übereinstimmung mit den romanischen Rechtsordnungen des Code Civil und des italienischen Codice Civile nicht sachgerecht sei, auch im deutschen Recht davon auszugehen, daß die elterliche Gewalt ihrer Substanz nach unverlierbar und unentziehbar sei mit der Folge, daß nur deren Ausübung übertragen und entzogen werden könne. Die damit geborene sogenannte Substanztheorie (vgl auch Beitzke FamRZ 1958, 7 f), die vor allem verfassungsrechtlich argumentierte (wegen der Fundstellen s Vorauflage § 1634 Rz 4 a und § 1626 Rz 8; für die neueren Fundstellen MünchKomm-Hinz § 1626 Rz 12 f), hatte für das Umgangsrecht eine gewisse Bedeutung. Denn mit ihr wurde begründet, warum – außer im Falle der Verwirkung der elterlichen Gewalt – das Umgangsrecht stets erhalten blieb. Bis heute wirkt dieser wenig weiterführende Streit fort; nach wie vor ist die Substanztheorie nicht überwunden (s Erläuterungen zu § 1626 u Soergel-Strätz § 1626 Rz 5; Erman-Ronke Rz 15 bis 17 vor § 1626; Palandt-Diederichsen Anm 3 a vor § 1626; MünchKomm-Hinz § 1626 Rz 14 Fn 55), wenngleich sie praktische Bedeutung nicht mehr hat. Denn seit die Vorschrift des § 1676 (Verwirkung der elterlichen Gewalt) durch Art 1 Nr 23 SorgeRG aufgehoben ist, kann die elterliche Sorge nicht mehr verwirkt, sondern nur noch entzogen oder übertragen werden.

22 **ee)** Zustimmung verdient allein die jetzt als gefestigt anzusehende höchstrichterliche Rechtsprechung und die damit übereinstimmende Literatur. Nach ihr erwächst die Umgangsbefugnis aus dem **natürlichen**, durch Art 6 Abs 2 GG **verfassungsrechtlich geschützten Elternrecht als eigenständiges Recht**. Als solches ist diese Befugnis sachlich der sich aus dem Elternrecht ergebenden Elternverantwortung unterworfen. Rechte und Pflichten sind unauflöslich in der Elternverantwortung miteinander

verbunden (BVerfGE 24, 119; E 31, 194; E 64, 180; BGHZ 42, 364; Z 51, 219; weitere Fundstellen s oben Rz 9).
Im Ergebnis knüpft diese Einordnung an die oben dargestellte Substanztheorie insoweit an, als auch sie zur Unverlierbarkeit und Unentziehbarkeit des so verstandenen Elternrechts gelangt: Das als Grundrecht in Art 6 GG geschützte natürliche Recht der Eltern auf Pflege und Erziehung der Kinder verbleibt dem nicht sorgeberechtigten Elternteil, auch wenn die zivilrechtliche elterliche Sorge dem anderen Elternteil übertragen ist, und zwar diese nicht nur in der Ausübung, sondern der Substanz nach. Dieses Ergebnis macht zugleich deutlich, daß und warum die elterliche Sorge und das als Grundrecht geschützte natürliche Elternrecht **verschiedene Begriffe** sind (vgl Schwoerer in Vorauflage Rz 4 a und FamRZ 1969, 367, 369; Holzhauer FamRZ 1982, 109). Ähnliches gilt für § 1696: Wird die Entscheidung über die elterliche Sorge geändert, so wird hierdurch das verfassungsrechtlich geschützte natürliche Elternrecht auch des Elternteils, der hiernach die elterliche Sorge verliert, noch nicht berührt.

23 Ein Argument, das häufig zur Abgrenzung zwischen den oben aufgezeichneten Meinungen verwendet wird, ist dafür allerdings ungeeignet, weil es, bei richtiger Betrachtung, beide Rechtsauffassungen (Rest-Elternsorge/natürliches Elternrecht) stützt, also zur Unterscheidung nichts hergibt: Gemeint ist die bis heute als herrschend zu bezeichnende, wenngleich im allgemeinen nicht weiter begründete Ansicht, daß **das Umgangsrecht** (Umgangsbefugnis) **keine Umgangspflicht** zum Inhalt habe, daß dem Umgangsrecht des nicht sorgeberechtigten Elternteils **kein Recht des Kindes auf Umgang** mit dem anderen Elternteil gegenüberstehe.*

24 Daß die **Verneinung einer Umgangspflicht unrichtig** sein muß, wenn das Umgangsrecht als **Restbestandteil der Elternsorge** angesehen wird, liegt auf der Hand: Denn wer das Umgangsrecht als Teil des grundsätzlich erhaltenen, jederzeit wieder zu belebenden elterlichen Sorgerechts ansieht, kann angesichts der Pflichten, die sich aus dieser Rechtsstellung ergeben, nicht begründen, warum die Ausübung der Umgangsbefugnis vom Belieben des Inhabers abhängen soll. Zwar hatte der BGH in seiner Entscheidung vom 21. 10. 1964 (BGHZ 42, 364) ua entschieden, das Verkehrsrecht sei dem nicht sorgeberechtigten Elternteil verliehen, damit er wesentlich im eigenen Interesse die Beziehungen zu dem Kinde persönlich pflegen könne. Daraus haben Holzhauer (FamRZ 1982, 109, 117) und Schwoerer (in Vorauflage Rz 9 mwN) gefolgert, das Verkehrsrecht trage mehr eigenmächtige Züge, es sei dem nicht sorgeberechtigten Elternteil allein um seiner selbst willen verliehen. Diese Auffassung läßt sich jedoch spätestens seit der Entscheidung des BVerfG vom 29. 7. 1968 (BVerfGE 24, 119) nicht mehr aufrechterhalten. Denn hiernach sind Rechte und Pflichten unauflöslich verbunden in der Elternverantwortung. Eine Verfassung könne bei der Ordnung zwischenmenschlicher Beziehungen grundsätzlich niemandem Rechte an der Person des anderen einräumen, die nicht zugleich pflichtgebunden seien. Die angeblich nur Rechte und keine Pflichten

---

* BGH EBE 1984, 249 = NJW 1984, 1951 = MDR 1985, 36 = FamRZ 1984, 778 = DAVorm 1984, 827 = EzFamR BGB § 1634 Nr 1 (LS) = JR 1984, 497 m Anm Göppinger; KG Recht 1914 Nr 1698 (LS); OLG Düsseldorf FamRZ 1986, 202; Soergel-Strätz Rz 5; MünchKomm-Hinz Rz 12; Erman-Ronke Rz 5; Palandt-Diederichsen Anm 1 a; Schwoerer in Vorauflage Rz 4 und 9; Gernhuber § 53 III 4; Johannsen-Henrich-Jaeger Rz 16; Göppinger Vereinbarungen Rz 632; v. Godin § 75 EheG Anm 2 aE; Lohmann GruchB 61, 22, 30, 33; Dieckmann AcP 178 (1978), 298, 323, 324; **aA**: Nowka FamRZ 1960, 218, 220: Eine im Kindesinteresse auszuübende Elternpflicht; Becker RdJ 1975, 344, 348 = Der Kinderarzt 1978, 385: Umgangspflicht der biologischen Eltern; Massfeller-Böhmer § 1634 Anm 1: Der Umgang mit dem nicht sorgeberechtigten Elternteil ist auch das natürliche Recht des Kindes; Reckert DFG 1938, 64, 67: die Ansicht, die Verkehrsbefugnis sei nur ein Recht und keine Pflicht, sei abzulehnen.

erzeugende Umgangsbefugnis läßt sich auch nicht damit begründen, das Erziehungsrecht stehe in diesen Fällen allein dem anderen Elternteil zu. Denn die Wahrnehmung des durch Gesetz eingeräumten Umgangsrechts basiert weder auf dem Erziehungsrecht noch schränkt es dieses ein, der Umgangsberechtigte hat kein „kleines Miterziehungsrecht" (vgl unten Rz 59). Elterliche Sorge ist ein Recht, bei welchem mit jeder Befugnis eine Ausübungspflicht korrespondiert. Wenn Gernhuber (§ 53 III 4) meint, § 1634 Abs 1 hebe diese Verknüpfung auf, weil nur die Umgangsbefugnis gemeint sei, „verpflichtend wirkt hier allein die Ethik", so sticht diese Begründung nicht. Spätestens der durch das SorgeRG neu geschaffene § 1618 a hat diese ethische und vom BVerfG schon 1968 als Pflichtrecht erkannte Position in eine rechtliche Pflicht transponiert. Wenn zur Begründung für die Auffassung, eine Umgangspflicht bestehe nicht, weiter angeführt wird, daß erzwungene elterliche Anteilnahme für das Kind nicht wertvoll sein, die Nichtgeltendmachung vielmehr im Einzelfall dem Kindeswohl dienlich sein könne (Gernhuber § 53 III 4; MünchKomm-Hinz Rz 12), so rechtfertigt auch dieses Argument die Auflösung von Befugnis und Verpflichtung nicht. Denn diese Meinung hat allein die Konstellation im Auge, in der der nicht sorgeberechtigte Elternteil den Umgang ausüben will und das Kind oder der sorgeberechtigte Elternteil sich dagegen sperrt. Dieser Fall ist jedoch nicht gemeint: Einer solchen Situation des umgangswilligen nicht sorgeberechtigten Elternteils, der auf Widerstand stößt, kann durch die Anordnung und Ausgestaltung und vielleicht durch die zwangsweise Durchsetzung des Umgangsrechts Rechnung getragen werden (vgl unten Rz 191 ff, 430). Die hier in Rede stehende Umgangspflicht meint andere, in der Praxis häufig zu beobachtende Konstellationen, in denen das Kind (und eventuell auch der sorgeberechtigte Elternteil) den Umgang befürworten und wünschen, nur der umgangsbefugte Elternteil macht von diesem Recht keinen Gebrauch, so sehr sich das Kind diesen Besuch auch wünschen mag.

Einen solchen Fall betraf die Entscheidung des OLG Düsseldorf vom 25. 11. 1985 (FamRZ 1986, 202): Zwei Kinder, 7 und 8 Jahre alt, die bei der Mutter lebten, wollten ihren Vater und ihren dort lebenden älteren Bruder gern jeden Samstag von 10 Uhr bis 18 Uhr besuchen, während der Vater den Besuch der Kinder nur von 13 Uhr bis 18 Uhr wünschte, weil er meinte, den achtjährigen Sohn nicht länger als fünf Stunden „bändigen" zu können. Das OLG Düsseldorf entsprach diesem Wunsch des Vaters mit dem Hinweis darauf, aus dem Gesetz lasse sich keine Verpflichtung des nicht sorgeberechtigten Elternteils zur Ausübung seines Umgangsrechts ableiten. Es gelangte zu dem Ergebnis, daß es diesen Elternkonflikt gerichtlich regeln müsse, da der sorgeberechtigte Elternteil das Umgangsrecht in größerem Umfang gewähren wolle, als es der nicht sorgeberechtigte Elternteil in Anspruch nehmen wollte.

Die Vertreter der sogenannten „Restsorgerechtstheorie" geben für ihre Auffassung, die Umgangsbefugnis gewähre lediglich Rechte und keine Pflichten, keine Begründung, eine Auseinandersetzung mit § 1618 a fehlt (vgl auch Dieckmann AcP 178 [1978] 298, 323, 324, der davon spricht, es gehe bei dem Umgangsberechtigten um **dessen** Freizeit, der Wunsch des Kindes, den Umgang möglicherweise auszuweiten, sei nicht zu berücksichtigen).

Aber auch für die hier vertretene Ansicht, nach der die Umgangsbefugnis ein **selbständiges**, sich **aus dem natürlichen Elternrecht ergebendes Recht** ist, eignet sich die angeblich **fehlende Umgangspflicht** nicht als Begründung oder auch nur zur Stützung. Denn auch das verfassungsrechtlich geschützte Elternrecht ist allein Pflichtrecht (BVerfGE 24, 119), das den Eltern nicht um ihrer selbst willen verliehen ist (**aA**: Schwoerer in Vorauflage Rz 9 mw älteren Nachw). Deshalb ist es **25** notwendig, die bisher weit verbreitete Annahme einer fehlenden Umgangspflicht vor dem Hintergrund des verfassungsrechtlich geschützten Elternrechts beider Eltern einerseits und der lebenslangen, von der Inhaberschaft elterlicher Sorge unabhängigen Beistands- und Rücksichtspflicht des § 1618 a andererseits zu überdenken. Spätestens seit Einfügung der Vorschrift des § 1618 a in das BGB durch das SorgeRG gilt, daß das Eltern-Kind-Verhältnis, solange es besteht, unter dem Rechtsgedanken der Gegenseitigkeit von Rechten und Pflichten steht. Die Übernahme der sittlich selbstverständlichen Beistands- und Rücksichtspflicht zwischen Eltern und Kindern in das Gesetz als rechtliche Verantwortung hatte zum Ziel, die partnerschaftlichen Beziehungen innerhalb der Familie durch Betonung der Gegenseitigkeit von Rechten und Pflichten und der besonderen Verantwortung füreinander zu stärken (BT-Drucks 8/2788 S 36; Staudinger-Coester § 1618 a Rz 3 mwN; vgl auch die lesenswerte E des KG v 15. 6. 1988 über das aus § 1618 a hergeleitete „Kontaktaufnahmerecht" eines erwachsenen Sohnes gegenüber seinem krebskranken nichtehelichen Vater NJW-RR 1988, 1226 = FamRZ 1988, 1044; krit: Knöpfel FamRZ 1985, 554, 558; Gernhuber, FS Müller-Freienfels [1986] 159 ff).

Weder entspricht es dem hiernach geschuldeten elterlichen Beistand noch der Rücksichtnahme, einem Kinde, das den Besuch bei dem anderen Elternteil wünscht, sich nach diesem Elternteil sehnt, dieses Recht zu versagen. Die grundsätzliche Bereitschaft der Eltern zum persönlichen Kontakt gehört in den Bereich der gesetzlich geschuldeten Beistandspflicht. Sie folgt aus der existenziellen Bedeutung von Eltern und Kindern füreinander. Der persönliche Umgang von Kind und Elternteil liegt grundsätzlich im elementaren Interesse beider Seiten, ein Interesse, das aus der schicksalhaften Bedeutung von Eltern und Kindern füreinander folgt. § 1634 ist eine Ausprägung des Rechtsgedankens aus § 1618 a; diese Vorschrift gibt die Legitimation zu einem Verständnis des § 1634 Abs 1 S 1 dahin, daß es sich bei dem Umgangsrecht ebenfalls um die Gegenseitigkeit von Rechten und Pflichten handelt. Das so verstandene Umgangsrecht als **beiderseitiges Umgangsrecht und beiderseitige Umgangspflicht** stimmt mit der gesetzlichen Wertung überein, die in § 1618 a zum Ausdruck kommt. Es handelt sich nicht um eine Korrektur, sondern um die Ausfüllung von § 1634 Abs 1 S 1.

26 **c) Rechtspolitischer Ausblick**

Die praktische Bedeutung der Frage nach der Normgrundlage für das Umgangsrecht ist weder unwesentlich (so aber Staudinger-Coester § 1618 a Rz 36), noch müßig (so Palandt-Diederichsen § 1634 Anm 1 a), noch ohne große praktische Bedeutung (so Soergel-Strätz § 1634 Rz 3 und Schwoerer Vorauflage Rz 4 aE; wohl auch Johannsen-Henrich-Jaeger Rz 7; LG Hamburg FamRZ 1971, 587, 588 m Anm Becker FamRZ 1971, 589). Zwar entfallen die an die früheren Auffassungen geknüpften verschiedenen Rechtsfolgen, seit § 1634 dem nicht sorgeberechtigten oder nicht mit dem Kinde zusammenlebenden Elternteil stets ein Umgangsrecht gewährt. Dennoch bedeutet es einen erheblichen rechtlichen Unterschied, ob das Umgangsrecht im natürlichen, verfassungsrechtlich geschützten Elternrecht wurzelt oder aber ein Relikt aus dem Sorgerecht ist, dessen ursprüngliche Inhaberschaft also voraussetzt. Im übrigen wird eine restriktive Handhabung des Umgangsrechts um so schwieriger, je höher das Gewicht oder der Rang dieses Rechts anzusiedeln ist (ebenso Gernhuber § 53 III 1; MünchKomm-Hinz Rz 3). Daß bei beiden Herkunftsalternativen für das Umgangsrecht das Kindeswohl Ziel und Grenze zugleich ist (Johannsen-Henrich-Jaeger Rz 7), trifft zwar zu, macht die Entscheidung über die Einordnung aber weder entbehrlich noch auch nur leichter: Angesichts der neu in Gang gebrachten Diskussion um die Reform des § 1711, die das Umgangsrecht des nichtehelichen Vaters stärken soll, kann die Normgrundlage jetzt jedenfalls nicht mehr offenbleiben (zur früheren Diskussion eines Verkehrsrechts des nichtehelichen Vaters ua Bosch, Gutachten zum 44. Deutschen Juristentag [1962] 89, 93 mit älteren Nachweisen; Lange NJW 1970, 297 f; Simitis StAZ 1970, 255, 264; Hahnzog FamRZ 1971, 334, 337). Ob ein Vater ein Umgangsrecht nur als Rest des Personensorgerechts hat, das er als nichtehelicher Vater nie hatte, als natürliches, verfassungsgeschütztes Elternrecht, ob er es hat, weil er blutsmäßig mit dem nichtehelichen Kind verwandt ist (natürliches Elternrecht aus Verwandtschaft), oder aber deshalb, weil er mit dem Kind zusammengelebt hat (psychosoziale Elternschaft), muß in der anstehenden Diskussion entschieden werden. Mit Recht weist Hinz (MünchKomm Rz 3) darauf hin, daß die Ableitung des Umgangsrechts aus dem natürlichen, verfassungsrechtlich geschützten Elternrecht oder aus der Blutsverwandtschaft schwerlich die Unterschiede zwischen § 1634 und § 1711 erklären könne. Nur ist Hinz' Folgerung, **deshalb** sei das Umgangsrecht ein Restbestandteil des Personensorgerechts, ein Fehlschluß. Denn die Regelung des § 1711 in seiner jetzigen Fassung ist dogmatisch wie verfassungsrechtlich keineswegs zwingend. Zwar hat das BVerfG entschieden, daß die in § 1711 geregelte Umgangsbefugnis des nichtehelichen Vaters mit seinem Kinde mit Art 3 Abs 1 GG vereinbar sei (BVerfGE 56, 363, 393 = NJW 1981, 1201 = JZ 1981, 887 = FamRZ 1981, 429 = DAVorm 1981, 351; E 64, 180 = NJW 1983, 2491 = JZ 1983, 703 = FamRZ 1983, 872 = ZBlJR 1983, 427 = DAVorm 1983, 727 [LS]). Denn angesichts der Unterschiede in der Situation geschiedener Eltern und niemals verheiratet gewesener Eltern sei der nichteheliche Vater durch die verschiedene Behandlung nicht zu Unrecht benachteiligt. Doch bleibt offen und mußte vom BVerfG auch nicht entschieden werden, was zu gelten hat, wenn die Situation der nichtehelichen Eltern derjenigen geschiedener Eltern in tatsächlicher Hinsicht fast gleichkommt, wie bei der nichtehelichen Lebensgemeinschaft. Diese Situation, in der das nichteheliche Kind durch Zusammenleben Bindungen zu seinem Vater hergestellt hat, soll durch die geplante Reform neu und anders geregelt werden. Die Bundesregierung plant eine Änderung des § 1711 und hat hierfür verschiedene Varianten vorgestellt, von denen eine die Befugnis des nichtehelichen Vaters zum persönlichen Umgang mit dem Kind entsprechend § 1634 Abs 1 und Abs 2 regeln will (Referentenentwurf des Bundesministeriums der Justiz vom 1. 3. 1988, Az 3470/6–14 402/87).

3. Ergebnis 27

Diese jüngste rechtspolitische Entwicklung macht deutlich, daß die Interpretation des Umgangsrechts als eines Ausflusses des natürlichen Elternrechtes so, wie dies höchstrichterlich definiert wird, nämlich als **verfassungsrechtlich geschütztes, treuhänderisches Pflichtrecht**, am ehesten zu überzeugen vermag. Nur so läßt sich ohne weiteres erklären, warum die Eltern oder ein Elternteil ein Umgangsrecht behalten, auch wenn sie die elterliche Sorge nie oder nicht mehr hatten, weil ihnen diese von der Geburt des Kindes an oder aber später gemäß § 1666 entzogen worden war. Das natürliche, von Verfassungs wegen geschützte Elternrecht mündet bei zusammenlebenden ehelichen Eltern in deren gemeinsames Sorgerecht. Leben sie nicht (mehr) zusammen, so überträgt das Familiengericht in der Regel einem Elternteil die alleinige Elternsorge (§ 1671). Das natürliche Elternrecht des anderen ehelichen Elternteils erlischt aber nicht, sondern mündet in dessen Umgangsrecht. Dasselbe gilt für Eltern, die diese elterliche Sorge nicht ausüben können, weil diese ruht oder ihnen entzogen ist. Und wenn bei einem nichtehelichen Kind, dessen elterliche Sorge allein der Mutter zusteht (§ 1705), der nichteheliche Vater im Wege der Gesetzesreform ein dem § 1634 entsprechendes Umgangsrecht eingeräumt erhielte, so könnte auch dieses Recht nur auf seinem naturrechtlichen, verfassungsmäßig geschützten Elternrecht beruhen, uU abhängig von seiner psychosozialen Elternschaft an dem Kinde.

II. Inhalt der Norm

28 **1. Höchstpersönliches Recht**

Das Umgangsrecht ist höchstpersönlicher Natur. Es kann deshalb nicht auf einen Dritten, etwa einen Großelternteil, übertragen werden. Auch die Ausübung durch einen Beauftragten ist unzulässig (KGJ 49, 29 = KG RJA 15, 96 = SeuffA 72 Nr 141). Als Bestandteil des natürlichen Elternrechts ist es als solches **unverzichtbar**. Ein dennoch vorgenommener Verzicht ist sittenwidrig und nichtig*.

29 Etwas anderes gilt allerdings im Falle der **Adoption des Kindes**: Seit Inkrafttreten des Gesetzes über die Annahme als Kind und zur Änderung anderer Vorschriften (AdoptG) vom 2.7.1976 (BGBl I 1749) am 1.1.1977 ruht mit der wirksamen Einwilligung eines Elternteils in die Adoption oder mit der rechtskräftigen Ersetzung der Einwilligung dessen elterliche Sorge. Die Befugnis, mit dem Kind persönlich zu verkehren, darf nicht (mehr) ausgeübt werden (§ 1751 Abs 1 S 1). Das Umgangsrecht des betreffenden Elternteils endet (MünchKomm-Lüderitz § 1751 Rz 3 mwN; Gernhuber § 53 III 3). Mit dieser positiv-rechtlichen Regelung ist der frühere Streit (Nachweise Vorauflage Rz 5 und 34) darüber beendet, ob die Eltern, die die elterliche Sorge infolge Adoption verloren haben, dennoch ein Umgangsrecht behalten oder ob in der Einwilligung in die Adoption ein – ausnahmsweise zulässiger – Verzicht auf das Umgangsrecht lag (so H Krüger in Krüger-Breetzke-Nowack Einl Rz 233).

Wird die Annahme als Kind aufgehoben, so wird die (frühere) leibliche Verwandtschaft wieder begründet (§ 1764 Abs 3), nicht aber die elterliche Sorge. Diese kann nur vom Vormundschaftsgericht zurückübertragen werden, wenn und soweit dies dem Wohl des Kindes nicht widerspricht (§ 1764 Abs 4). Da die rechtlichen Bindungen zur leiblichen Familie – mit Ausnahme der elterlichen Sorge – wiederaufleben, steht dem leiblichen Elternteil jetzt ein Umgangsrecht wieder zu (ebenso Massfeller-Böhmer § 1764 Anm 3).

30 Nach hM kann das Umgangsrecht **durch Nichtausübung nicht erlöschen oder verwirkt werden** (OLG Neustadt RdJ 1961, 175; KG FamRZ 1985, 639, 641; Johannsen-Henrich-Jaeger Rz 8; Schwoerer in Vorauflage Rz 5; s auch unten Rz 293 ff; **aA:** Reckert DFG 1938, 64, 67). Auch Vereinbarungen der Eltern, durch die der persönliche Umgang mit dem Kinde geregelt wird, sind insoweit nichtig, als sie einen **generellen** Verzicht auf das Umgangsrecht enthalten oder einem solchen Verzicht tatsächlich nahekommen. Da aber nach der oben (Rz 23 ff) dargestellten hM in Literatur und Rechtsprechung dem Umgangsrecht des nicht sorgeberechtigten Elternteils trotz § 1618 a keine zwangsweise durchsetzbare Umgangspflicht gegenübersteht (BGH EBE 1984, 249 = NJW 1984, 1951 = MDR 1985, 36 = FamRZ 1984, 778 = DAVorm 1984, 827 = EzFamR BGB § 1634 Nr 1 [LS] = JR 1984, 497 m Anm Göppinger; KG Recht 1914 Nr 1698 [LS]; OLG Düsseldorf FamRZ 1986, 202; Erman-Ronke Rz 5; Soergel-Strätz Rz 5; MünchKomm-Hinz Rz 12; Palandt-Diederichsen Anm 1 a; Gernhuber FamR § 53 III 4; Johannsen-

* BGH EBE 1984, 249 = NJW 1984, 1951 = MDR 1985, 36 = FamRZ 1984, 778 = DAVorm 1984, 827 = JR 1984, 497 m Anm Göppinger = EzFamR BGB § 1634 Nr 1 (LS); RG JW 1925, 2115 m Anm Endemann = WarnR 1925 Nr 204; BayObLGZ 1956, 191, 193 = NJW 1957, 185 = FamRZ 1958, 471 = EJF A III Nr 4 = ZBlJR 1957, 183; Erman-Ronke Rz 5; Jauernig-Schlechtriem Anm 1; MünchKomm-Hinz Rz 12; Palandt-Diederichsen Anm 2 a aE; Soergel-Strätz Rz 5; Schwoerer in Vorauflage Rz 5; Beitzke § 27 V 2; Dölle § 58 I 1, 320; Gernhuber § 53 III 4; Johannsen-Henrich-Jaeger Rz 9; Göppinger Vereinbarungen Rz 632; Schwab Handbuch Rz 224 Fn 3; Riedel 87; Schnitzerling FamRZ 1958, 444, 446.

Henrich-Jaeger Rz 16; Göppinger Vereinbarungen Rz 632; Lohmann GruchB 61, 22, 30, 33), wird es nicht grundsätzlich als unzulässig angesehen, sich zur Nichtausübung des Umgangsrechts zwar nicht unbefristet, ohne Rücksicht auf die künftige Entwicklung, aber doch für eine gewisse Zeit, jedenfalls dann zu verpflichten, wenn dies dem Wohl des Kindes entspricht (BGH EBE 1984, 249 = NJW 1984, 1951; OLG Hamm FamRZ 1980, 724, 725; MünchKomm-Hinz Rz 12; Schwab Handbuch Rz 24 Fn 3; Göppinger Vereinbarungen Rz 632; Rolland Rz 21; **aA:** Gernhuber § 53 III 4 Fn 14; Soergel-Strätz Rz 7).

Soweit Rechtsprechung und Literatur den zeitweiligen Verzicht auf das Umgangsrecht auch dann nicht zulassen, wenn er im Kindesinteresse liegt, besteht ein unvereinbarer Widerspruch zu der Auffassung, eine Umgangspflicht bestehe niemals, auch nicht, wenn der Umgang im Interesse des Kindes liege (oben Rz 23 ff). Im übrigen wird hier übersehen, daß jede Nichtausübung faktisch einem stillschweigenden Verzicht auf das Umgangsrecht gleichkommt. Dieses Recht zur Nichtausübung wird aber übereinstimmend mit der angeblich nicht bestehenden Besuchspflicht begründet und daher gebilligt!

Die Bereitschaft des umgangsberechtigten Elternteils, von der Ausübung des Umgangsrechts abzusehen, ist allerdings rechtlich unbeachtlich, wenn sie in einer gegen die guten Sitten verstoßenden Weise mit einer **Unterhalts-Freistellungsverpflichtung** des anderen Elternteils **gekoppelt** wird, also in Fällen, in denen ein Kind nach einem übereinstimmenden Vorschlag der Eltern über die Regelung des Sorgerechts „zum Gegenstand eines Handels“ gemacht wird, zB ein Ehegatte gegen Nichtausübung des Umgangsrechts den anderen von der Unterhaltspflicht gegenüber dem Kind freistellt und das Kindeswohl durch diese Regelung gefährdet wird (BGH EBE 1984, 249 = NJW 1984, 1951 = MDR 1985, 36 = FamRZ 1984, 778 = DAVorm 1984, 827 = EzFamR BGB § 1634 Nr 1 (LS) = JR 1984, 497 m Anm Göppinger; NJW 1986, 1167 = FamRZ 1986, 444 = JR 1986, 324 m zust Anm Göppinger; ders Unterhaltsrecht Rz 1651). Eine solche Vereinbarung ist als unzulässige Kommerzialisierung des elterlichen Umgangsrechts (Palandt-Heinrichs § 138 Anm 5 k) regelmäßig als sittenwidrig und damit als nichtig gemäß § 138 Abs 1 BGB anzusehen (Palandt-Diederichsen § 1634 Anm 2 a; MünchKomm-Hinz § 1634 Rz 12; Johannsen-Henrich-Jaeger Rz 16). Anders kann die rechtliche Beurteilung ausfallen, wenn die Nichtausübung des Umgangsrechts, die mit der Freistellungsvereinbarung gekoppelt wird, auch dem Kindeswohl dienen kann, wenn also die Freistellung vom Umgang nur solange gelten soll, als im Interesse des Kindeswohls auf die Ausübung des Umgangsrechts verzichtet wird (OLG Frankfurt FamRZ 1985, 596, 597 in Abgrenzung zu BGH EBE 1984, 249 = NJW 1984, 1951; Palandt-Diederichsen Anm 2 a). Auch hier gilt: Das Umgangsrecht des nicht sorgeberechtigten Elternteils hat sich nach § 1634 am Wohl des Kindes zu orientieren. Deshalb erscheint es ebenso notwendig wie sinnvoll, zeitweiligen Verzicht auf die Ausübung zuzulassen, wenn dies dem Wohl des Kindes dient oder förderlich ist, nicht aber, wenn diese Nichtausübung allein am Willen (Desinteresse) des nicht sorgeberechtigten Elternteils gemessen wird. 31

Die **Unzulässigkeit des Verzichts auf das Umgangsrecht** nach deutschem Recht setzt sich auch im IPR durch: Ein ausländisches Recht, das einen wirksamen Verzicht auf das Recht zum persönlichen Verkehr mit dem Kind generell anerkennt, ist insoweit von dem deutschen Gericht gem Art 6 EGBGB nicht anzuwenden (Palandt-Heldrich Art 6 EGBGB Anm 5 d aa; Schwoerer in Vorauflage Rz 5 unter Bezugnahme auf KG DJZ 1931, 365 [LS] zu Art 30 EGBGB aF). Allerdings wird auch hier die oben dargestellte Rechtsprechung zur Zulässigkeit der zeitweiligen, im Kindesinteresse liegenden Erklärung der Nichtausübung zu berücksichtigen sein.

32 **2. Absolutes Recht**

Das Umgangsrecht ist – wie das elterliche Sorgerecht – ein echtes, von der Rechtsordnung sanktioniertes absolutes Recht iSd §§ 823 Abs 1, 1004, das jedermann zu respektieren hat und durch welches die Befugnisse des Sorgerechtsinhabers entsprechend eingeschränkt werden. Gegenüber der Ausweisung des umgangsberechtigten Elternteils setzt es sich allerdings uU nicht durch: Hier kann nach entsprechender Abwägung der widerstreitenden Interessen das Interesse der Allgemeinheit an der Ausweisung des Umgangsberechtigten überwiegen (OVG Münster FamRZ 1969, 35; JANS-HAPPE § 1634 Anm 1; PALANDT-DIEDERICHSEN Anm 1 a).

Die Verletzung des Umgangsrechts kann schadensersatzpflichtig machen (§ 823 Abs 1); zB können die Kosten einer vorbereiteten, infolge Vereitelung des Umgangsrechts aber unnötigen Reise verlangt werden*.

Gerichtsstand für derartige Prozesse, wenn sie gegen Dritte gerichtet sind, ist folgerichtig derjenige der unerlaubten Handlung, § 32 ZPO (RG JW 1913, 202 Nr 14 = WarnR 13 Nr 53; LG Aachen FamRZ 1986, 713).

Allerdings wirkt die vom RG vorgenommene Einordnung des Umgangsrechts als absolutes Recht nicht gegenüber dem anderen, sorgeberechtigten Elternteil: Hier hat erforderlichenfalls das „schwächere“ (besser: „inhaltlich beschränkte“) Umgangsrecht dem „stärkeren“ (besser: „umfassenderen“, vgl unten Rz 38 ff) Recht der elterlichen Sorge zu weichen, etwa im Falle der Auswanderung des Sorgeberechtigten.**

33 **3. Abgeleitetes Aufenthaltsbestimmungsrecht**

Während der Dauer des elterlichen Umgangs übt der nicht sorgeberechtigte Elternteil die Rechte nach § 1632 Abs 2 aus (§ 1634 Abs 2 S 1). Er bestimmt also auch mit Wirkung für und gegen Dritte den Umgang des Kindes. Diese durch das SorgeRG neu aufgenommene Bestimmung verpflichtet den nicht sorgeberechtigten Elternteil zu allem Tun und Unterlassen, zu dem im übrigen der sorgeberechtigte Elternteil aus § 1632 Abs 2 verpflichtet ist (siehe Erläuterungen zu § 1632). Der umgangsberechtigte Elternteil hat also auch die Pflicht, das Kind während der Dauer des Umgangs zu beaufsichtigen. Richtet das Kind Schaden an, so kann er selbst deswegen schadensersatzpflichtig werden (BULLE, Das Recht des § 1636 BGB [§ 82

---

* RG JW 1913, 202 Nr 14 = WarnR 1913 Nr 53 – mit allerdings nicht mehr akzeptabler Begründung: Das Recht der elterlichen Gewalt sei ein dem Eigentum gleichstehendes Recht –; WarnR 1928 Nr 132; RGZ 141, 319, 320 = JW 1933, 2587 m Anm ENDEMANN = HRR 1933 Nr 1933; LG Aachen FamRZ 1986, 713 – jeweils zur elterlichen Sorge –, ERMAN-RONKE Rz 5; SOERGEL-STRÄTZ Rz 5; MünchKomm-HINZ Rz 12; PALANDT-DIEDERICHSEN § 1626 Anm 1; PALANDT-THOMAS § 823 Anm 6 f; MünchKomm-MERTENS § 823 Rz 36; BGB-RGRK-STEFFEN § 823 Rz 69; DÖLLE § 98 I 1.

** RGZ 141, 319 = JW 33, 2587 m zust Anm ENDEMANN = HRR 1933 Nr 1933; BVerfGE 31, 194 = NJW 1971, 1447 = MDR 1971, 905 = FamRZ 1971, 421 = ZBlJR 1971, 315 = Rpfleger 1971, 300; BGH NJW 1987, 893, 896 = FamRZ 1987, 356, 358; BayObLGZ 1956, 333 = MDR 1957, 39 = FamRZ 1958, 470 = JR 1957, 141, 143 m Anm BEITZKE = EJF A III Nr 8 m Anm ZIMMERMANN; OLG Neustadt FamRZ 1963, 300, 301 mit kritischer Anm SCHWOERER; OLG Köln FamRZ 1972, 572, 574; OLG Karlsruhe FamRZ 1978, 201, 202; OLG Düsseldorf FamRZ 1979, 965, 966 = VerfRspr Art 6 II GG Nr 75; LG Mannheim FamRZ 1976, 167 (LS) = Justiz 1975, 232; ERMAN-RONKE Rz 4; MünchKomm-HINZ Rz 13; SOERGEL-STRÄTZ Rz 6; PALANDT-DIEDERICHSEN Anm 1 a; DÖLLE § 98 I 4; iE auch GERNHUBER § 53 III 8; SCHNITZERLING FamRZ 1958, 444, 446; **aA**: OLG Oldenburg FamRZ 1980, 78; SCHWOERER in Vorauflage Rz 94: Nur bei triftigen Gründen für die Auswanderung dominiert das stärkere Sorgerecht; ähnlich SCHWOERER FamRZ 1963, 300; vgl Einzelheiten unten Rz 309 ff.

EheG] und seine Reform [Diss Jena 1939] 53; EGNER: Die elterliche Gewalt und Scheidung der Ehe der Eltern [Diss Frankfurt 1950] 113).

4. Strafrechtlicher Schutz 34

Nach ganz hM wird das Umgangsrecht strafrechtlich nach § 235 StGB geschützt. Der sorgeberechtigte Elternteil oder ein Dritter, der das Umgangsrecht des anderen Elternteils vereitelt, „entzieht" jenem das Kind iSv § 235 StGB.* Ausgangspunkt dieser Auffassung ist, daß das Umgangsrecht als Bestandteil des Sorgerechts nach § 235 StGB geschützt wird. Angriffsobjekt ist die Sorgeberechtigung der für den Minderjährigen verantwortlichen Person; § 235 StGB schützt die Eltern generell in der Ausübung der ihnen vom Gesetz zugebilligten Elternrechte (RGSt 18, 273; BGHSt 1, 364 = LM § 235 StGB Nr 2; NJW 1963, 1413 = LM § 235 StGB Nr 7; LK-VOGLER § 235 Rz 1, 7, 26; SK-HORN § 235 Rz 5 und 10; SCHÖNKE-SCHRÖDER-ESER § 235 Rz 1, 13, 14; DREHER-TRÖNDLE § 235 Rz 3; LACKNER § 235 Anm 1, 2; KOHLRAUSCH-LANGE § 235 Anm II; BLEI II § 20 III).

Dieser allgemein vertretenen Ansicht kann nicht gefolgt werden. Vielmehr ist mit GERNHUBER (§ 53 III 1 Fn 6) davon auszugehen, daß **§ 235 StGB** das **Umgangsrecht** des nicht sorgeberechtigten Elternteils **nicht schützt**. Freilich überzeugt die von GERNHUBER gegebene Begründung nicht: Die in Bezug genommene Entscheidung BGHSt 10, 376 = NJW 1957, 1642 betraf keineswegs, wie bei GERNHUBER ausgeführt, einen erziehungsberechtigten Elternteil. Vielmehr hatte die Mutter, der das Sorgerecht für ein gemeinsames sechsjähriges Kind übertragen war, die zugunsten des Vaters vom Gericht erlassene Verkehrsregelung dadurch vereitelt, daß sie kurz vor Beginn der Besuchszeit mit dem Kind verreiste. In dieser Vereitelung des Verkehrsrechts des Vaters hat der BGH eine Entziehung im Sinne von § 235 StGB gesehen und dazu ausgeführt, ein Entziehen sei schon dann gegeben, „wenn das Sorgerecht eines Elternteils, wozu auch die Befugnis zum persönlichen Verkehr" gehöre (RGSt 66, 254), auf eine gewisse Zeit tatsächlich unwirksam gemacht oder doch so wesentlich beeinträchtigt werde, daß es nicht ausgeübt werden könne (BGHSt 1, 200). Die Befugnis zum persönlichen Verkehr folge aus dem Sorgerecht. Wer dem Elternteil das Kind während eines solchen Zeitraums entziehe, in der dieser allein in der Lage sei, sein Erziehungsrecht auszuüben, mache es ihm unmöglich, sein Recht gegenüber dem Kinde wahrzunehmen. Es sei aber gerade der Zweck des § 235 StGB, dieses Erziehungsrecht zu schützen. Infolgedessen sei das Vorenthalten des Kindes, auch nur für einige Stunden, eine Entziehung im Sinne von § 235 StGB. 35

In der von GERNHUBER gegebenen Begründung fehlt mithin eine Auseinandersetzung mit der schon vom RG begründeten höchstrichterlichen Rechtsprechung, die das isolierte Umgangsrecht ausdrücklich dem Schutz des § 235 StGB unterstellt. Dennoch ist der Ansicht GERNHUBERS im Ergebnis beizupflichten. Denn das Umgangsrecht ist, wie oben (Rz 17 ff) dargestellt, kein Restbestandteil der elterlichen Sorge; vor allem aber beinhaltet es, gleichgültig welcher Normgrundlage das Umgangsrecht zugeordnet wird, nach ganz übereinstimmender Ansicht kein Erzie-

* RGSt 48, 325; St 66, 254, 255; BGHSt 10, 376 = NJW 1957, 1642 = MDR 1957, 756 = EJF D I Nr 2 m Anm KOHLHAAS = LM StGB § 235 Nr 3 m Anm MARTIN; OLG Bremen JR 1961, 107; OLG Düsseldorf JR 1981, 386 m Anm BOTTKE = NStZ 1981, 103; OLG Hamm MDR 1982, 1040 = JR 1983, 513 m Anm OEHLER = DAVorm 1982, 926; OLG Karlsruhe MDR 1986, 873; MünchKomm-HINZ Rz 14; SOERGEL-STRÄTZ Rz 5; SCHWOERER in Vorauflage Rz 8; ERMAN-RONKE Rz 5; HOFFMANN-STEPHAN § 76 Anm 3 A; DÖLLE § 98 I 1; KRÜGER-BREETZKE-NOWACK Anm 4; RIEDEL 88 Anm 21; SCHNITZERLING RdJ 1958, 209; ders RdJ 1961, 161, 163; **aA:** GERNHUBER § 53 III 1 Fn 6.

hungsrecht des umgangsberechtigten Elternteils (vgl unten Rz 50). Der Umgangsberechtigte hat im Gegenteil das Alleinerziehungsrecht des Sorgeberechtigten zu achten und alles zu unterlassen, was die Erziehung durch diesen erschwert (§ 1634 Abs 1 S 2). Damit fehlt dem Umgangsberechtigten das durch § 235 StGB geschützte Rechtsgut. Denn durch diese Vorschrift wird nicht die Umgangsbefugnis geschützt, sondern allein das familienrechtliche Sorgerecht, die sogenannte „munt". Daraus folgt: Soweit „Täter" und „Opfer" die Eltern des Kindes sind, kann nur der Umgangsberechtigte als Täter den Tatbestand des § 235 StGB verwirklichen, etwa dadurch, daß er sein eigenes Kind dem Sorgeberechtigten „entführt" oder nach dem Besuch nicht zurückgibt. In diesem Tun oder Unterlassen liegt der in § 235 StGB beschriebene Tatbestand des Muntbruches (ebenso im Tatbestand RGSt 17, 90; 48, 325; OLG Karlsruhe MDR 1986, 873). Dagegen begeht der Sorgeberechtigte, der das Kind zum Umgang nicht herausgibt oder verbirgt, tatbestandlich keinen Muntbruch; er verletzt nicht das Sorgerecht (das ihm allein zusteht), sondern das Umgangsrecht. Dieses ist kein kleines oder schwächeres Sorgerecht, sondern gegenüber dem Sorgerecht ein aliud, das im Konfliktfall dem Sorgerecht zu weichen hat (oben Rz 32). Im Verhältnis der Eltern zueinander kann also nur der Umgangsberechtigte, nicht aber der Alleinsorgeberechtigte den Tatbestand des § 235 StGB erfüllen, wenn er dem anderen das Kind vorenthält (so jetzt auch SCHÖNKE-SCHRÖDER-ESER § 235 StGB Rz 14).

36 Sind dagegen „Täter" und „Opfer" nicht die Eltern des Kindes, sondern wird etwa das Kind während des Besuches beim nicht sorgeberechtigten Elternteil von einem Dritten entführt, so verletzt dieser Dritte das Sorgerecht des Sorgeberechtigten **und** das dem Umgangsberechtigten während der Dauer des Besuches verliehene Beaufsichtigungsrecht nach § 1632 Abs 2 (§ 1634 Abs 2 S 1 HS 2). Auf den Umgangsberechtigten ist während des Umgangs insoweit ein Teilrecht der elterlichen Sorge kraft Gesetzes delegiert. Kraft **dieser** Befugnis wäre der umgangsberechtigte Elternteil berechtigt, **anstelle** des Sorgeberechtigten oder auch **neben** diesem Strafantrag nach §§ 235, 238 StGB gegen den Dritten zu stellen. Dieses dem Umgangsberechtigten verliehene Aufenthaltsbestimmungsrecht wirkt jedoch wiederum nicht im Verhältnis zum Sorgeberechtigten: Macht dieser während der Dauer des Besuches beim anderen Elternteil von seinem Sorgerecht Gebrauch und nimmt etwa das Kind an sich, so hat er auch unter diesem Blickwinkel im Verhältnis zum Umgangsberechtigten keinen Straftatbestand verwirklicht (im Ergebnis ebenso, wenn auch mit weniger deutlicher Begründung: MAURACH-SCHROEDER BT 2, 89 und neuerdings GEPPERT, FS H Kaufmann [1986] 759, 775, 778 sowie SCHÖNKE-SCHRÖDER-ESER § 235 StGB Rz 14 unter Berufung auf GEPPERT).

Die Verneinung strafrechtlichen Schutzes des Umgangsrechts ist, bezogen auf Natur und Inhalt des Umgangsrechts, folgerichtig und führt auch nicht zu untragbaren Ergebnissen. Denn dem umgangsberechtigten Elternteil bleiben bei wiederholter Vereitelung seines Umgangsrechts alle familienrechtlichen Sanktionen offen. Der hier eingenommene Standpunkt befreit lediglich diesen Teil der elterlichen Auseinandersetzung von einem unangebrachten und ineffizienten strafrechtlichen Druck.

37 **5. Verfassungsmäßigkeit**

Das Umgangsrecht ist verfassungskonform*.

---

* BVerfGE 64, 180 = NJW 1983, 2491 = JZ 1983, 703 = FamRZ 1983, 872 = ZBlJR 1983, 427 = DAVorm 1983, 727 (LS); **aA:** AG Kamen FamRZ 1980, 623 m Anm LEMPP ZBlJR 1981, 283, auf welche Entscheidung die vorgenannte Entscheidung des BVerfG erging; zu § 1634 aF: BVerfGE

6. Abgrenzung zum Sorgerecht 38

Sorgerecht und Umgangsrecht sind eigenständige, voneinander verschiedene Rechte, die beide gleich stark im natürlichen, verfassungsmäßig geschützten Elternrecht wurzeln. Das Umgangsrecht des einen Elternteils schränkt hierbei das Recht der Elternsorge des anderen Teils ein. Das Sorgerecht ist aber gegenüber dem Umgangsrecht das umfassendere. Dem sorgeberechtigten Elternteil wird die Sorge von vornherein nur mit dem Vorbehalt des Umgangsrechts des anderen Teils zugesprochen*.

Das Umgangsrecht ist also immer eine **Beeinträchtigung des Rechts des sorgeberechtigten Elternteils**, die dieser in Kauf nehmen muß. Art 6 Abs 3 GG steht diesem Eingriff in das Sorgerecht des anderen Elternteils nicht entgegen (BayObLGZ 1963, 231 = NJW 1963, 2276 = MDR 1963, 1013 = JZ 1964, 81 = FamRZ 1963, 581). Der Sorgeberechtigte ist nicht etwa kraft seines Sorgerechts in erster Linie zur Bestimmung der Einzelheiten des Umgangs berufen (so aber noch BGHZ 42, 364 = NJW 1965, 394; aufgegeben durch BGHZ 51, 219 = NJW 1969, 422). Denn soweit der Umgangszweck den Einbruch in das Sorgerecht deckt, ist dieses Sorgerecht durch das Umgangsrecht ausgeschaltet (BGHZ 51, 219 = LM § 1634 BGB Nr 4 = NJW 1969, 422 = MDR 1969, 295 = JZ 1969, 194 = FamRZ 1969, 148 = JR 1969, 184 m Anm BÖKELMANN). Das Umgangsrecht darf jedoch in das Recht der elterlichen Sorge nicht mehr als unbedingt erforderlich eingreifen (KG HRR 1935 Nr 351; DR [JW] 1940, 2006; OLG Düsseldorf JR 1950, 369 = JMBlNRW 1948, 214; ERMAN-RONKE Rz 7; KRÜGER-BREETZKE-NOWACK Rz 4; SCHWOERER in Vorauflage Rz 12 mit älteren Nachweisen; SCHNITZERLING FamRZ 1958, 444, 447). 39

Diese Annahme ergibt sich allerdings nicht daraus, daß das Umgangsrecht das „schwächere“ Recht ist (so aber, unreflektiert, BGH NJW 1987, 893 = FamRZ 1987, 356; PALANDT-DIEDERICHSEN Anm 1 a). Das Umgangsrecht ist gegenüber dem umfassenden Sorgerecht nur inhaltlich beschränkt**. 40

31, 194 = NJW 1971, 1447 = MDR 1971, 905 = FamRZ 1971, 421 = ZBlJR 1971, 315 = Rpfleger 1971, 300; BayVerfGH NJW 1973, 1644 = MDR 1973, 912 = FamRZ 1974, 37 = ZBlJR 1974, 448 = DAVorm 1975, 173 (LS); BayObLGZ 1969, 194 = NJW 1969, 1767 = MDR 1969, 927 = FamRZ 1969, 551 = ZBlJR 1970, 237; MünchKomm-HINZ Rz 3; SOERGEL-STRÄTZ Rz 4; ERMAN-RONKE Rz 2; PALANDT-DIEDERICHSEN Anm 1; GERNHUBER § 53 III 8.

* BVerfGE 31, 194 = NJW 1971, 1447 = MDR 1971, 905 = FamRZ 1971, 421 = ZBlJR 1971, 315 = Rpfleger 1971, 300; BGHZ 42, 364 = LM § 1634 BGB Nr 3 m Anm JOHANNSEN = NJW 1965, 394 m Anm DUNZ, 862 = MDR 1965, 194 = FamRZ 1965, 130 m Anm SCHWOERER FamRZ 1965, 121 = JR 1965, 342 m Anm GÖPPINGER; BGHZ 51, 219 = LM § 1634 BGB Nr 4 = NJW 1969, 422 = MDR 1969, 295 = JZ 1969, 194 = FamRZ 1969, 148 = JR 1969, 184 m Anm BÖKELMANN; RG JW 1925, 2114 m Anm ENDEMANN = WarnR 1925 Nr 204; RG JW 1938, 1262, 1264 Nr 30; BayObLGZ 1956, 333 = MDR 1957, 39 = JR 1957, 141 m Anm BEITZKE = EJF A III Nr 8 m Anm ZIMMERMANN = FamRZ 1958, 470; Z 1959, 123; Z 1965, 182 = NJW 1965, 1716 = MDR 1965, 744 = OLGZ 1966, 78 (LS) = FamRZ 1965, 442 = ZBlJR 1965, 276 = BayJMBl 1965, 108 (LS); BayObLG ZBlJR 1983, 302; KG RJA 4, 138; JFG 12, 77, 79; OLG Düsseldorf JR 1950, 369 = JMBlNRW 1948, 214; OLG Stuttgart FamRZ 1968, 40 (LS); OLG Koblenz DAVorm 1980, 580; SOERGEL-STRÄTZ Rz 6; MünchKomm-HINZ Rz 3; PALANDT-DIEDERICHSEN Anm 1 a; SCHWOERER in Vorauflage Rz 4 und 11; JOHANNSEN-HENRICH-JAEGER Rz 8.

** BVerfGE 31, 194 = NJW 1971, 1447 = MDR 1971, 905 = FamRZ 1971, 421 = ZBlJR 1971, 315 = Rpfleger 1971, 300 sowie die nachfolgenden Entscheidungen, die sämtlich sogenannte Auswanderungsfälle betreffen: RGZ 141, 319, 323 = JW 1933, 2587 m kritischer Anm ENDEMANN = HRR 1933 Nr 1933; BayObLGZ 1956, 333 = MDR 1957, 39 = JR 1957, 141 m Anm BEITZKE = EJF A III Nr 8 m Anm ZIMMERMANN = FamRZ 1958, 470; OLG Frankfurt FamRZ 1962, 173;

41 Daß der im Umgangsrecht liegende Eingriff in das Sorgerecht auf das unbedingt erforderliche Maß beschränkt sein muß, ergibt sich vielmehr allein aus dem Zweck des Umgangsrechts sowie aus der Rücksichtnahme auf das Kindeswohl, das oberste Richtschnur für die Umgangsregelung bleibt (BVerfGE 31, 194). Der Umgang des nicht sorgeberechtigten Elternteils mit dem Kind darf weder die Entwicklung des Kindes noch dessen Erziehung nachhaltig stören. Deshalb sind beide Elternteile verpflichtet, die Grenzen der Rechte des anderen Elternteils mit Blick auf das Wohl des betroffenen Kindes strikt zu respektieren: Weder darf der Sorgeberechtigte das Verhältnis des Kindes zum Umgangsberechtigten beeinträchtigen noch darf der Umgangsberechtigte durch Ausübung des Umgangs die Erziehung erschweren (Wohlverhaltensklausel, § 1634 Abs 1 S 2).

C. Zweck des Umgangsrechts

42 I. Allgemeines

Die größte Bedeutung erlangt das Umgangsrecht im Zusammenhang mit der **Scheidung** (§ 1634 Abs 1 S 1) oder Trennung (§ 1634 Abs 4) der Eltern, wenngleich es auch in anderen Fällen besteht (vgl unten Rz 124 ff).

Auch nach der Scheidung der Eltern gilt das im Kindesinteresse durch Art 6 Abs 2 GG verfassungsrechtlich geschützte Elternrecht (BVerfGE 61, 358 = NJW 1983, 101 = MDR 1983, 108 = JZ 1983, 298 m Anm Giesen = FamRZ 1982, 1179 = Rpfleger 1982, 470 = DAVorm 1982, 1055) und die daraus fließende Elternverantwortung auf seiten beider Eltern grundsätzlich fort (BVerfGE 31, 194 = NJW 1971, 1447 = MDR 1971, 905 = FamRZ 1971, 421 = ZBlJR 1971, 315 = Rpfleger 1971, 300; E 64, 180 = NJW 1983, 2491 = JZ 1983, 703 = FamRZ 1983, 872 = ZBlJR 1983, 427 = DAVorm 1983, 727 [LS]). Deshalb muß das Gesetz eine Regelung bieten, die es dem nicht sorgeberechtigten Elternteil und dem Kind ermöglicht, ihre Eltern-Kind-Beziehung weiter zu pflegen. Gleichzeitig muß diese Regelung dafür Sorge tragen, daß diese fortdauernde Beziehung mit der dem sorgeberechtigten Elternteil allein obliegenden Erziehungs- und Betreuungspflicht harmonisiert, und in Konfliktfällen Lösungen anbieten, die dem Wohle des Kindes, das auch hier dominiert, am wenigsten schadet. Diese Aufgabe erfüllt § 1634.

43 II. Hauptzweck

Der Zweck des Umgangsrechts liegt darin, dem nicht sorgeberechtigten Elternteil die Möglichkeit zu geben, die Verbindung zwischen ihm und seinen Kindern aufrechtzuerhalten und echte, dem nahen Verwandtschaftsverhältnis entsprechende menschliche Beziehungen zu pflegen. Dementsprechend wird der Zweck dieses Rechts seit der Entscheidung des BGH vom 21. 10. 1964 (BGHZ 42, 364) formelhaft dahin definiert, das Umgangsrecht solle „dem Umgangsberechtigten ... ermöglichen, sich von dem körperlichen und geistigen Befinden des Kindes und seiner Entwicklung durch Augenschein und gegenseitige Aussprache fortlaufend zu über-

---

OLG Neustadt FamRZ 1963, 300 m kritischer Anm Schwoerer; OLG Köln FamRZ 1972, 572, 574; OLG Karlsruhe FamRZ 1978, 201, 202; OLG Düsseldorf FamRZ 1979, 965, 966; OLG Stuttgart NJW 1980, 1227, 1229; OLG München FamRZ 1981, 389, 390 m kritischer Anm Luthin in einem besonderen Fall, in dem der nicht sorgeberechtigte Vater anläßlich der Auswanderung von Mutter und Kindern einen Antrag nach § 1696 stellte; Soergel-Strätz Rz 6; Erman-Ronke Rz 4; MünchKomm-Hinz Rz 13; Schwoerer in Vorauflage Rz 11, 12, 94; im Ergebnis auch Gernhuber § 53 III 8 Fn 29; Beitzke JR 1957, 142; Schwoerer FamRZ 1963, 301; 1969, 367, 370.

zeugen, die verwandtschaftlichen Beziehungen zu dem Kinde aufrechtzuerhalten, einer Entfremdung vorzubeugen sowie dem gegenseitigen Liebesbedürfnis Rechnung zu tragen".*

III. Nebenzweck 44

Die Aufrechterhaltung der Kontakte zwischen dem nicht sorgeberechtigten Elternteil und dem Kind hat einen weiteren, vorsorglichen und uU in die Zukunft wirkenden Zweck: Sie kann für die mögliche Entwicklung des Kindes nach Elterntrennung Bedeutung erlangen. Denn der umgangsberechtigte Elternteil kann in die Lage geraten, selbst (wieder) Inhaber der elterlichen Sorge zu werden: bei Änderung der Sorgerechtsentscheidung (§§ 1696, 1671), beim Tode des sorgeberechtigten Elternteils (§ 1681 Abs 1 S 2), bei der Entziehung des Sorgerechts (§ 1680 Abs 2), bei dessen dauerndem Ruhen (§ 1678 Abs 2). Hat der nicht sorgeberechtigte Elternteil seine Umgangsbefugnis wahrgenommen, so wird dies die dann nötige Umstellung des Kindes und dessen Hinwendung zu ihm erleichtern (BVerfGE 64, 180 = NJW 1983, 2491 = JZ 1983, 703 = FamRZ 1983, 872 = ZBlJR 1983, 427 = DAVorm 1983, 727 [LS]; BGH EBE 1984, 249 = NJW 1984, 1951 = MDR 1985, 36 = FamRZ 1984, 778 = DAVorm 1984, 827 = JR 1984, 497 m Anm Göppinger = EzFamR BGB § 1634 Nr 1 [LS]; OLG Bamberg FamRZ 1984, 507, 508).

IV. Ausrichtung am Kindeswohl

1. Aus juristischer Sicht 45

Der Zweck der Umgangsbefugnis darf **nicht** nur und nicht einmal in erster Linie unter dem Blickwinkel der **Eigeninteressen** des Umgangsberechtigten gesehen werden. Denn die Grundlage der Befugnis, das unverlierbare Elternrecht, ist zu allererst im Kindesinteresse gewährleistet; insoweit ist das Elternrecht treuhänderisch (BVerfGE 59, 360 = NJW 1982, 1375 = JZ 1982, 325 m Anm Starck = FamRZ 1982, 570 = DVBl 1982, 406 = DÖV 1982, 359). Deshalb soll die Ausübung der Umgangsbefugnis vor allem einer **vom Kinde gewünschten Aufrechterhaltung der Beziehung** zu beiden Eltern dienen (BVerfGE 64, 180 = NJW 1983, 2491 = JZ 1983, 703 = FamRZ 1983, 872 = ZBlJR 1983, 427 = DAVorm 1983, 727 [LS]; Johannsen-Henrich-Jaeger Rz 4).

---

* BGHZ 42, 364 = LM § 1634 BGB Nr 3 m Anm Johannsen = NJW 1965, 394 m Anm Dunz S 862 = MDR 1965, 194 = FamRZ 1965, 130 m Anm Schwoerer S 121, 302 und Hobelmann S 301 = JR 1965, 342 m Anm Göppinger; Z 51, 219 = LM § 1634 BGB Nr 4 = NJW 1969, 422 = MDR 1969, 295 = JZ 1969, 194 = FamRZ 1969, 148 = JR 1969, 184 m Anm Bökelmann; BGH EBE 1984, 249 = NJW 1984, 1951 = MDR 1985, 36 = FamRZ 1984, 778 = DAVorm 1984, 827 = JR 1984, 497 m Anm Göppinger = EzFamR BGB § 1634 Nr 1; BVerfGE 31, 194 = NJW 1971, 1447 = MDR 1971, 905 = FamRZ 1971, 421 = ZBlJR 1971, 315 = Rpfleger 1971, 300; BayOLGZ 1964, 28 = NJW 1964, 1324 = MDR 1964, 506 = FamRZ 1964, 217 = ZBlJR 1964, 302; Z 1964, 443 = NJW 1965, 869 = MDR 1965, 387 = FamRZ 1965, 155 = Rpfleger 1965, 236; DAVorm 1968, 227 = ZBlJR 1968, 145; MDR 1982, 763 = FamRZ 1982, 958, 960 = ZBlJR 1982, 414 = Rpfleger 1982, 284; OLG Koblenz DAVorm 1980, 580; KG FamRZ 1979, 70; FamRZ 1979, 448; FamRZ 1979, 965 (LS); OLG Düsseldorf FamRZ 1979, 857 und 859 = FRES 4, 158; Nachweise der ält Rspr s in der Vorauflage Rz 10 ff; Soergel-Strätz Rz 11; MünchKomm-Hinz Rz 1; Erman-Ronke Rz 7; Palandt-Diederichsen Anm 1 b; Dölle § 98 I 3; Johannsen-Henrich-Jaeger Rz 3; Gernhuber § 53 III 4; Belchaus Rz 3; Rolland Rz 2; aus psychologischer Sicht: Ell DAVorm 1986, 745; kritisch: Giesen NJW 1972, 225 = RdJ 1972, 166.

Dieses Postulat beruht auf der Überzeugung, daß es im allgemeinen im wohlverstandenen Interesse des Kindes liegt und deshalb seinem Wohle dient, wenn es die persönlichen Beziehungen auch zu dem anderen, nicht sorgeberechtigten Elternteil durch regelmäßige Kontakte (Begegnungen und Aussprachen wie Besuche, Briefe, Telefonate) pflegt. Diese Grundüberzeugung vom Kindeswohl hat in den letzten Jahrzehnten das Gewicht eines Rechtsgrundsatzes erlangt (BVerfGE 31, 194 = NJW 1971, 1447 = FamRZ 1971, 421, 425 = ZBlJR 1971, 315 = MDR 1971, 905 = Rpfleger 1971, 300; E 64, 180 = NJW 1983, 2491 = FamRZ 1983, 872, 874 = JZ 83, 703 = ZBlJR 1983, 427 = DAVorm 1983, 727 [LS]; BGH NJW 1980, 454 = FamRZ 1980, 131, 132 = MDR 1980, 386 = DAVorm 1980, 32 = LM Nr 5 zu § 1634 = FRES 5, 202) und ist Richtschnur für die Auslegung der gesamten Vorschrift des § 1634, insbesondere auch, soweit es um den Ausschluß der Umgangsbefugnis geht (vgl unten Rz 253 ff). Mit dieser **Kindeswohlklausel** ist der Blick auch auf das außerrechtliche Erfahrungswissen geöffnet, wenngleich sie keine Gesamtverweisung auf außerrechtliches Aussagenmaterial ist, sondern „Anweisung an den Richter, unter Beachtung des maßgeblichen Erfahrungswissens vom Kinde die konkreten Lebensverhältnisse verantwortlich zu ordnen" (Coester Kindeswohl 163).

46 **2. Aus der Sicht der Humanwissenschaften**

Diese in der Rechtswissenschaft inzwischen als gefestigt anzusehende Grundüberzeugung wird allerdings von den benachbarten Humanwissenschaften der Kinderkunde nicht uneingeschränkt geteilt. Vor allem Psychologen bezweifeln, ob Kinder in der Lage sind, zu dem anderen, nicht sorgeberechtigten Elternteil Gefühlsbindungen aufrechtzuerhalten, solange die Eltern in ihrer Elternrolle keine positive Einstellung zueinander beibehalten oder wiedergefunden haben. Diese Wissenschaftler halten es für eine Überforderung des durch Trennung und Scheidung ohnehin verunsicherten Kindes, wenn es selbst die nicht verarbeiteten Konflikte der Eltern anläßlich seiner Besuche aushalten und deren Fortsetzung oft stellvertretend für den jeweils abwesenden Elternteil erleben muß (Loyalitäts- und Identifikationsprobleme).*

---

* Aus der fast unübersehbaren Literatur sei, ohne Anspruch auf Vollständigkeit, verwiesen auf Becker, Elterliches Verkehrsrecht und Kindesrecht, ZBlJR 1972, 124; ders, Kontakte der Kinder – Rechtliche Probleme um das Verkehrs- und Umgangsrecht, RdJ 1975, 344 = Der Kinderarzt 1978, 385; Dellian, Überlegungen zu § 1634 BGB, FamRZ 1969, 365; Dickmeis, Die Umgangsbefugnis im Spiegel elterlicher Verantwortung – Versuch einer interdisziplinären Betrachtung (mit diversen weiterführenden Hinweisen), ZBlJR 1982, 271, 280; Dürr, Verkehrsregelungen gem § 1634 BGB (2. Aufl 1978), 18 ff; Ell, Besuch vom eigenen Kind, Die Regelung des persönlichen Umgangs mit den Kindern nach Trennung und Scheidung; ders, Psychologische Kriterien zur Umgangsregelung, DAVorm 1986, 745; Fthenakis, Der Vater als sorge- und umgangsberechtigter Elternteil, in: Remschmidt (Hrsg), Kinderpsychiatrie und Familienrecht (1984), 55 f; Giesen, Das Wohl des Kindes im Falle eines Elternkonfliktes zwischen Sorge- und Verkehrsberechtigtem, NJW 1972, 225, 228 = RdJ 1972, 166; Göppinger, Zur Verkehrsregelung gemäß § 1634 BGB, JR 1965, 337; Goldstein-Freud-Solnit, Jenseits des Kindeswohls, 37, 83; Haffter, Kinder aus geschiedenen Ehen, 74; Harbauer in: Gerber (Hrsg), Kindeswohl contra Elternwillen? 42 f; Klussmann, Das Kind im Rechtsstreit der Erwachsenen, 186, 202, 235; Knöpfel, Faktische Elternschaft, Bedeutung und Grenzen, FamRZ 1983, 317, 322; Lempp, Das Wohl des Kindes in §§ 1666, 1671 BGB, NJW 1963, 1659; ders, Nochmals: Kindeswohl und Kindeswille, NJW 1964, 440 ff; ders, Die Rechtsstellung des Kindes aus geschiedener Ehe aus kinder- und jugendpsychiatrischer Sicht, NJW 1972, 315, 317, 319; ders, Kindeswohl und Kindesrecht, ZBlJR 1974, 124, 132; ders, Braucht der sorgeberechtigte oder der nicht sorgeberechtigte Elternteil einen besonderen Schutz? ZBlJR 1981, 283, 286; ders, Die Ehescheidung und das Kind; ders, Folgeprobleme nach Scheidungsurteilen des Familiengerichts, JbRSoz 1987, 137;

Demgegenüber lassen neuere psychologische Untersuchungen eher auf eine gegenläufige Strömung, nämlich auf eine positive Bewertung der Pflege der Beziehung zwischen Kind und nicht sorgeberechtigtem Elternteil nach Trennung schließen.*

3. Stellungnahme 47

Die schwierige, seit mehr als zwei Jahrzehnten mit wechselndem Ergebnis umstrittene Frage, ob der Umgang zwischen nicht sorgeberechtigtem Elternteil und Kind generell oder doch im Einzelfall aus kinderpsychologischer Sicht eher zum Wohle oder zum Schaden des betroffenen Kindes wirkt, kann an dieser Stelle nicht beantwortet werden. Auszugehen ist hier allein von dem normierten Recht, also von dem geltenden § 1634, der auch durch das Sorgerechtsgesetz keine wesentliche Änderung erfahren hat, obwohl in der Rechtsdiskussion die kinderkundlichen Bedenken bekannt waren und diskutiert worden sind. (Elterliches Sorgerecht, Sachverständigenanhörung vor dem Deutschen Bundestag vom 2.9.1977, Zur Sache, Heft 1/78).

Der Grund für die Beibehaltung dieser Norm mag darin liegen, daß das Rechtsverhältnis zwischen Kind und Eltern nicht „in der perspektivischen Verkürzung der Interessen eines Beteiligten gesehen werden darf, mag er auch besonders schutzwürdig sein" (Gernhuber § 53 III 2). Vor allem aber wäre die auch nur zeitweilige Beseitigung der Umgangsbefugnis mit unausweichlichen Konsequenzen verbunden, für die die Rechtsordnung bislang andere, kindgerechtere Lösungen nicht gefunden hat, etwa im Falle des Ausfalls des Sorgeberechtigten und totaler Entfremdung des Kindes von dem anderen Elternteil. Diese Überlegungen machen deutlich, daß das Wohl des Kindes in der Rechtsordnung nicht nur aus seinen jeweiligen psychologischen Fähigkeiten und Bedürfnissen abzulesen ist, sondern die fortdauernde personale und rechtliche Verflechtung des Kindes mit seiner Herkunftsfamilie ebenfalls zum Inhalt hat (vgl auch OLG Frankfurt FamRZ 1984, 614 = DAVorm 1984, 930 [LS]). Auch ist in diesem komplexen Rechtsverhältnis mit dem Hinweis auf das Wohl des Kindes noch nicht alles gesagt. Denn auch die Belange der Eltern, hier vor

---

Lempp-Wagner, Untersuchungen über den weiteren Verlauf von Sorgerechts- und Verkehrsregelungsverfahren nach der Begutachtung, FamRZ 1975, 70; Lempp-Winkelmann, Zum „Verkehrsrecht" inhaftierter Väter, UJ 1977, 88; Liebl-Blittersdorff, Stellungnahme zu § 1634 BGB, in: Juristinnenbund (Hrsg) 129; Neddenriep-Hanke, Umgangsrecht und Kindeswohl (1987); Nowka, Kindesgefährdung durch das „Verkehrsrecht" gem § 1634 BGB, FamRZ 1960, 218; Schnitzerling, Das Recht auf Verkehr mit dem Kinde, FamRZ 1958, 444; ders, Das Recht des nicht sorgeberechtigten Elternteils auf Verkehr mit seinem Kinde, RdJ 1961, 161; Schön, Katamnestische Untersuchung von Scheidungskindern nach Gutachten zur Verkehrsregelung nach § 1634 BGB; Simitis, Kindeswohl; Simon, Das Wesen des Umgangsrechts, § 1634 BGB, 128f; Steffen, Lebensqualität und Persönlichkeitsentwicklung nach Ehescheidung, Sorgerechts- und Verkehrsregelung, ZBlJR 1979, 129, 133; Stender, Zur derzeitigen Praxis des sogenannten Umgangsrechts, in: Remschmidt 97; Strätz, Elterliche Personensorge und Kindeswohl, vornehmlich in der zerbrochenen Familie, FamRZ 1975, 541, 546; Taegert, Die Mitwirkung des Psychologen im Ehescheidungsverfahren bei der Verteilung der elterlichen Gewalt und der sogenannten Verkehrsregelung; Vollertsen, Die Besuchsregelung nach § 1634 BGB, ZBlJR 1977, 230f; Wendl-Kempmann-Wendl, Partnerkrisen und Scheidung, 260; Zenz, Seminar: Familie und Familienrecht Band 2 (1975), 166; dies, Das Kindeswohl in der richterlichen Entscheidung über Sorgerecht und Besuchsrecht, in: Ev Akad Hofgeismar (Hrsg), Das Recht der Scheidungswaisen, 48ff.

* So schon Gernert, Zur Rolle des Vaters in sozialwissenschaftlicher Sicht, UJ 1978, 401; Arntzen, Elterliche Sorge und persönlicher Umgang mit Kindern aus gerichtspsychologischer Sicht, 25–28, 31; Fthenakis, Der Vater als sorge- und umgangsberechtigter Elternteil, in: Remschmidt (Hrsg), Kinderpsychiatrie und Familienrecht (1984), 55f; ders, Väter – Zur Vater-Kind-Beziehung (Band 1), Zur Vater-Kind-Beziehung in verschiedenen Familienstrukturen (Band 2) (1985); Coester, Das Kindeswohl als Rechtsbegriff (1983), 181 mwN.

allem des nicht sorgeberechtigten, umgangsbefugten Elternteiles, werden durch § 1634 mitgeschützt, wenn auch nachrangig, nämlich kraft seines Elternrechtes, das ihm treuhänderisch verliehen ist. Denn dieses Elternrecht gewährt dem Kinde gleichzeitig quasi unverlierbare Rechte wie dasjenige auf Unterhalt oder auf Pflichtteil. Dieser Konflikt ist nicht generell lösbar, kann und muß jedoch im Einzelfall zum Wohle des Kindes der am wenigsten schädlichen Lösung zugeführt werden. Denn das konkrete Kindeswohl, also das Wohl des Kindes, um dessen Elternbeziehung es im jeweiligen Fall geht, ist der alleinige Maßstab für die nach § 1634 zu treffende Entscheidung*.

48 Diese rechtlich nicht leicht handhabbare Entscheidung ist durch die Einführung des § 1618 a in das Gesetz erleichtert worden. Mit Coester (Kindeswohl, 181 f, 428 Fn 349 mwN und in diesem Komm § 1618 a Rz 36) ist davon auszugehen, daß die Umgangsregelung eine Sonderausprägung des Rechtsgedankens aus § 1618 a ist. Die dort statuierte gegenseitige Beistands- und Rücksichtspflicht verlangt von dem nicht sorgeberechtigten Elternteil Rücksichtnahme auf eine deutliche Ablehnung des Kindes, vom Kinde aber ebenso Rücksichtnahme auf die Bedürfnisse des nicht sorgeberechtigten Elternteils nach Gegenwart des Kindes. Insbesondere wenn die Umgangsbefugnis des § 1634 im Licht des § 1618 a als Umgangsbefugnis auch des Kindes gesehen wird (vgl oben Rz 23 ff), dürfte die Diskussion um die Frage, ob eine Zulassung des Umgangsrechts in größerem Umfange oder aber die Ausgrenzung des nicht sorgeberechtigten Elternteils mit dem Wohl des Kindes besser vereinbar ist, allmählich verblassen: Denn so sehr im Einzelfall auch psychologische Gründe gegen die Aufrechterhaltung solcher Kontakte sprechen mögen: Im Grundsatz bleibt das schicksalhafte Eltern-Kind-Verhältnis, das viel mehr ist als ein Rechtsverhältnis, ein Leben lang bestehen. § 1634, im Lichte des § 1618 a als gegenseitige Pflicht und Befugnis zum Kontakt verstanden, ist Ausdruck dieser engsten lebenslangen beiderseitigen Solidarität.

V. Nicht-Zweck des Umgangsrechts

49 **1. Überwachung des sorgeberechtigten Elternteils**

Die Umgangsbefugnis dient nicht dem Zweck, eine Überwachung des sorgeberechtigten Elternteils zu ermöglichen**. So hat der Umgangsbefugte nicht das Recht, dem Sorgeberechtigten vorzuschreiben, ob ein und welcher Arzt zu einer Behandlung des Kindes zugezogen werden soll, und auch nicht, zu verlangen, bei einer solchen Untersuchung anwesend zu sein (OLG Stuttgart FamRZ 1966, 256, 257 = Justiz 1966, 158 [LS]). Freilich eröffnet die Ausübung des Umgangsrechts, das die Gelegenheit gibt, sich vom körperlichen und geistigen Befinden des Kindes und

* BVerfGE 31, 194 = NJW 1971, 1447 = MDR 1971, 905 = FamRZ 1971, 421 = ZBlJR 1971, 315 = Rpfleger 1971, 300; E 56, 363 = NJW 1981, 1201 = JZ 1981, 387 = FamRZ 1981, 429 = DAVorm 1981, 351; E 64, 180 = NJW 1983, 2491 = JZ 1983, 703 = FamRZ 1983, 872 = ZBlJR 1983, 427 = DAVorm 1983, 727 (LS); BGHZ 51, 219 = LM § 1634 BGB Nr 4 = NJW 1969, 422 = MDR 1969, 295 = JZ 1969, 194 = FamRZ 1969, 148 = JR 1969, 184 m Anm Bökelmann; LM § 1634 Nr 6 = NJW 1981, 2067 = MDR 1981, 923 = FamRZ 1981, 659 = ZBlJR 1981, 397 = FRES, 9, 160; AK-BGB-Münder Rz 1; MünchKomm-Hinz Rz 1; Palandt-Diederichsen Anm 3 a und 3 b; Johannsen-Henrich-Jaeger Rz 6.

** KG JW 1930, 1009; JFG 21, 197 = DFG 1940, 53 = DR 1940, 980; JFG 23, 339 = DFG 1942, 109 = HRR 1942 Nr 837; weitere Nachweise in Vorauflage Rz 10; Soergel-Strätz Rz 11; MünchKomm-Hinz Rz 16; Gernhuber § 53 III 4; **aA:** ältere Entscheidungen, so BayObLGZ 15, 441 = Recht 1914 Nr 2483; JFG 5, 74 = HRR 1929 Nr 110; KG KGJ 49, 29 = RJA 15, 96 = SeuffA 72 Nr 141; Lohmann GruchB 61, 22, 23.

seiner Entwicklung fortlaufend zu überzeugen, de facto eine Überwachungsmöglichkeit. Und selbst dann, wenn die Umgangsbefugnis nicht ausgeübt wird, kann durch den an ihre Stelle tretenden Auskunftsanspruch nach § 1634 Abs 3 eine gewisse Überwachung erfolgen. Das Gesetz nimmt diese Wirkung des Umgangsrechts als eine natürliche Folge in Kauf. Festzuhalten bleibt aber, daß die Ausübung der Umgangsbefugnis nicht allein dem Überwachungszweck dienen darf. Tut sie es, kann ein Ausschluß der Befugnis in Betracht kommen (KG FamRZ 1980, 399).

2. Miterziehung 50

Die Umgangsbefugnis dient auch nicht dem Zweck, dem nicht sorgeberechtigten Elternteil auf diese Weise eine Mitwirkung an der Erziehung des Kindes zu ermöglichen. Denn die Erziehung des Kindes obliegt allein dem sorgeberechtigten Elternteil. Der Umgangsberechtigte darf nicht Versäumnisse bei der Erziehung, die seiner Ansicht nach bestehen, etwa in bezug auf körperliche Ertüchtigung, nachholen (LG Tübingen DAVorm 1974, 193 = FamRZ 1975, 167 [LS]). Dagegen darf und soll der Umgangsberechtigte in Ausübung dieses Rechtes den sorgeberechtigten Elternteil in der Erziehung unterstützen. Auch dies folgt aus der lebenslangen Beistands- und Rücksichtspflicht auch des nicht sorgeberechtigten Elternteils gegenüber dem Kinde, § 1618 a. Keinesfalls darf der Umgangsberechtigte das Kind gegenläufig zur Erziehung des sorgeberechtigten Elternteils beeinflussen (KG FamRZ 1980, 399; BayObLGZ 61, 119 = NJW 1961, 1581 = FamRZ 1961, 381 = MDR 1961, 770 und AG Hagen DAVorm 1968, 191 betr eine abweichende religiöse Erziehung; Soergel-Strätz Rz 11; Erman-Ronke Rz 7; MünchKomm-Hinz Rz 16; Palandt-Diederichsen Anm 1 b; Gernhuber § 53 III 4). Diese bislang schon geltenden Grundsätze haben durch die Einfügung der sogenannten Wohlverhaltensklausel in das Gesetz, § 1634 Abs 1 S 2, jetzt einen ausdrücklichen gesetzlichen Niederschlag gefunden (vgl unten Rz 69 ff).

D. Inhalt des Umgangsrechts

I. Begegnung zwischen Kind und Umgangsberechtigtem 51

Inhaltlich besteht das Umgangsrecht in der Befugnis des nicht ständig mit dem Kind zusammenlebenden Elternteils zum persönlichen Umgang mit seinem Kind, um so die menschliche Verbindung zwischen beiden aufrechtzuerhalten und zu festigen oder, wenn nötig, aufzubauen.

1. Persönliche Kontakte 52

a) Tatsächliches Beisammensein

Persönlicher Umgang bedeutet wörtlich genommen körperliche Anwesenheit beider Teile anläßlich von Besuchen des Kindes bei dem nicht sorgeberechtigten Elternteil oder des nicht sorgeberechtigten Elternteils bei dem Kinde. Umgang ist aber mehr als beiderseitige Gegenwart; Ziel dieses Kontaktes ist ein Austausch, eine Begegnung. Diese Begegnung wird gewöhnlich durch persönliche Anwesenheit beider Teile erreicht, kann aber auch durch indirekte Kontakte wie etwa Briefe, Telefonate uä geschehen. Entscheidend ist, daß hierdurch der Austausch von Informationen über Befindlichkeit, Begebenheiten und Wünsche beider Teile ermöglicht wird.

Die Art der Kommunikation wird ua von dem Alter des betroffenen Kindes 53
abhängen. Auch bei **Säuglingen** und sehr **kleinen Kindern** ist ein kindgerecht

ausgestalteter persönlicher Umgang ohne weiteres möglich (BayObLG JFG 5, 74 = HRR 29 Nr 110; OLG Hamm JMBlNRW 1959, 68 = FamRZ 1959, 169 [LS]; OLG Stuttgart NJW 1981, 404 = Justiz 1981, 211 m Anm Lempp ZBlJR 1981, 283, 284; OLG Bamberg FamRZ 1984, 507; OLG Zweibrücken FamRZ 1986, 714 [LS] = DAVorm 1986, 355; Johannsen-Henrich-Jaeger Rz 30).

54 Sind mehrere **Geschwister** vorhanden und steht die Personensorge nicht demselben Elternteil zu, so ist bei der Umgangsregelung auch auf die Pflege der Verbindung zwischen den Geschwistern Bedacht zu nehmen, um einer Entfremdung zwischen ihnen vorzubeugen (BayObLGZ 23, 163 = JFG 2, 80 = JW 1926, 1572; Z 1952, 228 = MDR 1953, 44 [LS] = JR 1953, 264 = EJF 1953, 7; Z 1959, 123; Z 1961, 119 = NJW 1961, 1581 = MDR 1961, 770 = FamRZ 1961, 381; Dölle § 98 I 3 mwN).

55 In der tatsächlichen Gestaltung seines Zusammenseins mit dem Kinde ist der Umgangsberechtigte grundsätzlich frei. Diese Freiheit findet ihre Grenze im Wohl des Kindes und im Zweck des Umgangsrechts: Daher darf der Umgangsberechtigte nichts tun, was das Kind gefährdet. Es muß sich jedoch um objektiv meßbare Gefährdungen handeln; überängstlichen Einschränkungen, die der sorgeberechtigte Elternteil wünscht, muß der Umgangsberechtigte nicht folgen, da das Kind durch Kontakte mit ihm auch andere, dem Kinde uU sonst verschlossene Erfahrungen sammeln können soll. So darf der Umgangsberechtigte mit dem Kinde Veranstaltungen (Theater, Kino, Konzert, Jahrmarkt, Tierpark, Sport) besuchen (Krüger-Breetzke-Nowack GleichberG § 1634 Anm 2; Riedel 93 Anm 67; Schnitzerling RdJ 1961, 161). Auch darf der umgangsberechtigte Elternteil mit dem Kinde eine Gaststätte aufsuchen, selbstverständlich nicht zum Zwecke des Alkoholkonsums, sondern in kindgerechter Weise und zu entsprechenden Zeiten (so schon OLG Darmstadt OLGE 11, 297). Der Umgangsberechtigte darf das Kind auch zu eigenen sportlichen Betätigungen mitnehmen (etwa Schwimmen, OLG Braunschweig OLGE 26, 249, Segeln, Angeln, Tennis, Ski) und Dritte (Verwandte, Freunde) besuchen. Die Grenze bildet allein das Wohl des Kindes. Erfordert dieses Einschränkungen (zB aus Gesundheitsgründen), so muß der Umgangsberechtigte diese beachten, andernfalls kann das Familiengericht entsprechende Einschränkungen vornehmen, § 1634 Abs 2.

56 **b) Weitere Befugnisse während des Umgangs**

Das Umgangsrecht erschöpft sich nicht in der Befugnis eines „Zusammenseins zum Zwecke des gegenseitigen Sehens und der gegenseitigen Aussprache“ (so aber noch KG KGJ 34, 23 = OLGE 14, 252; OLGE 33, 357). Der umgangsberechtigte Elternteil ist kraft seines auf natürlichem Elternrecht beruhenden Umgangsrechts befugt, während der Dauer des Umgangs gewisse, sonst dem sorgeberechtigten Elternteil zustehende Rechte auszuüben, zB den Umgang des Kindes mit Dritten zu regeln. Das ist durch § 1634 Abs 2 S 1 HS 2, durch das SorgeRG eingefügt, jetzt ausdrücklich gesetzlich geregelt, entsprach aber auch schon vorher der herrschenden Auffassung (Nachw in Vorauflage Rz 13; von Godin § 75 EheG Anm 6).

57 **aa) Aufenthaltsbestimmungsrecht**

Der Umgangsberechtigte kann und muß während des Umgangs den Aufenthalt des Kindes bestimmen, wie es auch seine Pflicht ist, das Kind zu beaufsichtigen.

58 **bb) Umgangsbestimmungsrecht**

Über den Umgang des Kindes mit Dritten gemäß § 1632 Abs 2 (Umgangsbestimmungsrecht) hat während der Dauer des Umgangs zwischen Kind und nicht sorgeberechtigtem Elternteil dieser zu bestimmen (§ 1634 Abs 2 S 1 HS 2). Diese durch das

SorgeRG eingefügte Ergänzung beruht auf der Erwägung, daß in der Regel nur der Elternteil, bei dem sich das Kind gerade aufhält, die Personen kennt, mit denen das Kind bei ihm zusammentrifft, und daß deshalb auch nur er beurteilen kann, ob der Umgang mit dem Kindeswohl vereinbar ist (BT-Drucks 8/2788, 55). Im Interesse des harmonischen Verlaufs des Kontaktes zwischen nicht sorgeberechtigtem Elternteil und Kind ist diese Vorschrift nicht eng auszulegen. Denn der Kontakt soll dem Kind und dem nicht sorgeberechtigten Elternteil ermöglichen, ihre Beziehung zueinander möglichst ungezwungen weiterhin zu pflegen (Soergel-Strätz Rz 23; Johannsen-Henrich-Jaeger Rz 32). Eingeschränkt werden darf das Umgangsbestimmungsrecht des nicht sorgeberechtigten Elternteils während des Umgangs nur durch ausdrückliche Anordnung des Familiengerichts, § 1634 Abs 2 S 2 (BT-Drucks 8/2788, 55), und zwar nur unter den strengen Voraussetzungen des Abs 2, wonach Einschränkungen zum Wohl des Kindes erforderlich sein müssen (ebenso MünchKomm-Hinz Rz 35; Soergel-Strätz Rz 23 aE und Gernhuber § 53 III 11 Fn 36). Die abweichende Meinung von Diederichsen (in Palandt Anm 2 e), nach der der sorgeberechtigte Elternteil dem Kind, das zum Ferienaufenthalt zum anderen Elternteil aufbreche, verbindlich den Umgang mit einem drogensüchtigen Nachbarskind aus der Umgebung des anderen Elternteils soll untersagen können, bricht sich an dem eindeutigen Wortlaut des § 1634 Abs 2 S 1 HS 2: Hiernach ist nur der Umgangsberechtigte während der Dauer des Umgangs bei ihm zu einer derartigen Umgangsbestimmung und Beaufsichtigung berechtigt. Will der sorgeberechtigte Elternteil dieses Alleinbestimmungsrecht eingeschränkt wissen, muß er das Familiengericht anrufen, § 1634 Abs 2 S 2.

c) Anwesenheit Dritter während der Umgangskontakte 59

Soweit es die Anwesenheit Dritter bei den Umgangskontakten angeht, ist zu unterscheiden zwischen Dritten, deren Anwesenheit der Umgangsberechtigte wünscht, der Sorgeberechtigte dagegen ablehnt, und solchen, deren Gegenwart der Sorgeberechtigte wünscht, der Umgangsberechtigte aber ablehnt.

aa) Anwesenheit Dritter gegen den Willen des Sorgeberechtigten 60

Umstritten ist insoweit vornehmlich die Anwesenheit des neuen Ehegatten/Lebenspartners des Umgangsberechtigten und seiner Eltern, also der Großeltern des Kindes.

Zum Teil wird unterschieden, ob die Eltern nur getrennt leben oder schon geschieden sind. So soll der sorgeberechtigte Elternteil, der an der Ehe festhält, solange die Eltern nur **getrennt** leben, jedenfalls vor Ablauf des Trennungsjahres und vor Stellung des Scheidungsantrages, verlangen können, daß Kontakte der Kinder mit dem anderen Elternteil in Abwesenheit des neuen Partners stattfinden (OLG Köln FamRZ 1982, 1236 m krit Anm Luthin FamRZ 1984, 114, 117; MünchKomm-Hinz Rz 36). Etwas anderes soll aber gelten, wenn der sorgeberechtigte Elternteil selbst Kontakte zu einem anderen Partner hat (OLG Köln aaO). Auch soll dieses Einwirkungsrecht des sorgeberechtigten Elternteils schwächer werden, je älter die Kinder werden (KG FamRZ 1978, 729). Das Untersagungsrecht des sorgeberechtigten Elternteils soll aber wieder bestehen, wenn die neue Partnerin sich mit Wahrsagung befaßt und sich okkulter Fähigkeiten berühmt (OLG Schleswig NJW 1985, 1786 = DAVorm 1985, 161 = SchlHAnz 1984, 183; MünchKomm-Hinz Rz 36; Soergel-Strätz Rz 24).

Dagegen soll nach **Scheidung** der Ehe die Anwesenheit des neuen Lebenspartners 61
oder Ehegatten nur noch untersagt werden können, wenn das Kindeswohl dies

erfordert, weil Tatsachen in der Person des Partners diesen Ausschluß gebieten*. Daß der neue Ehegatte oder Partner die „Schuld" an der Zerstörung der Elternehe trägt, soll nicht ausreichen, um seine Anwesenheit auszuschließen, auch nicht, wenn der neue Partner dem Kind mit besonderer Zuneigung entgegenkommt und das Kind an ihm hängt, auch ein gewisser Verdacht auf Eingriffe in das Erziehungsrecht des anderen Elternteils besteht (OLG Stuttgart FamRZ 1959, 296; OLG Düsseldorf FamRZ 1965, 441; **aA** noch BGHZ 42, 364 = NJW 1965, 394; vgl auch Schwoerer FamRZ 1965, 121, 123 u 302; Göppinger JR 1965, 337; Johannsen Anm zu LM Nr 3 § 1634; Dunz NJW 1965, 862; Weber FamRZ 1973, 285, 286; Vollertsen ZBlJR 1977, 230, 238). Bloße Zärtlichkeiten zwischen dem nicht sorgeberechtigten Elternteil und seiner neuen Partnerin im Bett werden nicht als kindeswohlgefährdend angesehen (OLG Hamm FamRZ 1982, 93, 94; MünchKomm-Hinz Rz 37).

62 **Stellungnahme**

Bei dieser Unterscheidung wird übersehen, daß spätestens seit der Entscheidung des BGH vom 13. 12. 1968 (BGHZ 51, 219 = LM § 1634 BGB Nr 4 = NJW 1969, 422 = MDR 1969, 295 = JZ 1969, 194 = FamRZ 1969, 148 = JR 1969, 184 m Anm Bökelmann), mit der er von dem zuvor eingenommenen Standpunkt in der Entscheidung vom 21. 10. 1964 (BGHZ 42, 364) Abstand nahm, ein **Bestimmungsrecht** des **personensorgeberechtigten Elternteils** über An- oder Abwesenheit eines Dritten während des Umgangs **verneint** wird. Können sich die Eltern über Art und Weise des Umgangs nicht einigen, so trifft das Familiengericht die Regelung, die sich am Sinn und Zweck des Umgangsrechts auszurichten hat. Leitender Gesichtspunkt ist allein das Kindeswohl. An ihm ist die Frage nach der Anwesenheit eines neuen Partners und anderer Dritter (Großeltern, Verwandte, Halbgeschwister) zu messen. Nur wenn das Wohl des Kindes es erfordert, darf die Abwesenheit eines Dritten aus der Sicht des Sorgeberechtigten verlangt und vom Familiengericht angeordnet werden**.
Soweit es die Teilnahme des neuen Partners des umgangsberechtigten Elternteils während des Besuchsaufenthalts des Kindes angeht, kann die Abwesenheit des Partners grundsätzlich nicht verlangt werden, und zwar auch nicht in Fällen, in denen die neue Partnerbeziehung der Grund für die Elterntrennung war, und in solchen, in denen die Elternehe noch nicht geschieden ist (KG FamRZ 1978, 729; OLG Hamm FamRZ 1982, 93, 94; vgl auch BGHZ 51, 219; Erman-Ronke Rz 20, 21; Johannsen-Henrich-Jaeger Rz 32; **aA** zumindest während des ersten Trennungsjahres, sofern der sorgeberechtigte Elternteil an der Ehe festhält: OLG Köln FamRZ 1982, 1236 m krit Anm Luthin FamRZ 1984, 114, 117).

Die Abwesenheit des neuen Partners kann dagegen zum Kindeswohl erforderlich sein, wenn die negative Einstellung des sorgeberechtigten Elternteils gegenüber dem Partner des anderen Elternteils auf das Kind übertragen und so dessen Antipathie zu einer psychischen Belastung des Kindes bei Anwesenheit des neuen

* BGHZ 51, 219 = LM § 1634 BGB Nr 4 = NJW 1969, 422 = MDR 1969, 295 = JZ 1969, 194 = FamRZ 1969, 148 = JR 1969, 184 m Anm Bökelmann *gegen* Z 42, 364 = LM § 1634 BGB Nr 3 m Anm Johannsen = NJW 1965, 394 m Anm Dunz, 862 = MDR 1965, 194 = FamRZ 1965, 130 m Anm Schwoerer, 121 und 302 = JR 1965, 342 m Anm Göppinger; KG FamRZ 1978, 729; OLG München FamRZ 1978, 614, 617; OLG Hamm FamRZ 1982, 93, 94.

** So jetzt auch BayObLGZ 1969, 194 = NJW 1969, 1767 = MDR 1969, 927 = FamRZ 1969, 551 = ZBlJR 1970, 237; OLG Celle FamRZ 70, 209 (LS) = NdsRpfl 1970, 43; OLG Stuttgart NJW 1978, 380 = FamRZ 1978, 203 (LS) = DAVorm 1978, 56 = Justiz 1978, 110; KG FamRZ 1978, 729; OLG Düsseldorf FamRZ 1979, 859 = FRES 5, 123; OLG Hamm FamRZ 1982, 93; Erman-Ronke Rz 20; Johannsen-Henrich-Jaeger Rz 32.

Partners führen würde (Arntzen 43; Vollertsen ZBlJR 1977, 230, 238; Johannsen-Henrich-Jaeger Rz 32 aE).

Die Befugnis des Familiengerichts, gemäß § 1634 Abs 2 den persönlichen Umgang des Kindes mit Dritten zu regeln oder auszuschließen, kann nicht dem Zweck dienen, einen Beitrag zur Wiederherstellung der Lebensgemeinschaft beider Eltern zu leisten, selbst wenn dieses Ziel letztlich dem Kindeswohl am besten entspräche. Denn die Entscheidung des Familiengerichts ist wiederum streng am Kindeswohl orientiert, dh sie muß sich auf die Person des Kindes konzentrieren und dabei die Vor- und Nachteile abwägen, die die Gewährung oder die Einschränkung des Umgangs unter den gegebenen Umständen für die Erziehung und Entwicklung des Kindes sowie für seine psychischen Bindungen insbesondere zu beiden Eltern und Geschwistern bewirkt (Johannsen-Henrich-Jaeger Rz 32; Luthin FamRZ 1984, 114, 117; Weber FamRZ 1973, 285, 286; iE auch Soergel-Strätz Rz 26). Dasselbe gilt für den Kontakt des Kindes mit den Eltern des Umgangsberechtigten, also seinen Großeltern (OLG Hamm FamRZ 1960, 291; OLG Stuttgart NJW 1978, 380 = FamRZ 1978, 20 [LS] = Justiz 1978, 100 = DAVorm 1978, 56; vgl hierzu im einzelnen unten Rz 94ff). 63

Insgesamt bleibt festzuhalten, daß seit Änderung der Vorschrift des § 1634 durch das SorgeRG und ausdrücklicher Erweiterung seiner Kompetenz der Umgangsberechtigte negativ wie positiv über die Anwesenheit Dritter befinden kann. Denn § 1634 Abs 2 S 1 verweist auf § 1632 Abs 2. Mißbräuchen durch den Umgangsberechtigten kann das Familiengericht jederzeit begegnen (wie hier Gernhuber § 53 III 4 und im Ergebnis schon Vorauflage Rz 71, 76 bis 78 mit Nachweisen). 64

bb) Anwesenheit Dritter gegen den Willen des Umgangsberechtigten 65

Dieselben Überlegungen sind anzustellen, wenn es um die Frage geht, ob der sorgeberechtigte Elternteil verlangen kann, daß der Umgang gegen den Willen des Umgangsberechtigten in Anwesenheit einer Aufsichtsperson (**Überwachungspfleger**) stattfindet (OLG München JFG 15, 253). Eine solche Einschränkung des alleinigen Gestaltungs- und Umgangsbestimmungsrechts des nicht sorgeberechtigten Elternteils während der Dauer des Umgangs kann der sorgeberechtigte Elternteil nur begehren und sie kann damit vom Familiengericht auch nur angeordnet werden, **wenn und soweit das Kindeswohl dies erfordert** (OLG Hamm NJW 1967, 446 = ZBlJR 1967, 199). Denn auch insoweit handelt es sich um eine Einschränkung der Umgangsbefugnis iSv § 1634 Abs 2 S 2.

Das Kindeswohl kann eine solche Maßnahme erfordern bei **Säuglingen**, wenn der Umgangsberechtigte im Umgang mit dem Kinde nicht geübt ist (BayObLG JFG 5, 74 = HRR 1929 Nr 110; vgl hierzu aber auch OLG Hamm JMBlNRW 1959, 68 = FamRZ 1959, 169 [LS]), bei **Kleinkindern** nach längerer Entfremdung vom Umgangsberechtigten, wobei auf das Zeitgefühl des Kleinkindes abzustellen ist (OLG Bamberg FamRZ 1984, 507; MünchKomm-Hinz Rz 38; Johannsen-Henrich-Jaeger Rz 33; vgl auch Piaget, Die Bildung des Zeitbegriffs beim Kinde [1974]), bei einer längeren oder chronischen **Erkrankung** des Umgangsberechtigten (KG KGJ 53, 20, 33, Syphiliserkrankung des umgangsberechtigten Vaters; Suchterkrankung des Umgangsberechtigten; s dazu auch Vorauflage Rz 74 m Nachw aus der älteren Rechtsprechung; Johannsen-Henrich-Jaeger Rz 33; Palandt-Diederichsen Anm 3 a cc) oder des Kindes, während einer **Inhaftierung** des Umgangsberechtigten, uU aufgrund konkreter Anhaltspunkte im Hinblick auf eine **mangelnde Loyalität** des Umgangsberechtigten mit der Gefahr negativer Beeinflussung (weitgehend bedenklich und im übrigen inkonsequent KG OLGE 46, 201 = HRR 1927 Nr 1897, das sich für die Einsetzung eines Überwachungspflegers schon dann ausspricht, 66

„wenn dem Vater nach seiner Persönlichkeit und seiner inneren Einstellung gegenüber dem Kinde nicht das Vertrauen entgegengebracht werden kann, daß er ohne Beaufsichtigung den Verkehrszweck wahren werde". Erfordert nicht in einem solchen Fall das Wohl des Kindes den Ausschluß des Umgangs, noch dazu, wenn der Vater das Kind zwei Jahre zuvor hatte „buchstäblich hungern und darben lassen"? Für Überwachungspfleger wohl auch Palandt-Diederichsen Anm 3 a cc; vgl im übrigen unten Rz 243).

Stets ist zu beachten, daß die Einschränkung des Umgangsrechts durch Beiordnung eines „Aufpassers" zum Wohle des Kindes erforderlich sein muß. Denn die gegen den Willen des Umgangsberechtigten verordnete Gegenwart eines Dritten, die die „Assoziation mit Strafanstalten hervorzurufen" geeignet ist (Gernhuber § 53 III 4 Fn 16), führt nicht selten zur Verbitterung des umgangsberechtigten Elternteils und stört dadurch gerade die reibungslose Abwicklung des Umgangs. Die Eingriffsschwelle ist hoch, ebenso hoch, wie wenn es um den Ausschluß oder die Einschränkung des Umgangsrechts überhaupt geht. In das natürliche Elternrecht des umgangsberechtigten Elternteils darf nur eingegriffen werden, wenn dies zum Wohle des Kindes erforderlich ist. Deshalb reicht die bloße abstrakte Gefahr ungünstiger Beeinflussung des Kindes durch den Umgangsberechtigten grundsätzlich nicht aus, um einen Überwachungspfleger zu bestellen, wie die ältere Rechtsprechung noch annahm (Nachweise in Vorauflage Rz 72).

67 Ebenso erscheint es fraglich, ob die Anwesenheit eines Dritten verlangt und damit angeordnet werden kann, wenn zu befürchten ist, der Umgangsberechtigte werde das Kind womöglich aus dem Geltungsbereich der inländischen Gerichts- und Vollstreckungsgewalt **verbringen** (so aber MünchKomm-Hinz Rz 38; Soergel-Strätz Rz 25; jeweils unter Hinweis auf Baer ZBlJR 1977, 516, 526). Auf keinen Fall läßt sich so zB der Dauerkonflikt zwischen einem deutschen Sorgeberechtigten und einem mohammedanischen nicht sorgeberechtigten Elternteil lösen, der darin besteht, daß der sorgeberechtigte Elternteil nach deutschem Recht das alleinige Sorgerecht für das Kind hat, der andere Elternteil aber nach seinem mohammedanischen Heimatrecht ebenfalls der alleinige Inhaber der elterlichen Sorge ist. Der sorgeberechtigte deutsche Elternteil hat keinen Anspruch auf die dauernde Einschränkung des Umgangsrechts des anderen durch Anordnung eines Überwachungspflegers. Die Gefahr der Verbringung des Kindes in einen anderen Kultur- und Rechtskreis ist solchen gemischt-nationalen Ehen immanent und muß beiden Eheleuten bei Eheschließung bewußt sein. Durch andauernde staatliche Eingriffe ist sie nicht in zumutbarer Weise zu beheben (vgl im einzelnen unten Rz 272, 303, 356).

Insgesamt sollte das FamG die Anwesenheit Dritter während des Umgangs ebenso selten verbieten wie anordnen. Zum **Wohle des Kindes** wird dies nur ausnahmsweise erforderlich sein. § 1634 Abs 2 S 2 schützt weder den Sorgeberechtigten noch den nicht sorgeberechtigten Elternteil, beide bedürfen dieses Schutzes auch nicht (Lempp ZBlJR 1981, 283, 287).

68 Die Aufsichtsperson (Überwachungspfleger) hat die Rechtsstellung eines Pflegers mit dem sich aus dem Anordnungszweck ergebenden Aufgabenkreis (Soergel-Strätz Rz 25; Johannsen-Henrich-Jaeger Rz 33; Palandt-Diederichsen Anm 3 a cc). Er sollte neutral ausgewählt werden. Nach §§ 48 c, 52 a JWG kann das Familiengericht das Jugendamt mit der Aufsicht betrauen. Verwandte des sorgeberechtigten Elternteils oder der sorgeberechtigte Elternteil selbst sollten nur ausnahmsweise als Aufsichtsperson bestimmt werden (abzulehnen daher AG Frankfurt Streit 1986, 69; vgl im übrigen unten Rz 243 f).

2. Wohlverhaltensklausel 69

In der Wohlverhaltensklausel, § 1634 Abs 1 S 2, die durch das SorgeRG eingefügt worden ist, haben die auch schon zuvor von der Rechtsprechung herausgearbeiteten Grundsätze über die Pflichten beider Elternteile einen ausdrücklichen gesetzlichen Niederschlag gefunden. Die Wohlverhaltensnorm lehnt sich an Art 274 Abs 1 Schweizerisches ZGB an (Holtgrave JZ 1979, 669) und normiert eine Elternpflicht zu wechselseitigem loyalem Verhalten bei der Verwirklichung des Umgangsrechts (BT-Drucks 8/2788, 41 und 54), auch soweit es sich um einstweilige Umgangsregelungen handelt (OLG Saarbrücken FamRZ 1983, 1054; vgl auch OLG Stuttgart FamRZ 1979, 342; OLG Braunschweig FamRZ 1972, 576). Beide Eltern haben sich gegenseitig zu respektieren und deshalb alles zu unterlassen, was das Verhältnis des Kindes zum anderen Elternteil beeinträchtigt oder die Erziehung erschwert (BT-Drucks 8/2788, 54; Jauernig-Schlechtriem Rz 4). Dieses Gebot entspricht der verfassungsrechtlichen Bedeutung des Elternrechts als eines treuhänderischen Rechtes (BVerfGE 64, 180 = NJW 1983, 2491 = JZ 1983, 703 = FamRZ 1983, 872 = ZBlJR 1983, 427 = DAVorm 1983, 227 [LS]). Durch diese Vorschrift wird eine selbstverständliche, auch während des Bestehens der Ehe geltende Verpflichtung der Eltern gegenüber den Kindern hier nur wegen ihrer besonderen Bedeutung in der Trennungs- oder Scheidungssituation ausdrücklich geregelt (Gernhuber § 53 III 5; MünchKomm-Hinz Rz 18). Damit soll der Gefahr gesteuert werden, die nach der Trennung der Eltern oft besteht: daß die ehelichen Streitigkeiten auf Kosten, oft auch unter Einbeziehung des Kindes fortgesetzt werden. Die Wohlverhaltensvorschrift soll den Eltern vor Augen führen, was die Rechtsordnung zum Wohle des Kindes von ihnen erwartet (BT-Drucks 8/2788, 54). Weder die Ursachen, die zum Scheitern der Ehe geführt haben, noch Eigenschaften des jeweils anderen Elternteils dürfen herangezogen werden, um das Kind gegen den anderen Elternteil, von dem es gleichermaßen abstammt, einzunehmen (Erman-Ronke Rz 7; Palandt-Diederichsen Anm 2 c). Wer selbst Elternrechte in Anspruch nimmt, darf sie dem anderen Elternteil nicht bestreiten. Beide Eltern sind verpflichtet, persönliche Spannungen von dem Kinde fernzuhalten (LG Tübingen DAVorm 1974, 193 = FamRZ 1975, 167 [LS]; Soergel-Strätz Rz 18).

a) Pflichten des Sorgeberechtigten 70

Im Ergebnis verbietet die Wohlverhaltensnorm dem sorgeberechtigten Elternteil jede negative Beeinflussung des Kindes gegen den Umgangsberechtigten, und zwar auch die mittelbare, die sich darin ausdrücken kann, daß sich das Kind scheinbar aus eigenem Entschluß gegen den Umgang wendet (MünchKomm-Hinz Rz 13; Johannsen-Henrich-Jaeger Rz 17). Zu der Pflicht des Inhabers der elterlichen Sorge gehört es, auf das Kind erzieherisch dahin einzuwirken, daß es den Umgang mit dem anderen Elternteil nicht als belastend empfindet (Belchaus § 1634 Rz 10 u 30).

Obwohl § 1634 Abs 1 S 2 ausdrücklich nur eine **Unterlassungspflicht** normiert, ist 71
dennoch von einer Pflicht des sorgeberechtigten Elternteils zu einem **aktiven Handeln** auszugehen. Dieser Elternteil muß also im Rahmen seiner Erziehung auf das Kind einwirken mit dem Ziel, psychische Widerstände gegen den anderen Elternteil abzubauen und eine positive Einstellung zu gewinnen (OLG Hamm FamRZ 1975, 639, 640; = OLGZ 1975, 386 = StAZ 1976, 165 = ZBlJR 1975, 353; OLG Düsseldorf FamRZ 1979, 857, 858 = FRES 4, 158; MünchKomm-Hinz Rz 18; Soergel-Strätz Rz 18; Johannsen-Henrich-Jaeger Rz 17). Daß diese idealistische Forderung sich bei fortbestehenden Spannungen zwischen den Eltern in der Praxis häufig nicht durchsetzen läßt, hat Lempp (NJW 1972, 315, 317; ZBlJR 1981, 282, 285) mit Recht deutlich gemacht. Die Gerichtspraxis bestätigt diese Analyse; das ändert aber nichts daran, daß die Rechtspflicht des sorgeberechtigten Elternteils

(auch) dahin geht, diese Spannungen vom Kinde fernzuhalten und die eigenen Enttäuschungen und Verbitterungen gegen den anderen Elternteil nicht auf das Kind zu übertragen. Insoweit hat die Wohlverhaltensklausel nicht nur eine – uU sanktionsbewehrte – Unterlassungspflicht geschaffen, sondern sie ist darüber hinaus Ausfluß der allgemeinen Pflicht des sorgeberechtigten Elternteils zu positivem Tun (Johannsen-Henrich-Jaeger Rz 17).

72 **b) Pflichten des Umgangsberechtigten**

Andererseits verbietet § 1634 Abs 1 S 2 dem Umgangsberechtigten, das Kind gegen den sorgeberechtigten Elternteil einzunehmen oder dessen Erziehung zu vereiteln oder zu beeinträchtigen oder auch nur die Autorität des sorgeberechtigten Elternteils in Frage zu stellen. Denn der Umgangsberechtigte hat kein Miterziehungsrecht (vgl oben Rz 50), sondern nur das Recht auf Kontakt mit dem Kinde, was freilich bei harmonischer, gehaltvoller Gestaltung durchaus positiven Einfluß auf die Erziehung und Entwicklung des Kindes haben kann. Diese Wirkung hat ihre Ursache darin, daß jeder, auch der positive Einfluß auf das Kind zugleich erzieherisch wirkt, weil es Erziehung ohne Beeinflussung nicht gibt und deshalb Beeinflussung auch immer Erziehung ist (Lempp NJW 1972, 315, 317).

73 **c) Rechtsfolgen bei Verstoß**

Verstoßen die Eltern gegen die Wohlverhaltensnorm, dann kann das Rechtsfolgen sowohl für den sorgeberechtigten Elternteil als auch für den umgangsberechtigten Elternteil haben (wegen der Einzelheiten vgl unten Rz 304 ff).

74 **3. Schriftlicher Verkehr**

Das Umgangsrecht erschöpft sich nicht in der Befugnis, das Kind anzusehen und mit ihm zu sprechen. Dem Umgangsrecht als natürlichem Elternrecht dürfen nicht zu enge, zum Wohle des Kindes nicht erforderliche Grenzen gezogen werden. Deshalb umfaßt das Umgangsrecht auch das Recht auf schriftlichen Verkehr zwischen dem nicht sorgeberechtigten Elternteil und dem Kinde (KG FamRZ 1968, 262, 263; KG JFG 23, 82 = DFG 1941, 181 = DR 42, 526 = HRR 42 Nr 105; DFG 1943, 141; ebenso OLG Braunschweig OLGE 26, 249; Gernhuber § 53 III 4; Jauernig-Schlechtriem Anm 3; AK-BGB-Münder Rz 14). Die ältere Rechtsprechung (RGZ 141, 319 = JW 1933, 2587 m Anm Endemann = HRR 33 Nr 1933; KG KGJ 34, 23 ff = OLGE 14, 252; JFG 12, 89 = JW 1935, 1879; BayObLGZ 33, 243 = DJZ 1933, 1046) betrachtete dagegen den Briefverkehr als Teil der allgemeinen Kindererziehung und behandelte ihn nach den allgemeinen Vorschriften des Personensorgerechts: Der sorgeberechtigte Elternteil hatte über die Gestaltung des Briefverkehrs zu bestimmen, durfte die briefliche Verbindung zwischen Kind und nicht sorgeberechtigtem Elternteil aber nicht pflichtwidrig oder schikanös unterbinden.

Dem Elternteil, der die elterliche Sorge nicht innehat, muß es grundsätzlich erlaubt sein, dem eigenen Kinde zu schreiben. Dasselbe gilt für das Kind und dessen Wunsch, schriftlich mit dem abwesenden Elternteil zu kommunizieren. Denn auch der Austausch von Briefen dient der Pflege und Vertiefung der Eltern-Kind-Beziehung und ist damit vom Zweck des Umgangs umfaßt. Gerade wegen der Abwesenheit des nicht sorgeberechtigten Elternteils im täglichen Leben des Kindes gewinnt der Briefverkehr eine größere Bedeutung als zu der Zeit, als die Eltern noch zusammenlebten. So ist denn auch weniger umstritten, ob ein Briefverkehr überhaupt zulässig ist, als vielmehr die Frage, wann und unter welchen Umständen er zu geschehen habe.

a) Allgemeine Voraussetzungen 75

Teilweise wird die Ansicht vertreten, neben dem Besuchsrecht bestehe nicht auch noch das Recht auf Briefverkehr; dieser komme vielmehr nur in Betracht, wenn und soweit er erforderlich sei, um neben dem mündlichen Verkehr von Angesicht zu Angesicht den Verkehrszweck vollständig zu erreichen. Sei ein ausreichender mündlicher Verkehr möglich und dem Kindeswohl zuträglich, so bestehe nur auf ihn Anspruch (KG in stRspr: Recht 1915 Nr 2682; JFG 12, 89 = JW 1935, 1879; JFG 23, 82 = DFG 1941, 181 = DR 1942, 526 = HRR 1942 Nr 105; DFG 1943, 141; **aA:** OLG Braunschweig OLGE 26, 250; krit REICHEL Recht 1917, 526). Wenn der Umgangsberechtigte auf lange Zeit an der Wahrnehmung des persönlichen Umgangs gehindert sei (etwa durch Auswanderung, Strafhaft oder lange Erkrankung), so lasse sich der persönliche Umgang nicht hinreichend durchführen, so daß der Umgangsberechtigte statt dessen mit dem Kinde schriftlich verkehren dürfe (KG FamRZ 1968, 262; FamRZ 1986, 503, 504 aE = EzFamR § 1634 Nr 3 m Anm FTHENAKIS-OBERNDORFER; ERMAN-RONKE Rz 8; SOERGEL-STRÄTZ Rz 13; DÖLLE § 98 I 3). In der jüngeren Literatur wird das Recht auf **uneingeschränkten** Briefverkehr als Inhalt des Umgangsrechts angesehen (MünchKomm-HINZ Rz 39; PALANDT-DIEDERICHSEN Anm 3 a; ROLLAND § 1634 Rz 2; GERNHUBER § 53 III 4; RIEDEL 88 f; vgl auch Vorauflage Rz 15).

b) Inhalt und Kontrolle 76

Soweit es den Inhalt von Briefen angeht, wird die Ansicht vertreten, in seinen Briefen müsse sich der Umgangsberechtigte jeder Äußerung enthalten, die einen durch den Umgangszweck nicht mehr gedeckten Eingriff in das Erziehungsrecht des Sorgeberechtigten darstellen oder aber das Wohl des Kindes durch Störungen seines seelischen Gleichgewichts beeinträchtigen könne. Deshalb müsse auch der Umfang der Korrespondenz angemessen sein. Der Sorgeberechtigte habe ein **Kontrollrecht** (KG JFG 12, 89 = JW 1935, 1879; DFG 1943, 141, 142 aE; FamRZ 1968, 262, 263; ERMAN-RONKE Rz 8; SOERGEL-STRÄTZ Rz 13; MünchKomm-HINZ Rz 39; DÖLLE § 98 I 3; RIEDEL 88; vgl auch Vorauflage Rz 15). Übe der Sorgeberechtigte das Kontrollrecht mißbräuchlich aus, könne ihm dieses nach § 1666 BGB entzogen und auf eine neutrale Stelle (Jugendamt) übertragen werden (KG JFG 12, 89 = JW 1935, 1879).

Eine andere Ansicht vertritt GERNHUBER (§ 53 III 4), der darauf hinweist, die Forderung nach Kontrolle der Briefe durch den Sorgeberechtigten sei ein Rest der älteren Auffassung (die den Briefverkehr generell abgelehnt habe); der sorgeberechtigte Elternteil erreiche damit eine übergeordnete Stellung, die dem Kind besonders deutlich werde, wenn sein Briefwechsel mit anderen Personen nicht überwacht werde; als ständiger Drittleser verfälsche der sorgeberechtigte Elternteil notwendigerweise den Inhalt der Korrespondenz.

c) Stellungnahme 77

Die Reduzierung der Korrespondenz auf das zur Erreichung des Umgangszwecks erforderliche Maß erscheint verfehlt; noch weniger ist es mit der engen menschlichen Beziehung zwischen Kind und nicht sorgeberechtigtem Elternteil vereinbar, den Briefkontakt nur als Surrogat für den persönliche Kontakt zuzulassen. Denn wie jede nahe menschliche Beziehung lebt auch diejenige zwischen Kind und nicht sorgeberechtigtem Elternteil von der Vielfalt und dem Abwechslungsreichtum der Begegnung. Zwar ist für Kinder zunächst das Briefeschreiben nicht das bevorzugte Ausdrucksmittel. Doch ist diese Erscheinung altersabhängig: Je jünger die Kinder sind, um so schneller und direkter möchten sie über Erlebtes berichten, während es ihnen leichter fällt, sich schriftlich mitzuteilen, wenn sie älter werden. Dagegen ist es im allgemeinen für jedes Kind ein freudiges Ereignis, Post zu erhalten, vor allem, wenn diese dem jeweiligen Alter des Kindes angemessen ist. Die Begegnung zwischen Kind und nicht sorgeberechtigtem Elternteil nach Trennung der Eltern hat ohnehin häufig etwas Künstliches. Das Artifizielle dieser Begegnung ist nur schwer zu überwinden und wird auch vielen Kindern schmerzlich bewußt. Deshalb dient es dem Wohl des Kindes und zugleich der Intensität des Eltern-Kind-Verhältnisses, wenn die Korrespondenz grundsätzlich uneingeschränkt zugelassen wird (Arntzen 46).

78 Die Korrespondenz sollte auch unkontrolliert ausgetauscht werden können. Das verständliche Interesse des Sorgeberechtigten, zu erfahren, was sich das Kind und der andere Elternteil mitzuteilen haben, muß zurücktreten hinter der selbstverständlichen Wahrung des Briefgeheimnisses. Es erscheint bedenklich, insbesondere heranwachsende Kinder der ungehinderten Kontrolle ihres ureigenen Persönlichkeitsbereichs durch den sorgeberechtigten Elternteil zu unterwerfen (vgl OLG Köln FamRZ 1973, 265 = JZ 1974, 107). Briefwechsel ist wie ein Tagebuch vornehmlich ein Mittel der Selbstbespiegelung, deren der Jugendliche zu seiner Selbstfindung bedarf (Spranger, Psychologie des Jugendalters 41). Die jederzeitige ungehinderte Briefkontrolle als Ausfluß allgegenwärtiger Erziehungsautorität kann bei dem betroffenen Kind zu Geheimniskrämerei, Vertrauensschwund, Abkapselung und Ablehnung führen. Vor allem aber lernt ein solches Kind auch nicht, die Persönlichkeitssphäre des anderen zu respektieren (H Krüger, Grundrechtsausübung der Jugendlichen und elterliche Gewalt, FamRZ 1956, 329, 334; Peschel-Gutzeit in: Juristinnenbund [Hrsg], 96).

Nur beim Vorliegen triftiger Gründe sollte deshalb die Briefkontrolle des sorgeberechtigten Elternteils zugelassen werden (ebenso Beitzke § 27 V 1). Dieses Ergebnis ist für den Sorgeberechtigten auch hinnehmbar. Denn die Zusammenkünfte zwischen Kind und nicht sorgeberechtigtem Elternteil unterliegen ebenfalls nicht seiner Kontrolle. Er erfährt also nicht, was das Kind und der andere Elternteil miteinander besprechen, und hat hierauf grundsätzlich auch keinen Anspruch. Für den Briefverkehr kann nichts anderes gelten. Hat der sorgeberechtigte Elternteil Anlaß zu der Annahme, daß durch den Kontakt mit dem anderen Elternteil das Kind gefährdet oder aber daß seine eigene Autorität untergraben wird, so hat er die Möglichkeit, das Familiengericht anzurufen (§ 1634 Abs 2). Auf diesen Weg ist er auch verwiesen, wenn er ähnliche Befürchtungen in bezug auf den Briefverkehr hat.

79 **4. Telefon- und andere technische Kontakte**

Auch die Kommunikation mit Hilfe moderner Techniken (Telefon, Fernschreiber, Telefax uä) zwischen Kind und nicht sorgeberechtigtem Elternteil sind uneingeschränkt zuzulassen. Soweit angenommen wird, diese seien nicht überwachbar und deshalb unzulässig (AG Deggendorf FamRZ 1979, 1061 = FRES 1, 292; Palandt-Diederichsen Anm 2 d), ist grundsätzlich zu fragen, ob ein derartiges umfassendes und jederzeitiges Kontrollrecht besteht (vgl oben Rz 76ff). Im übrigen löst auch diese Argumentation den Widerspruch nicht auf, der darin besteht, daß persönlicher Umgang zwischen Kind und nicht sorgeberechtigem Elternteil ohnehin für den anderen Elternteil nicht kontrollierbar ist, dieser also nicht erfährt, was zwischen den beiden anderen Personen besprochen wird.

Wenn zur Begründung dieser Ansicht weiter angeführt wird, Telefongespräche könnten ein Kind unvorbereitet und in Krisenstimmung antreffen und es daher verstören, so trifft das zwar zu, rechtfertigt es jedoch nicht, Telefongespräche des Umgangsberechtigten mit dem Kinde generell von der Zustimmung des Sorgeberechtigten abhängig zu machen oder seiner Kontrolle zu unterwerfen (MünchKomm-Hinz Rz 40). Auch hier kommt es allein darauf an, ob die Anrufe konkret jene behaupteten schädlichen Folgen haben; nur dann dürfen sie eingeschränkt werden, weil dies zum Wohle des Kindes erforderlich ist (§ 1634 Abs 2). Auch ist zu berücksichtigen, daß Telefonkontakte häufig die einzige Möglichkeit für das Kind bilden, um mit dem anderen Elternteil in Kontakt zu bleiben: Handelt es sich – wie in dem von dem Amtsgericht Deggendorf (aaO) entschiedenen Fall – um ein kleines Kind, das noch nicht schreiben kann und das seine Mutter lediglich einmal im Jahr für drei Wochen sieht, so liegt es auf der Hand, daß dieses Kind sich anders als über das Telefon dem anderen Elternteil, hier also der Mutter, nicht mitteilen kann. Zu seinem Wohl muß einem solchen Kinde die Möglichkeit gegeben sein, mit dem anderen Elternteil zu telefonieren oder dessen Anrufe zu empfangen. Auf den entgegenstehenden Willen des sorgeberechtigten Elternteils kann es insoweit nicht ankommen, insbesondere dann nicht, wenn dieser konkrete Gründe für seinen entgegenstehenden Willen nicht nennt.

Im übrigen verschließen Vertreter dieser Telefonkontakte grundsätzlich ablehnenden Ansicht die Augen vor der tatsächlichen Entwicklung: Jedes Kind ist heute spätestens von seiner Einschulung an in der Lage, von einem öffentlichen Fernsprecher aus zu telefonieren, das dafür erforderliche Geld wird es im allgemeinen seinem Taschengeld entnehmen können. Telefonkontakte zu untersagen, würde mithin bedeuten, das Kind insoweit in Heimlichkeiten zu treiben, eine für den sorgeberechtigten Elternteil nicht wünschenswerte Entwicklung (vgl Arntzen NJW 1988, 1508 f). Wenn der nicht sorgeberechtigte Elternteil und das Kind oder einer von beiden den Wunsch nach Telefonkontakten hat, ist dies Ausdruck einer lebendigen menschlichen Beziehung; die telefonische Verbindung trägt mithin unmittelbar zur Zweckerfüllung des Umgangsrechts bei. Die Grenzen solcher Kontakte liegen allein im Kindeswohl: Wenn und soweit es dieses erfordert, müssen die Telefonkontakte zurückgedrängt werden oder ganz unterbleiben (iE ebenso Rolland Rz 18).

Soweit es die wirtschaftliche Belastung des sorgeberechtigten Elternteils etwa durch häufige Ferngespräche angeht, könnte der nicht sorgeberechtigte Elternteil diese durch die Installation eines sogenannten „Kindertelefons" mindern, also durch die Bestellung eines eigenen, vom Telefonanschluß des Sorgeberechtigten unabhängigen Telefonanschlusses auf Kosten des Umgangsberechtigten. Dies wird allerdings allein mit Zustimmung des Sorgeberechtigten möglich und zulässig sein (MünchKomm-Hinz Rz 40 m Fn 169).

5. Geschenke 80

Ob der nicht sorgeberechtigte Elternteil berechtigt ist, dem Kinde angemessene oder kleinere Geschenke zu senden, ist ebenso umstritten wie die Frage, ob der sorgeberechtigte Elternteil verpflichtet ist, diese Geschenke dem Kinde auszuhändigen. Während die ältere Rspr (KG KGJ 34, 23 = OLGE 14, 252; BayObLGZ 15, 441 = Recht 1914 Nr 2483) dies noch verneinte, wurde in der Folgezeit angenommen, das Vormundschaftsgericht könne im Rahmen der Verkehrsregelung auch bestimmen, daß der Verkehrsberechtigte dem Kind angemessene Geschenke machen darf, die der sorgeberechtigte Elternteil dem Kind auch auszuhändigen habe

(KG ZBlJR 1937/38, 213, 449 und Vorauflage Rz 19 mwN). Heute werden kleinere und maßvolle Geschenke insoweit zugelassen, als sie dem Erziehungsziel des sorgeberechtigten Elternteils nicht zuwiderlaufen (Soergel-Strätz Rz 15; MünchKomm-Hinz Rz 21; Jauernig-Schlechtriem Anm 3; Dölle § 98 I 3; Riedel 93; Schnitzerling RdJ 1961, 161; für entspr Anwendung von § 1634: Palandt-Diederichsen Anm 3 a; Rolland Rz 2). Dabei wird die Einschränkung gemacht, daß sie der familiengerichtlichen Regelung gemäß Abs 2 S 1 zu unterstellen seien, wenn sie durch ein Übermaß darauf abzielen, das Erziehungsrecht des Sorgeberechtigten zu durchkreuzen und diesen dem Kind zu entfremden: Übermäßige Zuwendungen des Umgangsberechtigten könnten als Störfaktor wirken, der den Sorgeberechtigten in einen Zugzwang setzen und entweder zur Verwöhnung des Kindes oder aber zu Versagenssituationen führen könnte (Steffen ZBlJR 1979, 129, 133; MünchKomm-Hinz Rz 41 aE; Dölle § 98 I 3).

Der zuletzt genannten Auffassung ist der Vorzug zu geben. Denn auch die Übermittlung von Geschenken dient dem Zweck des Umgangsrechts. Auch hier sollte jede Künstlichkeit vermieden werden. Genauso wie das Kind zu allgemeinen Feiertagen und besonderen Anlässen wie Geburtstag, Zeugnis, Genesung von beiden Eltern Aufmerksamkeiten erhielt, als diese noch zusammenlebten, sollte diese Übung auch nach Elterntrennung in gleicher Weise fortgesetzt werden. Wer sich vor Augen führt, wie sehr sich Kinder über kleinere, vor allem unverhoffte Geschenke freuen, kann nicht begründen, warum dieses direkte Mittel, elterliche Verbundenheit und Liebe auszudrücken, in der Beziehung zwischen dem nicht sorgeberechtigten Elternteil und dem Kinde ausgeschlossen sein sollen (Arntzen 46; Klussmann 231). Die Grenze bildet auch hier das Wohl des Kindes. In seinem Interesse muß vermieden werden, daß das Kind, das mit dem Sorgeberechtigten den Alltag teilen muß, während es mit dem nicht sorgeberechtigten Elternteil im allgemeinen nur die Freizeit genießt, durch übermäßige Geschenke verwöhnt wird, so daß die Polarisierung zwischen dem Alltag bei dem einen und dem Sonntag bei dem anderen Elternteil zunimmt (Haffter 76; Dölle § 98 I 3 aE). Hiernach sind nur solche Geschenke zulässig, die nach Häufigkeit und Wert angemessen sind (Rolland Rz 2). Dabei wird man die Angemessenheit der Geschenke an der wirtschaftlichen Situation beider Eltern, vor allem aber auch an der Höhe des tatsächlich gezahlten Kindesunterhalts zu messen haben. Ein Vater, der zB pro Monat für das Kind einen Unterhalt von 300 DM zahlt, ihm aber regelmäßige Geschenke im Wert von mehreren 100 DM macht, wird damit über den finanziellen Rahmen der Familie des sorgeberechtigten Elternteils hinausgehen und in dem Kinde unrealistische Vorstellungen über die Angemessenheit von Geschenken erwecken. Zugleich kann eine solche Handhabung zur Verbitterung des sorgeberechtigten Elternteils führen. Auch müßte sich der umgangsberechtigte Elternteil, der so verfährt, fragen lassen, ob er nicht in Wahrheit leistungsfähiger ist, als bei der Festsetzung des Unterhalts angenommen, so daß in einem solchen Falle an die Erhöhung des regelmäßigen Unterhalts gedacht werden könnte.

81 **6. Fotos, Zeugnisse**

Ob der nicht sorgeberechtigte Elternteil Anspruch auf die Übersendung von Lichtbildern und Zeugnissen hat, war ebenfalls umstritten. Einerseits wurde die Ansicht vertreten, der nicht sorgeberechtigte Elternteil habe überhaupt keinen Rechtsanspruch auf deren Übersendung (Dölle § 98 I 3 unter Berufung auf KG KGJ 34, 23 = OLGE 14, 252; LG Aachen ZBlJR 1952, 83). Andererseits wurde dieser Anspruch dann zugebilligt, wenn der nicht sorgeberechtigte Elternteil durch räumliche Entfernung oder andere Gründe gehindert war, das Kind zu sehen und deshalb allein auf den schriftlichen Verkehr angewiesen war. Dasselbe wurde angenommen, soweit es die Benachrichtigung über das gesundheitliche Befinden des Kindes anging (Vorauflage Rz 17; Krüger-Breetzke-Nowack Rz 7; Riedel 89).

Seit Inkrafttreten des SorgeRG regelt sich dieser Anspruch nach § 1634 Abs 3.

II. Auskunftsanspruch

1. Voraussetzungen 82

Seitdem durch das SorgeRG der Auskunftsanspruch in das Gesetz eingefügt ist (§ 1634 Abs 3), ist gesetzlich geregelt, unter welchen Voraussetzungen der nicht sorgeberechtigte Elternteil vom sorgeberechtigten Elternteil Auskunft über die persönlichen Verhältnisse des Kindes verlangen kann: Er muß hieran ein berechtigtes Interesse haben. Der Rechtsgrund für diese Auskunftspflicht liegt nach Beendigung der Elternehe allein in der Elternschaft (Gernhuber § 53 III 5; MünchKomm-Hinz Rz 53). Dieses Interesse wird insbesondere dann bejaht, wenn der Umgangsberechtigte das Umgangsrecht nicht ausüben kann (Ausgleich oder Surrogat für den fehlenden persönlichen Kontakt), zB weil der Umgang ausgeschlossen ist, § 1634 Abs 2, weil das Kind den persönlichen oder brieflichen Kontakt zu dem anderen Elternteil ablehnt oder weil sich der Umgangsberechtigte wegen des Alters des Kindes oder aus sonstigen Gründen (Unwissenheit, Behinderung) oder wegen zu großer räumlicher Entfernung nicht persönlich oder durch Schriftverkehr mit dem Kinde fortlaufend von dem Wohlergehen und der Entwicklung des Kindes überzeugen kann (BT-Drucks 8/2788, 55; BayObLG FamRZ 1983, 1169, 1170; Massfeller-Böhmer Anm 6; MünchKomm-Hinz Rz 54; Soergel-Strätz Rz 14; Palandt-Diederichsen Anm 2 d; Johannsen-Henrich-Jaeger Rz 44).

Aber auch im übrigen kann ein berechtigtes Interesse an der Auskunft vorliegen. 83
Das Bestehen des Auskunftsanspruches knüpft nicht zwingend an den Ausschluß des Umgangsrechts gemäß § 1634 Abs 2 S 2 an, wie die Stellung im Gesetz (als Abs 3 und nicht als S 3 von Abs 2) zeigt. So kann der Auskunftsanspruch bestehen, wenn wegen großer räumlicher Entfernung nur ein Ferienumgang besteht (MünchKomm-Hinz Rz 54; Johannsen-Henrich-Jaeger Rz 44). Ob der Auskunftsanspruch neben der gerichtlich nicht eingeschränkten Umgangsbefugnis nur aus besonderen Gründen gegeben ist, also die Ausnahme ist, ist umstritten (für Ausnahme: Johannsen-Henrich-Jaeger Rz 44; Diederichsen NJW 1980, 1, 10; wohl auch Erman-Ronke Rz 30; für ein weitergehendes Auskunftsrecht neben dem Umgangsrecht: Soergel-Strätz Rz 14; MünchKomm-Hinz Rz 53; Palandt-Diederichsen Anm 2 d; Rolland Rz 17; Massfeller-Böhmer Anm 6). Das berechtigte Interesse besteht, wenn das Kind infolge seines Alters, wegen Behinderung oder Krankheit nicht selbst Auskunft zu geben vermag (OLG Schleswig SchlHAnz 1978, 115: Krankheit). Im Grundsatz sollte auch hier großzügig verfahren werden. Die Grenze bildet wiederum das Kindeswohl: Wenn und soweit es zu seinem Wohl erforderlich ist, ist der Auskunftsanspruch einzuschränken, er kann auch ganz entfallen.

Das berechtigte Interesse fehlt, wenn der nicht sorgeberechtigte Elternteil, dem der 84
persönliche Umgang versagt wurde, Auskünfte über den Aufenthaltsort des Kindes (Schule, Lehrstelle) verlangt, die es ihm ermöglichen, einen dem Kindeswohl abträglichen persönlichen Kontakt herzustellen (BT-Drucks 8/2788, 55; Palandt-Diederichsen Anm 2 d), oder wenn der Umgangsberechtigte aus eigener vermeidbarer Säumnis keinen oder einen zu seltenen Umgang mit dem Kinde hat (Johannsen-Henrich-Jaeger Rz 44). Das berechtigte Interesse des Umgangsberechtigten scheitert aber nicht an entgegenstehenden Wünschen oder Interessen des Sorgebe-

rechtigten, etwa wegen Integrierung des Kindes in dessen neue Ehe oder wegen der mit der Erteilung der Auskunft verbundenen Belastungen (BT-Drucks 8/2788, 55). Das berechtigte Interesse des Umgangsberechtigten daran, über das Kind die gewünschten Informationen zu erhalten, findet seine Grenze allein am Wohl des Kindes (SOERGEL-STRÄTZ Rz 14).

85 **2. Inhalt der Auskunft**

Die nach § 1634 Abs 3 geschuldete Auskunft über die persönlichen Verhältnisse umfaßt alle Angaben, die die Entwicklung und das Wohlergehen des Kindes darlegen und die der nicht sorgeberechtigte Elternteil normalerweise bei dem persönlichen Umgang mit dem Kinde von diesem erfragen könnte, sofern das Kind das entsprechende Alter hat (LG Karlsruhe FamRZ 1983, 1169 = DAVorm 1984, 201), die also der nicht sorgeberechtigte Elternteil nach dem Zweck des Umgangsrechts erfahren darf und soll (JOHANNSEN-HENRICH-JAEGER Rz 46). Die Auskunft ist nicht begrenzt auf die schulische oder berufliche Laufbahn des Kindes oder auf etwaige erzieherische Schwierigkeiten (LG Karlsruhe FamRZ 1983, 1169 = DAVorm 1984, 201), sondern umfaßt die gesundheitliche und sonstige allgemeine Entwicklung des Kindes (MünchKomm-HINZ Rz 55). Die Auskunft ist aus gegebener aktueller Veranlassung (zB Krankheit) zu erteilen, andernfalls in angemessenen Zeitabständen, vor allem da, wo sie den persönlichen Umgang ersetzen muß (ROLLAND Rz 17: etwa monatlich; LG Karlsruhe FamRZ 1983, 1169 = DAVorm 1984, 201: halbjährlich; JOHANNSEN-HENRICH-JAEGER Rz 46: in der Regel wohl vierteljährlich). Das richtige Maß hängt auch hier von den Umständen des konkreten Falles ab, vor allem von dem Alter und der jeweiligen Lebenssituation des Kindes.

86 Die Auskunftserteilung umfaßt die Übersendung von **Schulzeugnissen***, von **Lichtbildern****, aber auch die **Bekanntgabe von gesundheitlichen Beeinträchtigungen** (Allergien), notwendigen medizinischen Maßnahmen (PALANDT-DIEDERICHSEN Anm 2 d) und uU das Ergebnis ärztlicher Gutachten über das Kind (ERMAN-RONKE Rz 30).

87 Dagegen umfaßt die Auskunft über die persönlichen Verhältnisse des Kindes **nicht** den Anspruch gegen den Sorgeberechtigten, die behandelnden Ärzte von der Schweigepflicht zu entbinden (OLG Schleswig SchlHAnz 1978, 115; SOERGEL-STRÄTZ Rz 15; PALANDT-DIEDERICHSEN Anm 2 d). Denn die Gesundheitsfürsorge und die Arztbestellung stehen dem Umgangsberechtigten grundsätzlich nicht zu (oben Rz 49, 50), nur in Notfällen kann er dieses Recht und dann zugleich auch die entsprechende Pflicht haben (OLG Stuttgart FamRZ 1966, 256, 258 = Justiz 1966, 158; OLG Schleswig SchlHAnz 1978, 115; SOERGEL-STRÄTZ Rz 16).

88 **3. Inhaber des Auskunftsanspruches**

Der Auskunftsanspruch steht nur dem nicht sorgeberechtigten Elternteil selbst zu, nicht einem Dritten, etwa seinem neuen Lebens- oder Ehepartner. Denn auch dieser Anspruch ist höchstpersönlich (oben Rz 28–31). Der Anspruch kann auch nur

* BayObLG FamRZ 1983, 1169, 1170; LG Karlsruhe FamRZ 1983, 1169 = DAVorm 1984, 201; MünchKomm-HINZ Rz 55; SOERGEL-STRÄTZ Rz 15; ERMAN-RONKE Rz 30; BELCHAUS Rz 25; JOHANNSEN-HENRICH-JAEGER Rz 46; MASSFELLER-BÖHMER Anm 6.

** LG Berlin FamRZ 1973, 147; LG Karlsruhe FamRZ 1983, 1169 = DAVorm 1984, 201; MünchKomm-HINZ Rz 55; SOERGEL-STRÄTZ Rz 15; JOHANNSEN-HENRICH-JAEGER Rz 46; GERNHUBER § 53 III 5.

gegen den Sorgeberechtigten selbst, nicht etwa gegen das Kind gerichtet werden. UU kann sich der Auskunftsanspruch allerdings auch gegen einen Dritten (Vormund, Pfleger, Pflegeperson) richten (MünchKomm-Hinz Rz 53). Kein Anspruch besteht auf Zustimmung zur Entbindung des das Kind behandelnden Arztes von der Schweigepflicht und damit auf Einholung eigener Auskünfte von dem Arzt, von der Schule oder von dem Lehrherrn (Palandt-Diederichsen Anm 2 d; Johannsen-Henrich-Jaeger Rz 45; Rolland Rz 19). Der sorgeberechtigte Elternteil ist auch derjenige, der über Inhalt und Ausführlichkeit der Auskunft entscheidet (LG Kiel [AG Eckernförde] ZBlJR 1982, 58, 60; MünchKomm-Hinz Rz 55; Johannsen-Henrich-Jaeger Rz 46).

4. Streit über die Auskunftserteilung 89

Eine Auskunft, die im Rahmen des § 1634 Abs 3 berechtigterweise verlangt wird, kann nur verweigert werden, soweit die Erteilung mit dem Wohl des Kindes nicht vereinbar ist (§ 1634 Abs 3 S 1 HS 2; LG Kiel [AG Eckernförde] ZBlJR 1982, 58, 59). Mit dieser Einschränkung will das Gesetz insbesondere einem Mißbrauch des Auskunftsrechts begegnen, der zB darin bestehen kann, daß der nicht sorgeberechtigte Elternteil nach Ausschluß des persönlichen Umgangs Auskünfte über Aufenthalt und die besuchte Schule oder Lehrstelle verlangt, um diese Auskünfte zur Herstellung des untersagten persönlichen Kontaktes zu verwenden (BT-Drucks 8/2788, 55). Gegen ein mißbräuchliches Auskunftsverlangen schützt erforderlichenfalls § 226 BGB (MünchKomm-Hinz Rz 55). Über diese Einschränkung hinaus kann der Auskunftsanspruch nicht ausgeschlossen werden (BT-Drucks 8/2788, 55).

Über Streitigkeiten, die das Auskunftsrecht betreffen, entscheidet – systemwidrig – 90
das Vormundschaftsgericht (§ 1634 Abs 3 S 2). Diese Zuständigkeitsregelung ist gegenüber Abs 2 weder folgerichtig noch praktisch (MünchKomm-Hinz Rz 57; Jans-Happe Bem 12; Belchaus Rz 23; Gernhuber S 53 III 5). Unabhängig davon, ob das Auskunftsrecht eine Ergänzung oder ein Surrogat des Umgangsrechts ist, ist ein Grund für die Aufspaltung der Zuständigkeit zwischen Familien- und Vormundschaftsgericht nicht zu erkennen (vgl die zutr Kritik von Luthin FamRZ 1979, 988). Besonders mißlich ist das Ergebnis, wenn das Gericht Maßnahmen der Ausgestaltung oder Beschränkung des Umgangsrechts mit Auskunftspflichten koppeln will: Denn hierfür ist einerseits das Familiengericht, andererseits das Vormundschaftsgericht mit den sich anschließenden unterschiedlichen Instanzenzügen zuständig (Rolland Rz 28; LG Kiel [AG Eckernförde] ZBlJR 1982, 58; wegen der Einzelheiten des Verfahrens Rz 375 ff).

E. Anwendungsbereich

I. Wer ist umgangsberechtigt? 91

§ 1634 billigt die Befugnis, mit dem Kind persönlich umzugehen, dem Elternteil zu, dem die Personensorge nicht zusteht.

1. Eltern 92

Nur Eltern haben einen Rechtsanspruch auf persönlichen Umgang mit ihrem Kinde, da sich das Recht auf persönlichen Umgang aus dem Eltern-Kind-Verhältnis ergibt. Auch nachdem das Umgangsrecht durch das GleichberG vom Scheidungsrecht gelöst und seither im Rahmen des Rechts der Eltern-Kind-Beziehung mitgeregelt ist, ist es auf die Eltern beschränkt geblieben. Auf die tatsächliche (Bluts-)Verwandtschaft wird hierbei nicht abgestellt, sondern allein auf die rechtliche Stellung eines ehelichen Kindes. Deshalb hat auch der **Scheinvater** das Umgangsrecht, solange die Ehelichkeit des Kindes nicht wirksam angefochten ist (SCHWOERER JZ 1962, 443, Anm zu BayObLGZ 1961, 349 = NJW 1962, 740 = MDR 1962, 308 = FamRZ 1962, 169 = JR 1962, 462 = JZ 1962, 442; Vorauflage Rz 24; **aA:** SEIBERT ZBlJR 1937/38, 175). Aus demselben Grunde behält nach der Scheidung der Ehe der **Adoptiveltern** der dann nicht sorgeberechtigte Wahlelternteil das Umgangsrecht, § 1754 (s unten Rz 114).

93 **2. Verwandte**

Andere nahe **Verwandte** in gerader Linie (Großeltern) oder in der Seitenlinie (Geschwister, Geschwister der Eltern) haben dieses Recht **nicht.**

94 **a) Großeltern**

Die **Großeltern** haben nach ganz hM **keine Umgangsbefugnis.** Seit der Entscheidung des BayObLG vom 31. 5. 1921 (OLGE 42, 115) versagt die Rechtsprechung den Großeltern einhellig einen eigenen durchsetzbaren Rechtsanspruch auf Umgang mit ihren Enkeln.*

95 Die Literatur teilt die in der Rechtsprechung vertretene Auffassung ganz überwiegend.**

96 Allein H KRÜGER (in KRÜGER-BREETZKE-NOWACK Einl 210f, 228f) und BIRK (FamRZ 1967, 306) vertreten eine andere Auffassung. H KRÜGER leitet ein Umgangsrecht naher Angehöriger wie Geschwister, Großeltern und Geschwister der Eltern auf der Grundlage der von ihr vorgenommenen erweiterten Definition des Begriffs Familie (Einl Rz 210f) aus Art 6 Abs 1 GG her (Einl Rz 228, 229): Der Schutz der Familie gebiete auch die Pflege ihres Zusammenhangs. Die Wirren des zweiten Weltkrieges hätten die Solidarität aller Familienmitglieder, insbesondere der Großeltern, bewiesen und bestärkt, die Großfamilie habe sich in Zeiten großer Not bewährt. Es sei unmenschlich, derartige Beziehungen nicht auch rechtlich in

---

* In zeitlicher Reihenfolge: LG Berlin ZBlJR 28, 186; KG DFG 37, 101 = JW 1937, 2197; OLG Hamm Rpfleger 1948/49, 119 (LS); KG zitiert bei DARKOW JR 1953, 334 Anm 11; OLG Hamm FamRZ 1960, 291; OLG Köln NJW 1961, 2163 = MDR 1961, 1016; OLG Hamm JMBlNRW 1962, 189; OLG Karlsruhe ZBlJR 1963, 265; BayObLGZ 1963, 293 = NJW 1964, 550 (LS) = MDR 1964, 417 = FamRZ 1964, 155 = JVBl 1964, 64; BayObLGZ 1965, 182 = OLGZ 1966, 78 (LS) = NJW 1965, 1716 = MDR 1965, 744 = FamRZ 1965, 442 = ZBlJR 1965, 276 = BayJMBl 1965, 108 (LS); LG Hannover NdsRpfl 1966, 269; OLG Düsseldorf FamRZ 1967, 340 = ZBlJR 1968, 239 = JMBlNRW 1967, 231; KG FamRZ 1968, 325 = ZBlJR 1969, 210; KG OLGZ 70, 297 = NJW 1970, 953 = MDR 1970, 591 = FamRZ 1970, 209 = ZBlJR 1970, 238 = Rpfleger 1970, 133; OLG Celle NdsRpfl 1972, 20; OLG Braunschweig FamRZ 1973, 268; BayObLG FamRZ 1980, 284 Nr 176 (LS) = DAVorm 1979, 768 = FRES 2, 266; BayObLG FamRZ 1981, 707 (LS) = ZBlJR 1981, 272; BayObLG FamRZ 1982, 737 Nr 441 (LS) = DAVorm 1982, 359 = FRES 12, 79; BayObLG FamRZ 1982, 737 Nr 442 (LS) = DAVorm 1982, 600 = Rpfleger 1982, 283; BayObLG DAVorm 1983, 377; BayObLG ZBlJR 1984, 361; BayObLG FamRZ 1984, 614 = ZBlJR 1984, 363.

** MünchKomm-HINZ Rz 9; SOERGEL-STRÄTZ Rz 10; ERMAN-RONKE Rz 6; PALANDT-DIEDERICHSEN Anm 1 c; AK-BGB-MÜNDER Rz 1; JAUERNIG-SCHLECHTRIEM Anm 2 a; DÖLLE § 98 I 2 b; GERNHUBER § 53 III 3; BEITZKE § 27 V 2; ROLLAND Rz 1; JOHANNSEN-HENRICH-JAEGER Rz 11; JANS-HAPPE III 5; BELCHAUS Rz 9; DARKOW JR 1953, 333; SCHNITZERLING FamRZ 1958, 444; BECKER RdJ 1975, 344 = Der Kinderarzt 1978, 385; VOLLERTSEN ZBlJR 1977, 230, 239; s auch Vorauflage Rz 21 u 23 mit Hinweisen auf ältere Literatur.

Form eines Umgangsrechts anzuerkennen, zumal auch zu der Persönlichkeitsentfaltung des Kindes der Kontakt zu seinen nächsten Angehörigen gehöre. Birk (FamRZ 1967, 306 f) leitet ein Umgangsrecht der Großeltern aus dem Gesamtgefüge familien-, erb- und verfahrensrechtlicher Normen unter Einschließung des Verfassungsrechts und der Rechtsvergleichung her. Dies lehnt Gernhuber (§ 53 III 2 Fn 9) ausdrücklich ab. Er hält die methodische Grundlage dieser Überlegungen für unklar; die Zusammenstellung von Normen, die das Verhältnis von Großeltern und Enkeln regele, sei beweislos, da es keine Norm gebe, die zwingend ein Umgangsrecht voraussetze (ebenso MünchKomm-Hinz Rz 9 unter Berufung auf Gernhuber aaO).

Bei der Analyse der Rechtsprechung fällt auf, daß die ersten veröffentlichten 97
Entscheidungen die Ablehnung des großelterlichen Umgangsrechts, wenn überhaupt, positivistisch damit begründeten, ein gesetzliches Umgangsrecht der Großeltern bestehe nicht (BayObLG OLGE 42, 115) bzw die Großeltern hätten kein „gesetzlich anerkanntes eigenes Recht auf regelmäßigen Verkehr“ mit den Enkeln (KG DFG 37, 101 = JW 1937, 2197). Diese Erkenntnisse beschrieben nur den Umstand, daß das Gesetz schweigt, lieferten jedoch keine Begründung dafür, **warum** den Großeltern ein eigenes Umgangsrecht fehle. Das OLG Köln (NJW 1961, 2163 = MDR 1961, 1016) setzte sich in seiner Entscheidung vom 28. 7. 1961 erstmals mit der Frage auseinander, ob außer den Eltern auch den Großeltern ein Verkehrsrecht zustehe, wenn man das Verkehrsrecht als Folge der Blutsverwandtschaft (natürliche Familienbande) ansehe. Besonders im Hinblick auf Art 6 Abs 1 GG, der auch im Sinne der Pflege der Familienbande zu verstehen sei, „könnte diese Meinung nicht ohne weiteres abzulehnen sein“. Im Anschluß an Schnitzerling (FamRZ 1958, 444, 446) gelangte das OLG Köln dennoch zu dem Ergebnis, daß ein eigenes Verkehrsrecht der Großeltern nicht anzuerkennen sei. Mit derselben Begründung versagte auch das OLG Hamm (JMBlNRW 1962, 189) ein Verkehrsrecht der Großeltern, das auch aus Art 6 Abs 1 GG nicht herzuleiten sei.

In seiner Entscheidung vom 18. 11. 1963 (BayObLGZ 1963, 293 = NJW 1964, 550 98
[LS] = MDR 1964, 417 = FamRZ 1964, 155 = JVBl 1964, 64) begründete das BayObLG das Fehlen eines großelterlichen Verkehrsrechts ausführlich: Ein solches Recht lasse sich weder aus dem Gesetz selbst noch aus dem Zusammenhang der einzelnen Vorschriften herleiten. Zwar habe sich die neuere Gesetzgebung zum Recht des persönlichen Verkehrs in Richtung einer Verstärkung familienrechtlicher Bande entwickelt. Daraus sei aber nicht zu schließen, daß § 1634 ohne weiteres auch auf andere Personen als die Eltern erstreckt werden könne. Eine so tiefgreifende Änderung der bisherigen Rechtslage hätte im Gesetz zum Ausdruck kommen müssen. Auch wenn man der Auffassung sei, daß das Verkehrsrecht der Eltern eine Folge der Blutsverwandtschaft sei, lasse sich für die Großeltern, selbst unter Heranziehung von Art 6 Abs 1, 2 und 3 GG kein anderes Ergebnis gewinnen. Ausdrücklich lehnte das BayObLG die von H Krüger vertretene Meinung (Einl 228 f) ab. Die späteren Entscheidungen sowohl des BayObLG als auch anderer Oberlandesgerichte übernahmen dieses Ergebnis jeweils ohne eigene Begründung. Nur die zuletzt bekanntgewordene Entscheidung des BayObLG vom 21. 2. 1984 (FamRZ 1984, 614 = ZBlJR 1984, 363) setzte sich nochmals mit der verfassungsrechtlich begründeten Forderung nach einem großelterlichen Umgangsrecht auseinander und gelangte zu dem Ergebnis, die Unterbindung des Umgangs zwischen Kind und Großmutter durch die Mutter berühre nicht den besonderen Schutz der staatlichen Ordnung, unter den die Verfassung die Familie stelle, Art 6 Abs 1 GG. Denn Familie im Sinne dieser verfassungsrechtlichen Bestimmung sei nur die Gemeinschaft zwischen Eltern und Kindern, nicht die Beziehung zwischen weiteren Verwandten und insbesondere nicht die Beziehung des Kindes zu seinen Großeltern

(BVerfGE 10, 59, 66; 18, 97, 105; 27, 119, 135; 45, 104, 123; 59, 52, 63 mwN). Nur für den Fall, daß Großeltern, Eltern und Enkel in einer Hausgemeinschaft lebten, habe das BVerfG (E 39, 316, 326) erwogen, auch die Großeltern in die durch die Verfassung geschützte Familie einzubeziehen. In dem zu entscheidenden Fall habe eine solche Hausgemeinschaft nicht bestanden.

99 Ob das Ergebnis des BayObLG in dieser zuletzt genannten Entscheidung zwingend ist, erscheint im Hinblick auf die Entscheidung des BVerfG vom 6. 5. 1975 (E 39, 316) zweifelhaft. Denn dort ist gerade ausgeführt, zwar habe die Rechtsprechung des BVerfG die Familie im Sinne von Art 6 Abs 1 GG nur als die umfassende Gemeinschaft zwischen Eltern und Kindern verstanden. Indessen hindere das weder den Gesetzgeber noch die Rechtsprechung, den Familienbegriff in anderen Zusammenhängen zu erweitern und daraus Folgerungen herzuleiten. Aus der Rechtsprechung des BVerfG könne nur geschlossen werden, daß ein weitergehender Familienbegriff nicht dem Schutzbereich des Art 6 Abs 1 GG unterfalle. Damit erweist sich zwar der von H Krüger aufgezeigte Weg der Ableitung eines Umgangsrechts für andere Familienmitglieder als die Eltern aus Art 6 Abs 1 GG als nicht mehr gangbar. Doch hindert die Entscheidung des BVerfG nicht, das familiäre Umgangsrecht gesetzlich oder durch die Rechtsprechung zu erweitern, wie dies außer H Krüger Birk (FamRZ 1967, 306, 308) und Bosch (FamRZ 1970, 497, 503) fordern, letzterer ua unter Hinweis auf die neue, seit dem 1. 1. 1971 geltende französische Regelung, die in Art 371–4 CC nF rechtlich geschützte Beziehungen zwischen Großeltern und Enkeln, das „großelterliche Verkehrsrecht" vorsehen (vgl hierzu auch: Scheid, Fragen der elterlichen Gewalt im deutschen und im französischen Recht, 128 f).

100 Allerdings hat der Gesetzgeber eine solche Regelung anläßlich der Beratungen zum SorgeRG ausdrücklich abgelehnt.

„Vielfach wird gefordert, ein auf besondere Ausnahmefälle beschränktes Umgangsrecht der Großeltern und der anderen nahen Angehörigen gesetzlich zu regeln ... Der Entwurf folgt dem nicht. Streit über den Umgang des Kindes mit seinen nahen Angehörigen entsteht meist dann, wenn die Beziehungen zwischen den Angehörigen und den Eltern des Kindes erheblich gestört sind und die Eltern den Kontakt mit dem Kind untersagen. Durch die Zubilligung eines Rechts zum persönlichen Umgang an die den Eltern entfremdeten oder mit ihnen verfeindeten Angehörigen könnte das Kind in diese Auseinandersetzungen in einer seinem Wohl abträglichen Weise hineingezogen werden. Ferner könnte die ausdrückliche gesetzliche Regelung eines solchen Rechts zu einer nicht erwünschten Vermehrung von Rechtsstreitigkeiten über den persönlichen Umgang mit dem Kind führen. Außerdem muß den für die Erziehung des Kindes verantwortlichen Eltern aufgrund ihres verfassungsmäßigen Elternrechts ein Ermessen bei der Bestimmung eingeräumt werden, ob und in welchem Umfang dritten Personen Gelegenheit zum Umgang mit dem Kind gegeben werden soll. Ein Recht der nahen Angehörigen zum persönlichen Umgang mit dem Kind wäre damit schwerlich vereinbar ..." (BT-Drucks 7/2060, 24 Nr 8; BT-Drucks 8/2788, 54).

101 Mit dieser Entscheidung hat das Gesetz nunmehr „gezielt" geschwiegen, was Birk (FamRZ 1967, 306, 307) bei der aF des § 1634 noch vermißt hatte. Dennoch könnten künftig zum Wohle des Kindes gesetzgeberische Lösungen erwogen werden. Die derzeit diskutierte gesetzliche Erweiterung des Umgangsrechts des nichtehelichen Vaters könnte Gelegenheit geben, jedenfalls dann, wenn die Großeltern das Enkelkind längere Zeit bei sich aufgenommen und versorgt haben, auch den Großeltern ein persönliches, durch das Gericht einzuräumendes Umgangsrecht zu gewähren, wenn der Umgang dem Wohl des Enkelkindes nicht widerspricht. Denn so könnte dem allgemein anerkannten besonderen Wert, der dem Kontakt zu den Großeltern zukommt, angemessen Rechnung getragen und insbesondere die während eines längeren Zusammenlebens zwischen Enkelkind und Großeltern gewachsene Familienbeziehung im Interesse des Kindeswohls berücksichtigt und gepflegt werden.

102 Die Rechtsprechung regelt derartige Konfliktfälle über die Vorschrift des § 1666. Ausgangspunkt ist die Überlegung, daß es generell im Interesse des Enkelkindes liegt, seine Beziehungen zu den Großeltern zu pflegen und aufrechtzuerhalten, weil die Pflege der Familienbande und der kindlichen Zuneigung zu den Großeltern für das Kind charakterlich förderlich und von ideellem Vorteil ist.* Der Inhaber des Sorgerechts ist deshalb sittlich verpflichtet, dem Kinde den Umgang mit nahen Verwandten, auch des anderen Elternteils, zu ermöglichen.** Weigert sich der Sorgerechtsinhaber, einen solchen Umgang zu gewähren, so kann darin ein Mißbrauch des Sorgerechts liegen, der zu einem Eingreifen des Vormundschaftsgerichts führen kann, § 1666, oder, falls es sich bei dem Erziehungsberechtigten um einen Vormund oder Pfleger handelt, nach §§ 1837, 1886, 1915 BGB.***

103 Das Vormundschaftsgericht hat von Amts wegen (§ 12 FGG) zu klären, ob ein Sorgerechtsmißbrauch vorliegt und ob das Wohl des Kindes im konkreten Fall durch den untersagten Umgang gefährdet ist. Das kann insbesondere dann der Fall sein, wenn nach dem Tode eines Elternteils die Großeltern allein die Verbindung zu diesem Teil der Familie des Kindes vermitteln.**** Allerdings rechtfertigen diese auf die allgemeine Lebenserfahrung gegründeten, für den Regelfall geltenden Umstände nicht generell die Zuerkennung eines Umgangsrechts zugunsten der Großeltern aus § 1666. Vielmehr muß im Einzelfall positiv festgestellt werden, daß der sorgeberechtigte Elternteil oder der Vormund oder Pfleger durch die Unterbindung des Umgangs zwischen Großeltern und Enkelkind sein Recht mißbraucht und dadurch das Kindeswohl gefährdet (LG Mannheim FamRZ 1967, 230). Wegen der hier geltenden Amtsmaxime, § 12 FGG, obliegt es nicht dem Sorgeberechtigten, den Beweis zu führen, daß er den Umgang zwischen Kind und Großeltern aus berechtigten Gründen unterbindet. Das Vormundschaftsgericht muß von Amts wegen alle erheblichen Umstände aufklären. Bleibt hiernach offen, ob der Sorgeberechtigte den Umgang mit den Großeltern zu Recht untersagt, so kommt eine Maßnahme nach § 1666 nicht in Betracht: Denn es fehlt an einer festgestellten Gefährdung des Wohles des Kindes.*****

---

* BayObLG OLGE 42, 115; KG DFG 37, 101 = JW 1937, 2197; OLG Hamm FamRZ 1960, 291; BayObLGZ 1965, 182, 185 = OLGZ 1966, 78 (LS) = NJW 1965, 1716 = MDR 1965, 744 = FamRZ 1965, 442 = ZBlJR 1965, 276 = BayJMBl 1965, 108 (LS); BayObLG FamRZ 1981, 707 (LS) = ZBlJR 1981, 272, 274; BayObLG FamRZ 1982, 737 Nr 442 (LS) = DAVorm 1982, 600, 601 = Rpfleger 1982, 283; BayObLG DAVorm 1983, 377, 379; BayObLG ZBlJR 1984, 361, 362; BayObLG FamRZ 1984, 614 = ZBlJR 1984, 363.

** KG DFG 37, 101 = JW 1937, 2197; OLG Hamm Rpfleger 1948/49, 119 (LS); OLG Köln NJW 1961, 2163 = MDR 1961, 1016; BayObLGZ 1963, 293 = NJW 1964, 550 (LS) = MDR 1964, 417 = FamRZ 1964, 155 = JVBl 1964, 64; BayObLGZ 1965, 182 = OLGZ 1966, 78 (LS) = NJW 1965, 1716 = MDR 1965, 744 = FamRZ 1965, 442 = ZBlJR 1965, 276 = BayJMBl 1965, 108 (LS); OLG Düsseldorf FamRZ 1967, 340 = ZBlJR 1968, 239 = JMBlNRW 1967, 231; KG FamRZ 1968, 325 = ZBlJR 1969, 210; KG OLGZ 70, 297 = NJW 1970, 953 = MDR 1970, 591 = FamRZ 1970, 209 = ZBlJR 1970, 238 = Rpfleger 1970, 133; OLG Braunschweig FamRZ 1973, 268, 269.

*** BayObLG FamRZ 1975, 279 Nr 131 (LS); BayObLG FamRZ 1981, 707 (LS) = ZBlJR 1981, 272; MünchKomm-Hinz Rz 9; Soergel-Strätz Rz 10; Erman-Ronke Rz 6; Palandt-Diederichsen Anm 1 c; AK-BGB-Münder Rz 1; Rolland Rz 1; Johannsen-Henrich-Jaeger Rz 11; Dölle § 98 I 2; Gernhuber § 53 III 3; Darkow JR 1953, 333.

**** OLG Köln NJW 1961, 2163 = MDR 1961, 1016; KG OLGZ 70, 297 = NJW 1970, 953 = MDR 1970, 591 = FamRZ 1970, 209 = ZBlJR 1970, 238 = Rpfleger 1970, 133; OLG Braunschweig FamRZ 1973, 268, 269; BayObLG FamRZ 1975, 279 Nr 131 (LS); BayObLG FamRZ 1981, 707 (LS) = ZBlJR 1981, 272.

***** OLG Hamm Rpfleger 1948/49, 119; OLG Köln NJW 1961, 2163 = MDR 1961, 1016; OLG Hamm JMBlNRW 1962, 189; OLG Celle NdsRpfl 1972, 20; OLG Braunschweig FamRZ 1973, 268, 269; Schnitzerling FamRZ 1958, 444, 446; vgl auch Vorauflage Rz 21.

104 Ein Mißbrauch der elterlichen Sorge kann vorliegen, wenn der Sorgeberechtigte den persönlichen Umgang des Kindes mit den Großeltern ohne triftigen Grund uneinsichtig ständig verhindert, etwa aus Böswilligkeit, aus Haß, aus bloßer Abneigung oder aus kleinlichen, eigensüchtigen Motiven.*

Spannungen zwischen den Eltern und den Großeltern, mögen sie auch von den Großeltern verschuldet sein, sind für sich allein noch kein verständiger Grund, einem Kind über Jahre hinweg jeglichen persönlichen Umgang mit den Großeltern zu verbieten (BayObLG FamRZ 1981, 707 [LS] = ZBlJR 1981, 272, 274; BayObLG FamRZ 1982, 737 Nr 442 [LS] = DAVorm 1982, 600, 603 = Rpfleger 1982, 283). Weitere Umstände müssen hinzutreten wie ungünstiger Einfluß der Großeltern, Aufhetzen des Kindes durch die Großeltern, Mißachtung des Erziehungsvorrangs der Eltern, Art 6 Abs 2 S 1 GG, (KG OLGZ 1970, 297, 300 = NJW 1970, 953 = MDR 1970, 591 = FamRZ 1970, 209 = ZBlJR 1970, 238 = Rpfleger 1970, 133) oder auch der entgegenstehende beachtliche Wille des Kindes (BGH LM § 1634 Nr 5 [LS Nr 4] = NJW 1980, 454 = MDR 1980, 386 = FamRZ 1980, 131 = DAVorm 1980, 32 = FRES 5, 202; BayObLG FamRZ 1982, 737 [LS] = DAVorm 1982, 600 = Rpfleger 1982, 283; BayObLG DAVorm 1983, 377, 379; BayObLG ZBlJR 1984, 361, 362). Auch die Notwendigkeit, das Kind aus dem Streit zwischen Eltern und Großeltern herauszuhalten, um Verwirrung des Kindes und damit Gefährdung seiner seelischen Entwicklung zu verhindern, kann die Untersagung des Umgangs zwischen Großeltern und Kind rechtfertigen.** Gerade die neuere Rechtsprechung zeigt, daß ein Eingriffstatbestand iSv § 1666 Abs 1 nicht schon dann ohne weiteres gegeben ist, wenn Eltern den Umgang des Kindes mit den Großeltern untersagen oder sonst verhindern. Es wird angenommen, daß viele Kinder durch fehlenden Umgang mit den Großeltern keineswegs in ihrem Wohl beeinträchtigt werden (vgl insbes die jüngsten Entscheidungen des BayObLG FamRZ 1982, 737 Nr 442 [LS] = DAVorm 1982, 600 = Rpfleger 1982, 283; DAVorm 1983, 377f; ZBlJR 1984, 361; FamRZ 1984, 614 = ZBlJR 1984, 363).

105 Ist die Verhinderung des Umgangs des Kindes mit den Großeltern nach den Umständen des Falles als rechtsmißbräuchliche Ausübung der elterlichen Sorge zu beurteilen, so ist weitere Voraussetzung für ein Einschreiten des Vormundschaftsgerichts gegen den sorgeberechtigten Elternteil, daß durch sein Verhalten das körperliche, geistige oder seelische Wohl des Kindes gefährdet wird. Erforderlich ist hierbei eine gegenwärtige, in solchem Maße vorhandene Gefahr, daß sich bei der weiteren Entwicklung der Dinge eine erhebliche Schädigung des leiblichen, geistigen oder seelischen Wohls des Kindes mit ziemlicher Sicherheit voraussehen läßt.***

---

* BayObLGZ 1965, 182, 185 = OLGZ 1966, 78 (LS) = NJW 1965, 1716 = MDR 1965, 744 = FamRZ 1965, 442 = ZBlJR 1965, 276 = BayJMBl 1965, 108 (LS); OLG Düsseldorf FamRZ 1967, 340 = ZBlJR 1968, 239 = JMBlNRW 1967, 231; KG OLGZ 1970, 297 = NJW 1970, 953 = MDR 1970, 591 = FamRZ 1970, 209 = ZBlJR 1970, 238 = Rpfleger 1970, 133; OLG Braunschweig FamRZ 1973, 268; BayObLG FamRZ 1975, 279 Nr 131 (LS); BayObLG FamRZ 1980, 284 Nr 176 (LS) = FRES 2, 366 = DAVorm 1979, 768; BayObLG FamRZ 1981, 707 (LS) = ZBlJR 1981, 272, 274; MünchKomm-Hinz Rz 9; Soergel-Strätz Rz 10; Erman-Ronke Rz 6; Palandt-Diederichsen Anm 1 c.

** OLG Düsseldorf FamRZ 1967, 340 = ZBlJR 1968, 239 = JMBlNRW 1967, 231; KG OLGZ 70, 297, 298 = NJW 1970, 953 = MDR 1970, 591 = FamRZ 1970, 209 = ZBlJR 1970, 238 = Rpfleger 1970, 133; BayObLG FamRZ 1982, 737 Nr 441 (LS) = DAVorm 1982, 359, 362, 364; BayObLG DAVorm 1983, 377, 380.

*** BGH NJW 1956, 1434 Nr 2 = FamRZ 1956, 350, 351; BayObLGZ 1965, 1 = MDR 1965, 487 = FamRZ 1965, 280 = RdJ 1965, 210 = ZBlJR 1965, 223 = Rpfleger 1965, 305; BayObLGZ 1971, 114, 123 = NJW 1971, 1464 = FamRZ 1971, 323 (LS), 467 = MittBayNot 1971, 319 (LS); FamRZ 1977, 473, 474; FamRZ 1982, 737 Nr 442 (LS) = DAVorm 1982, 600, 603 = Rpfleger 1982, 283; DAVorm 1983, 377, 381; ZBlJR 1984, 361, 363; FamRZ 1984, 614 = ZBlJR 1984, 363.

Dies wird vor allem dann in Betracht kommen, wenn das Kind über einen längeren Zeitraum von den Großeltern erzogen und betreut worden ist und in ihnen Bezugspersonen gefunden hat, von denen es ohne Gefährdung seines Wohls nicht plötzlich und dauernd getrennt werden kann.

Aufgrund von § 1666 kann das Vormundschaftsgericht insoweit die elterliche Sorge entziehen und eine gerichtliche Umgangsregelung treffen (LG Mannheim DAVorm 1977, 323 = Justiz 1977, 63; BayObLG FamRZ 1975, 279 Nr 131 [LS]). Dabei kann es uU auch über das nach § 1634 zulässige Maß hinausgehen (BayObLGZ 1965, 182 = OLGZ 1966, 78 [LS] = NJW 1965, 1716 = MDR 1965, 744 = FamRZ 1965, 442 = ZBlJR 1965, 276 = BayJMBl 1965, 108 [LS]; MünchKomm-Hinz Rz 9; Soergel-Strätz Rz 10; Erman-Ronke Rz 6; Palandt-Diederichsen Anm 1 c). Die erforderlichen Maßnahmen können auch in höherer Instanz getroffen und dabei die vorinstanzlichen durch mildere oder schärfere ersetzt werden (BayObLG FamRZ 1980, 284 Nr 176 [LS] = DAVorm 1979, 768 = FRES 2, 366; Palandt-Diederichsen Anm 1 c). 106

b) Andere Verwandte 107

Kein Umgangsrecht haben auch **andere Verwandte,** etwa **Geschwister des Kindes** (OLG Hamm FamRZ 1985, 1078 [LS] = Rpfleger 1985, 294; BT-Drucks 7/2060, 24 und 8/2788, 54, 55; Jans/Happe III 5; Belchaus Rz 9) oder **Geschwister der Eltern (Onkel, Tante)** (MünchKomm-Hinz Rz 9; Soergel-Strätz Rz 10; Erman-Ronke Rz 6; Palandt-Diederichsen Anm 1 c; AK-BGB-Münder Rz 1; Jauernig-Schlechtriem Anm 2 a; Johannsen-Henrich-Jaeger Rz 11; Dölle § 98 I 2 b; Gernhuber § 53 III 3; Darkow FamRZ 1953, 333, 334; **aA:** H Krüger in Krüger-Breetzke-Nowack Einl Rz 228 f).

3. Stiefeltern 108

Stiefeltern haben kein Umgangsrecht. Es kann aber einen Sorgerechtsmißbrauch des sorgeberechtigten Elternteils bedeuten, wenn er den Kontakt des Kindes zu Stiefeltern ohne triftigen Grund unterbindet. Wurde zB die Ehe der Eltern geschieden, als das Kind noch sehr klein war, hat die Mutter wieder geheiratet, so ist das Kind in einem Verhältnis zum Stiefvater aufgewachsen, das einem echten Vater-Kind-Verhältnis an Wert nicht nachsteht (psychosoziale Elternschaft). Stirbt nun die Mutter, so wird das Vormundschaftsgericht die elterliche Sorge für das Kind voraussichtlich auf den überlebenden anderen Elternteil, also den leiblichen Vater übertragen, § 1681 Abs 1 Satz 2. Auch hier müssen die Grundsätze gelten, die von der Rechtsprechung zur Großelternbindung herausgearbeitet worden sind. Da das Kind von dem Stiefvater mit großgezogen worden ist, hat es entsprechend enge Bindungen zu ihm hergestellt, die der andere leibliche Elternteil und neue Sorgerechtsinhaber zu beachten hat. Tut er es nicht, mißbraucht er sein Sorgerecht, so daß das Vormundschaftsgericht nach § 1632 Abs 4 vorgehen oder nach § 1666 Abs 1 ihm die elterliche Sorge insoweit entziehen und dem Stiefelternteil ein Umgangsrecht einräumen kann.

Ähnliche Überlegungen gelten, falls das Kind längere Zeit bei **Pflegeeltern** gelebt hat und nun zu den leiblichen Eltern zurückkehrt: Auch hier kann in der Nichtbeachtung der kindlichen Bindung an die Pflegeperson ein Sorgerechtsmißbrauch liegen. Daß das Kind in derartigen Fällen durch eine Verbleibensanordnung nach § 1632 Abs 4 (vgl Erl zu § 1632) geschützt werden kann, steht diesen Überlegungen nicht entgegen. Denn durch eine solche Anordnung soll nur verhindert werden, daß das Kind **zur Unzeit** aus seiner bisherigen Familie herausgerissen wird. 109

110 Daß, um dem Kind derartige gewachsene Bindungen auf dem Umgangswege zu erhalten, zunächst ein Sorgerechtsmißbrauch festgestellt werden muß, hat seine Ursache in dem durch Art 6 Abs 2 GG allein verfassungsrechtlich geschützten natürlichen Elternrecht. In diesem Zusammenhang ist zu fragen, ob dem **scheinehelichen Vater,** wie bisher angenommen (vgl oben Rz 92), tatsächlich stets, insbesondere im Verhältnis zum Stiefvater ein Umgangsrecht zustehen soll (verneint von Seibert ZBlJR 1937/38, 175). Gedacht ist an folgende Fälle: Die Elternehe wird geschieden, die Mutter heiratet wieder, und zwar den Erzeuger ihres in der Ehe geborenen scheinehelichen Kindes. Es steht fest, daß der geschiedene Ehemann nicht der Vater des Kindes ist. Dies ist vielmehr der jetzige Ehemann und Stiefvater des Kindes (vgl BayObLGZ 1961, 349 = NJW 1962, 740 = MDR 1962, 308 = JZ 1962, 442 m Anm Schwoerer = FamRZ 1962, 169 = JR 1962, 462). Der geschiedene Ehemann hat die Ehelichkeit des Kindes nicht angefochten, ebensowenig das Kind, weil es die erforderliche vormundschaftsgerichtliche Genehmigung nicht erhielt, § 1597 Abs 1. Mangels eigenen Anfechtungsrechts der Mutter (KG FamRZ 1985, 1156; Staudinger-Göppinger § 1594 Rz 2; Soergel-Gaul § 1594 Rz 3; BGB-RGRK-Böckermann § 1594 Rz 5; wegen Art 3 GG krit MünchKomm-Mutschler § 1593 Rz 13; Gernhuber § 45 II 2; Engler, Reform 38; Jayme FamRZ 1981, 221, 222; Finger NJW 1984, 846; Beitzke FS Müller-Freienfels 31) und des nichtehelichen Erzeugers (BGHZ 80, 218 = NJW 1981, 1372 = FamRZ 1981, 538) bleibt mithin der geschiedene erste Ehemann der gesetzliche (Schein-)Vater. Der tatsächliche Vater und das Kind können sich auf ihre Eltern-Kind-Beziehung nicht berufen, § 1593. Dem stimmt Schwoerer JZ 1962, 443 zu, der jedoch verkennt, daß das Kind die Genehmigung zur Anfechtung nur ganz ausnahmsweise erhalten wird, weil die Feststellung der blutsmäßigen Abstammung keinen Vorrang hat (BGH LM Nr 1 zu § 1796 = NJW 1975, 345 = FamRZ 1975, 162 [LS] = DAVorm 1975, 103; OLG Hamm FamRZ 1984, 81); unter Beachtung des Kindeswohls kann die Zugehörigkeit des Kindes zur Gemeinschaft der Vaterfamilie Vorrang vor der Klärung der wirklichen Abstammung haben (LG Berlin DAVorm 1982, 598). Die Genehmigung dürfte nur zu erreichen sein, wenn die Ehelichkeitsanfechtung keine Nachteile für das Kind befürchten läßt (LG Frankenthal FamRZ 1983, 733; LG Oldenburg FamRZ 1982, 833). Stirbt nun die Mutter des Kindes, so erhielte voraussichtlich der geschiedene Ehemann und Scheinvater die elterliche Sorge, § 1681 Abs 1, obwohl nicht er der Vater ist. Der Stiefvater hätte nicht einmal ein Recht auf Umgang. Würde dagegen die zweite Ehe der Mutter geschieden, behielte allein der erste geschiedene Ehemann das Recht zum Umgang mit einem Kinde, das nicht von ihm stammt, während der zweite Ehemann und tatsächliche Vater kein Umgangsrecht hat und nur über den Weg des § 1666 Abs 1 eventuell ein Umgangsrecht eingeräumt bekommen kann. Diese in der Praxis nicht seltenen Fälle machen zusätzlich deutlich, daß das Umgangsrecht in seiner jetzigen, vor allem den (formalen) ehelichen Elternteil schützenden Ausformung dem Kindeswohl nicht gerecht wird. Hätte das Kind, wie hier vertreten (oben Rz 16, 23 ff, 48), selbst ein Recht auf Umgang mit seinen Eltern, so ließen sich diese Probleme ohne den schwierigen und oft nicht gangbaren, weil Mißbrauch voraussetzenden Weg über § 1666 lösen.

111 **4. Pflegeeltern**

Auch die Pflegeeltern haben kein Umgangsrecht aus § 1634, aber uU über § 1666 iVm § 1632 Abs 4 nach Herausgabe des Kindes ein Recht auf Einräumung des Umgangs (BayObLGZ 1984, 98 = NJW 1984, 2168 = MDR 1984, 668 = FamRZ 1984, 817 = ZBlJR 1984, 373 = DAVorm 1984, 1036 [LS]; Soergel-Strätz § 1632 Rz 26; Palandt-Diederichsen Anm 1 d, § 1632 Anm 3 c cc; vgl im übrigen Rz 108 und Erl zu § 1632).

5. Nichteheliche Mutter 112

Die nichteheliche Mutter hat als Inhaberin der elterlichen Sorge das Umgangsrecht aus § 1634, § 1705 S 1. § 1634 findet auf sie direkte Anwendung, § 1705 S 2 (BayObLG MDR 1982, 763 = FamRZ 1982, 958 = ZBlJR 1982, 414 = Rpfleger 1982, 284; MünchKomm-Hinz Rz 3; Soergel-Strätz Rz 7; Palandt-Diederichsen Anm 1 d), falls ihr die elterliche Sorge nicht oder nicht mehr (§ 1666) zusteht, falls das Kind für ehelich erklärt ist (§§ 1723f, 1738) oder falls sich das Kind in Familienpflege befindet und eine Verbleibensanordnung zugunsten der Pflegeeltern nach § 1632 Abs 4 getroffen ist (BayObLGZ 1984, 98 = NJW 1984, 2168 = MDR 1984, 668 = FamRZ 1984, 817 = ZBlJR 1984, 373 = DAVorm 1984, 1036 [LS]).

6. Nichtehelicher Vater 113

Das Umgangsrecht des nichtehelichen Vaters ergibt sich nicht aus § 1634, sondern ist in § 1711 speziell geregelt. Dieses durch das am 1. 7. 1970 in Kraft getretene Nichtehelichengesetz eingeführte Umgangsrecht des nichtehelichen Vaters ist schwächer als das in § 1634 geregelte. Der nichteheliche Vater hat **kein** allgemeines Umgangsrecht, was verfassungsgemäß ist (BVerfGE 56, 363 = NJW 1981, 1201 = JZ 1981, 387 = FamRZ 1981, 429 = DAVorm 1981, 351, krit Kropholler AcP 85 [1985] 244, 280; vgl auch LG München NJW 1988, 2385). Nach dem vom BMJ vorgelegten Referentenentwurf, Stand 1. 3. 1988 (abgedr in DAVorm 1988, 553), soll das Umgangsrecht des nichtehelichen Vaters gestärkt werden (vgl oben Rz 26 und Baer DAVorm 1988, 861).

7. Umgangsrecht bei Adoption des Kindes 114

Das Umgangsrecht der leiblichen ehelichen Eltern entfällt mit der Adoption des Kindes (§ 1755); mit der Einwilligung in die Annahme entfällt ihre Ausübungsbefugis (§ 1751 Abs 1 S 1 mit Ausnahme von S 2). Die Regelung des § 1755 ist kein unzulässiger Eingriff in das Elternrecht der leiblichen Eltern, Art 6 Abs 2 GG (so aber Lindacher RdJ 1964, 42 mwN), weil mit der Annahme des Kindes ein neues, funktionsfähiges Eltern-Kind-Verhältnis geschaffen wird, dessen Träger die Funktionen der Pflege und Erziehung selbständig und eigenverantwortlich ausüben und hierbei ihrerseits durch die Grundrechtsgarantie des Art 6 Abs 2 GG geschützt sind (BVerfGE 24, 119, 142 = NJW 1968, 2233 = FamRZ 1968, 578 = ZBlJR 1969, 24 = DAVorm 1968, 324). Das gilt sowohl für den Regelfall der Einwilligung der Eltern in die Adoption wie auch für den Fall, daß ihre Einwilligung durch das Vormundschaftsgericht ersetzt wird, § 1748 (BVerfGE 24, 119, 142 zu der seinerzeit geltenden Vorschrift § 1747 Abs 3; BayObLGZ 1971, 114, 121 = NJW 1971, 1464 = FamRZ 1971, 467 = MittBayNot 1971, 319 [LS]). Verbieten die Adoptiveltern den Umgang des Kindes mit seinen leiblichen Eltern, die es kennt, so kann darin ein Mißbrauch ihrer Elternsorge liegen, der zu einem Eingriff nach § 1666 führen kann (BayObLGZ 1971, 114 = NJW 1971, 1464 = FamRZ 1971, 323 [LS], 467 zu der bis zum 31. 12. 1976 geltenden, inhaltlich entsprechenden Vorschrift des § 1765 aF). In der Regel haben jedoch die leiblichen Eltern kein Umgangsrecht (so schon RGZ 64, 47 = JW 1906, 598; KG KGJ 34, 43 = OLGE 16, 23; RGZ 153, 238 = JW 1937, 928 = JFG 14, 515 = DJ 1937, 360 = HRR 1937 Nr 500 = ZBlJR 1937/38, 41; OLG München JFG 15, 176 = JW 1937, 2043 = HRR 1937 Nr 1012; OLG Hamm JMBlNRW 1962, 189), da der Umgang der leiblichen Eltern dem Zweck der Adoption zuwiderläuft. Bei der nunmehr zulässigen Inkognito-Adoption, § 1747 Abs 3 S 2, § 1758, können Maßnahmen nach § 1666 gegen die Adoptiveltern regelmäßig nicht in Betracht kommen (Soergel-Strätz Rz 8).

115 Wird die Ehe der Adoptiveltern geschieden, so hat derjenige von ihnen, der nicht Sorgerechtsinhaber wird, ein Umgangsrecht nach § 1634, § 1754. Dies entspricht dem durch die Annahme als Kind hergestellten menschlichen natürlichen Band.*

II. Wann besteht das Umgangsrecht?

116 **1. Allgemeines**

Eltern, denen das Recht der elterlichen Sorge zusteht, haben das Recht, mit dem Kind persönlich umzugehen, das folgt aus ihrem Aufenthaltsbestimmungsrecht, § 1631 Abs 1. Nach § 1634 Abs 1 behält darüber hinaus ein Elternteil oder behalten beide Eltern, dem oder denen die elterliche Sorge für die Person des Kindes nicht zusteht, dieses Recht. Der Umgangsberechtigte (Rz 91 ff) behält das Umgangsrecht in allen Fällen des Sorgerechtsverlustes oder des Ruhens der elterlichen Sorge (nach § 1675 steht dem Elternteil die ruhende elterliche Sorge mangels eines Ausübungsrechtes nicht zu iSv § 1634 Abs 1 S 1). Materiellrechtlich richtet sich das Umgangsrecht von ehelichen Eltern, die das Sorgerecht nicht (mehr) haben oder nicht mehr ausüben, nach § 1634. Auf den Grund des Verlustes oder des Ruhens der elterlichen Sorge kommt es nicht an.**

117 Von dieser materiellrechtlichen Begründung ist die Frage zu unterscheiden, welches Gericht (Familiengericht oder Vormundschaftsgericht) für die Regelung des Umgangs zuständig ist. Diese zunächst umstrittene Frage hat der BGH (LM § 1634 Nr 6 = NJW 1981, 2067 = MDR 1981, 923 = FamRZ 1981, 659 = FRES 9, 160 = ZBlJR 1981, 397 mwN zum Streitstand, bestätigt durch BGH NJW 1984, 2824 = MDR 1984, 213 = FamRZ 1983, 1102 = DAVorm 1983, 947 = Rpfleger 1983, 483) für die Praxis dahin geklärt, daß es sich um Familiensachen (§ 23 b Abs 1 Nr 3 GVG) handelt, für die grundsätzlich das Familiengericht zuständig ist, auch wenn den Eltern oder einem Elternteil die Personensorge nach §§ 1666, 1666 a entzogen worden ist.*** Auch wenn zuvor verfahrenswidrig das Vormundschaftsgericht den Umgang geregelt hatte, soll für die Änderung der Umgangsregelung das Familiengericht zuständig sein (OLG Düsseldorf FamRZ 1986, 203).

118 Früher hatte das Gesetz das Verkehrsrecht nur für den Fall des auf Scheidung beruhenden Sorgerechtsverlustes eines Elternteils geregelt (§ 1636 aF, § 82 EheG 1938, § 75 EheG 1946). Eine analoge Anwendung jener Vorschrift auf andere Fälle, in denen einem Elternteil die elterliche Sorge nicht zusteht, wurde abgelehnt.

* KG JFG 21, 197 = DFG 1940, 53 = DR 1940, 980; JFG 23, 82 = DFG 1941, 181 = DR 1942, 526 = HRR 1942 Nr 105; JFG 23, 339 = DFG 1942, 109 = HRR 1942 Nr 837; AG Marburg FamRZ 1956, 389; Soergel-Strätz Rz 8; Palandt-Diederichsen § 1754 Anm 3; Schnitzerling FamRZ 1958, 444, 445.

** BGH LM § 1634 Nr 6 = NJW 1981, 2067 = MDR 1981, 923 = FamRZ 1981, 659 = FRES 9, 160 = ZBlJR 1981, 397; NJW 1984, 2824 = MDR 1984, 213 = FamRZ 1983, 1102 = DAVorm 1983, 947 = Rpfleger 1983, 483; BayObLGZ 1963, 231 = NJW 1963, 2276 = MDR 1963, 1013 = JZ 1964, 181 = FamRZ 1963, 581; BayObLG MDR 1982, 763 = FamRZ 1982, 958 = ZBlJR 1982, 414 = Rpfleger 1982, 284; MünchKomm-Hinz Rz 5 bis 7; Soergel-Strätz Rz 7; Erman-Ronke Rz 1, 3, 6; Palandt-Diederichsen Anm 1 b; AK-BGB-Münder Rz 1; Jauernig-Schlechtriem Anm 2; Johannsen-Henrich-Jaeger Rz 9; Dölle § 98 I 1; Gernhuber § 53 III 3; Beitzke § 27 V 2.

*** Ebenso BayObLG MDR 1982, 763 = FamRZ 1982, 958 = ZBlJR 1982, 414 = Rpfleger 1982, 284; MünchKomm-Hinz Rz 7; Johannsen-Henrich-Jaeger Rz 9; Zöller-Philippi § 621 ZPO Rz 35; **aA:** OLG Hamburg FamRZ 1978, 793; OLG Frankfurt FamRZ 1979, 1061; OLG Oldenburg FamRZ 1979 1038; LG Berlin FamRZ 1979, 448 (LS) = DAVorm 1979, 139; OLG Düsseldorf FamRZ 1981, 479; OLG Schleswig SchlHAnz 1982, 41; widersprüchlich Gernhuber § 53 III 8 Fn 15 und 13; offen Soergel-Strätz Rz 32; vgl im übrigen Rz 374 ff.

Die Rechtsprechung gestand nach anfänglicher Zurückhaltung dem Vormundschaftsgericht lediglich zu, den Verkehr eines Elternteils mit dem Kinde auch dann zu regeln, wenn die Ehegatten nur tatsächlich getrennt lebten (Nachweise in der Vorauflage Rz 28, 38; BayObLGZ 1963, 231 = NJW 1963, 2276 = MDR 1963, 1013 = JZ 1964, 181 = FamRZ 1963, 581). 119

2. Die Anwendungsfälle des § 1634 120

§ 1634 betrifft *unmittelbar* folgende Fälle:

a) Eheauflösung 121

aa) Scheidung

Das Umgangsrecht besteht, wenn ein Elternteil nach Scheidung der Ehe die elterliche Sorge infolge der zugunsten des anderen Elternteils lautenden Sorgerechtsregelung gemäß § 1671 Abs 1 verloren (Hauptanwendungsfall) oder wenn beide Elternteile die elterliche Sorge durch Anordnung einer Pflegschaft oder Vormundschaft nach § 1671 Abs 5 verloren haben.* § 1634 ist auch unmittelbar anwendbar zur Regelung des Umgangs des nicht sorgeberechtigten Adoptivelternteils nach Scheidung der Adoptivelternehe, § 1754 (KG JFG 23, 339 = DFG 1942, 109 = HRR 1942 Nr 837; Soergel-Strätz Rz 9).

bb) Nichtigerklärung und Aufhebung 122

Die entsprechende Lage besteht im Falle der Sorgerechtsregelung nach Nichtigerklärung der Ehe, § 1671 Abs 6 (zur Rechtslage nach § 1701 aF, aufgehoben durch § 84 EheG 1938, bestätigt durch § 78 EheG 1946: KG JFG 15, 202 = JW 1937, 962) und nach Aufhebung der Ehe, § 37 Abs 1 EheG (Soergel-Strätz Rz 7; Erman-Ronke Rz 3; Palandt-Diederichsen Anm 1 b; Dölle § 98 I 1). Dasselbe gilt bei Todeserklärung eines Elternteils, der noch lebt und dessen Ehe durch Wiederverheiratung des anderen Ehegatten aufgelöst wird, § 1681 Abs 1 S 3 BGB.

b) Trennung 123

Das Umgangsrecht besteht, wenn ein Elternteil die elterliche Sorge bei nicht nur vorübergehendem Getrenntleben durch deren Übertragung auf den anderen Elternteil gemäß § 1672 oder während des Scheidungsverfahrens infolge einer einstweiligen Anordnung des Familiengerichts nach § 620 S 1 Nr 1 ZPO verloren hat (MünchKomm-Hinz Rz 5; Soergel-Strätz Rz 7; Palandt-Diederichsen Anm 1 b; Johannsen-Henrich-Jaeger Rz 9), wobei das Familiengericht durch einstweilige Anordnung die elterliche Sorge ohne die Einschränkung des § 1672 regeln kann. Denn der einstweilige Rechtsschutz aus § 620 Satz 1 Nr 1 ZPO bei der Regelung der elterlichen Sorge ist nicht akzessorisch zu dem materiellen Recht (OLG München FamRZ 1978, 54 mwN; OLG Schleswig SchlHAnz 1978, 20; SchlHAnz 1978, 212; KG DAVorm 1980, 415; AG Besigheim FamRZ 1983, 295; **aA**: AG Hamburg FamRZ 1983, 1043 und OLG Köln FamRZ 1985, 1059). Der Grund für diese Loslösung von der materiellen Grundlage des § 1672 und die

* Soergel-Strätz Rz 7; Erman-Ronke Rz 3, 6; Rolland Rz 25; Johannsen-Henrich-Jaeger Rz 9; Dölle § 98 I 2 a; Gernhuber § 53 III 13; Beitzke § 27 V 2; KG JFG 23, 111 = DFG 1942, 18 = DRW 1942, 522 zu § 82 EheG 1938; wohl auch MünchKomm-Hinz Rz 5 und Palandt-Diederichsen Anm 1 b, jeweils unter Bezugnahme auf BayObLGZ 1964, 28 = NJW 1964, 1324 = MDR 1964, 506 = FamRZ 1964, 217 = ZBlJR 1964, 302, das jedoch § 1634 nur analog anwendet.

Erleichterung der Regelung der elterlichen Sorge während des Scheidungsverfahrens durch einstweilige Anordnung ist rechtspolitischer Natur und soll helfen, unerwünschte Selbsthilfe zu vermeiden: Der bei gescheiterter Ehe zur Trennung entschlossene Elternteil soll nicht darauf verwiesen werden, zunächst dem anderen Elternteil die Kinder wegzunehmen und erst danach eine einstweilige Anordnung zu beantragen. Der Rechtsfrieden wird gewahrt, wenn die elterliche Sorge auch schon vor der tatsächlichen Trennung geregelt werden kann, um so die legale Trennung unter Mitnahme der Kinder zu ermöglichen (Zöller-Philippi ZPO § 620 Rz 32, 33; iE ebenso Baumbach-Lauterbach-Albers-Hartmann ZPO § 620 Anm 3 b aE; Stein-Jonas-Schlosser ZPO § 620 Rz 3 mwN; Schlüter-König FamRZ 1982, 1159, 1163 b II 1 c [3] aE).

124 **c) Entziehung des Personensorgerechts**

Das Umgangsrecht besteht, wenn einem Elternteil oder beiden Eltern oder der nichtehelichen Mutter das Personensorgerecht nach §§ 1666, 1666 a entzogen worden ist.*

125 Wird das Sorgerecht entzogen und nach § 1680 geprüft, ob dem anderen Elternteil die alleinige Ausübung der elterlichen Sorge oder wenigstens die Personensorge belassen bleiben oder übertragen werden kann, und verneint das Gericht dies und bestellt einen Vormund oder Pfleger, so haben die Eltern oder derjenige, der die elterliche Sorge verliert, ein Umgangsrecht nach § 1634 (Erman-Ronke Rz 6).

126 **d) Ruhen der elterlichen Sorge**

Das Umgangsrecht besteht, wenn die elterliche Sorge eines Elternteils gemäß §§ 1673, 1674 ruht (MünchKomm-Hinz Rz 5; Soergel-Strätz Rz 7; Erman-Ronke Rz 3; Palandt-Diederichsen Anm 1 b; Dölle § 98 I 2 a; Gernhuber § 53 III 3; Beitzke § 27 V 2). Solange seine elterliche Sorge ruht, ist der betroffene Elternteil nicht berechtigt, die elterliche Sorge auszuüben, § 1675. Wegen dieser Wirkung wird derjenige, dessen elterliche Sorge ruht, so angesehen, als stehe ihm die elterliche Sorge nicht zu.

127 **e) Verwirkung der elterlichen Sorge**

Eine Verwirkung der elterlichen Sorge iSd § 1676 aF ist seit dem Inkrafttreten des SorgeRG nicht mehr möglich. Art 1 Nr 23, 25 hat die Vorschriften §§ 1676, 1679 aufgehoben. Seither regelt sich die Verwirkung allein nach § 1666. Das Institut der Verwirkung wurde wegen der Neufassung und Erweiterung des § 1666 für entbehrlich gehalten (BT-Drucks 8/2788, 64, 65). Wegen des vor Inkrafttreten des SorgeRG geltenden Rechtszustandes vgl Vorauflage Rz 33 mwN.

128 **f) Heirat des Kindes**

Die elterliche Sorge der Eltern oder eines Elternteils wird durch die Eheschließung des minderjährigen Kindes eingeschränkt, § 1633. Die tatsächliche Personensorge fällt weg, die Eltern können ihre Elternsorge insoweit nicht ausüben. Ihnen steht auch eine Art Umgangsrecht nicht zu (MünchKomm-Hinz Rz 2; Soergel-Strätz

* BGH LM § 1634 Nr 6 = NJW 1981, 2067 = MDR 1981, 923 = FamRZ 1981, 659 = FRES 9, 160 = ZBlJR 1981, 397; NJW 1984, 2824 = MDR 1984, 213 = FamRZ 1983, 1102 = DAVorm 1983, 947 = Rpfleger 1983, 483 je mwN; BayObLGZ 1964, 28 = NJW 1964, 1324 = MDR 1964, 506 = FamRZ 1964, 217 = ZBlJR 1964, 302; MDR 1982, 763 = FamRZ 1982, 958 = ZBlJR 1982, 414 = Rpfleger 1982, 284 für die nichteheliche Mutter; MünchKomm-Hinz Rz 7; Soergel-Strätz Rz 7; Erman-Ronke Rz 3, 6; Palandt-Diederichsen Anm 1 b; AK-BGB-Münder Rz 1; Dölle § 98 I 2; Gernhuber § 53 III 3, 8 Fn 25, 11; Beitzke § 27 V 2.

§ 1633 Rz 4; Erman-Ronke Rz 2; BGB-RGRK-Scheffler [10./11. Aufl] § 1633 Anm 3, str **aA**: Palandt-Diederichsen § 1633 Anm 3; Staudinger-Donau [10./11. Aufl] § 1633 Rz 10; Dölle § 92 II 3, § 96 II 1; Beitzke § 27 V 2, der diese Fragestellung unrichtigerweise auf die minderjährige Tochter beschränkt). Soweit die Ansicht vertreten wird, theoretisch sei das Umgangsrecht der Eltern auch gegen den Willen des verheirateten minderjährigen Kindes durchzusetzen, wird verkannt, daß sich für das verheiratete minderjährige Kind die Rechte und Pflichten zur Lebensführung aus §§ 1353 f ergeben. Die eigenen Eltern haben hinter den Pflichten des minderjährigen Kindes, die sich aus der Eheschließung ergeben, zurückzustehen. Allerdings kann der Ehegatte den Verkehr des minderjährigen Kindes mit dessen eigenen Eltern nicht untersagen.

g) Adoption des Kindes 129

Mit der Annahme als Kind erlischt das Umgangsrecht der leiblichen Eltern, § 1755. Denn die Adoption läßt das Verwandtschaftsverhältnis des Kindes und seiner Abkömmlinge zu seinen bisherigen leiblichen und rechtlichen Verwandten einschließlich aller sich daraus ergebenden Rechte und Pflichten erlöschen (MünchKomm-Hinz Rz 8; Soergel-Strätz Rz 8; Palandt-Diederichsen Anm 1 b; Dölle § 98 I 2 a; Gernhuber § 53 III 3; Beitzke § 33 V 1). Diese Wirkung ist die Folge der durch das AdoptG eingeführten Volladoption, § 1754 Abs 1 (Roth-Stielow AdoptG, AdoptVermG-Kommentar § 1755). Diese Regelung widerspricht nicht Art 6 Abs 2 GG, da sie in der Regel im Interesse einer ungestörten Entwicklung des Kindes liegt.* Ohne Erlöschen des elterlichen Umgangsrechts wären im übrigen Inkognitoadoptionen, § 1747 Abs 3 S 2, § 1758, nicht durchführbar.

Unterbinden die Adoptiveltern allerdings den Umgang des Kindes mit seinen 130
leiblichen Eltern, obwohl dieses seine Eltern kennt, oder gereicht dies sonst zum Nachteil des Kindes, so kann darin ein Sorgerechtsmißbrauch liegen, der zu vormundschaftsgerichtlichen Maßnahmen nach § 1666 gegen die Adoptiveltern führen kann.**

Nach Einwilligung in die Adoption, aber vor deren Durchführung, ruht die elterli- 131
che Sorge; die Befugnis zum persönlichen Umgang darf jetzt nicht mehr ausgeübt werden, § 1751 Abs 1 S 2, auch nicht während der Adoptionsprobezeit, § 1744, um Störungen der Adoptionsvorbereitung zu verhindern.*** Das gilt auch dann, wenn die Unwirksamkeit der Einwilligungserklärung geltend gemacht wird, solange über

* BVerfGE 24, 119 = NJW 1968, 2233 = FamRZ 1968, 578 = ZBlJR 1969, 24 = DAVorm 1968, 324; BayObLGZ 1971, 114, 119 = NJW 1971, 1464 = FamRZ 1971, 323 (LS), 467 = MittBayNot 71, 319 (LS) zu § 1765 Abs 1 idF des NEhelG; vgl hierzu auch Jansen-Knöpfel, Das neue Unehelichengesetz, 346 bis 348, jeweils mit ablehnender Stellungnahme zu Engler FamRZ 1966, 556; Göppinger, FamRZ 1966, 423 und Lange FamRZ 1966, 733; ebenso Odersky NEhelG Art 1 Nr 48 Anm I 2; Schwoerer FamRZ 1969, 367 f.

** RGZ 64, 47 = JW 1906, 598; Z 153, 238 = JW 1937, 928 = JFG 14, 515 = DJ 1937, 360 = HRR 1937 Nr 560 = ZBlJR 1937/38, 41; KG OLGE 16, 23 = KGJ 34, 43; KG OLGE 33, 353; OLG München JFG 15, 176 = JW 1937, 2043 = HRR 1937 Nr 1012; OLG Hamm JMBlNRW 1962, 189; BayObLGZ 1971, 114 = NJW 1971, 1464 = FamRZ 1971, 323 (LS), 467 = MittBayNot 1971, 319 (LS); Soergel-Strätz Rz 8; Palandt-Diederichsen § 1755 Anm 1 b.

*** BGH LM § 1707 Nr 1 = NJW 1951, 309 zu dem vor dem Inkrafttreten des NEhelG geltenden Recht; BayObLGZ 1976, 1 = NJW 1976, 718 = FamRZ 1976, 232 = StAZ 1976, 247 = DAVorm 1976, 203 m Anm Czerner = Rpfleger 1976, 130 zu dem vor dem 1. 1. 1977 geltenden Recht; MünchKomm-Hinz Rz 8; MünchKomm-Lüderitz § 1751 Rz 3; Soergel-Strätz Rz 8; Soergel-Liermann § 1751 Rz 2; Erman-Holzhauer § 1751 Rz 1, § 1755 Rz 6; Palandt-Diederichsen Anm 1 b; AK-BGB-Fieseler § 1751 Rz 1; Roth-Stielow § 1751 Anm 1; Dölle § 98 I 2 a; Gernhuber § 62 VI 9 Fn 25; Beitzke § 33 III 2; kritisch: Erman-Ronke Rz 3 aE, dessen Hinweise sich jedoch auf die Rechtslage vor dem Inkrafttreten des NEhelG 1970 beziehen;

die Unwirksamkeit noch nicht entschieden ist (OLG Düsseldorf FamRZ 1988, 1095).

132 Die von SCHWOERER in der Vorauflage (Rz 34 m älteren N) vertretene Auffassung, es bestehe kein Grund mehr, den leiblichen Eltern, insbesondere der nichtehelichen Mutter, das Recht auf Umgang mit dem Kind abzusprechen, ist durch die Gesetzesänderungen inzwischen überholt. Dem Sinn der Adoptionsreform iS einer Vollintegrierung des Kindes in die Wahlfamilie würde es widersprechen, den leiblichen Eltern grundsätzlich ein Umgangsrecht einzuräumen mit dem einzigen Regulativ der Ausschlußmöglichkeit nach § 1634 Abs 2. Denn das Kind, das „nicht in zwei Familien gleichzeitig stehen kann" (BEITZKE § 33 V 1), braucht zu seiner Einbettung und Integrierung in die Wahlfamilie einen störungsfreien Verlauf (MünchKomm-LÜDERITZ § 1751 Rz 3; SOERGEL-LIERMANN § 1751 Rz 2; ERMAN-HOLZHAUER § 1751 Rz 1, § 1755 Rz 6).

133 Wird die Adoption wieder aufgehoben, so leben die nach § 1755 erloschenen Verwandtschaftsverhältnisse des Kindes zu den leiblichen Verwandten wieder auf, § 1764. Das gilt aber nicht für das Recht der elterlichen Sorge. Dieses ist von dem Vormundschaftsgericht zu übertragen, ähnlich der Regelung des § 1681, und zwar entweder auf einen Elternteil oder auf einen Vormund oder Pfleger, § 1764 Abs 4. Erst wenn dies geschehen ist, kann ein Umgangsrecht von dem Elternteil, der das Sorgerecht nicht erhalten hat, oder auch von beiden Elternteilen, wenn das Vormundschaftsgericht einen Vormund oder Pfleger bestellt hat, nach § 1634 begehrt werden, was jedoch insbesondere bei einem länger andauernden Adoptionsverhältnis wegen des abgerissenen Kontaktes zu den leiblichen Eltern eher die Ausnahme sein wird (MünchKomm-LÜDERITZ § 1764 Rz 7; SOERGEL-LIERMANN § 1764 Rz 10; ERMAN-HOLZHAUER § 1764 Rz 5).

134 **h) Ehelicherklärung des Kindes**

Wird das nichteheliche Kind für ehelich erklärt, § 1723, so verliert die nichteheliche Mutter das Recht und die Pflicht, die elterliche Sorge auszuüben, § 1738 Abs 1. Sie kann aber vom Vormundschaftsgericht ein Umgangsrecht eingeräumt erhalten, § 1634 Abs 1 iVm § 1705 S 2.*

135 **3. Analoge Anwendung des § 1634**

Die Regelung des § 1634 ist in folgenden Fällen *entsprechend* anzuwenden:

136 **a) Gemeinsame elterliche Sorge bei Getrenntleben der Eltern**

Wenn die Eltern bei bestehender Ehe getrennt leben, ohne daß eine Sorgerechtsregelung nach § 1672 oder § 620 S 1 Nr 2 ZPO erfolgt oder beantragt ist, ihnen also das Sorgerecht noch gemeinsam zusteht, so hat derjenige ein Umgangsrecht, bei dem sich das Kind nicht aufhält. Das ist jetzt durch § 1634 Abs 4, eingefügt durch das SorgeRG, ausdrücklich gesetzlich geregelt, entsprach aber auch vorher schon der hM.** Eine solche Entscheidung kann im Eheverfahren auch durch einstweilige

---

inzwischen ist das Umgangsrecht der leiblichen Eltern durch § 1765 Abs 1 idF des NEhelG 1969 und durch §§ 1755, 1751 Abs 1 idF des AdoptG 1977 ausdrücklich ausgeschlossen.

* OLG Dresden JFG 6, 551; MünchKomm-HINZ § 1634 Rz 5 und § 1738 Rz 4; SOERGEL-STRÄTZ § 1634 Rz 7; SOERGEL-LIERMANN § 1738 Rz 3; ERMAN-HOLZHAUER § 1738 Anm 1; PALANDT-DIEDERICHSEN § 1738 Anm 1; MASSFELLER-BÖHMER § 1738 Anm 1; ODERSKY II 4 § 1738; SCHWOERER in Vorauflage Rz 35; GERNHUBER § 61 II 15 und Fn 43; BEITZKE § 32 II g; **aA:** (nur sittlicher Anspruch) DÖLLE § 111 V 5 a und Fn 115 mwN – analoge Anwendung von § 1634 über § 1666; OLG Dresden JR 1948, 322; überholt: RGZ 153, 238, 242 = JFG 14, 515 = JW 1937, 928 = DJ 1937, 360 = HRR 1937, Nr 560 = ZBlJR 1937/38, 41; kein Umgangsrecht: OLG Hamm JR 1950, 274.

** Zuletzt BGH LM § 1634 Nr 5 = NJW 1980, 454 = MDR 1980, 386 = FamRZ 1980, 131 = FRES

Anordnung, § 620 Abs 1 Nr 2 ZPO, ergehen ohne vorherige Entscheidung gem § 1672 BGB; auf dessen Grundzüge muß aber Rücksicht genommen werden (ZÖLLER-PHILIPPI § 620 Rz 35; BAUMBACH-LAUTERBACH-HARTMANN § 620 Anm 3 A; STEIN-JONAS-SCHLOSSER § 620 Rz 3; AK-ZPO-DERLEDER-LEMCKE § 620 Rz 8; so schon KG OLGE 7, 75 = KGJ 26, 185).

Für das nicht nur vorübergehende Getrenntleben iSv § 1634 Abs 4 müssen die 137 Voraussetzungen des § 1567 nicht erfüllt sein. Der Begriff der nicht nur vorübergehenden Trennung iSv § 1634 Abs 4 und § 1672 deckt sich begrifflich nicht mit demjenigen des § 1567, dessen Normzweck ein anderer ist. Auf die ehefeindliche Absicht der Trennung kommt es für die Regelung des Umgangs nicht an, es genügt, wenn einer der beiden Elternteile die häusliche Gemeinschaft willentlich aufgehoben hat (ROLLAND Rz 24; **aA**: MünchKomm-HINZ Rz 6; SOERGEL-STRÄTZ Rz 7). Die Dauer der tatsächlichen Trennung entscheidet nicht, sie kann auch erst kürzlich vorgenommen sein (PALANDT-DIEDERICHSEN Anm 1 b); die Trennung innerhalb der ehelichen Wohnung genügt, sofern eine faktische Zuordnung des Kindes zu einem Elternteil gegeben ist (ROLLAND Rz 24; PALANDT-DIEDERICHSEN Anm 1 b). So ist zB eine andauernde Trennung iSd § 1634 Abs 4 zu bejahen, selbst wenn sich die Familie zum gemeinschaftlichen sonntäglichen Mittagstisch noch zusammenfindet, sofern es sich um die Tätigkeit eines Elternteils handelt, die entweder nur den gemeinsamen Kindern zugute kommt oder die nur eine vereinzelte Sorgetätigkeit darstellt, deren Vornahme zwar auch dem anderen Elternteil zugute kommt, die aber dem Wohl des Kindes entspricht, um dieses schonend auf die endgültige Trennung vorzubereiten (OLG Köln FamRZ 1986, 388; PALANDT-DIEDERICHSEN Anm 1 b). Die jetzt im Gesetz verankerte analoge Anwendung der Vorschrift des § 1634 auf Eltern, die noch beide Sorgerechtsinhaber sind, bezieht sich vor allem auf die Kompetenzregelung des Familiengerichts: Mit § 1634 Abs 4 ist die zuvor bestehende Streitfrage beendet, ob das Vormundschaftsgericht (gemäß §§ 1627, 1628) oder das Familiengericht (gemäß § 1634) für die Regelung des Umgangs eines Elternteils, bei dem das Kind nicht lebt, zuständig ist.

Soweit es den Inhalt der Umgangsregelung angeht, spricht nichts dafür, den 138 abwesenden Elternteil wie einen lediglich Umgangsberechtigten zu behandeln. Er ist mit dem anderen, anwesenden Elternteil in allen Fragen der elterlichen Sorge gleichberechtigt und steht dem Kind als selbständige Erziehungspersönlichkeit gegenüber, deren Elternrecht denselben Schutz genießt, aber auch dieselbe Verpflichtung auslöst (OLG Saarbrücken FamRZ 1983, 1054) wie das des anwesenden Elternteils (MünchKomm-HINZ Rz 24; GERNHUBER § 53 III 12). Deshalb erscheint es bedenklich, die von der Rechtsprechung entwickelten Regelungsgrundsätze auf

5, 202 = DAVorm 1980, 32; davor OLG Hamm JMBlNRW 1963, 80; BayObLGZ 1963, 231 m älteren Nachweisen = NJW 1963, 2276 = MDR 1963, 1013 = JZ 1964, 181 = FamRZ 1963, 581; KG OLGZ 1965, 102 = FamRZ 1965, 154; BayObLGZ 66, 102 = NJW 1966, 1322 = MDR 1966, 760 = FamRZ 1966, 453 = Rpfleger 1967, 180; Z 1967, 279 = MDR 1967, 1011 = FamRZ 1968, 101; Z 1970, 94 = NJW 1970, 1645 = MDR 1970, 929 (LS) = FamRZ 1970, 666 (LS) = Rpfleger 1970, 241 (LS); OLG Köln FamRZ 1978, 535 (LS) und 727; KG FamRZ 1978, 729; Vorauflage Rz 37 zu der Rechtslage vor 1980; vgl auch OLG München JFG 15, 340 = ZBlJR 1937/38, 303; zustimmend: BOSCHAN Deutsche Rechtspflege 1938, 226, 229; ebenso BGB-RGRK-SCHEFFLER (10./11. Aufl) § 1634 Anm 1; zur damaligen Rechtslage **aA:** MERKERT NJW 1964, 1059; PRAHL DNotZ 1964, 447, 448; GERNHUBER (2. Aufl) § 53 III 8, die sämtlich vor einer Entscheidung nach § 1634 eine solche nach § 1672 forderten; der BGH LM Nr 5 zu § 1634 = NJW 1980, 454 = MDR 1980, 386 = FamRZ 1980, 131 = DAVorm 1980, 32 = FRES 5, 202 hat dies ausdrücklich abgelehnt; zur jetzigen Rechtslage: MünchKomm-HINZ Rz 5; SOERGEL-STRÄTZ Rz 7; ERMAN-RONKE Rz 28; PALANDT-DIEDERICHSEN Anm 1 b und 4 a; AK-BGB-MÜNDER Rz 1; JOHANNSEN-HENRICH-JAEGER Rz 9; GERNHUBER (3. Aufl) § 53 III 8 unter Aufgabe der abweichenden Meinung in der Vorauflage; ROLLAND Rz 27.

den Fall der Elterntrennung ohne Sorgerechtsregelung zu übernehmen (so aber KG OLGZ 1965, 102 = FamRZ 1965, 154 mwN), auch soweit darin das Umgangsrecht des abwesenden Elternteils „etwas großzügiger" gehandhabt worden ist (BayObLGZ 1966, 102 = NJW 1966, 1322 = MDR 1966, 760 = FamRZ 1966, 453 = Rpfleger 1967, 180; OLG Hamm FamRZ 1968, 527, 528). Entscheidend ist aber auch in diesen Fällen das Wohl des Kindes.

139 **b) Gemeinsame elterliche Sorge nach Scheidung**

Sind die Eltern rechtskräftig geschieden und ist ihnen die gemeinsame elterliche Sorge belassen worden, steht ihnen also die elterliche Sorge für ein gemeinsames Kind nach Scheidung weiterhin gemeinsam zu (BVerfGE 61, 358 = NJW 1983, 101 = MDR 1983, 108 = JZ 1983, 298 m Anm Giesen = FamRZ 1982, 1179 = DAVorm 1982, 1055 = Rpfleger 1982, 470), so ist das Umgangsrecht erforderlichenfalls, wenn also ein Elternteil die tatsächliche Sorge allein ausübt und die Eltern sich über den Umgang nicht einigen können, entsprechend § 1634 Abs 4 zu regeln (MünchKomm-Hinz Rz 6; Johannsen-Henrich-Jaeger Rz 9; § 1671 Rz 85; Knöpfel NJW 1983, 905, 909; Kropholler JR 1984, 89, 97; Luthin, Gemeinsames Sorgerecht, 77 Fn 196; **aA**: Coester EuGRZ 1982, 256, 260). Denn nur das Familiengericht, nicht das Vormundschaftsgericht ist berufen, die sich hier uU anbahnenden Konflikte zu regeln und erforderlichenfalls ein Verfahren zur Überprüfung der Sorgerechtsentscheidung nach § 1696 Abs 1 einzuleiten (MünchKomm-Hinz Rz 6; Kropholler JR 84, 89, 97). Dagegen gehören andere, die Ausübung der Elternsorge betreffende Einzelkonflikte zwischen den Eltern ebenso wie bei zusammenlebenden Eltern vor das Vormundschaftsgericht, § 1628 (Knöpfel NJW 1983, 905, 909; Kropholler JR 1984, 89, 97; Luthin, Gemeinsames Sorgerecht, 77).

140 Die Voraussetzungen, unter denen entsprechend der Entscheidung des BVerfG vom 3. 11. 1982 (BVerfGE 61, 358 = NJW 1983, 101 = MDR 1983, 108 = JZ 1983, 298 m Anm Giesen = FamRZ 1982, 1179 = DAVorm 1982, 1055 = Rpfleger 1982, 470) den Eltern die gemeinsame elterliche Sorge nach Scheidung belassen werden kann, sind in Lehre und Rechtsprechung noch nicht scharf konturiert.* Insbesondere ist umstritten, ob es hierfür stets eines übereinstimmenden Antrages beider Eltern bedarf.

141 **c) Familienpflege des Kindes mit Verbleibensanordnung**

Befindet sich das Kind seit längerer Zeit in Familienpflege (wegen der Einzelheiten vgl Erläuterungen zu § 1632) und hat das Vormundschaftsgericht nach § 1632 Abs 4 (diese Vorschrift ist verfassungsgemäß, BVerfGE 68, 176 = NJW 1985, 423 m Anm Salgo S 413 = FamRZ 1985, 39 = ZBlJR 1985, 41; eine weitere Verfassungsbe-

---

* Vgl ua Beres DAVorm 1983, 16; Coester EuGRZ 1982, 256f; Ditzen FamRZ 1987, 239; Fehmel FamRZ 1983, 971; Finger DRiZ 1985, 91; Fthenakis in: Remschmidt (Hrsg), Kinderpsychiatrie und Familienrecht; Göppinger, Vereinbarungen anläßlich der Ehescheidung, Rz 618; Hinz ZBlJR 1984, 529; Jopt FamRZ 1987, 875; Knöpfel NJW 1983, 905; Kropholler JR 1984, 89 und NJW 1984, 271; Lempp ZBlJR 1984, 305; Luthin FamRZ 1985, 565 (Bem zu Finger DRiZ 1985, 91); Magnus-Dietrich FamRZ 1986, 416; Schmidt-Räntsch FamRZ 1983, 17; Schütz ZBlJR 1987, 189; Schwenzer FamRZ 1983, 974; sowie Luthin, Gemeinsames Sorgerecht, mw Literaturhinweisen; aus der nach der Entscheidung des BVerfG veröffentlichten Rechtsprechung (in zeitlicher Reihenfolge): AG Berlin-Charlottenburg FamRZ 1983, 420; KG FamRZ 1983, 648; OLG Frankfurt FamRZ 1983, 758 = DAVorm 1985, 699; KG FamRZ 1983, 1055; AG Arnsberg FamRZ 1985, 424; OLG Celle NJW 1985, 923 = FamRZ 1985, 527 m Anm Luthin; OLG Hamburg FamRZ 1985, 1284; AG Arnsberg FamRZ 1986, 1145 m Anm Luthin; OLG Karlsruhe FamRZ 1987, 89; OLG Bamberg FamRZ 1987, 509 und FamRZ 1988, 752 m Anm Luthin = DAVorm 1988, 448; OLG Hamm FamRZ 1988, 753; vgl im übrigen Erl zu § 1671.

schwerde [1 BvR 332/86] ist eingelegt, NJW 1987, 823 Nr 24) angeordnet, daß das Kind bei der Pflegeperson verbleibt, so kann es diese Anordnung mit einer Umgangsregelung entsprechend § 1634 verbinden, um das Kind langsam auf den späteren Wechsel vorzubereiten.*

d) Dauernder tatsächlicher Aufenthalt des Kindes bei dem nicht sorgeberechtigten Elternteil 142

Ist das elterliche Sorgerecht zwar nach §§ 1671, 1672 einem Elternteil übertragen, befindet sich das Kind aber mit Einverständnis oder unter Duldung des sorgeberechtigten Elternteils bei dem anderen Elternteil oder an dritter Stelle, etwa bei den Eltern des nicht sorgeberechtigten Elternteils, so steht auch hier dem sorgeberechtigten Elternteil in analoger Anwendung des § 1634 Abs 4 ein Umgangsrecht zu. Das Bedürfnis für eine gerichtliche Regelungsbefugnis ist ebenso groß wie im Falle des § 1634 Abs 4. Den betroffenen Elternteil auf sein Sorgerecht zu verweisen (KG KGJ 44, 23 = OLGE 26, 252) bringt keine Lösung. Zwar hat der sorgeberechtigte Elternteil das Aufenthaltsbestimmungsrecht, § 1631, und den Herausgabeanspruch, § 1632. Doch würde die Geltendmachung eines solchen Anspruchs über das Ziel hinausschießen: Der sorgeberechtigte Elternteil will das Kind ja gerade bei dem anderen Elternteil belassen und es nur hin und wieder sehen. Dieses natürliche Elternrecht steht dem sorgeberechtigten Elternteil ohne weiteres zu. Wenn schon der nicht sorgeberechtigte Elternteil einen Anspruch auf Regelung des Umgangs durch das Gericht hat, so muß dieser Anspruch dem sorgeberechtigten Elternteil erst recht zustehen, der sich mit dem Umgang mit seinem Kinde begnügen will.**

Auch in diesen Fällen **entsprechender** Anwendung wird die Umgangsregelung nach 143
den für den Normalfall aufgestellten Grundsätzen zu treffen sein (KG JFG 2, 81 = JW 1925, 377). Falls erforderlich, kommt analog § 1634 Abs 2 auch der **Ausschluß** des Umgangsrechts oder die **Einschränkung** in Betracht. Dem steht nicht entgegen, daß es sich um einen sorgeberechtigten Elternteil handelt. Die vorhergehende gänzliche oder teilweise Entziehung des Sorgerechts ist nicht erforderlich (BGH LM § 1634 Nr 5 = NJW 1980, 454 = MDR 1980, 386 = FamRZ 1980, 131 = FRES 5, 202 = DAVorm 1980, 32; **aA** noch SCHWOERER in Vorauflage Rz 42).

---

* BayObLGZ 1984, 98 = NJW 1984, 2168 = MDR 1984, 668 = FamRZ 1984, 817 = ZBlJR 1984, 373 = DAVorm 1984, 1036 (LS); FamRZ 1982, 737 Nr 443 (LS) = DAVorm 1982, 611, 615 = Rpfleger 1982, 225; FamRZ 1982, 958 = MDR 1982, 763 = ZBlJR 1982, 414 = Rpfleger 1982, 284; FamRZ 1982, 1239 (LS) = DAVorm 1983, 78; FamRZ 1984, 932 = DAVorm 1984, 912; DAVorm 1985, 817; DAVorm 1985, 911; NJW 1988, 2381; LG Frankfurt FamRZ 1986, 1036; LG Hof DAVorm 1981, 213; LG Berlin FamRZ 1979, 448 (LS) = DAVorm 1979, 139; AG Karlsruhe DAVorm 1978, 386; SOERGEL-STRÄTZ § 1632 Rz 26 und 28; ERMAN-RONKE § 1634 Rz 3; PALANDT-DIEDERICHSEN § 1632 Anm 3 c cc und § 1634 Anm 1 d; JOHANNSEN-HENRICH-JAEGER § 1634 Rz 9; FINGER ZBlJR 1986, 46, 47; kritisch zur Gewährung eines elterlichen Umgangsrechts: LEMPP ZBlJR 1986, 543 und Referat zum 54. Deutschen Juristentag 1982, 8, 9, 13; ZENZ, Gutachten zum 54. Deutschen Juristentag, 36; BAER FamRZ 1982, 221, 242; GOLDSTEIN-FREUD-SOLNIT 48 und dortselbst SIMITIS 113; **aA** – kein Fall des § 1634, wenn Kind in Familienpflege: ROLLAND § 1632 Rz 34 a.

** Für die Zeit der Geltung der §§ 1636 aF, 82 EheG 1938, 75 EheG 1946: KG KGJ 52, 26; JFG 2, 81 = JW 1925, 377 m zust Anm BLUME (unter Aufgabe von KGJ 44, 23); OLG München DFG 1936, 217; OLG München JFG 19, 119 = DFG 1939, 64; KG JFG 23, 79; LG Saarbrücken SaarRuStZ 1952; BayObLGZ 1956, 191 = NJW 1957, 185 = FamRZ 1958, 471 = EJF A III Nr 4 = ZblJR 1957, 183; Z 1963, 191 = MDR 1963, 928 = FamRZ 1963, 581 = Rpfleger 1964, 84; (**aA** noch KG Entscheidung vom 21. 1. 1913 KGJ 44, 23 = OLGE 26, 252); SOERGEL-STRÄTZ Rz 7; SCHWOERER in Vorauflage Rz 40, 41 und Anm zu OLG Köln FamRZ 1963, 654; DEISENHOFER UJ 1974, 457, 458.

144 **e) Fürsorgeerziehung des Kindes**

Befindet sich ein Kind in Fürsorgeerziehung, gehen wesentliche Teile der Personensorge auf die Fürsorgebehörde über, insbesondere das Aufenthaltsbestimmungsrecht, § 71 Abs 1 JWG, das Erziehungsrecht und das Recht zur Bestimmung der Berufsausbildung, § 69 Abs 4 JWG. Den Eltern verbleibt aber auch dann ihr natürliches Elternrecht. Sie sind über den Verbleib und den Aufenthalt ihres Kindes zu unterrichten, § 71 Abs 4 JWG, und zwar unabhängig davon, ob ihnen das Sorgerecht zusteht oder nicht, § 71 Abs 4 S 2 JWG. Streitig ist, wer den Verkehr der Eltern mit ihrem Kinde im Falle der Fürsorgeerziehung zu regeln hat. Das KG vertrat in seiner Entscheidung vom 31. 7. 1936 (ZBlJR 1936/37, 329f) unter Berufung auf Nr 19 des VI. Abschnittes der Ausführungsanweisung zum RJWG und zum Preußischen Ausführungsgesetz die Auffassung, die Fürsorgebehörde selbst regele und untersage erforderlichenfalls den Verkehr zwischen Eltern und Kind (ebenso Soergel-Strätz Rz 9 und Palandt-Diederichsen Anm 2 unter Berufung auf KG ZBlJR 1936/37, 329). Demgegenüber halten Dölle (§ 98 I 2 a) und Schwoerer (in Vorauflage Rz 42) in analoger Anwendung von § 1634 Abs 2 das Vormundschaftsgericht zur Regelung und zum Ausschluß des Umgangs für berufen, wenn sich die Eltern den Anordnungen der Fürsorgebehörde nicht fügen wollten. Dieser letzten Auffassung ist zuzustimmen: Das natürliche, unverlierbare und unverzichtbare Recht der leiblichen Eltern auf Umgang mit ihrem Kinde wird nicht durch das öffentlich-rechtliche Erziehungs- und Aufenthaltsbestimmungsrecht der Fürsorgebehörde verdrängt. Ob der Zweck der Fürsorgeerziehung den Umgang zwischen Eltern und Kind nicht zuläßt, muß erforderlichenfalls gerichtlich überprüft werden. Denn der Umgang der Eltern darf nur ausgeschlossen werden, wenn das Wohl des Kindes dies erfordert, § 1634 Abs 2. Dabei wird ua auf die Anstaltsordnung Rücksicht zu nehmen sein. Die Ansicht des KG beruhte noch auf einem anderen, nicht durch Art 6 Abs 2 GG geprägten Verständnis des Elternrechts.

145 **F. Die Gestaltung des Umgangs**

Die Gestaltung des Umgangs bedeutet: einen zeitlichen und örtlichen und personellen Rahmen für den persönlichen Umgang setzen (Vollertsen ZBlJR 1977, 230, 236f), also zB die zeitlichen Abstände des Zusammenseins zwischen Kind und nicht sorgeberechtigtem Elternteil bestimmen, aber auch den Ort und die Modalitäten des Umgangs, wie etwa die Übergabe des Kindes, die Gegenwart Dritter uä.

Der Umgang kann durch Elternvereinbarung (I) oder durch gerichtliche Regelung (II) ausgestaltet werden.

I. Elternvereinbarung

146 **1. Allgemeines**

Anders als die elterliche Sorge, die bei Scheidung der Eltern stets (§ 623 Abs 3 ZPO) und bei Getrenntleben der Eltern auf Antrag, § 1672 BGB, geregelt werden **muß,** ist die Ausgestaltung des persönlichen Umgangs mit dem Kinde in erster Linie den Eltern selbst überlassen. Das Gesetz achtet also den Vorrang der Eltern, Art 6 Abs 2 GG, und gewährt die gerichtliche Regelung nur in den Fällen, in denen die Eltern sich über Art und Weise der Umgangsgestaltung nicht einigen können, § 1634 Abs 2 S 1. Dieser Zurückhaltung gegenüber staatlichen Eingriffen auf der einen Seite steht auf der anderen Seite das Verfahren der freiwilligen Gerichtsbarkeit als **Amtsverfahren** gegenüber.* Rufen die Eltern oder ein Elternteil das Familiengericht zum Zwecke der Regelung an, so regelt das Gericht den Umgang so, wie es nach seinen eigenen Ermittlungen, zu denen es nach § 12 FGG verpflichtet ist (BGH FamRZ 1984, 1084 = EzFamR BGB § 1634 Nr 2), dem Wohl des Kindes am besten entspricht.

An den Vorschlag der Eltern oder eines Elternteils oder die Elternvereinbarung ist **147** das Familiengericht nicht gebunden. § 1671 Abs 3 findet nicht, auch nicht entsprechend, Anwendung.** Eine Bestimmung, wie sie in § 1671 Abs 3 enthalten ist (Vorrang des übereinstimmenden Elternvorschlags bei der Sorgerechtsregelung), ist § 1634 fremd. Der in § 1671 Abs 3 verankerte Grundsatz der Subsidiarität staatlichen Handelns (BVerfGE 64, 180f = NJW 1983, 2491f = JZ 1983, 703f = FamRZ 1983, 872f = ZBlJR 1983, 427f = DAVorm 1983, 727 (LS) zu C I 1) gilt im Rahmen des § 1634 auch, aber in anderer Ausprägung: Indem das Gesetz den Eltern die freie Vereinbarung überläßt, tritt staatliches Handeln in den Hintergrund. Im Rahmen des gerichtlichen Umgangsverfahrens gilt dagegen der Grundsatz der Subsidiarität staatlichen Handelns nicht.

Eine entsprechende Anwendung des § 1671 Abs 3 scheidet aus. Denn § 1634 **148** enthält keine Lücke. Anläßlich der Reform des Rechts der elterlichen Sorge ist in die Neufassung des § 1634 keine dem neugefaßten § 1671 Abs 3 entsprechende Regelung aufgenommen worden. Ebenso scheidet eine Argumentation a maiore ad minus (so aber MünchKomm-Hinz Rz 17) aus, weil das Umgangsrecht in der seit dem 1. 1. 1980 geltenden Fassung des Gesetzes insoweit kein minus, sondern ein aliud ist. Nach Ansicht des BayObLG (BayObLGZ 1965, 355) ist eine den § 1671 Abs 3 entsprechende Bestimmung nicht in § 1634 aufgenommen worden, weil die Regelung des persönlichen Umgangs in ganz anderer Weise als die Regelung der elterlichen Sorge dem raschen Wechsel der Verhältnisse unterworfen sein kann. Wenn Schwoerer (FamRZ 1966, 96, 97) demgegenüber die Ansicht vertritt, die Eltern müßten jedenfalls nach Treu und Glauben an ihrer Umgangsvereinbarung festgehalten werden mit der Folge, daß keiner von ihnen sich von der Vereinbarung lösen kann, solange eine entsprechende Regelung mit dem Wohl des Kindes auch nur **vereinbar** ist oder das Wohl des Kindes keine Änderung erfordere, so findet diese Interpretation weder im Gesetz eine Stütze (Soergel-Strätz Rz 17) noch ist sie mit dem absoluten Primat des Kindeswohls vereinbar.

Versteht man allerdings einen übereinstimmenden Elternvorschlag iSv § 1671 Abs 3 **149** nicht als einen Vertrag und hält ihn deshalb nicht für bindend, sondern für jederzeit frei widerruflich (Göppinger Rz 627 Fn 3 unter Hinweis auf Rz 606), dann erledigt sich der Meinungsstreit im wesentlichen: An einen übereinstimmenden (unverbindlichen) Vorschlag wird sich das Familiengericht bei der von ihm vorgenommenen Umgangsgestaltung voraussichtlich halten, wenn er bis zu seiner Entscheidung von

* RG JW 1925, 2115 m Anm Endemann = WarnR 1925 Nr 204; BayObLGZ 1964, 357 = NJW 1965, 399 = MDR 1965, 204 = FamRZ 1965, 82; OLG Köln OLGZ 66, 76; BayObLGZ 1966, 102 = NJW 1966, 1322 = MDR 1966, 760 = FamRZ 1966, 453 = Rpfleger 1967, 180; KG OLGZ 1969, 62 = NJW 1969, 436 = FamRZ 1968, 664 mwN; OLG Hamm FamRZ 1982, 94f; Erman-Ronke Rz 10; Schwoerer Vorauflage Rz 46; Keidel-Kuntze-Winkler FGG § 12 Rz 5; Bumiller-Winkler FGG § 12 Anm 2 a; Gernhuber § 53 III 7; Göppinger, Vereinbarungen Rz 626; Bassenge Rpfleger 1972, 237, 239.

** OLG Hamburg ZBlFG 3, 728; BayObLGZ 1965, 355 = NJW 1966, 160f = MDR 1966, 147f = FamRZ 1965, 618f = ZBlJR 1967, 25f; OLG Stuttgart NJW 1978, 1593 = ZBlJR 1978, 444; Erman-Ronke Rz 17; Soergel-Strätz Rz 17; Gernhuber § 53 III 10 Fn 33; Dürr 26 mwN; str, **aA**: OLG Köln FamRZ 1982, 1237f; MünchKomm-Hinz Rz 17; Johannsen-Henrich-Jaeger Rz 13; Rolland § 1585 c Rz 49; Schwoerer FamRZ 1966, 96, 97 und in Vorauflage Rz 44, 45.

den Eltern aufrechterhalten wird und dem Wohl des Kindes entspricht (iE ebenso Johannsen-Henrich-Jaeger Rz 13 aE). Dagegen ist der Umstand, daß der Umgang notfalls durch vorläufige gerichtliche Anordnung neu und anders geregelt werden kann, nicht zur Begründung der Bindungswirkung der Elternvereinbarung geeignet (so aber MünchKomm-Hinz Rz 17). Zwar können vorläufige oder einstweilige Anordnungen dem bei Umgangsregelungen vorkommenden raschen Wandel der Verhältnisse begegnen, weil sie eine schnelle Anpassung an veränderte Verhältnisse ermöglichen. Aber das wird zur Wahrung des Kindeswohls häufig nicht ausreichen. Denn einstweilige Anordnungen setzen ein gerichtliches Hauptverfahren voraus, das also mindestens gleichzeitig begonnen werden muß. Außerdem sind vorläufige Anordnungen (im isolierten Verfahren) jederzeit, weil unbefristet, anfechtbar, § 19 FGG, so daß durch solche vorläufige Regelung eine schnelle und nachhaltige Korrektur einer Elternvereinbarung nicht zuverlässig zu erreichen ist.

150 **2. Elternvereinbarungen ohne (konkret beabsichtigte) nachfolgende gerichtliche Regelung**

a) Schlichte private Vereinbarung

Die Ausgestaltung des persönlichen Umgangs, soweit es Art, Häufigkeit, Ort, Zeit und etwaige sonstige Begleitumstände angeht, unterliegt in erster Linie der Willensbildung durch beide Eltern, sofern mindestens einer von ihnen Sorgerechtsinhaber ist. Sie sind zuvörderst zu dieser Regelung berufen (**Primärzuständigkeit der Eltern**).* Insoweit besteht eine (eingeschränkte) Dispositionsbefugnis der Eltern (Rolland Rz 20).

151 Einigen sich die Eltern und halten sie sich auch bei der Durchführung der Umgangsvereinbarung an diese Einigung, bedarf es überhaupt keiner Umgangsregelung durch das Familiengericht. Dieses Vorgehen wird sogar der regelmäßige Weg sein (OLG Celle LZ 1918, 336; KG OLGE 41, 65).

152 **aa) Kein Alleinbestimmungsrecht des sorgeberechtigten Elternteils**

Der sorgeberechtigte Elternteil oder – bei noch bestehendem Sorgerecht beider Eltern – der Elternteil, bei dem das Kind lebt, kann freilich nicht „bestimmen", wann der andere Elternteil und das Kind einander sehen (Schwoerer Vorauflage Rz 43; Gernhuber § 53 III 7; **aA**: Erman-Ronke Rz 9; Dölle § 98 II 1; Schnitzerling RdJ 1961, 161; Riedel 91; ungenau BayObLGZ 1956, 191, 193 = NJW 1957, 185 = FamRZ 1958, 471 = ZBlJR 1957, 183 = EJF A III Nr 4). Daß ein solches einseitiges Bestimmungsrecht fehlt, wenn beide Eltern noch Inhaber der elterlichen Sorge sind, bedarf keiner näheren Begründung. Denn dann sind beide Eltern gleichberechtigt und in gleichem Maße zur Regelung berufen und haben sich zu einigen (§ 1627).

153 Aber auch dann, wenn das Sorgerecht einem Elternteil zusteht, fehlt ihm ein solches einseitiges „Bestimmungsrecht" über den Umgang des anderen Elternteils mit dem

* BVerfGE 64, 180 = NJW 1983, 2491 f = JZ 1983, 703 f = FamRZ 1983, 872 f = ZBlJR 1983, 427 f = DAVorm 1983, 727 (LS) zu C I 1; RG Recht 1912 Nr 443; JW 1925, 2115 m Anm Endemann = WarnR 1925 Nr 204; JW 1938, 1262, 1264; KG OLGZ 1969, 62 = NJW 1969, 436 = FamRZ 1968, 664, 665; MünchKomm-Hinz Rz 17; Soergel-Strätz Rz 17; Palandt-Diederichsen Anm 2; AK-BGB-Münder Rz 9 (unter Einbeziehung des Willens des Kindes); Jauernig-Schlechtriem Anm 3 a; Johannsen-Henrich-Jaeger Rz 12; Belchaus Rz 17; Gernhuber § 53 III 7; Schnitzerling UJ 1959 176, 177.

Kinde (MünchKomm-Hinz Rz 20). Insbesondere folgt ein solches Bestimmungsrecht nicht aus dem Recht, den Aufenthalt und den Umgang des Kindes im übrigen zu bestimmen, §§ 1631 Abs 1, 1632 Abs 2. Denn Sorgerecht und Umgangsrecht stehen sich als selbständige, auf dem natürlichen Elternrecht beruhende Rechte gegenüber. Das Umgangsrecht des einen Elternteils schränkt das Sorgerecht des anderen Elternteils ein.* Zwar „ruht" die elterliche Sorge des sorgeberechtigten Elternteils in diesem Bereich nicht im Rechtssinne, tatsächlich ist sie aber ausgeschaltet, soweit der Zweck des Umgangs reicht (Schwoerer FamRZ 1965, 121, 122 und in der Vorauflage Rz 43; Göppinger JR 1965, 337). Der BGH (Z 42, 364, 371, 372) hatte zunächst die Auffassung vertreten, das Sorgerecht des einen Elternteils ruhe nicht etwa in dem Umfang, in dem das Umgangsrecht bestehe, vielmehr sei der personensorgeberechtigte Elternteil berechtigt und verpflichtet, in eigener Verantwortung den Umgang des nicht sorgeberechtigten Elternteils mit dem Kinde nach seinem pflichtgemäßen Ermessen im einzelnen zu regeln. Diese Ansicht hat der BGH nach übereinstimmender Ablehnung im Schrifttum (Dunz NJW 1965, 862; Gaul FamRZ 1966, 624, 629; Göppinger JR 1965, 337; Lange JZ 1965, 425, 432; Schwoerer FamRZ 1965, 121 und 302; **aA**: Hobelmann FamRZ 1965, 301) jedoch ausdrücklich aufgegeben (BGHZ 51, 219, 225). Beide Rechtspositionen der Eltern erwachsen aus dem natürlichen Elternrecht und müssen von den Eltern im Verhältnis zueinander respektiert werden (BVerfGE 31, 194 = NJW 1971, 1447f = MDR 1971, 905 = FamRZ 1971, 421 = ZBlJR 1971, 315 = Rpfleger 1971, 300 zu B I 2 a).

Vom Belieben des Sorgeberechtigten hängt die Wahrnehmung des Umgangsrechts **154**
mithin nicht ab (BVerfGE 31, 194 zu B I 2 b; BayObLGZ 1969, 194 = NJW 1969, 1767 = MDR 1969, 927 = FamRZ 1969, 551 = ZBlJR 1970, 237). Zu Diktat und Unterwerfung sind die beiden Elternteile gerade nicht verbunden (Gernhuber § 53 III 7). Solange allerdings die Eltern eine Vereinbarung nicht getroffen haben, bestimmt (formell) der sorgeberechtigte Elternteil über den Umgang des Kindes mit dem anderen Elternteil im Rahmen der gesamten Erziehung. Faktisch wird eine Einigung auch häufig darin liegen, daß sich der umgangsberechtigte Elternteil der „Bestimmung" des anderen fügt und damit stillschweigend dessen Antrag auf Abschluß einer Vereinbarung annimmt (Riedel 91). Dies ist aber kein Sonder-, sondern ein Unterfall der Vereinbarung.

bb) Bindung und Widerrufbarkeit der Vereinbarung **155**

Zu einer Elternvereinbarung wird es kommen, wenn beide Elternteile sich über die Gestaltung des Umgangsrechts im wesentlichen einig sind ober sich doch einigen können. Ob eine derartige Vereinbarung eine rechtsgeschäftliche Einigung ist (Gernhuber § 53 III 7) oder aber uU nur eine geschäftsähnliche Handlung (Göppinger Rz 606, 627; Waskowiak 54f), ist ebenso umstritten wie die Frage der Bindung der Eltern und der Widerrufbarkeit der Vereinbarung.

Die hM geht von einer rechtsgeschäftlichen Vereinbarung aus und bejaht deren **156**
Verbindlichkeit bis zu einer vertraglichen oder gerichtlichen Änderung, hält also einen einseitigen Widerruf, selbst wenn er auf Gründe des Kindeswohls gestützt wird, für unwirksam.**

* BGHZ 42, 364 = LM § 1634 BGB Nr 3 m Anm Johannsen = NJW 1965, 394 m Anm Dunz S 862 = MDR 1965, 194 = JR 1965, 342 m Anm Göppinger = FamRZ 1965, 130 m Anm Schwoerer 121 und 302; Z 51, 219 = LM § 1634 BGB Nr 4 = NJW 1969, 422 = MDR 1969, 295 = JZ 1969, 164 = JR 1969, 184 m Anm Bökelmann = FamRZ 1969, 148.

** OLG Karlsruhe ZBlJR 1957, 247; FamRZ 1959, 70; KG FamRZ 1980, 1156, 1157 = DAVorm 1981, 215 (LS); Endemann in Anm zu RG JW 1925, 2115; MünchKomm-Hinz Rz 17; Soergel-Strätz Rz 17; Erman-Ronke Rz 10; Palandt-Diederichsen Anm 2 a; Rolland Rz 21; Gern-

157 Eine vermittelnde Meinung (OLG Köln FamRZ 1982, 1237; WASKOWIAK 125; undeutlich MünchKomm-HINZ Rz 17; undeutlich SOERGEL-STRÄTZ Rz 17) nimmt an, die Elternvereinbarung könne einseitig aufgelöst werden, wenn erhebliche Gründe des Kindeswohls einem Festhalten an der Einigung entgegenstehen.

158 Dagegen hält das BayObLG (Z 1965, 355 = NJW 1966, 160 = MDR 1966, 147 = FamRZ 1965, 618 = ZBlJR 1967, 25 mwN, zuvor schon KG KGJ 44, 20; zustimmend LANDSBERG DRiZ 1915, 402, 406; KG OLGE 41, 65; DFG 1937, 210) eine Vereinbarung für nicht bindend. Wenn ein Elternteil eine Änderung der über den Umgang getroffenen Vereinbarung erreichen wolle und eine neue Vereinbarung nicht zustande komme, so entscheide das Vormundschaftsgericht, das an eine frühere Vereinbarung der Eltern nicht gebunden sei, sondern ausschließlich nach § 1634 zu entscheiden habe.

159 Dieser zuletzt genannten Ansicht ist zuzustimmen. Es ist mithin davon auszugehen, daß eine Elternvereinbarung über die Ausgestaltung des Umgangsrechts rechtlich nicht bindend ist und deshalb auch frei widerrufen werden kann.

Der Streit um die Verbindlichkeit und Widerrufbarkeit der Elternvereinbarung ist zum Teil theoretischer Natur. Denn alle Meinungen stimmen darin überein, daß die Eltern sich untereinander einigen können und daß dann, wenn einer der Elternteile sich an eine solche Vereinbarung nicht mehr halten will, entweder eine neue Vereinbarung zu treffen ist oder aber das Gericht die nötige Regelung vorzunehmen hat. Treffen die Eltern eine Ersatzvereinbarung untereinander, stellt sich für sie die Frage nach Bindung oder Widerrufsmöglichkeit nicht. Gelangen sie dagegen zu keiner neuen Einigung, besteht vielmehr Streit um die Ausgestaltung des Umgangsrechts, so trifft das Familiengericht die nötige Entscheidung, § 1634 Abs 2 S 1. In diesem Stadium die Eltern an einer früher getroffenen Vereinbarung festzuhalten, heißt, die Feststellungslast demjenigen aufzubürden, der sich aus der Vereinbarung lösen will. Ein derart eher zivilprozessual begründetes Ergebnis verkennt, daß jede Umgangsregelung sich an dem Wohl des Kindes auszurichten hat, das dessen oberste Richtschnur bildet (BGHZ 51, 219).

160 Die Pflicht des Familiengerichts, eine dem Kindeswohl dienende Regelung zu treffen, kann durch Elternvereinbarung nicht eingeschränkt werden: Einigkeit besteht, daß durch eine Elternvereinbarung das Umgangsrecht im Hinblick auf dessen Unverzichtbarkeit (siehe oben Rz 28 ff) nicht völlig ausgeschlossen werden darf. Auch Regelungen, die einem Ausschluß gleichkommen, sind unzulässig (LOHMANN 38; SCHWOERER in Vorauflage Rz 44 mwN). Zwar kann uU auf die Ausübung teilweise verzichtet werden (oben Rz 28 ff und OLG Frankfurt FamRZ 1986, 596 f), aber eine Vereinbarung, in der ein Elternteil die gänzliche Nichtausübung seines Umgangsrechts gegen Freistellung vom Unterhalt zusagt, ist wegen sittenwidriger Kommerzialisierung des Umgangsrechts nichtig (BGH EBE 1984, 249 = NJW 1984, 1951 = MDR 1985, 36 = JR 1984, 497 m Anm GÖPPINGER = FamRZ 1984, 778 = EzFamR BGB § 1634 Nr 1 [LS] = DAVorm 1984, 827). Die Eltern können durch Vereinbarung auch nicht das Recht des Familiengerichts, den Umgang zu regeln oder auszuschließen, beschränken oder ausschließen (KG KGJ 44, 20, 22; OLGE 41, 66; DFG 1937, 210; LANDSBERG DRiZ 1915, 401 f). Schließlich können die Eltern auch keine wirksame Vereinbarung schließen, durch die die gerichtliche Verteilung von Sorgerecht und Umgangsrecht in ihr Gegenteil verkehrt wird: Ist in der Vereinbarung eine – wenn auch nur zeitweise – totale Übertragung der Ausübung des Sorgerechts auf den Umgangsberechtigten zu sehen, so soll die Vereinbarung jederzeit frei widerruflich sein (RG JW 1938, 1262, 1264).

HUBER § 53 III 7 Fn 21; SCHWOERER FamRZ 1966, 96, 97; SCHNITZERLING RdJ 1961, 161; undeutlich, aber wohl ablehnend GÖPPINGER Rz 626, 627 unter Hinweis auf Rz 606.

In den vorbeschriebenen Fällen kann der Elternteil, der sich aus der getroffenen Vereinbarung lösen will, das Familiengericht anrufen und die Regelung begehren, die er wünscht. Ob er sie erreicht, hat das Familiengericht in eigener Zuständigkeit zu prüfen. Soll etwas anderes in den Fällen gelten, in denen die Eltern eine bestimmte Ausgestaltung vereinbart hatten? Zwar wird auch hier der Elternteil das Gericht anrufen, der mit seinen Wünschen bei dem anderen Elternteil nicht durchdringt. Wäre aber die Vereinbarung grundsätzlich bindend und fehlte es an Willensmängeln, die zur Anfechtung berechtigten, so könnte das Gericht den antragstellenden Elternteil nur auf den Inhalt der Vereinbarung verweisen, unabhängig davon, welche Regelung zum Wohle des Kindes angezeigt ist. Zu diesem Ergebnis muß die hM gelangen, die einen Widerruf selbst aus Gründen des Kindeswohls nicht zuläßt, während die vermittelnde Meinung zu prüfen hätte, ob erhebliche Gründe für das Kindeswohl einem Festhalten entgegenstehen. Nach beiden Meinungen steht im Vordergund der Elternwille, dessen Inhalt nicht oder nur auf erhebliche Kindeswohlverstöße zu überprüfen wäre. 161

Eine solche Gewichtung entspricht nicht der gesetzlichen Ausgestaltung des Umgangsrechts. Die Eltern sind zwar primär zuständig, haben jedoch das Recht zur Umgangsgestaltung nur im Rahmen des gesetzlich Zulässigen; dh sie haben sich bei der Ausgestaltung zuallererst am Kindeswohl zu orientieren. Der Primat des Kindeswohls geht aber nicht verloren, wenn eine Vereinbarung notleidend wird: Vielmehr hat nun, wenn die Eltern keine neue Vereinbarung treffen, das Gericht die dem Wohl des Kindes entsprechende Lösung zu treffen. Dabei trifft nicht etwa den „vertragsuntreuen“ Teil die Feststellungslast, er muß nicht dartun, daß die getroffene Vereinbarung dem Wohl des Kindes widerspricht. Vielmehr muß das Gericht selbständig prüfen, ob die ehemals getroffene Vereinbarung noch mit dem Wohl des Kindes vereinbar ist oder ob dieses eine andere Lösung erheischt. Das folgt aus der Funktion des Familiengerichts, das dem Wohl des Kindes verpflichtet ist. Aus diesem Grunde kann es keine stichhaltige Begründung für die Auffassung geben, der Antragsteller oder sein Gegner sei an der früheren Vereinbarung festzuhalten. Denn die Vereinbarung wird dem Wohl des Kindes in seiner jetzigen Situation uU nicht mehr gerecht. 162

Eine Analyse der hierzu veröffentlichten Entscheidungen bestätigt dieses Ergebnis: In dem vom KG (FamRZ 1980, 1156 = DAVorm 1981, 215 [LS]) entschiedenen Fall wurde eine Mutter an einer mehr als zehn Jahre alten, anläßlich der Scheidung getroffenen Vereinbarung festgehalten, nach welcher der Vater das Recht hatte, seine Töchter, bei Abschluß der Vereinbarung drei Jahre und ein halbes Jahr alt, zweimal monatlich zu sehen. Das geschah auch über Jahre, da die Kinder zusammen mit der Mutter bei der Großmutter väterlicherseits in deren Haus lebten, so daß der Vater, wenn er seine eigene Mutter besuchte, auch die Kinder sah. Als die Mutter nach fünf Jahren zusammen mit den Töchtern in eine andere Stadt verzog, sah der Vater seine Kinder viereinhalb Jahre nicht und bemühte sich auch nicht darum. Erst Ende 1979, neuneinhalb Jahre nach Abschluß der Vereinbarung, beantragte er die Regelung des Umgangs mit den jetzt zwölf und neun Jahre alten, widerstrebenden Mädchen ua unter Bezugnahme auf die Vereinbarung aus dem Jahre 1970. Zwar reduzierte das KG den Umgang des Vaters mit den Töchtern wegen des langen Intervalls auf eine Begegnung von zunächst einmal monatlich vier Stunden, hielt aber die Mutter an der früheren Vereinbarung im Grundsatz fest. 163

Ähnlich verfuhr das OLG Karlsruhe (FamRZ 1959, 70), als es die Mutter an einer im November 1957 getroffenen Umgangsregelung festhielt, nach welcher die Mutter das Sorgerecht ausüben und der Vater das damals drei Jahre alte Kind wöchentlich einmal sehen durfte. 1958 weigerte sich die Mutter, die Vereinbarung zu erfüllen, da das Kind physisch und psychisch unter den Besuchen leide. Einen Regelungsantrag des Vaters wies das OLG Karlsruhe zurück mit der Begründung, die Mutter sei an die Vereinbarung gebunden; **sie** müsse eine gerichtliche Entscheidung erwirken, wenn sie abweichen wolle.

164 Beide Entscheidungen belasten den „vereinbarungsuntreuen" Teil mit der Feststellungslast. Das bedeutet, daß die Regelung für das Kind von vornherein in eine gewisse, durch die Vereinbarung vorgegebene Richtung zielt, unabhängig davon, ob diese Regelung für das Wohl des Kindes zuträglich ist. Der Elternvereinbarung eine solche Bedeutung zuzumessen, geht an dem Schutzzweck des § 1634 Abs 2 vorbei: Mit der Entwicklung des Kindes und der Veränderung seiner Lebensverhältnisse sind laufende Anpassungen des Umgangs sinnvoll und erforderlich (Schwab Rz 225, 228). Das gilt auch, wenn die Eltern eine Vereinbarung getroffen haben. Ihr haftet nichts Statisches an: Die Regelung des persönlichen Umgangs kann in anderer Weise als die Regelung der elterlichen Sorge dem raschen Wechsel der Verhältnisse unterworfen sein. So hat auch das BayObLG entschieden. In seinem Beschluß vom 6. 10. 1965 (Z 1965, 355, 358 = NJW 1966, 160 = MDR 1966, 147 = FamRZ 1965, 618 = ZBlJR 1967, 25) hatte sich der Vater im Jahre 1965 auf eine 1963 getroffene Vereinbarung berufen, nach der er befugt war, seine beiden noch kleinen Kinder alle zwei Wochen zwei volle Tage sowie einmal jährlich zwei Wochen zu sich zu nehmen, während das Vormundschaftsgericht nur einen zeitlich verringerten Umgang gestattet hatte. Das BayObLG entschied, der Elternvereinbarung komme keine bindende Bedeutung zu, wegen des raschen Wechsels der Verhältnisse beim persönlichen Umgang scheide eine entsprechende Anwendung des § 1671 Abs 2 aF aus.

165 Dem ist zuzustimmen. Nur eine von der ehemaligen Elternvereinbarung zunächst losgelöste Betrachtungsweise kann den Aspekt der notwendigen Flexibilität unbeeinflußt berücksichtigen, was nicht ausschließt, daß das Gericht bei der Prüfung der Frage, wie der Umgang im einzelnen auszugestalten sei, die Auffassung der Eltern aus der Vereinbarung mitverwertet (iE auch Johannsen-Henrich-Jaeger Rz 25). In diesem Sinne ist der Entscheidung des OLG Köln (FamRZ 1982, 1237) zuzustimmen, wenn es die umgangsberechtigte Mutter an einer im Juni 1982 getroffenen Ferienvereinbarung festhielt, nach der sie die Kinder am 9. 8. 1982 aus den Ferien zum Vater zurückzubringen hatte, während sie meinte, aus Gründen des Kindeswohls dies erst vier Tage später, am 13. 8. 1982 tun zu sollen. Diese Entscheidung gibt jedoch nichts her für die Annahme, eine Elternvereinbarung dürfe nur dann geändert werden, wenn erhebliche Gründe des Kindeswohls einem Festhalten entgegenstehen. Denn in dem entschiedenen Fall waren überhaupt keine Gründe genannt und erkennbar, die zum Wohle der Kinder eine Urlaubsverlängerung um vier Tage erforderten. Wäre es statt um eine Vereinbarung um eine entsprechende gerichtliche Umgangsregelung gegangen, so wäre auch sie zu beachten und nicht ohne weiteres abänderbar gewesen.

166 Die vorgenannten Entscheidungen, auf die sich die unterschiedlichen Auffassungen stützen, machen deutlich, daß eine Bindung eines Elternteils an eine Vereinbarung mit dem Wohl des Kindes kollidieren kann und daß diese Gefahr wächst, je länger der Abschluß der Vereinbarung zurückliegt und je umfassender deren Inhalt war. Eine gerade erst getroffene, nur einen einzigen Urlaub betreffende Vereinbarung (OLG Köln FamRZ 1982, 1237) wird das Familiengericht auch nach Auffassung des BayObLG (BayObLGZ 1965, 355) bei seiner neuen Entscheidung mitverwerten, also nicht ohne Not davon abweichen. Handelt es sich dagegen um eine ältere, große Bereiche umfassende Vereinbarung, so muß diese frei überprüfbar sein, nicht nur im Hinblick auf solche Gründe, die nach Abschluß der Vereinbarung entstanden sind, oder darauf, ob eine Änderung zum Wohl des Kindes **erforderlich** ist.

Denn die Anforderungen, die das Gesetz an die Einschränkung oder den gänzlichen Ausschluß des verfassungsrechtlich geschützten Umgangsrechts stellt („wenn dies zum Wohle des Kindes erforderlich ist"), sind nicht maßgeblich, wenn es nur darum geht, den Inhalt einer einfachen Elternvereinbarung abzuändern.

b) Vereinbarung im Rahmen einer Scheidungsfolgenvereinbarung **167**

Für die Zeit ab Rechtskraft der Scheidung hängt die Umgangsregelung von der Regelung der elterlichen Sorge ab, § 1671. Eine vor der Scheidung getroffene Umgangsvereinbarung wird allerdings durch die Scheidung nicht unwirksam, wenn die elterliche Sorge schon vorher so geregelt war wie im Falle der Scheidung (OLG Braunschweig FamRZ 1972, 576; Soergel-Strätz Rz 17). Sehr häufig wird im Rahmen einer Gesamtscheidungsvereinbarung, was auch im Wege eines Prozeßvergleiches geschehen kann, mit dem übereinstimmenden Vorschlag über die Regelung der elterlichen Sorge, § 1671 Abs 3, eine Vereinbarung über die Regelung des Umgangs, des Kontaktes des nicht sorgeberechtigten Elternteils (bei einseitiger elterlicher Sorge nach Scheidung) oder des Elternteils, bei dem sich das Kind nicht dauernd aufhält (bei gemeinsamer elterlicher Sorge nach Scheidung), getroffen. Eine solche Vereinbarung (kritisch zur Verknüpfung von Sorge- und Umgangsrecht Klussmann 41 f) bedarf, anders als diejenige über die elterliche Sorge, nicht der familiengerichtlichen Entscheidung, sie wird also ohne gerichtliches Verfahren wirksam. Soll sie allerdings mit staatlicher Hilfe durchgesetzt (vollstreckt) werden, muß sie eine gerichtliche Billigung erfahren (s unten Rz 172 f und 431).

Begehren die Eltern die einverständliche Scheidung ihrer Ehe gem §§ 1565, 1566 **168**
Abs 1, so müssen sie dem Familiengericht einen übereinstimmenden Vorschlag über die Regelung des persönlichen Umgangs des nicht sorgeberechtigten Elternteils mit dem Kinde vorlegen, § 630 Abs 1 Nr 2 aE ZPO. Auch in diesem Fall ist das Familiengericht jedoch **nicht verpflichtet,** tätig zu werden und den Umgang gerichtlich zu regeln. In dem Vorschlag liegt **keine Anregung** an das Gericht, eine entsprechende Verbundentscheidung, § 623 Abs 3 S 2 ZPO, zu treffen. Vielmehr hängt die Notwendigkeit der gerichtlichen Regelung, die erforderlichenfalls als Verbundentscheidung ergeht, von dem Inhalt des übereinstimmenden Elternvorschlags ab: Handelt es sich um eine umfassende Elternvereinbarung, so ist kein Raum für eine gerichtliche Entscheidung (s oben Rz 151 ff). Zeigt nämlich die Vereinbarung, daß die Eltern ohne feindliche Gefühle auseinandergehen, daß sie einsichtig und um das Wohl des Kindes besorgt sind und der Umgang zwischen ihnen nicht streitig ist, so fehlt es am Regelungsbedarf (Bastian-Roth-Stielow-Schmeiduch 1. EheRG § 623 Rz 23; Schwab Rz 224 aE; Göppinger Rz 628; Dürr S 27 Anm 108 str; **aA:** Zöller-Philippi ZPO § 623 Rz 26; Baumbach-Lauterbach-Albers-Hartmann ZPO § 630 Anm 2 b; Johannsen-Henrich-Sedemund-Treiber ZPO § 630 Rz 17, jeweils unter Berufung auf OLG Düsseldorf FamRZ 1981, 805 [LS] = JurBüro 1981, 933).

Die vom OLG Düsseldorf (FamRZ 1981, 805 [LS] = JurBüro 1981, 933) getroffene **169**
Entscheidung steht der hier vertretenen Auffassung nicht entgegen. Denn sie betraf einen Fall, in dem es um die Rechtsanwaltsgebühren für eine dort erstrebte verbindliche, durchsetzbare Regelung über den elterlichen Umgang ging, die nur im Wege einer Gerichtsentscheidung erreicht werden kann. Dagegen läßt die Entscheidung ausdrücklich offen, was zu gelten habe, wenn beide Ehegatten sich einig sind und zB dem Gericht übereinstimmend vorschlagen, von einer gerichtlichen Entscheidung abzusehen. Im letzteren Fall kann eine gerichtliche Regelung nach dem oben Ausgeführten (Rz 151 f) wegen der Primärzuständigkeit der Eltern nicht in Betracht kommen. Im Falle einer einverständlichen Scheidung können die Eltern aber nicht schlechter stehen als im Falle einer streitigen Scheidung. Der sogenannte

Zwangsentscheidungsverbund kann bei einer einverständlichen Scheidung nicht vergrößert werden. Sind die Eltern sich über den Umgang einig und benötigt keiner eine durchsetzbare Entscheidung, so bedarf es auch bei der einverständlichen Scheidung keiner gerichtlichen Umgangsregelung.

170 Dem steht nicht entgegen, daß der übereinstimmende Regelungsvorschlag iSv § 630 Abs 1 Nr 2 aE ZPO die Entscheidung des Familiengerichts vorbereiten und erleichtern soll (BT-Drucks 7/650, 214). Denn dies gilt nur bei tatsächlich vorhandenem Regelungsbedarf. Wieder ist zu beachten, daß eine gerichtliche Durchsetzung einer Elternvereinbarung nur nach einem entsprechenden gerichtlichen Verfahren möglich ist, in dem das Familiengericht die Elterneinigung prüfen und bei Billigung sich zu eigen machen muß (s unten Rz 173 f). Sind sich also die Eltern nicht mehr einig und unterläuft einer von ihnen die vereinbarte Umgangsregelung, so wird das Gericht nunmehr nach entsprechender Anrufung regelnd tätig.

171 c) **Vereinbarung zur Vorbereitung einer konkret gewünschten gerichtlichen Regelung**

Von den oben beschriebenen Einigungen sind diejenigen zu unterscheiden, die mit Blick auf ein konkretes gerichtliches Umgangsverfahren getroffen werden: Hier besteht Einigkeit nur in dem Sinne, daß beide Eltern dem Gericht einen echten Regelungsvorschlag machen, verbunden mit der Anregung, nun in ein Umgangsregelungsverfahren einzutreten. Dies kann auch im Rahmen des § 630 ZPO geschehen. Auch ein solcher übereinstimmender Regelungsvorschlag ist bis zur Entscheidung des Gerichts frei widerruflich, so daß er Bindungen nicht entfaltet (s oben Rz 155 ff und Johannsen-Henrich-Jaeger Rz 15), wenngleich die Tatsache der vormaligen Elterneinigung das Gericht in seiner Entscheidung ebenso maßgeblich beeinflussen kann wie die Gründe, die zum Widerruf geführt haben (BayObLGZ 1965, 355 = NJW 1966, 160 = MDR 1966, 147 = FamRZ 1965, 618 = ZBlJR 1967, 25; Erman-Ronke Rz 10; Johannsen-Henrich-Jaeger Rz 15).

172 **3. Erzwingbarkeit von Umgangsvereinbarungen**

Eine Vereinbarung der Eltern über die Umgangsgestaltung reicht als Grundlage für die Vollstreckung gem § 33 FGG nicht aus (MünchKomm-Hinz Rz 21; Soergel-Strätz Rz 17; Erman-Ronke Rz 10; Palandt-Diederichsen Anm 4 c; Johannsen-Henrich-Jaeger Rz 14). Selbst eine gerichtlich protokollierte Vereinbarung ist kein Vollstreckungstitel gem § 794 Abs 1 Nr 1 ZPO, auch nicht, wenn sie im Verfahren der einstweiligen Anordnung nach § 620 Abs 1 Nr 2 ZPO geschlossen ist.*

173 Nach dem Wortlaut des § 33 FGG kann nur eine gerichtliche **Verfügung** vollstreckt werden (so noch KG DFG 1937, 163 = ZBlJR 1937/38, 215). **Vergleiche,** die im Verfahren der freiwilligen Gerichtsbarkeit über die Umgangsregelung getroffen sind, sind vollstreckbar, wenn das Gericht den Vergleich gebilligt, sich zu eigen gemacht und ihm eindeutig den Charakter einer gerichtlichen Verfügung verliehen hat (BGH FamRZ 1988, 277). Denn Gegenstand der Vollziehung ist nicht die Vereinbarung oder der Vergleich, sondern die gerichtliche Verfügung.**

---

* OLG Stuttgart FamRZ 1979, 342; OLG Düsseldorf FamRZ 1979, 843; OLG Stuttgart FamRZ 1981, 1105; OLG Zweibrücken FamRZ 1982, 429, 430 = ZBlJR 1982, 108; OLG Düsseldorf FamRZ 1983, 90; OLG Frankfurt FamRZ 1988, 1315; OLG Karlsruhe FamRZ 1988, 1196; Gernhuber § 53 III 7; Göppinger Rz 634; **aA** mit unhaltbarer Begründung OLG Koblenz FamRZ 1978, 605 und OLG Zweibrücken FamRZ 1979, 842.

** In zeitlicher Reihenfolge: OLG Frankfurt NJW 1964, 307; OLG Hamm OLGZ 67, 466 = MDR 1968, 251 = FamRZ 1968, 401 (LS) = JMBlNRW 1968, 117 = ZBlJR 1968, 64; BayObLGZ 1968,

Auf die Form der Übernahme durch das Gericht kommt es nicht an. Es genügt, wenn das Gericht unmittelbar im Anschluß an die elterliche Einigung diese mit der Androhung eines Zwangsgeldes versieht und sie den Eltern so zur Pflicht macht.* Das kann auch in der Beschwerdeinstanz geschehen, wenn erstmals dort die Vereinbarung zustande gekommen ist (OLG Stuttgart FamRZ 1981, 1105). Allerdings ist nicht das Oberlandesgericht, sondern das Familiengericht für die Vollziehung zuständig, wenn sich das Beschwerdeverfahren nicht auf den Umgang, sondern nur auf die elterliche Sorge bezieht (BayObLGZ 1968, 164 = NJW 1968, 1726 [LS] = MDR 1968, 850 [LS] = FamRZ 1968, 663; Keidel-Kuntze-Winkler § 33 Rz 10 Fn 36; **aA:** OLG Stuttgart FamRZ 1981, 1105). Dagegen reicht allein schlüssiges Handeln nicht aus, etwa das Unterschreiben des gerichtlichen Protokolls, in dem die Vereinbarung enthalten ist, durch den Richter (OLG Düsseldorf FamRZ 1979, 843; OLG Hamm FamRZ 1980, 932 = Rpfleger 1980, 343; Keidel-Kuntze-Winkler § 33 Rz 7; Göppinger Rz 634; **aA:** OLG Frankfurt NJW 1964, 307). Erforderlich ist eine rechtzeitige, unmißverständliche, aktenkundige und den Beteiligten bekanntgegebene Erklärung des Gerichts, aus der die Beteiligten zweifelsfrei entnehmen können, daß der Inhalt ihrer Vereinbarung zugleich als Inhalt einer gerichtlichen Anordnung anzusehen ist (OLG Hamm NJW 1970, 1425, 1426). An einer solchen unmittelbaren Beteiligung des Richters fehlt es, wenn dieser erst Monate nach der Vereinbarung ein Zwangsgeld zur Durchsetzung der Vereinbarung androht (OLG Zweibrücken FamRZ 1982, 429, 430 = ZBlJR 1982, 108; OLG Düsseldorf FamRZ 1983, 90, 91; OLG Karlsruhe FamRZ 1988, 1196; Keidel-Kuntze-Winkler § 33 Rz 10). **174**

Dieses in der Rechtsprechung seit der Entscheidung des OLG Frankfurt vom 19. 9. 1963 (NJW 1964, 307; **aA** noch KG DFG 1937, 210) und in der Literatur gefestigte Ergebnis findet seine Begründung darin, daß Regelungen, die das Wohl des Kindes beeinflussen können, nicht in dem Sinne zur Disposition der Eltern oder eines Elternteils stehen, daß diese über die Vereinbarung des Umgangs, die den Eltern obliegt, auch noch deren Erzwingbarkeit herbeiführen können. Vielmehr muß in diesem Stadium, in dem die Eltern nicht mehr einig sind, insoweit eine sachliche Kontrolle der Umgangsregelung durch das Gericht vorgenommen werden. Das Gericht mißt die getroffene Vereinbarung daran, ob sie dem Wohl des Kindes entspricht, das auch hier die oberste Richtschnur bildet.** **175**

Die Eltern können in der Vereinbarung weder ein Zwangsgeld noch dessen Androhung festlegen (LG Wuppertal MDR 1978, 236) noch auf die Androhung von Zwangsgeld verzichten. Eine solche Androhung kann als Hoheitsakt nur das **176**

---

164 f = NJW 1968, 1726 (LS) = MDR 1968, 850 (LS) = FamRZ 1968, 663; OLG Hamm NJW 1970, 1425, 1426; OLG Braunschweig FamRZ 1972, 576; OLG Koblenz FamRZ 1978, 605; OLG Stuttgart FamRZ 1979, 342; OLG Düsseldorf FamRZ 1979, 843; OLG Frankfurt FRES 4, 141; OLG Hamm FamRZ 1980, 932 = Rpfleger 1980, 343; OLG Bamberg JurBüro 1981, 1259 f; OLG Stuttgart FamRZ 1981, 1105; OLG Zweibrücken FamRZ 1982, 429, 430 = ZBlJR 1982, 108; OLG Düsseldorf FamRZ 1983, 90, 91; OLG Frankfurt 1988, 1315; OLG Karlsruhe FamRZ 1988, 1196; Soergel-Strätz Rz 17; Rolland § 1585 c Rz 29; Keidel-Kuntze-Winkler FGG (12. Aufl) § 33 Rz 10; Jansen FGG (2. Aufl) § 33 Rz 27; Bärmann FGG § 18 III 2; Bassenge-Herbst FGG (4. Aufl) § 33 Anm 1; Bumiller-Winkler FGG (4. Aufl) § 33 Anm 2 a; Habscheid FGG (7. Aufl) § 22 II 3; Bassenge Rpfleger 1972, 237; **aA:** Müller JZ 1954, 17, 19.

* OLG Hamm OLGZ 1967, 466 = MDR 1968, 251 = FamRZ 1968, 401 (LS) = JMBlNRW 1968, 117 = ZBlJR 1968, 24; OLG Hamm NJW 1970, 1425; OLG Stuttgart FamRZ 1979, 342; OLG Frankfurt FRES 4, 141; OLG Hamm FamRZ 1980, 932 = Rpfleger 1980, 343 f; OLG Zweibrükken FamRZ 1982, 429, 430 = ZBlJR 1982, 108; MünchKomm-Hinz Rz 21.

** BGHZ 51, 219 = NJW 1969, 422 = MDR 1969, 295 = JZ 1969, 194 = JR 1969, 194 m Anm Bökelmann = FamRZ 1969, 148; OLG Frankfurt NJW 1964, 307; OLG Hamm NJW 1970, 1425; OLG Stuttgart FamRZ 1979, 342; OLG Hamm FamRZ 1980, 932 = Rpfleger 1980, 343.

Gericht aussprechen.* Auch die Vereinbarung einer Vertragsstrafe ist unzulässig, da die Regelung des § 33 FGG zwingendes Recht ist, das nicht durch Vereinbarung ausgeschaltet werden kann (ROLLAND § 1587 c Rz 48; GÖPPINGER Rz 635).

II. Anordnung des Familiengerichts

177 1. Voraussetzungen für die familiengerichtliche Entscheidung

a) Regelungsbedürfnis

Einigen sich die Eltern über den Umgang als solchen und seine konkrete Ausgestaltung und gelingt die Durchführung des so vereinbarten Umgangs, so hat es wegen der primären Elternzuständigkeit (s oben Rz 151 f) dabei sein Bewenden, das Familiengericht wird nicht tätig; eine generelle Genehmigungspflicht (wie etwa bei § 1587 o BGB) besteht nicht (**aA:** EGNER ZBlJR 1953, 230). Gefährdet allerdings der Inhalt der Vereinbarung das Wohl des Kindes und erfährt das Familiengericht hiervon, so muß es eingreifen**, nicht aber schon dann, wenn es eine andere als die von den Eltern getroffene Regelung für günstiger hält.

178 Sind die Eltern zwar über das Umgangsrecht als solches einig, aber nicht über die Einzelheiten seiner Durchführung, so haben sie oder einer von ihnen das Recht, das Familiengericht anzurufen, das tätig werden muß. Wegen der Vereinbarung fehlt ihnen nicht etwa das Rechtsschutzbedürfnis (BayObLGZ 1963, 231 = NJW 1963, 2276 = MDR 1963, 1013 = JZ 1964, 181 = FamRZ 1963, 581), auch nicht, wenn der sorgeberechtigte Elternteil ein großzügigeres Umgangsrecht gewähren will, als der Umgangsbefugte in Anspruch nimmt (OLG Düsseldorf FamRZ 1986, 202; MünchKomm-HINZ Rz 15; SOERGEL-STRÄTZ Rz 19). Kommt es bei der Durchführung der Elternvereinbarung zu Unstimmigkeiten, so daß deren Erzwingung verlangt wird, so muß das Familiengericht tätig werden. Es muß sich zunächst die Elternvereinbarung zu eigen machen und dies als seine eigene Entscheidung zum Ausdruck bringen. Zuvor hat es zu prüfen, ob die von den Eltern vereinbarte Regelung mit dem Kindeswohl in Einklang steht. Erst dann darf es zum Zwecke der Vollstreckung gem § 33 FGG zB ein Zwangsgeld androhen (siehe oben Rz 176 und unten Rz 430 f).

179 Auch wenn die Eltern keine Vereinbarung treffen, wird das Familiengericht nur tätig, wenn ein Regelungsbedürfnis besteht (SOERGEL-STRÄTZ Rz 19). Dies ist auch dann zu bejahen, wenn das Umgangsrecht selbst, nicht nur dessen nähere Regelung im Streit ist (OLG Tübingen DRZ 1947, 379; KG MDR 1952, 616; OLG Nürnberg BayJMBl 1952, 187; SOERGEL-STRÄTZ Rz 19). Der frühere Zuständigkeitsstreit zwischen Vormundschaftsgericht und Prozeßgericht hat sich durch die Änderung der gesetzlichen Vorschrift des § 1634 erledigt (PALANDT-DIEDERICHSEN Anm 4 a). Das Familiengericht wird also nicht in dem Sinne von Amts wegen tätig, daß es, wie

---

* BayObLGZ 1964, 357 = NJW 1965, 399 = MDR 1965, 204 = FamRZ 1965, 82; OLG Hamm FamRZ 1980, 932 = Rpfleger 1980, 343; OLG Stuttgart FamRZ 1981, 1105; OLG Zweibrücken FamRZ 1982, 429 = ZBlJR 1982, 108; OLG Düsseldorf FamRZ 1983, 90; KEIDEL-KUNTZE-WINKLER FGG § 33 Rz 10 Fn 40; ROLLAND § 1585 c Rz 48 f; SOERGEL-STRÄTZ Rz 37; GÖPPINGER Rz 635.

** RGZ 63, 236, 238; Z 69, 94; JW 1925, 2115 m Anm ENDEMANN = WarnR 1925 Nr 204; BayObLGZ 1952, 228 = MDR 1953, 44 (LS) = JR 1953, 264 = EJF 1953, 7; Z 1956, 333 = MDR 1957, 39 = JR 1957, 141 m Anm BEITZKE = FamRZ 1958, 470 = EJF A III Nr 8 m Anm ZIMMERMANN; Z 1966, 102, 106 = NJW 1966, 1322 = MDR 1966, 760 = FamRZ 1966, 453 = Rpfleger 1967, 180; OLG Koblenz DAVorm 1978, 276; ERMAN-RONKE Rz 11.

bei der Regelung der elterlichen Sorge anläßlich der Scheidung, § 1671, in jedem Fall eine Entscheidung zu treffen hat, §§ 623 Abs 3, 627 ZPO. Dennoch ist das Verfahren nach § 1634 Abs 2 kein Antrags-, sondern ein Amtsverfahren*, das von einem (verfahrenseinleitenden) Antrag nicht abhängt.** Auch im Rahmen eines Scheidungsverfahrens sind, trotz der Regelung in § 623 Abs 3 S 2 ZPO, wonach Umgangsregelungen nur bei Anregungen eines Elternteils ergehen sollen, Umgangsanordnungen von Amts wegen möglich (MünchKomm-Hinz Rz 45; Soergel-Strätz Rz 19); sie sollten jedoch auf Ausnahmefälle beschränkt bleiben.

Hält das Familiengericht einen bestimmten Umgangsregelungsantrag nicht für begründet, so darf es ihn nicht ohne weiteres zurückweisen. Es hat vielmehr zu prüfen, ob eine andere Regelung möglich und dem Wohl des Kindes dienlich ist, § 12 FGG (OLG Braunschweig MDR 1962, 132; MünchKomm-Hinz Rz 45; Soergel-Strätz Rz 19). 180

Von einem Tatbestand, der sein Eingreifen nötig macht, wird das Familiengericht im allgemeinen von den Eltern oder einem Elternteil oder dem Jugendamt erfahren; denkbar ist auch, daß es von dem Regelungsbedürfnis im Rahmen eines anderen bei ihm schwebenden Verfahrens (zB Verfahren nach § 1672, Scheidungsverfahren, Verfahren nach § 1696) erfährt.

b) Vormundschaft, Pflegschaft 181

Steht das Sorgerecht einem Vormund oder Pfleger zu (zB nach § 1666 oder § 1671 Abs 5), so behalten die Eltern ihr Umgangsrecht (vgl oben Rz 121, 124 ff). In erster Linie sind die Eltern und der Vormund oder Pfleger berufen, sich über den Umgang der Eltern mit dem Kinde zu einigen, nicht etwa bestimmt der Vormund oder Pfleger, wann die Eltern ihr Kind sehen (zum alten Rechtszustand vgl Vorauflage Rz 47). Können die Eltern und der Vormund oder Pfleger sich nicht einigen oder will der nach § 1671 Abs 5 bestellte Pfleger den Unterbringungsort des Kindes nicht mitteilen (OLG Oldenburg FamRZ 1978, 268 = NdsRpfl 1978, 90), so regelt das Familiengericht den Umgang der leiblichen Eltern mit dem Kinde, und zwar in direkter, nicht entsprechender Anwendung von § 1634 Abs 2 (MünchKomm-Hinz Rz 23 und Gernhuber § 53 III 13; s auch oben Rz 124; **aA:** [nur entsprechende Anwendung] BayObLGZ 1964, 28 = NJW 1964, 1324 = MDR 1964, 506 = FamRZ 1964, 217 = ZBlJR 1964, 302).

Wollen dagegen Dritte (Großeltern, Geschwister oder andere Verwandte, Pflegeeltern, Stiefeltern) mit dem unter Vormundschaft oder Pflegschaft stehenden Kind persönlichen Umgang pflegen, so bestimmt der Vormund oder der Pfleger in eigener Zuständigkeit über die Ermöglichung eines Umgangs. Denn Dritte haben, anders als die Eltern, kein Umgangsrecht (s oben Rz 93–107). Das Vormundschafts- 182

---

* RG JW 1925, 2115 m Anm Endemann = WarnR 1925 Nr 204; BayObLGZ 1964, 357 = NJW 1965, 399 = MDR 1965, 204 = FamRZ 1965, 82; Z 1966, 102, 106 = NJW 1966, 1322 = MDR 1966, 760 = FamRZ 1966, 453 = Rpfleger 1967, 180; OLG Köln OLGZ 1966, 76; KG OLGZ 1969, 62 = NJW 1969, 436 = FamRZ 1968, 664 mwN; OLG Hamm FamRZ 1982, 94; Keidel-Kuntze-Winkler FGG § 12 Rz 12; Bumiller-Winkler FGG § 12 Anm 2 a; Erman-Ronke Rz 10; Gernhuber § 53 III 7; Göppinger Rz 626; Bassenge Rpfleger 1972, 237, 239; s auch oben Rz 146 ff; zweifelnd noch BayObLGZ 1956, 333 = MDR 1957, 39 = JR 1957, 141 m Anm Beitzke = FamRZ 1958, 470 = EJF A III Nr 8.

** BayObLGZ 1966, 102, 106 = NJW 1966, 1322 = MDR 1966, 760 = FamRZ 1966, 453 = Rpfleger 1967, 180 mwN; OLG Koblenz DAVorm 1978, 276, 278; OLG Hamm FamRZ 1982, 94; OLG Zweibrücken FamRZ 1982, 530 = DAVorm 1982, 389; MünchKomm-Hinz Rz 45; Soergel-Strätz Rz 19; Erman-Ronke Rz 11; Palandt-Diederichsen Anm 4 a; Gernhuber § 53 III 8; Keidel-Kuntze-Winkler FGG § 12 Rz 2 b mwN; **aA:** BGB-RGRK-Scheffler (10./11. Aufl) § 1634 Anm 2.

gericht beaufsichtigt allerdings den Vormund oder Pfleger in der Ausübung seines Amtes und kann, zB bei pflichtwidriger Verweigerung des persönlichen Kontaktes zwischen Kind und nahen Verwandten, nach §§ 1837, 1886, 1915 einschreiten.

183 **c) Wirkung der Anordnung**

Die Entscheidung des Familiengerichts hat keine rechtsgestaltende Wirkung, soweit es nur den Inhalt des dem umgangsberechtigten Elternteil schon zustehenden Rechtes näher regelt, § 1634 Abs 1 S 1. Denn diese Regelung können die Eltern mit derselben Wirkung ohne Mitwirkung des Gerichts vornehmen (vgl oben Rz 146, 151 f; **aA:** BayObLGZ 1956, 333 = MDR 1957, 39 = JR 1957, 141 m Anm Beitzke = FamRZ 1958, 470; Schnitzerling FamRZ 1958, 444, 446). Schränkt dagegen das Familiengericht die Umgangsbefugnis ein oder schließt es sie gänzlich aus (§ 1634 Abs 2 S 2), so hat diese Entscheidung rechtsgestaltende Wirkung.

184 **d) Wirkung gegen Dritte**

Entgegen der früher hM, die das Prozeßgericht für zuständig hielt (Nachweise Vorauflage Rz 100), stellt § 1634 Abs 2 S 1 jetzt ausdrücklich klar, daß das Familiengericht den Umgang auch mit Wirkung gegen jeden Dritten (zB Großeltern, Pflegeeltern usw) regeln kann, insbesondere gegenüber solchen Personen, in deren Obhut sich das Kind befindet (BT-Drucks 8/2788, 55; Erman-Ronke Rz 14; Palandt-Diederichsen Anm 2 b; Gernhuber § 53 III 8).

185 **e) Änderung einer gerichtlichen Anordnung**

Das Familiengericht kann seine nach § 1634 Abs 1 getroffene Anordnung unter den Voraussetzungen des § 1696 Abs 1 jederzeit ändern, wenn es dies im Interesse des Kindes für angezeigt (nicht etwa: für erforderlich, geringere Anforderungen!) hält.* Umstritten ist, wann bei der Umgangsregelung diese Eingriffsvoraussetzungen gegeben sind: Die hM stellt an die Änderung der Umgangsregelung keine so strengen Anforderungen wie bei der Änderung der Sorgerechtsentscheidung (BayObLGZ 1965, 355 = NJW 1966, 160 = MDR 1966, 147 = FamRZ 1965, 618 = ZBlJR 1967, 25; OLG Hamm OLGZ 1966, 205 = NJW 1966, 784 [LS] = FamRZ 1966, 254 = ZBlJR 1966, 269). Zwar sei auch hier das Wohl des Kindes oberste Richtschnur. Soweit jedoch das Kindesinteresse nicht entgegenstehe, sei auch das berechtigte Interesse beider Eltern zu berücksichtigen (BayObLGZ 1952, 228 = MDR 1953, 44 [LS] = JR 1953, 264 = EJF 1953, 7). Deshalb sei die Änderung bereits zulässig, wenn der umgangsberechtigte Elternteil ohne die Änderung unangemessen beeinträchtigt wäre (MünchKomm-Hinz § 1696 Rz 7; Soergel-Strätz § 1696 Rz 14; Erman-Ronke § 1634 Rz 11). Begründet wird diese Auffassung einerseits damit, eine Änderung der Umgangsregelung greife nicht so schwerwiegend wie etwa die Sorgerechtsregelung in die Entwicklung des Kindes ein, andererseits mit der nicht näher begründeten Annahme, „in diesem Falle“ (wenn also der umgangsberechtigte Elternteil ohne die Änderung der Umgangsregelung unangemessen beeinträchtigt würde) werde es auch das Kindeswohl gebieten, daß eine den Grundsätzen des Umgangszwecks gerecht werdende Neuregelung des Umgangs getroffen werde. Diese Auffassung stützt sich auf die Entscheidung des BayObLG

* KG JW 1929, 1752 m zust Anm Josef; OLG Hamm FamRZ 1965, 83 = ZBlJR 1965, 250; OLGZ 1966, 205 = NJW 1966, 784 (LS) = FamRZ 1966, 254 = ZBlJR 1966, 269; OLG Schleswig SchlHAnz 1979, 20; BayObLG FamRZ 1982, 958 = MDR 1982, 763 = Rpfleger 1982, 284 = ZBlJR 1982, 414; MünchKomm-Hinz § 1696 Rz 7; Soergel-Strätz § 1696 Rz 14; Erman-Ronke § 1634 Rz 11; § 1696 Rz 2 a; Palandt-Diederichsen Anm 3 c; Johannsen-Henrich-Jaeger Rz 22.

vom 6. 10. 1965 (Z 1965, 355 = NJW 1966, 160 = MDR 1966, 147 = FamRZ 1965, 618 = ZBlJR 1967, 25), die eine Elternvereinbarung betraf, die nach hier vertretener Ansicht ebenso wie nach derjenigen des BayObLG nicht bindend war, und auf die Entscheidung des OLG Hamm vom 17. 12. 1965 (OLGZ 1966, 205 = NJW 1966, 784 [LS] = FamRZ 1966, 254 = ZBlJR 1966, 269). Die letztgenannte Entscheidung eignet sich jedoch nicht zur Stützung der hM. In jenem Fall hatte der nicht sorgeberechtigte Vater beantragt, sein durch Beschluß vom Juli 1964 geregeltes Umgangsrecht zu erweitern. Er wollte seine acht und vier Jahre alten Söhne statt einmal monatlich fünf Stunden mindestens zweimal monatlich sehen. Über diesen Antrag hat das OLG Hamm nicht entschieden. Zwar enthält der erste Leitsatz dieser Entscheidung die von der hM wiedergegebene Formel. In der Sache hat das OLG Hamm jedoch wegen Gesetzesverletzung die angegriffene Entscheidung aufgehoben und die Anträge des Vaters auf Erweiterung seines Umgangsrechts zur anderweitigen Behandlung und Entscheidung zurückverwiesen. Im übrigen hat das Oberlandesgericht Hamm sich lediglich auf die oben wiedergegebene Rechtsprechung des BayObLG bezogen.

Als Ergebnis ist festzuhalten: Zwar trifft es zu, daß die Umgangsregelung in das **186**
Leben und die Entwicklung des Kindes nicht so schwerwiegend eingreift wie die Sorgerechtsregelung. Sie ist dem raschen Wandel der Verhältnisse unterworfen (BayObLGZ 1965, 355 = FamRZ 1965, 618) und muß deshalb flexibel sein und auf alle Veränderungen von außen (etwa Umzug des nicht sorgeberechtigten Elternteils, KG JW 1929, 1752, oder des sorgeberechtigten Elternteils, Schulwechsel, Heranwachsen des Kindes mit zunehmenden außerhäuslichen Pflichten, Sport, Ausbildung) wie von innen (Widerstand, Pubertät, evtl Integrierung in eine neue Familie) rascher reagieren (Schwab Rz 225 und 228 aE sowie oben Rz 164). So kann es nötig sein, die Umgangsregelung zu ändern, wenn sich die frühere Regelung nicht bewährt hat, etwa das Kind den Umgang nachhaltig verweigert und die Anwendung von Zwangsmitteln dem Wohl des Kindes zuwiderliefe (OLG Schleswig SchlHAnz 1979, 20; Johannsen-Henrich-Jaeger Rz 22). Freilich ist dabei die vom Gesetzgeber in § 1634 zugunsten des Umgangsrechts des nicht sorgeberechtigten Elternteils getroffene Grundentscheidung zu beachten. Andererseits kann auch eine Änderung angezeigt sein bei beharrlichen Verstößen gegen die Wohlverhaltensklausel aus § 1634 Abs 1 S 2 (Soergel-Strätz § 1696 Rz 14 und unten Rz 304 f).

Läßt man die Änderung der bestehenden und bewährten Umgangsregelung dagegen **187**
schon zu, wenn der umgangsberechtigte Elternteil ohne die von ihm gewünschte Änderung „unangemessen beeinträchtigt würde“, so wird das dem Kindeswohl, das auch hier oberste Richtschnur ist (OLG Hamm OLGZ 1966, 205 = NJW 1966, 784 [LS] = FamRZ 1966, 254 = ZBlJR 1966, 269), nicht gerecht. Auf die berechtigten Interessen der Eltern, hier des nicht sorgeberechtigten Elternteils, kann es mithin allenfalls in zweiter Linie, also nur dann ankommen, wenn das Wohl und die Interessen des Kindes diesen Elterninteressen nicht entgegenstehen (OLG Hamm aaO).

Deshalb kann eine Änderung der gerichtlichen Umgangsregelung nur unter den **188**
Bedingungen des § 1696 Abs 1, also allein im Interesse des Kindes in Betracht kommen (Johannsen-Henrich-Jaeger Rz 22). Da nach hM keine Umgangspflicht des nicht sorgeberechtigten Elternteils besteht (siehe oben Rz 23 ff, anders die hier vertretene Auffassung), kann der nicht sorgeberechtigte Elternteil seine eigenen entgegenstehenden Interessen sehr leicht durch Nichtausübung des Umgangsrechts durchsetzen, wenn er weniger Umgang will. Will er dagegen einen häufigeren Umgang, so muß dies vom Familiengericht auf die Vereinbarkeit mit dem Kindeswohl geprüft werden.

189 **2. Inhalt der gerichtlichen Umgangsregelung**

a) Allgemeines

aa) Inhalt und Grenzen der Regelung, Wohl des Kindes

Mit der Regelung des Umgangs hat das Familiengericht den Zweck des Umgangsrechts (siehe oben Rz 42 ff) zu gewährleisten. Dabei hat es das geistige, seelische und körperliche Wohl des Kindes zu wahren, das oberste Richtschnur für die gerichtliche Anordnung ist.* Die Berücksichtigung der eigenen Interessen der Eltern steht dahinter zurück (BayObLGZ 1957, 134, 141 = FamRZ 1958, 470 [LS] = EJF A III Nr 14 und B II Nr 11). Denn die Eltern sind verpflichtet, die mit ihrer Trennung für die Entwicklung des Kindes verbundene Schädigung nach Möglichkeit zu mildern und eine vernünftige, den Interessen des Kindes entsprechende Lösung für seine Pflege und Erziehung sowie seine weiteren persönlichen Beziehungen zu ihnen zu finden.**

190 Deshalb ist es Pflicht des Gerichts, bei der näheren inhaltlichen Bestimmung des Umgangs auf die Wünsche und den Willen des Kindes gebührend Rücksicht zu nehmen.*** Gegen diese sich aus dem Eltern-Kind-Verhältnis ergebende Rücksichtspflicht gem § 1618 a (vgl § 1618 a Rz 43) wird nicht selten verstoßen, sowohl von den Eltern selbst, soweit es ihre Mitwirkung durch Anträge an das Gericht angeht, als auch durch das Gericht, das diesen Elternwünschen häufig zu einseitig nachkommt (Dürr 10).

191 **bb) Wille des Kindes**

Dem Willen des Kindes kommt bei der positiven (Ausgestaltung) wie negativen (Einschränkung, Ausschluß) gerichtlichen Regelung des Umgangs eine herausragende Bedeutung zu.

Zwar ist bei der Neuregelung des Rechts der elterlichen Sorge durch das SorgeRG vom 18. 7. 1979 die in den früheren Gesetzentwürfen vorgeschlagene besondere Berücksichtigung des Kindeswillens nicht Gesetz geworden. Noch in dem Entwurf der Bundesregierung vom 2. 5. 1974 (BT-Drucks 7/2060) und dem Fraktionenent-

* BVerfGE 31, 194 = NJW 1971, 1447 = MDR 1971, 905 = FamRZ 1971, 421 = Rpfleger 1971, 300 = ZBlJR 1971, 315; BayVerfGH NJW 1973, 1614 = MDR 1973, 912 = FamRZ 1974, 37 = ZBlJR 1974, 448 = DAVorm 1975, 173 (LS); **krit:** Becker RdJ 1975, 344, 347; BGHZ 51, 219 = LM § 1634 BGB Nr 4 = NJW 1969, 422 = MDR 1969, 295 = JZ 1969, 194 = JR 1969, 184 m Anm Bökelmann = FamRZ 1969, 148; BayObLGZ 1969, 194 = NJW 1969, 1767 = MDR 1969, 927 = FamRZ 1969, 551 = ZBlJR 1970, 237.

** BVerfGE 61, 358 = NJW 1983, 101 = MDR 1983, 108 = FamRZ 1982, 1179 = JZ 1983, 298 m Anm Giesen = DAVorm 1982, 1055 = Rpfleger 1982, 470; BVerfGE 31, 194 = NJW 1971, 1447 = MDR 1971, 905 = FamRZ 1971, 421 = Rpfleger 1971, 300 = ZBlJR 1971, 315 und oben Rz 42 ff.

*** OLG Hamm FamRZ 1965, 83 = ZBlJR 1965, 250; BayObLGZ 1964, 443 = NJW 1965, 869 = MDR 1965, 387 = FamRZ 1965, 155 = Rpfleger 1965, 236; Z 1966, 102, 104 = NJW 1966, 1322 = MDR 1966, 760 = FamRZ 1966, 453 = Rpfleger 1967, 180; DAVorm 1968, 227 = ZBlJR 1968, 145; OLG Hamm OLGZ 1968, 506 = MDR 1969, 144 = FamRZ 1968, 663 (LS) = Rpfleger 1968, 323; OLG Frankfurt FamRZ 1968, 661; LG München FamRZ 1971, 311; OLG München FamRZ 1978, 614, 617; KG FamRZ 1979, 448; OLG Düsseldorf FamRZ 1979, 857 = FRES 4, 158; Soergel-Strätz Rz 20; Erman-Ronke Rz 15; Palandt-Diederichsen Anm 3 a; AK-BGB-Münder Rz 7; Johannsen-Henrich-Jaeger Rz 23; Schwab Rz 226; Dieckmann AcP 178 (1978), 298, 324; Knöpfel FamRZ 1977, 600, 608; Vollertsen ZBlJR 1977, 230, 233; Giesen NJW 1972, 225, 227; Lempp NJW 63, 1659; BT-Drucks 8/2788, 54.

wurf vom 10.2.1977 (BT-Drucks 8/111) war übereinstimmend als § 1634 Abs 1 S 2 vorgeschlagen worden:

„Gegen den Willen des Kindes, das das 14. Lebensjahr vollendet hat oder das nach seinem Entwicklungsstand zu einer selbständigen Beurteilung fähig ist, darf die Befugnis nicht ausgeübt werden."

Dieser Vorschlag war im Gesetzentwurf vom 2.5.1974 (BT-Drucks 7/2060, 24) damit begründet worden, „nach geltendem Recht (sei) der Wille des Kindes, insbesondere seine Weigerung, den umgangsberechtigten Elternteil zu besuchen, für die vormundschaftsgerichtliche Entscheidung über das Verkehrsrecht nur von untergeordneter Bedeutung". Unter Berufung auf OLG Hamm FamRZ 1965, 83 = ZBlJR 1965, 250, OLG Frankfurt FamRZ 1968, 661 und LG München FamRZ 1971, 311 fährt die Begründung des Gesetzentwurfes fort, nach der Rechtsprechung sei der Personensorgeberechtigte verpflichtet, die kindlichen Gefühle gegenüber dem umgangsberechtigten Elternteil zu stärken, kraft seiner Autorität auf die Besuche des Kindes bei diesem hinzuwirken und den Widerstand des Kindes durch geeignete erzieherische Mittel – uU unter Einsatz von Zuchtmitteln – zu überwinden. Nur ausnahmsweise, vor allem bei älteren, nahezu erwachsenen Kindern mit der Fähigkeit zu vernünftigen Eigenentscheidungen sei bisher der Wille des Kindes beachtet worden. Diese Handhabung sei insbesondere aus kinder- und jugendpsychologischer Sicht auf berechtigte Kritik gestoßen. Mit dem Kindeswohl erscheine es unvereinbar, Jugendliche gegen ihren Willen zu einem Umgang mit dem nicht sorgeberechtigten Elternteil zu zwingen und ihren eventuellen Widerstand mit erzieherischen Mitteln zu brechen. Darin liege eine Mißachtung des Willens des Kindes, die zu schwerwiegenden Nachteilen für seine psychische Entwicklung führen und den Sinn des Umgangsrechts in sein Gegenteil verkehren könne. Die Entwicklung eines über 14 Jahre alten Kindes sei in der Regel so weit fortgeschritten, daß es eine vernünftige Entscheidung zu treffen in der Lage sei. Die Beachtung des Willens eines jüngeren Kindes solle davon abhängig gemacht werden, ob das Kind nach seinem Entwicklungsstand zu einer selbständigen Beurteilung in der Lage sei. Von dieser Regelung werde vorrangig der Altersbereich 12 bis 14 Jahre erfaßt.

In der Beschlußempfehlung des Rechtsausschusses des Deutschen Bundestages vom 27.4.1979 (BT-Drucks 8/2788, 53f), der eine Begründung für die Vorschrift des § 1634 in seiner jetzt geltenden Fassung gibt, wird demgegenüber ausgeführt, der Rechtsausschuß empfehle, soweit es die Berücksichtigung des Kindeswillens betrifft, es bei dem geltenden Recht zu belassen. Der ursprünglich vorgeschlagene § 1634 Abs 1 S 2 (Vetorecht des über 14 Jahre alten oder altersentsprechend entwickelten Kindes) werde nicht übernommen. Denn bei Kindern unter 14 Jahren werde das Familiengericht sonst zusätzlich mit der Aufgabe belastet, festzustellen, ob das Kind nach seinem Entwicklungsstand zu einer selbständigen Beurteilung fähig sei, was zusätzlichen Streit verursachen könne. Das über 14 Jahre alte Kind solle durch eine ausdrückliche Regelung im Gesetz nicht in die Lage gebracht werden, über das Recht seines Vater oder seiner Mutter, mit ihm Umgang zu haben, entscheiden zu müssen. Zwar könne der Wille nahezu erwachsener Kinder, wie schon bisher, von der Rechtsprechung weiterhin beachtet werden. Werde ein solches Vorgehen der Gerichte aber ausdrücklich, gewissermaßen als Normalfall, anerkannt, so könnte das den sorgeberechtigten Elternteil „dazu verleiten, das Kind gegen den anderen Elternteil einzunehmen und so das Kind zur Rache zu mißbrauchen". Die dann eintretende Entfremdung wäre für die Entwicklung des Kindes in der Regel ungünstiger als der „vom Kind ungewollte oder doch nicht vorbehaltlos bejahte Umgang" mit dem anderen Elternteil. Im Hinblick auf das Elternrecht wäre es bedenklich, das Umgangsrecht von vornherein vom Belieben des Kindes abhängig zu machen. Fälle unüberwindbarer tiefer Abneigung des Kindes, die sein Wohl gefährdeten, könnten durch die neu vorgeschriebene Anhörung des Kindes (§ 50 b FGG) festgestellt „und entsprechend behandelt werden" (BT-Drucks 8/2788, 54).

193 Vorausgegangen war dieser letzten, Gesetz gewordenen Fassung ua eine Sachverständigenanhörung vor dem Rechtsausschuß des Deutschen Bundestages am 12. 9. 1977 (Elterliches Sorgerecht – Sachverständigenanhörung, Zur Sache 1/78), in der den Sachverständigen detaillierte Fragen zur Notwendigkeit und möglichen Ausgestaltung der Berücksichtigung des Kindeswillens im Rahmen von § 1634 gestellt worden waren. Die Mehrheit der zwölf angehörten Sachverständigen war zu dem Ergebnis gelangt, der Wille des Kindes müsse bei der Umgangsregelung angemessen berücksichtigt werden, es sei aber schwierig, diese Beurteilung an eine starre Altersgrenze anzubinden (vgl Elterliches Sorgerecht, Zur Sache 1/78, und den Alternativentwurf der Familienrechtskommission des Juristinnenbundes 1977, der dem Rechtsausschuß als Ergebnis der Sachverständigenanhörung vorgelegen hat und in die Beratungen des Ausschusses einbezogen worden ist, Zur Sache 1/78, 136).

194 Mit der Gesetz gewordenen Fassung ist nicht zugleich entschieden worden, daß der Wille des Kindes von keiner oder nur von untergeordneter Bedeutung bei der Umgangsregelung ist. Daß der Rechtsausschuß des Deutschen Bundestages das bis 1979 geltende Recht dahin interpretiert hat, der Kindeswille habe nur untergeordnete Bedeutung gehabt, ist inhaltlich zu beanstanden. Denn die bei den Beratungen bekannten Entscheidungen* haben dem Willen des Kindes gerade eine entscheidende Rolle beigemessen. Dabei läßt sich auch nur bei den Entscheidungen des KG FamRZ 1979, 448 und OLG Düsseldorf FamRZ 1979, 857 von einer Vorwirkung der Änderung des Rechts der elterlichen Sorge sprechen. Denn nur diese beiden Entscheidungen beziehen die Reformpläne ausdrücklich in ihre Begründung ein. Vielmehr handelt es sich bei den vorgenannten Entscheidungen um eine fortlaufende Rechtsprechung über einen Zeitraum von 15 Jahren.

195 Das gilt auch dann, wenn man, wie bisweilen angenommen, die Entscheidung des KG vom 31. 3. 1938 (JW 1938, 1334 = ZBlJR 1937/38, 68) für eine einmalige und nicht repräsentative Entscheidung hält. In jener Entscheidung handelte es sich um eine gut 17jährige im Berufsleben stehende Tochter, die dem Vater, nicht zuletzt durch dessen Schuld, völlig entfremdet war und sich entschieden geweigert hatte, zum Vater zu gehen. Der Vater hatte sie zuletzt nicht mehr gegrüßt und geäußert, von ihm aus könne sie „verrecken". Die Tochter wurde von der zweiten Ehefrau des Vaters verächtlich behandelt. Ein Besuch beim Vater war der Tochter, wie sie ausgesagt hatte, eine Erniedrigung und eine Qual. Das KG war zu dem Ergebnis gelangt, daß der Widerstand der Tochter nicht als unberechtigt bezeichnet werden könne. Weder vom tatsächlichen Verlauf noch vom Alter des Kindes her erscheint dieser Sachverhalt exzeptionell. Immerhin war die Tochter damals noch fast vier Jahre von der Vollendung der Volljährigkeit entfernt, als das KG zu dem Ergebnis kam, ihre eigene entschiedene Weigerung sei beachtlich.

---

* In zeitlicher Reihenfolge KG JW 1938, 1334 = ZBlJR 1937/38, 68 (Kind 18 Jahre); OLG Hamm FamRZ 1965, 83 = ZBlJR 1965, 250 (Kinder 15, 18 und 19 Jahre); LG Dortmund FamRZ 1967, 50 (Kinder 16 und 18 Jahre); OLG Hamm OLGZ 68, 506 = FamRZ 1968, 663 (LS) = MDR 1969, 144 = Rpfleger 1968, 323 (Kind 17 Jahre); OLG Frankfurt FamRZ 1968, 661 (Kind 16 Jahre); KG FamRZ 70, 93 = ZBlJR 1969, 211 (Kind 16 Jahre); LG Mannheim MDR 1970, 682 (Kind 17 Jahre); LG München FamRZ 1971, 311 (Kinder 14 und 15 Jahre); LG Ravensburg DAVorm 1975, 243 (Kind fast 14 Jahre); KG ZBlJR 1978, 372 = DAVorm 1978, 552 (LS) (Kind 12 Jahre); KG FamRZ 1979, 448 (Kinder 13 und 14 Jahre); OLG Bamberg FamRZ 1979, 858 (Kinder 12 und 14 Jahre) und OLG Düsseldorf FamRZ 1979, 857 = FRES 4, 158 (Kind 14 Jahre).

Dieser Gedanke greift auch Platz bei der Analyse des Großteils der vorgenannten Entscheidungen, die dem Willen des Kindes eine entscheidende Bedeutung beigemessen haben. Denn jene Entscheidungen sind vor Inkrafttreten des Volljährigkeitsgesetzes am 1. 1. 1975 ergangen, zu einer Zeit also, als die Volljährigkeit erst mit Vollendung des 21. Lebensjahres eintrat. Das bedeutet, daß die von jenen Entscheidungen betroffenen jungen Menschen keineswegs „nahezu erwachsen", sondern nach damaliger Gesetzeslage noch zwei bis sieben Jahre davon entfernt waren. Deshalb läßt sich auch nicht sagen, die Beachtung des Willens der betroffenen Kinder in der Rechtsprechung habe sich allmählich auf ein immer niedrigeres Alter der Kinder bezogen. Nach wie vor wird der Wille der Kinder in den vorgenannten Entscheidungen frühestens sechs bis vier Jahre vor Eintritt der Volljährigkeit beachtet. **196**

Außerdem bindet die sachlich unzutreffende Ansicht des Rechtsausschusses die Rechtsprechung bei der Anwendung des neuen Rechtes ebensowenig, wie es die Empfehlung des Rechtsausschusses kann, es bei dem von ihm so beurteilten und bis dahin geltenden Recht zu belassen (vgl hierzu Belchaus Rz 7). Denn weder die Begründung noch die Interpretation durch den Rechtsausschuß des Bundestages haben Gesetzeskraft (ebenso Johannsen-Henrich-Jaeger Rz 38). Daß auch bei der jetzt Gesetz gewordenen Fassung der Gesetzgeber von der Wichtigkeit der Kindeshaltung für alle Sorgerechtsentscheidungen weiterhin überzeugt war, zeigt nicht nur die Vorschrift des § 1671 Abs 3 S 2, sondern vor allem auch die Hervorhebung der Bindungen des Kindes in § 1671 Abs 2 und die neu geschaffene Pflicht des Familiengerichts, das Kind anzuhören, § 50 b FGG (vgl unten Rz 397 ff). Diese Vorschrift hat nicht nur verfahrensrechtliche Bedeutung, sondern ist darüber hinaus legislative Grundsatznorm für die Beachtung der individuellen Kindeshaltung; § 50 b FGG impliziert die materiell-rechtliche Beachtung des Kindeswillens (BVerfGE 55, 159 = NJW 1981, 217 = FamRZ 1981, 124 = ZBlJR 1981, 81 = DAVorm 1981, 202; Coester, Kindeswohl, 257 Fn 431). Daß die Regelung des § 1634 auch in seiner Neufassung durch das SorgeRG erkennbar am Kindeswohl orientiert ist, hat das BVerfG (E 64, 180 zu C I 3 = NJW 1983, 2491 = JZ 1983, 703 = FamRZ 1983, 872 = ZBlJR 1983, 427 = DAVorm 1983, 727 [LS]) ebenso anerkannt wie die Notwendigkeit für die Gerichte, die **Gründe für die Einstellung** eines Kindes, das den Umgang mit dem anderen Elternteil nicht will, zu ermitteln und in seine Entscheidung einzubeziehen. Das BVerfG weist ausdrücklich darauf hin, daß eine Einschränkung oder ein Ausschluß des Umgangsrechts in Betracht kommt, wenn das Kind dies aus ernsthaften Gründen wünscht, und ein erzwungenes Umgangsrecht das Wohl des Kindes beeinträchtigen würde (vgl unten Rz 316 f). **197**

Im Verfolg dieser Maximen berücksichtigt ein Teil der seit Verkündung des SorgeRG bekanntgewordenen Rechtsprechung bei nahezu erwachsenen, aber auch schon bei jüngeren Kindern (ab 10 bis zu 13 Jahren) deren Wünsche zur Ausgestaltung des Umgangs (die auch zu einer Einschränkung des Umgangs führen können). Voraussetzung für diese Berücksichtigung des Kindeswillens durch die Gerichte ist, daß die Kinder nach ihrem Reifestand die Bedeutung des persönlichen Umgangs mit dem anderen Elternteil verstehen, daß sie selbst eigenverantwortlich vernunftbestimmte, von der Umwelt, vor allem vom anderen Elternteil unbeeinflußte Entscheidungen treffen können und daß sie für ihre Entscheidung subjektiv beachtliche oder verständliche Beweggründe vorbringen können (BGH LM § 1634 Nr 5 = NJW 1980, 454 = MDR 1980, 386 = FamRZ 1980, 131 = DAVorm 1980, 32 = FRES 5, 202 [Kinder 13, 16 und 17 Jahre]; OLG Frankfurt FamRZ 1983, 217 [Kind 13 Jahre] und KG [19. Senat] FamRZ 1986, 503 = EzFamR § 1634 Nr 3 m Anm Fthenakis-Oberndorfer [Kind 10 Jahre]). Andere neuere Entscheidungen sind bei derselben Altersgruppe über den erklärten Willen des Kindes hinweggegangen (OLG Karls- **198** ruhe ZBlJR 1980, 292 [Kind 15 Jahre]; KG [17. Senat] FamRZ 1980, 1156 = DAVorm 1981, 215 [LS] [Kinder 10 und 13 Jahre]; KG [17. Senat] FamRZ 1985, 639 [Kinder 15 und 17 Jahre]) oder aber messen dem entgegengesetzten Willen wegen der Jugend des Kindes (9 Jahre) noch keine Bedeutung bei (OLG Zweibrücken FamRZ 1987, 90 = DAVorm 1987, 78; OLG Celle FamRZ 1987, 623; AG Alfeld [Leine] FamRZ 1987, 622).

199 Bei Kindern, deren Reifestand eigenverantwortliche Entscheidungen noch nicht sicher zuläßt, wird deren Einstellung von der überwiegenden Meinung beachtet und bei der Ermittlung der dem Wohl des Kindes dienlichen Lösung und der richterlichen Abwägung für bedeutsam angesehen. Allerdings wird auf den Willen jüngerer Kinder und Kleinkinder nach wie vor nicht abgestellt, zum Teil mit der Begründung, sie seien zu einer vernünftigen Eigenbeurteilung nicht fähig (OLG Stuttgart NJW 1981, 404 = Justiz 1981, 211, hierzu Anm LEMPP ZBlJR 1981, 283 [Kind 2, 4 Jahre]; BayObLG FamRZ 1981, 814 = DAVorm 1981, 399 [Kinder 3 und 6 Jahre]). Auch das Schrifttum neigt eher dazu, den Willen älterer Kinder zu beachten, während derjenige der jüngeren Kinder häufig als nicht sicher ermittelbar und/oder als nicht relevant angesehen wird (MünchKomm-HINZ Rz 25; SOERGEL-STRÄTZ Rz 26; ERMAN-RONKE Rz 16; PALANDT-DIEDERICHSEN Anm 3 b; AK-BGB-MÜNDER Rz 7; JAUERNIG-SCHLECHTRIEM Anm 2 c; GERNHUBER § 53 III 6; DÖLLE § 98 III 1; SCHWAB Rz 229; GÖPPINGER Rz 629).

200 Welche Rolle der Wille des Kindes bei Sorgerechtsentscheidungen (Sorgerechtsregelung und Umgangsregelung), die das Kind also direkt und selbst angehen, spielt, ist insbesondere in den letzten 20 Jahren Gegenstand kontroverser Diskussionen sowohl in der juristischen wie in der humanwissenschaftlichen Literatur geworden.*

* Ohne Anspruch auf Vollständigkeit: ARNTZEN, Elterliche Sorge, 33f; BAER ZBlJR 1977, 516, 525; BECKER Jugendwohl 1970, 400; ders, ZBlJR 1972, 124; ders, RdJ 1975, 344 = Der Kinderarzt 1978, 385; ders, Jugendwohl 1977, 444; ders, FS Bosch (1976) 37; BEITZKE AcP 172 (1972), 240, 246; ders, ZBlJR 1973, 121, 124; BERES ZBlJR 1982, 1, 3; BOSCH FamRZ 1973, 489, 498; BOXDORFER RdJ 1974, 260, 274; COESTER, Kindeswohl, 255, 282; DICKMEIS ZBlJR 1982, 271; ders, ZBlJR 1983, 164, 167; DIECKMANN AcP 178 (1978), 298, 315; DIEDERICHSEN FamRZ 1978, 461, 465; DÜRR 10; ELL Jugendwohl 1976, 193; ders, ZBlJR 1980, 319, 321, 32; ders, Besuch vom eigenen Kinde (1980); ders, DAVorm 1986, 745; ENGLER Familienrechtsreform 1974, 35, 45; EVANS-VON KRBEK ZBlJR 1976, 45f; FREUND DRiZ 1982, 268; FROMMANN, Interessen Minderjähriger, 107; FTHENAKIS in: REMSCHMIDT (Hrsg), 55; ders und OBERNDORFER in Anm zu KG vom 20. 1. 1986, EzFamR § 1634 Nr 3; GIESEN NJW 1972, 225 = RdJ 1972, 166; GOLDSTEIN-FREUD-SOLNIT, Jenseits des Kindeswohls, 33; HAFFTER, Kinder aus geschiedenen Ehen, 79; HARBAUER in: GERBER (Hrsg), Kindeswohl contra Elternwille, 42; KLUSSMANN, Kind im Rechtsstreit, 184, 194; KNÖPFEL FamRZ 1983, 317, 322; U LANGE RdJ 1971, 361; LEMPP NJW 1963, 1659; ders, NJW 1964, 440; ders, NJW 1972, 315; ders, ZBlJR 1974, 124; ders, ZBlJR 1977, 507; ders, ZBlJR 1979, 49; ders, ZBlJR 1981, 283; ders, Die Ehescheidung und das Kind; LÜDERITZ FamRZ 1975, 605, 608; LUTHER RdJ 1972, 161; LUTHIN FamRZ 1979, 986, 988; ders, FamRZ 1981, 111, 112; ders, FamRZ 1981, 1149; ders, FamRZ 1984, 114, 117; MARTINY, FS Ferid 80 (1988) 309, 313; NEDDENRIEP-HANKE 21; PESCHEL-GUTZEIT in SIMITIS ua, Kindeswohl (1979) 13; RÖCKER, Pädiatrische Praxis 1975/76, 557; ROTAX DRiZ 1982, 446; SCHNITZERLING FamRZ 1958, 444; ders, RdJ 1961, 161; SCHÜTZ FamRZ 1986, 947; ders, NJW 1987, 2563; SCHWAB JZ 1970, 745; SCHWERDTNER AcP 173 (1973), 227f; SIMITIS in: GOLDSTEIN-FREUD-SOLNIT 95; ders, in: Kindeswohl, 34; SIMON FamRZ 1972, 485, 489; ders, ZBlJR 1974, 413; STEFFEN ZBlJR 1979, 129; STENDER in: REMSCHMIDT (Hrsg) 97; STÖCKER ZRP 1974, 211; WEBER FamRZ 1973, 285; VOLLERTSEN ZBlJR 1977, 230; ZENZ StAZ 1973, 257; dies, Seminar Familienrecht Band 2, 166; dies, in: KÜHN-TOURNEAU, 180f; aus der ält, zZ der Vorauflage dieses Kommentars schon bekannten Literatur: EGNER ZBlJR 1953, 230; ENGELHARDT DFG 1942, 129; GERNHUBER FamRZ 1962, 89; LOHMANN GruchB 61, 22; MERKERT NJW 1964, 159; MÜLLER-FREIENFELS JZ 1959, 396, 401; NOWKA FamRZ 1960, 218; OTTO Rpfleger 1952, 579; RIEDEL 92; SCHWOERER NJW 1964, 5.

Dabei werden in der Rechtsprechung wie im Schrifttum häufig zwei verschiedenartige Funktionen des Kindeswillens und seiner Beteiligung an Sorgerechtsentscheidungen nicht hinreichend auseinandergehalten und beachtet: Einerseits fungiert der Wille des Kindes als **Instrument seiner Selbstbestimmung,** andererseits drückt er die **innere Bindung des Kindes an einen Elternteil** aus. 201

Hinsichtlich der ersten Funktion kommt es für die **Selbstbestimmung** und deren Beachtlichkeit auf Reife, Urteilskraft, Kritik, Einsichtsfähigkeit und die Rationalität des Kindes an, ohne daß auf feste Altersgrenzen abgestellt werden könnte. Hier herrscht die Vorstellung, daß diese Fähigkeiten des Kindes kontinuierlich mit seinem Heranwachsen steigen und um so beachtlicher werden, je älter das Kind wird.* Soweit neben den zuvor genannten Kriterien für die Selbstbestimmung und deren Beachtung noch zusätzlich „beachtliche Gründe" verlangt werden, ist der Ansatz verfehlt. Hier wird die Seriosität des Kindeswillens in Zweifel gezogen. Man verlangt konkrete, aus der Sicht der Erwachsenen nachvollziehbare Gründe, die das Kind bisweilen nicht geben kann, bisweilen aber auch nicht geben will, zB um den abgelehnten Elternteil nicht zu verletzen.

Hinsichtlich der zweiten Funktion (Ausdruck und Indiz für die innere **Bindung an einen Elternteil**) kommt es allein auf die Fähigkeit des Kindes an, seine psychische und soziale Beziehung zu beiden Eltern wirklichkeitsgetreu mitzuteilen.** Hierbei ist weder die geistige Reife noch die Rationalität entscheidend. Die Begrenzung auf ein bestimmtes Mindestalter trägt in diesem Zusammenhang weder zur Ermittlung des wirklichen Kindeswillens noch zur Beurteilung seiner Beachtlichkeit etwas bei. Das gilt auch, soweit in diesem Zusammenhang „beachtliche Gründe" verlangt werden. Dabei muß bedacht werden, daß in streitige Umgangsregelungsverfahren vor allem junge und jüngste Kinder verwickelt sind: 1979 waren 65% der betroffenen Kinder bis 9 Jahre und sogar 90% bis 12 Jahre alt, nur ca. 10% lagen im Alter darüber (Simitis, Kindeswohl, 77). Das bedeutet, daß die Gerichte ganz überwiegend die Haltung junger und jüngster Kinder zu beurteilen haben und nicht die Haltung der über 13jährigen oder gar „fast erwachsenen", bei denen die Praxis Selbstbestimmung und Vetorecht kaum noch in Frage stellt, sei es auch nur, weil dann, wenn diese älteren Kinder faktischen Widerstand leisten, sich die Umgangsrechtsausübung als „zweckwidrig und deshalb rechtsmißbräuchlich" (Gernhuber § 53 III 6) erweist. Wegen ihrer überproportional großen Beteiligung ist es also unerläßlich, vor allem die Haltung jüngerer und jüngster Kinder zu ermitteln und sie entsprechend ihrem Wert einzuordnen (Dickmeis ZBlJR 1982, 271, 273). Zu unterscheiden ist insoweit uU der emotionale Wille (Vorlieben, emotionale Tendenzen, Kaltenborn FamRZ 1987, 990, 999) und der rationale Wille (Ell ZBlJR 1980, 319, 321, 322; Neddenriep-Hanke 29). Dabei entspricht der verbal geäußerte Wille des Kindes nicht notwendigerweise seinen gefühlten Bedürfnissen, die erforderlichenfalls mit Sachverständigenhilfe herausgefunden werden müßten (Fthenakis-Oberndorfer EzFamR § 1634 Nr 3 Anm). 202

* BayObLGZ 1974, 317 = NJW 1974, 2183 = MDR 1975, 58 = FamRZ 1974, 534 = DAVorm 1974, 693 (LS) = StAZ 1974, 301; FamRZ 1976, 38 = DAVorm 1976, 328; NJW 1977, 1733 = FamRZ 1977, 650, 652 m Anm Bosch 653 = JR 1977, 421; OLG Karlsruhe FamRZ 1966, 315, 316; OLG Köln FamRZ 1972, 264; OLG Hamm FamRZ 1978, 262, 265; FamRZ 1988, 1313; OLG Düsseldorf ZBlJR 1988, 466; LG Berlin FamRZ 1969, 219; Beitzke AcP 172 (1972), 240, 246; Bosch FamRZ 1973, 489, 498; Dickmeis ZBlJR 1982, 271; Coester, Kindeswohl, 266; Gernhuber FamRZ 1962, 89, 92; Lempp ZBlJR 1977, 507, 509.

** OLG Stuttgart ZBlJR 1975, 131; OLG Karlsruhe FamRZ 1978, 270; OLG München FamRZ 1979, 70, 71; LG Braunschweig FamRZ 1970, 205; Coester, Kindeswohl, 261; Dickmeis ZBlJR 1982, 271; Dieckmann AcP 178 (1978), 298, 315; Klussmann 43; Lempp NJW 1963, 1659, 1660; ders, NJW 1964, 440; Zenz StAZ 1973, 257, 269.

203 Ein besonderes Problem in Rechtsprechung und Schrifttum ist der beeinflußte, fremdgesteuerte, **manipulierte Kindeswille.** Er bildet nach gefestigter Rechtspraxis weder ein brauchbares Indiz für die wirkliche Bindung des Kindes noch für seine verantwortliche Eigenbestimmung und kann deshalb unbeachtet bleiben.* Diese Praxis beruht auf der Vorstellung, daß der beeinflußte Wille die Persönlichkeit des Kindes nicht richtig, also nicht wahrheitsgetreu wiedergibt. Bei dieser Beurteilung bleibt aber außer Betracht, daß einerseits jeder menschliche Wille, auch der des Erwachsenen, von außen, also der Umwelt, beeinflußt wird (Lempp ZBlJR 1977, 507, 509) und daß andererseits Erziehung von Kindern ihrem Wesen nach „Beeinflussung" durch gezielte oder auch rein tatsächliche Einwirkung ist (Lempp NJW 1964, 440; ders, Ehescheidung, 8, 13, 17; Ell ZBlJR 1980, 319, 323). Auch die liebevolle Zuwendung bei der Betreuung des Kindes ist „Beeinflussung", sie erweckt oder verstärkt entsprechende Gefühle beim Kind. Unqualifiziert und deshalb unbeachtlich ist hiernach nur eine unlautere, etwa allein eigensüchtige oder aufhetzende Einflußnahme auf das Kind, während eine werbende Zuwendung zum Kinde, die ebenfalls Einfluß bedeutet, nicht beanstandet und deshalb auch beachtet wird.

204 Außerdem wird bei dieser Be- oder genauer Verurteilung „beeinflußter" Kindeshaltung übersehen, daß jede Art von Beeinflussung zu einer psychischen **Prägung** des Kindes führen kann, die als **Tatsache** genommen werden muß. Deshalb müssen (auch) Gerichte bisweilen eindeutig manipulierte Haltungen eines Kindes als Tatsache akzeptieren, weil das Kind sie sich zu eigen gemacht hat.**

205 Es ist also zu ermitteln und zu unterscheiden, ob das Kind seine wirkliche psychische Situation durch seinen erklärten Willen **verfälscht** (einstudierte Erklärung, rationalisierte Erklärung) oder ob der erklärte Wille des Kindes mit seiner psychischen Wirklichkeit, mag sie auch durch illegitime Beeinflussung geprägt worden sein, **übereinstimmt.** Nur im ersten Falle ist es zulässig, den geäußerten Willen des Kindes geringer zu achten, im zweiten Falle nicht. Es ist deshalb verfehlt, den geäußerten Willen vor allem kleinerer Kinder als unbrauchbar und unbeachtlich anzusehen, weil sie unter dem Einfluß ihrer ständigen Betreuungsperson stehen.

206 Ein hiervon zu unterscheidendes Problem ist die **Erfassung** bzw Ermittlung des wirklichen Kindeswillens. Denn nur der erfahrene Kindeswille kann in die Umgangsregelung Eingang finden. Hier ist an erster Stelle die obligatorische Anhörung des Kindes gem § 50 b FGG zu nennen.*** Darüber hinaus ist das Gericht im Rahmen des § 12 FGG verpflichtet, alle Umstände zu ermitteln, die auf die Haltung des Kindes schließen lassen und diese erklären können (Anhörung von Eltern, Geschwistern, Verwandten, Freunden, Kindergarten, Schule, evtl Sportverein, Hausarzt). Auch das Jugendamt ist obligatorisch zu hören, § 48 a Abs 1 Nr 4 JWG.

---

* BayObLGZ 1951, 330, 335; Z 1951, 421, 423; FamRZ 1959, 122, 125; Z 1974, 443 = FamRZ 1975, 169, 171 = Rpfleger 1975, 91; Z 1977 200 = NJW 1977, 1733; FamRZ 1977, 650, 652 m Anm Bosch S 653 = JR 1977, 421; OLG Karlsruhe FamRZ 1968, 170; FamRZ 1968, 266; OLG Köln FamRZ 1972, 144, 145; FamRZ 1972, 574, 576; Beitzke ZBlJR 1973, 121, 124; Boxdorfer RdJ 1974, 260, 263; Coester 264; Schwoerer NJW 1964, 5, 7.

** BGH NJW 1985, 1702 = FamRZ 1985, 169, 170 m Anm Bosch; BayObLG ZBlJR 1968, 145 f = DAVorm 1968, 227, 230; OLG Hamm FamRZ 1967, 296, 298; LG Ravensburg StAZ 1975, 317 = DAVorm 1975, 57; vgl auch OLG Stuttgart NJW 1978, 380, 381 = FamRZ 1978, 203 (LS) = Justiz 1978, 110 = DAVorm 1978, 56; Coester 265; Dürr 10, 12; Ell DAVorm 1986, 745, 752; Schwab Rz 229.

*** Fehmel DAVorm 1981, 169; ders, ZBlJR 1982, 654; Klussmann 84, 98; Lempp, Wissenschaftlicher Bericht; Lempp-von Braunbehrens ua, Anhörung des Kindes; Luthin FamRZ 1971, 111, 114; 1971, 1149; Neddenriep-Hanke, 32; Simitis ua, Kindeswohl, 38; Wendl-Kempmann-Wendl 2. Teil III 229; **aA:** Freund DRiZ 1982, 268, 269; dagegen Rotax DRiZ 1982, 466, 467; Einzelheiten unter Rz 397 ff.

Nach diesen Erkenntnissen ist die Haltung des Kindes grundsätzlich zu beachten, es sei denn, schwerwiegende objektive Gründe stehen dem subjektiven Kindeswillen entgegen (ELL ZBlJR 1980, 319, 321, 323 und DAVorm 1986, 745; DÜRR 11; NEDDENRIEP-HANKE 28, 29; iE auch SCHWAB Rz 229). Dennoch wird dem Kindeswillen noch vielfach nur untergeordnete Bedeutung beigemessen (Übersicht bei TH MEYER und W ZELLER ZBlJR 1988, 360) mit der Begründung, das Kind sei regelmäßig nicht in der Lage, zu beurteilen, ob der Umgang seinem Wohl diene, hinter der ablehnenden Haltung des Kindes stehe oft der sorgeberechtigte Elternteil: Anerzogene Angst, grundlose Furcht und Abneigung des Kindes seien kein Grund zur Ablehnung oder Einschränkung des Umgangs.* Der Vergleich der Entscheidungen, die dem Kindeswillen eine hervorragende Bedeutung beimessen, mit den Entscheidungen, bei denen der Kindeswille nur eine untergeordnete Rolle spielt, macht im übrigen deutlich, daß mit einer mehr oder minder exakten Alterszäsur, wie vielerorts vorgeschlagen (SOERGEL-STRÄTZ Rz 26; PALANDT-DIEDERICHSEN Anm 3 b; kritisch MünchKomm-HINZ Rz 30), die Frage der Ermittlung und Beachtung des Kindeswillens nicht zu beantworten ist. 207

Stellungnahme 208

Auszugehen ist von der grundsätzlichen Beachtlichkeit des erkennbaren Kindeswillens, sei es als Indiz seiner Bindung, sei es als Ergebnis seiner Eigenentscheidung. Es gibt kein Kindeswohl gegen den Kindeswillen (ELL DAVorm 1986, 745, 751; ZBlJR 1988, 436, 440). Ein gegen den Willen des Kindes erzwungener Umgang kann den Zweck dieses Umgangsrechts aus der Sicht des Kindes nicht erfüllen, seinem eigenen konkreten Wohl also nicht dienen, und zwar weder aktuell noch auf längere Sicht (vgl hierzu OLG Frankfurt FamRZ 1984, 614 = DAVorm 1984, 920 [LS]). Vielmehr würde der Zweck des Umgangs in der Person des Kindes in sein Gegenteil verkehrt. Das Kind gegen seinen ernstlichen Willen zum Umgang mit dem anderen Elternteil zu zwingen, wäre ein Verstoß gegen sein Persönlichkeitsrecht.** Deshalb kann bei einer vom Kinde geäußerten negativen Haltung gegen den Umgang nur Abhilfe durch Ermittlung (stimmt der geäußerte Wille mit der psychischen Wirklichkeit überein?) und eine Beratung des Kindes durch das Familiengericht versucht werden: Anläßlich der Anhörung des Kindes nach § 50 b FGG muß das Gericht dem Kinde die Bedeutung des Umgangsrechts für das Kind selbst und für den anderen Elternteil erläutern und es so veranlassen, seine ablehnende

---

* In zeitlicher Reihenfolge: BayObLG (14. 7. 1932) Z 1932, 364 (Kind 3½ Jahre); OLG München (13. 11. 1936) JFG 14, 464 = HRR 1937 Nr 636 = ZBlJR 1937/38, 137 (Kind 6 Jahre); KG (15. 3. 1940) JFG 21, 197 = DFG 1940, 53 = DR 1940, 980 (Kind 15 Jahre); BayObLG (18. 4. 1957) Z 1957, 134, 145 = FamRZ 1958, 470 (LS) = EJF A III Nr 14 und B II Nr 11 (Kind 9 Jahre); OLG Neustadt (10. 5. 1960) RdJ 1961, 175 (Alter des Kindes nicht bekannt); BayObLG (29. 12. 1964) Z 1964, 443 = NJW 1965, 869 = MDR 1965, 387 = FamRZ 1965, 155 = Rpfleger 1965, 236 (Alter des Kindes nicht bekannt); OLG Frankfurt (21. 1. 1966) FamRZ 1966, 258 (Kinder 6, 8 und 13 Jahre); OLG Düsseldorf (5. 3. 1969) FamRZ 1969, 664 = NJW 1969, 2016 (Kind 17 Jahre); LG Mannheim (12. 11. 1971) NJW 1972, 950 = MDR 1972, 611 (Kind 6 Jahre); LG Tübingen (13. 11. 1973) FamRZ 1975, 167 (LS) = DAVorm 1974, 193 (Kind 4 Jahre); AG Ravensburg (24. 1. 1975) DAVorm 1975, 242 (Alter des Kindes nicht bekannt); OLG Hamm (18. 4. 1975) OLGZ 1975, 386 = FamRZ 1975, 639 = StAZ 1976, 165 f = ZBlJR 1975, 323 (Kinder 6 und 9 Jahre); BayObLG (2. 8. 1977) Z 1977, 219 = FamRZ 1977, 736 = MDR 1977, 1021 = Rpfleger 1977, 371 (Kind 14 Jahre); OLG München (21. 4. 1978) FamRZ 1978, 614, 617 (Kind ca 14 Jahre); OLG Hamm (22. 2. 1979) FRES 3, 27 (Kind 15 Jahre); ebenso PALANDT-DIEDERICHSEN Anm 3 b unter Hinweis auf einige der vorstehenden Entscheidungen; BEITZKE § 27 V 2; SCHWOERER Vorauflage Rz 55.

** BGH LM § 1634 BGB Nr 5 = NJW 1980, 454 = FamRZ 1980, 131, 132 = MDR 1980, 386 = DAVorm 1980, 32 = FRES 5, 202; vgl auch BVerfGE 64, 180 = NJW 1983, 2491 = FamRZ 1983, 872, 874 = JZ 1983, 703 = ZBlJR 1983, 427 = DAVorm 1983, 727 (LS).

Haltung zu überprüfen (BGH NJW 1980, 454 = FamRZ 1980, 131, 133). Gelingt eine Umstimmung des Kindes in diesem Gespräch nicht, so muß es dabei sein Bewenden haben (iE ebenso JOHANNSEN-HENRICH-JAEGER Rz 41).

209 Zwar gehört es zu den Aufgaben des sorgeberechtigten Elternteils, das Kind in Achtung und Liebe auch zu dem anderen Elternteil zu erziehen und in dem Kinde Interesse an dem Umgang zu wecken und zu erhalten. Gelingt das dem sorgeberechtigten Elternteil aber nicht, so ist ein solches Ergebnis nicht erzwingbar, auch nicht durch Beugemaßnahmen nach § 33 FGG. Besteht bei dem sorgeberechtigten Elternteil eine negative Einstellung gegenüber dem anderen Elternteil und dem Umgang, so liegen dem im allgemeinen nicht gelöste Probleme aus der Ehe der Eltern zugrunde (ELL DAVorm 1986, 745, 751; WENDL-KEMPMANN-WENDL 2. Teil III 5, 244, 245). Ihnen ist mit Zwangsmitteln nicht beizukommen. Deshalb führt auch die Nichtbeachtung einer „manipulierten" Ablehnung des Umgangs auf seiten des Kindes und eine durch das Gericht erzwungene Aktion gegen das Kind (Einsetzen der elterlichen Autorität, Brechen des kindlichen Widerstandes) nur zu neuen Verbitterungen, Verletzungen und Verhärtungen, die sich gegen das Wohl des Kindes wenden, das diesen Konflikt nicht zu verantworten hat. Ausgehend von dem geschützten Persönlichkeitsrecht des Kindes (BGH NJW 1980, 454 = FamRZ 1980, 131, 132) muß deshalb in dieser Situation das Gericht das Kind schützen und darf es nicht durch einen erzwungenen Umgang strafen, weil andere, zB durch bewußte negative Beeinflussung des Kindes, verwerfbar handeln (ELL ZBlJR 1988, 436, 440; vgl zur Erzwingung des Umgangs unten Rz 430 ff).

210 **cc) Wünsche der Eltern**

Wenn eine gerichtliche Umgangsregelung erforderlich wird, ist den Eltern ein spannungsfreies Umgehen miteinander nicht oder nicht vollständig gelungen; andernfalls hätten sie sich geeinigt und diese Vereinbarung würde ohne Zuhilfenahme des Gerichts praktiziert. In dieser konfliktträchtigen Situation muß das Gericht vermeiden, durch seine Umgangsregelung in das Erziehungs- und Betreuungsverhältnis zwischen dem Sorgeberechtigten und dem Kind stärker einzugreifen, als es der Umgangszweck erfordert.* Dabei wiegt das Interesse des sorgeberechtigten Elternteils an einer ihm möglichst wenig Umstände bereitenden Umgangsgestaltung nicht schwerer (so aber BayObLG JFG 5, 74 = HRR 1929 Nr 110; KG HRR 1935 Nr 351; ERMAN-RONKE Rz 15; PALANDT-DIEDERICHSEN Anm 3 a; LOHMANN GruchB 61, 22, 45) als das Interesse des umgangsberechtigten Elternteils an einer Regelung, die seine Besuche erleichtern und seinen persönlichen Verhältnissen und Wünschen angepaßt ist (KG OLGE 12, 323). Die gegensätzlichen Interessen der Eltern müssen je nach Lage des Einzelfalles nach Billigkeitsgesichtspunkten ausgeglichen werden, wobei auch hier das Interesse des Kindes vorgeht.

211 **dd) Gefahren für das Kindeswohl**

Im Rahmen seiner Fürsorgepflicht muß das Gericht vor einer gerichtlichen Umgangsanordnung prüfen, ob dem Kinde durch den Umgang mit dem nicht sorgeberechtigten Elternteil Schaden droht, etwa durch Ansteckung mit einer schweren Krankheit (BayObLGZ 14, 476: Lungenkrankheit der Mutter; KGJ 53, 30: Syphilis des Vaters) oder durch sonstige Beeinträchtigungen des geistigen oder leiblichen

* Grundsatz der Verhältnismäßigkeit; Mot IV 628; BGHZ 51, 219 = LM § 1634 BGB Nr 4 = NJW 1969, 422 = MDR 1969, 295 = JZ 1969, 194 = FamRZ 1969, 148 = JR 1969, 184 m Anm BÖKELMANN; BayObLGZ 9, 385; Z 1951, 530, 532, 533; OLG Karlsruhe ZBlJR 1957, 247, 248; KG OLGZ 1969, 62 = NJW 1969, 436 = FamRZ 1968, 664, 665; FamRZ 1978, 728; LG Berlin FamRZ 1973, 99; SOERGEL-STRÄTZ Rz 20; ERMAN-RONKE Rz 15.

Wohles des Kindes.* Ist das Kind im Internat untergebracht, so muß die Umgangsregelung dem Schulbetrieb angepaßt werden (KG DFG 1937, 183 = ZBlJR 1937/38, 307). Dagegen ist das jugendliche Alter des Kindes allein noch kein Hindernis für eine Umgangsregelung. Auch bei einem Kleinkind, sogar bei einem Säugling kann der Umgang angeordnet werden, erforderlichenfalls unter Anordnung weiterer Auflagen (BayObLG JFG 5, 74 = HRR 1929 Nr 110; OLG Stuttgart NJW 1981, 404 = Justiz 1981, 211; OLG Bamberg FamRZ 1984, 507; OLG Zweibrücken FamRZ 1986, 714 [LS] = DAVorm 1986, 355).

Die Annahme, daß dem Kinde eine sittliche, das Umgangsrecht ausschließende Gefährdung droht, wenn der umgangsberechtigte Elternteil außereheliche Beziehungen unterhält (so OLG Braunschweig OLGE 26, 249 und OLG Schleswig MDR 1957, 420 bei einem acht Jahre alten Jungen, der alle zwei Wochen seine Mutter besuchte, die von einem anderen, mit ihr nicht verheirateten Mann ein Kind hatte, der während des Besuches des Kindes einmal erschienen war; Erman-Ronke 15), ist heute nicht mehr haltbar. Ebensowenig ist diese Annahme generell gerechtfertigt, wenn die umgangsberechtigte Mutter der Prostitution nachgeht (OLG Braunschweig MDR 1962, 132; wie hier Palandt-Diederichsen Anm 3 b).

Insgesamt muß das Familiengericht bei seiner Umgangsregelung im Auge behalten, **212** daß die einheitliche, gleichmäßige, ungestörte Erziehung des Kindes ebenso gewährleistet bleibt wie die Erhaltung seines seelischen Gleichgewichts (KG KGJ 48, 5, 6; JW 1930, 1009; BayObLG JW 1934, 911). Besonders großzügige Umgangsregelungen, die die Eltern kraft ihrer Primärzuständigkeit über den (engeren) Zweck des Umgangs (siehe oben Rz 42 ff) hinaus vereinbaren können, scheiden bei der gerichtlichen Umgangsregelung im allgemeinen aus (MünchKomm-Hinz Rz 20). Andererseits ist eine gewisse Unruhe, die der Umgang des Kindes mit dem anderen Elternteil mit sich bringt, unvermeidlich und, weil von dem Umgangszweck gedeckt, vom sorgeberechtigten Elternteil hinzunehmen (KG OLGE 12, 323; KGJ 53, 30; DFG 1943, 141).

ee) Geschwister **213**

Steht das Umgangsrecht für mehrere Geschwister nicht demselben Elternteil zu, so ist bei der Umgangsregelung darauf zu achten, daß die Kinder während der Besuchszeit zusammensein können, also nicht etwa „ausgetauscht“ werden, es sei denn, die Geschwister vertragen sich nicht miteinander.**

ff) Ursachen der Zerrüttung **214**

Unerheblich für die Umgangsgestaltung ist, wer die Trennung oder Scheidung durch sein Verhalten verursacht hat (BayObLGZ 14, 5, 9 = OLGE 26, 252; KG ZBLJR 1937/38, 399; BayObLGZ 1951, 300; Z 1957, 134, 141 = FamRZ 1958, 470 [LS] = EJF A III Nr 14 und B II Nr 11; Schnitzerling RdJ 1961, 161, 162). Denn dieses Verhalten betrifft nur das Verhältnis der Eltern zueinander, nicht dasjenige der Eltern zum Kinde.

* Der umgangsberechtigte Elternteil befindet sich in Heil- oder Pflegeanstalt, er leidet an einer Suchtkrankheit, er befindet sich in Haft, BayVerfGH NJW 1973, 1644 = MDR 1973, 912 = FamRZ 1974, 37 = ZBlJR 1974, 448 = DAVorm 1975, 173 (LS); krit Becker RdJ 1975, 344, 347; die Lebensgefährtin des umgangsberechtigten Vaters geht einer okkulten Betätigung nach, OLG Schleswig NJW 1985, 1786 = SchlHAnz 1984, 183, 184 = DAVorm 1985, 161.

** BayObLGZ 23, 163 = JFG 2, 80 = JW 1926, 1572; Z 1952, 228 = MDR 1953, 44 (LS) = JR 1953, 264 = EJF 1953, 7; Z 1959, 123; MünchKomm-Hinz Rz 22; Göppinger Rz 30; Schnitzerling FamRZ 1958, 444, 446.

215 **gg) Unterhaltspflichtverletzung**

Eine Unterhaltspflichtverletzung betrifft das Verhältnis beider Eltern zueinander. Mit dem Unterhaltsanspruch des Kindes darf das Umgangsrecht des nicht sorgeberechtigten Elternteils nicht verquickt werden (BayObLGZ 32, 364, 366; Z 1963, 231 = NJW 1963, 2276 = MDR 1963, 1013 = JZ 1964, 181 = FamRZ 1963, 581 jeweils aE). Erfüllt der Unterhaltsberechtigte seine Unterhaltspflicht gegenüber dem Kinde nicht oder nicht vollständig, so findet dieser Umstand keinen Niederschlag in der Umgangsregelung; insbesondere darf der Umgang allein deswegen nicht eingeschränkt oder ausgeschlossen werden.*

216 **hh) Vormund, Pfleger**

Die von der Rechtsprechung entwickelten Grundsätze über die Ausgestaltung des persönlichen Umgangs eines Elternteils mit seinem Kinde gelten auch, wenn das Personensorgerecht einem Vormund oder Pfleger übertragen ist (MünchKomm-Hinz Rz 13, oben Rz 124 ff)

217 **ii) Bei entsprechender Anwendung, § 1634 Abs 4**

Bei entsprechender Anwendung der Umgangsregelung gem § 1634 Abs 4 (s oben Rz 135 ff) können die von der Rechtsprechung über Art, Häufigkeit und Dauer des Umgangs entwickelten Grundsätze nicht in jedem Falle übernommen werden. Während die Übernahme bei Familienpflege des Kindes mit Verbleibensanordnung, § 1632 Abs 4 (s oben Rz 141), und bei Fürsorgeerziehung (s oben Rz 144) noch angemessen sein kann, gilt dies nicht für alle Fälle der bloßen, nicht nur vorübergehenden Elterntrennung (s oben Rz 136 f), der gemeinsamen elterlichen Sorge nach Scheidung (s oben Rz 139 f) und dem tatsächlichen Aufenthalt des Kindes bei dem nicht sorgeberechtigten Elternteil (s oben Rz 142 f). Hier kann eine großzügigere Handhabung erforderlich sein. Denn ein Elternteil, der die elterliche Sorge innehat, darf nicht wie ein nur Umgangsberechtigter behandelt werden; er steht dem Kinde als selbständige Erziehungspersönlichkeit und dem anderen Elternteil als (mindestens) gleichberechtigt in Sorgeangelegenheiten gegenüber (MünchKomm-Hinz Rz 24; Gernhuber § 53 III 12; **aA:** Dürr 25). Entscheidend ist aber auch hier das Wohl des Kindes. Deshalb kann, trotz noch bestehender gemeinsamer elterlicher Sorge, bei der Umgangsregelung eine gewisse Zurückhaltung angebracht sein, wenn zwischen den Eltern ein streitiges Scheidungsverfahren schwebt, so daß die Gefahr besteht, daß das Kind in Loyalitätskonflikte gerät. Erforderlichenfalls muß dieser Situation bei sonst gehandhabter großzügiger Umgangsregelung mit einer einstweiligen Anordnung rasch begegnet werden.

218 **b) Die Regelung im einzelnen**

aa) Allgemeines

Die Umgangsanordnung des Familiengerichts muß vollständige, **genaue**, erschöpfende und vollstreckbare (OLG Stuttgart Justiz 1966, 45) Bestimmungen über Zeitpunkt, Dauer, Ort und Art des Umgangs und seine praktische Durchführung,

* KG RJA 12, 3; OLG Celle ZBlJR 1954, 86; OLG Düsseldorf ZBlJR 1955, 274; OLG Hamm FamRZ 1966, 317 = ZBlJR 1966, 302 = JMBlNRW 1966, 188; siehe aber auch KG ZBlJR 1978, 372 = DAVorm 1978, 552 (LS) – evtl Ausschluß des Umgangsrechts, wenn das Kind selbst die Nichtzahlung des Unterhalts als kränkend ansieht – BGH NJW 1987, 893 = FamRZ 1987, 356: keine Beeinträchtigung des Betreuungsunterhalts, wenn die Mutter das Umgangsrecht des Vaters vereitelt; Soergel-Strätz Rz 20; Palandt-Diederichsen Anm 2 b; Dölle § 98 III 5; Martiny FS Ferid 80, 309, 325; Schnitzerling FamRZ 1958, 444, 446; s auch unten Rz 261 ff.

auch die Abholung und Zuführung des Kindes und das Zurückbringen sowie die beiderseitigen Benachrichtigungspflichten enthalten und die Frage regeln, ob und wenn, wie ausgefallene Umgangszeiten ersetzt werden sollen, weil nur so künftige Unstimmigkeiten vermieden werden können und nur auf diese Weise eine taugliche Grundlage für die uU nötige Durchsetzung im Zwangswege geschaffen wird *(Bestimmtheitsgrundsatz)**.
Anstelle einer kalendermäßigen Festlegung der Besuchszeit ist bei Ferienbesuchen eine Eingrenzung auf einen bestimmten Monat zulässig, bei den kontinuierlichen Kontakten auch ausnahmsweise die Anordnung eines Wochenendaufenthaltes einmal monatlich nach Wahl des Umgangsberechtigten, wenn diesem eine präzisere Bestimmung aus besonderen Gründen nicht zugemutet werden kann (KG OLGE 12, 323; RJA 15, 4 = OLGE 33, 356; BayObLGZ 1964, 443 = NJW 1965, 869 = MDR 1965, 387 = FamRz 1965, 155 = Rpfleger 1965, 236; OLG Karlsruhe OLGZ 1967, 468 = FamRZ 1967, 632; MünchKomm-HINZ Rz 20).

bb) Häufigkeit und Dauer 219

Das Gesetz gibt keine Anweisung über Dauer und Häufigkeit des Umgangs (BT-Drucks 8/2788, 55). Häufigkeit und Dauer des Zusammentreffens zwischen Kind und umgangsberechtigtem Elternteil richten sich nach den Umständen des Einzelfalles; maßgeblich ist das Wohl des Kindes.** Das Alter des Kindes und die Intensität seiner bisherigen Bindung an den nicht sorgeberechtigten Elternteil ist von ebenso erheblicher Bedeutung wie die Entfernung der Wohnungen der Eltern voneinander und die Lebensausgestaltung des Kindes und beider Eltern in Beruf, Schule und Freizeit. Der Umgang sollte so natürlich wie möglich gestaltet werden und verlaufen, um das Kind auf diese Weise in das Leben der nun getrennt lebenden Eltern (und die vielleicht neu gegründeten Familien) selbstverständlich und zwangslos einzubeziehen und so eine Entfremdung zu vermeiden. Dabei haben die Beziehungen der Eltern zueinander ein erhebliches Gewicht: Sind sie relativ spannungsfrei, so besteht kein Anlaß für das Gericht, bei der Bestimmung von Anzahl und Dauer der Besuche engherzig zu verfahren (OLG Karlsruhe OLGZ 1967, 468 = FamRZ 1967, 632). Streiten die Eltern dagegen um das Umgangsrecht und stehen sie sich feindlich gegenüber, so können Einschränkungen erforderlich sein. Denn dann kann der Umgang zu erheblichen Loyalitätskonflikten und anderen seelischen Erschütterungen führen und sich so nachteilig auf die Entwicklung des Kindes auswirken.***

---

* StRspr BayObLGZ 1952, 228 = MDR 1953, 44 (LS) = JR 1953, 264 = EJF 1953, 7; Z 1964, 357 = NJW 1965, 399 = MDR 1965, 204 = FamRZ 1965, 82; Z 1964, 443 = NJW 1965, 869 = MDR 1965, 387 = FamRZ 1965, 155 = Rpfleger 1965, 236; Z 1970, 240 = FamRZ 1971, 184 = MDR 1971, 144 = Rpfleger 1970, 434; Z 1974, 351, 353 = FamRZ 1975, 279 Nr 130 (LS) = Rpfleger 1974, 432; KG KGJ 36, 6 = OLGE 18, 280; KGJ 51, 31, 34; DFG 1937, 66; OLGZ 1966, 352 = FamRZ 1966, 317, 318; FamRZ 1977, 405 = Rpfleger 1976, 398; OLG Braunschweig FamRZ 1973, 268; OLG Stuttgart FamRZ 1966, 256, 257 = Justiz 1966, 158 (LS); OLG Stuttgart Justiz 1966, 45; OLG Karlsruhe OLGZ 1967, 468 = FamRZ 1967, 632, 633; OLG Stuttgart FamRZ 1979, 342; OLG Zweibrücken FamRZ 1984, 508; MünchKomm-HINZ Rz 20, SOERGEL-STRÄTZ Rz 20; ERMAN-RONKE Rz 15; PALANDT-DIEDERICHSEN Anm 3 a; JOHANNSEN-HENRICH-JAEGER Rz 23; KEIDEL-KUNTZE-WINKLER FGG § 33 Anm 11.

** BVerfGE 31, 194 = NJW 1971, 1447 = MDR 1971, 905 = FamRZ 1971, 421 = ZBlJR 1971, 315 = Rpfleger 1971, 300; BGHZ 51, 219, 225 = LM § 1634 BGB Nr 4 = NJW 1969, 422 = MDR 1969, 295 = JZ 1969, 194 = FamRZ 1969, 148 = JR 1969, 184 m Anm BÖKELMANN; BayObLGZ 1964, 443 = NJW 1965, 869 = MDR 1965, 387 = FamRZ 1965, 155 = Rpfleger 1965, 236; Z 1965, 355 = MDR 1966, 147 = FamRZ 1965, 618 = ZBlJR 1967, 25; Z 1969, 194, 198, 199 = NJW 1969, 1767 = MDR 1969, 927 = FamRZ 1969, 551 = ZBlJR 1970, 237; KG FamRZ 1978, 729.

*** KG FamRZ 1979, 70; LG Heilbronn Justiz 1974, 126; DÜRR 13, 16, 19, 20, 22, 29; EGNER

220 Der umgangsberechtigte Elternteil mag es als unberechtigt ansehen, wenn ihm im Fall von elterlichen Spannungen eine relativ knappe Umgangsbefugnis zugemessen wird; entscheidend ist jedoch, ob und wie das Kind die Besuche ertragen und verarbeiten kann. Das hängt von seinem Alter und seiner sonstigen Verfassung, aber auch davon ab, ob es von den Eltern oder einem Elternteil mit dem Elternkonflikt belastet worden ist, bewußt oder, wie wohl häufiger, unbewußt. Dem Kind und seinem Wohl ist mit einer großzügigen, zeitaufwendigen Umgangsregelung nicht gedient, die es in rascher Folge immer neuen, veränderten Situationen und Einflüssen aussetzt, mag damit auch den Interessen des nicht sorgeberechtigten Elternteils gedient und dessen Verbitterung vorgebeugt sein (so noch SCHWOERER in der Vorauflage Rz 63). Ebensowenig ist dem Kinde mit der Feststellung geholfen, seine eigene Abwehr gegen die Besuche sei ihm von einem oder beiden Elternteilen eingeflößt. Vielmehr ist es unerläßlich, bei der Häufigkeit und Dauer des Umgangs auch die Haltung des Kindes und seinen Willen zu berücksichtigen, unabhängig von der Ursache dieser Haltung (s oben Rz 191 ff).

221 Ein großzügiges, ausgiebiges Umgangsrecht ist also nicht deshalb anzuordnen, weil dies den Interessen und Wünschen des nicht sorgeberechtigten Elternteils entspricht (so aber ENGELHARDT DFG 1942, 129; RIEDEL 39 f und SCHWOERER in der Vorauflage Rz 63, 65), sondern nur dann, wenn sich lange, großzügige, ausgiebige Besuche mit den sonstigen Bedürfnissen des Kindes nach Stetigkeit und Harmonie, mit seinen sonstigen Interessen (Schule, Hobbys usw) sowie mit den berechtigten Erziehungsanliegen des sorgeberechtigten Elternteils harmonisch vereinen lassen. Denn eine Gefährdung seiner körperlichen und seelischen Entwicklung durch den Umgang mit dem anderen Elternteil muß verhindert werden (BGH LM § 1634 BGB Nr 5 = NJW 1980, 454 = FamRZ 1980, 131 = MDR 1980, 386 = DAVorm 1980, 32 = FRES 5, 202); seine kontinuierliche Erziehung durch den sorgeberechtigten Elternteil muß gewährleistet sein (KG OLGZ 1969, 62 = NJW 1969, 436 = FamRZ 1968, 664; FamRZ 1978, 728, 729; FamRZ 1979, 70; FamRZ 1980, 399; OLG München FamRZ 1978, 614, 617; LG Berlin FamRZ 1973, 99).

222 Die Rechtsprechung gestaltet den Umgang im allgemeinen nach folgenden Regeln: Wenn die Eltern an gleichen oder benachbarten Orten wohnen, werden in der Regel **periodische Kurzbesuche** von je mehreren Stunden zugebilligt.*

ZBLJR 1953, 230; GOLDSTEIN-FREUD-SOLNIT 18; HAFFTER 73; HARBAUER 46; LEMPP NJW 1963, 1659, 1662; NJW 1972, 315, 317; ZBlJR 1974, 124, 131, 132; ders, die Ehescheidung und das Kind, 40; RÖCKER 557, 560; SCHWAB Rz 224.

* BayObLGZ 1951, 530 (Kind 11 Jahre, einmal monatlich vier Stunden); Z 1959, 71 (Kinder 6, 7 und 8 Jahre, monatlich zweimal je vier Stunden); Z 1959, 139 = Rpfleger 1959, 384 (Kind 8 Jahre, statt zweimal monatlich fünf Stunden nur ein Ferienaufenthalt); Z 1964, 28 = NJW 1964, 1324 = MDR 1964, 506 = FamRZ 1964, 217 = ZBlJR 1964, 302 (Kind ca 10 Jahre, Ferien oder einige Stunden); Z 1965, 355 = NJW 1966, 160 = MDR 1966, 147 = FamRZ 1965, 618 = ZBlJR 1967, 25 (Kinder 2 und 4 Jahre, zweimal monatlich 9½ Stunden); KG OLGZ 1965, 102 = FamRZ 1965, 154 (Kind 4 Jahre, zweimal monatlich fünf Stunden); FamRZ 1968, 325 = ZBlJR 1969, 210 (Kind 6 Jahre, zweimal monatlich acht Stunden); OLGZ 1969, 62 = NJW 1969, 436 = FamRZ 1968, 664 (Kind 4 Jahre, zweimal monatlich ein langes Wochenende von Freitag 10 Uhr bis Samstag 18.30 Uhr); FamRZ 1978, 728 (Kind 11 Jahre, einmal acht bis zehn Stunden im Monat); FamRZ 1979, 70 (Kind 7½ Jahre, zweimal im Monat einige Stunden); FamRZ 1979, 965 (LS) (Kindesalter nicht bekannt, einmal acht oder zweimal vier Stunden monatlich); FamRZ 1985, 639 (Kinder 15 und 17 Jahre alt, nach mehr als zehnjähriger Umgangsunterbrechung einmal monatlich vier Stunden); OLG Karlsruhe ZBlJR 1965, 77 (Alter des Kindes nicht bekannt, zweimal monatlich je neun Stunden); OLG Hamm OLGZ 1966, 205 = NJW 1966, 784 (LS) = FamRZ 1966, 254 = ZBlJR 1966, 269 (Kinder 5 und 9 Jahre, einmal monatlich fünf Stunden); OLG Karlsruhe OLGZ 1967, 468 = FamRZ 1967, 632 (Kind 5 Jahre, ein Wochenende von Samstag 9 Uhr bis Sonntag 18 Uhr); OLG München FamRZ 1978, 614, 617 (ein Kind unter,

Die Berechtigung der Anordnung regelmäßig sich wiederholenden Umgangs von jeweils kurzer Dauer ergibt sich daraus, daß derartige Kontakte den gefühlsmäßigen Bedürfnissen und Möglichkeiten von Kindern am besten entsprechen. Emotionale Bindungen bedürfen bei Kindern einer dauernden Erneuerung und Vertiefung. Vor allem bei jüngeren Kindern können sie nur fortbestehen, wenn sie regelmäßig ohne längere Unterbrechung durch persönliche Begegnungen erneuert werden (Goldstein-Freud-Solnit 40; Lempp, Ehescheidung, 47; ders, ZBlJR 1984, 305, 306; Fthenakis in: Remschmidt 55, 77, 78 mwN; Wendl-Kempmann-Wendl 2. Teil IV 1 c, 250; Stender in: Remschmidt 97, 99; Klussmann 228, 229; **aA:** Lempp NJW 1972, 315, 319). 223

Die Dauer der einzelnen Besuche hängt vor allem vom Alter des Kindes und seinem kindlichen Zeitgefühl (Simitis, FS Müller-Freienfels [1986] 579, 612 f) sowie seiner Belastbarkeit und seiner Fähigkeit ab, sich auf neue unterschiedliche Situationen ohne Angst einzustellen (Arntzen 39 f). 224

Besonders bei Kleinkindern ist zu beachten, daß sie der psychischen Belastung einer längeren Trennung von ihrer Hauptbezugsperson (Klussmann 228 f) und ihrer gewohnten Umgebung (LG Tübingen FamRZ 1975, 167 [LS] = DAVorm 1974, 193) oft nicht gewachsen sind. Hier sollte der einzelne Besuch nur wenige Stunden dauern (KG JFG 21, 197 = DFG 1940, 53 = DR 1940, 980; OLG Düsseldorf JR 1950, 369 = JMBlNRW 1948, 214; KG OLGZ 65, 102 = FamRZ 1965, 154; BayObLGZ 1965, 355 = NJW 1966, 160 = MDR 1966, 147 = FamRZ 1965, 618 = ZBlJR 1967, 25; KG OLGZ 1969, 62 = NJW 1969, 436 = FamRZ 1968, 664; OLG Bamberg FamRZ 1984, 507, 508; OLG Düsseldorf FamRZ 1988, 1196; LG Hof DAVorm 1966, 308; LG Heilbronn Justiz 1973, 433; LG Heilbronn Justiz 1974, 126; Göppinger Rz 629; Dürr 25 Anm 103) und der Abstand zwischen den Besuchen im allgemeinen nicht länger als zwei Wochen sein (Johannsen-Henrich-Jaeger Rz 27, Göppinger Rz 629; **aA:** MünchKomm-Hinz Rz 27).

Ob das Kind bei dem umgangsberechtigten Elternteil **übernachtet**, hängt einerseits von seinem Alter und seiner psychischen Gesamtverfassung („Problemkind", Dickmeis ZBlJR 1982, 271, 279; Ell DAVorm 1986, 745, 749), andererseits von der Qualität der Bindung an den nicht sorgeberechtigten Elternteil ab: Sehr junge Kinder können eine so lange Trennung von der Hauptbezugsperson noch nicht verarbeiten (LG Tübingen FamRZ 1975, 167 [LS] = DAVorm 1974, 193, s auch oben Rz 224), während etwas ältere Kinder und vor allem solche, die eine feste, vertrauensvolle, herzliche und liebende Beziehung zu dem anderen, nicht sorgeberechtigten Elternteil haben, Übernachtungen bei diesem Elternteil in der Regel selbst sehr schätzen und gut verarbeiten. Hier dient die Übernachtung der Festigung der Beziehung (Arntzen 43, 44; Ell DAVorm 1986, 745, 750; **aA:** Dürr 26, wenn der sorgeberechtigte Elternteil die Übernachtung ablehnt). 225

Bei guter und liebevoller Beziehung zu dem nicht sorgeberechtigten Elternteil und steigendem Alter kann die Zahl und Dauer der Besuche gesteigert werden, etwa auf zwei volle (Einzel)Tage im Monat oder ein langes Wochenende (Arntzen 43, 44; Ell DAVorm 1986, 745, 749; Klussmann 229; Göppinger Rz 629; Johannsen-Henrich-Jaeger Rz 27; iE auch Gernhuber § 53 III 8; **aA:** Dürr 26). Ebenso 226

ein Kind über 14 Jahre, einmal monatlich einige Stunden); OLG Stuttgart NJW 1981, 404 = Justiz 1981, 211: (Kind 2½ Jahre, grundsätzlich einige Stunden im Monat); OLG Bamberg FamRZ 1984, 507 (Kind 2 Jahre, zweimal monatlich zwei Stunden); OLG Düsseldorf FamRZ 1988, 1196 (Kind 6 Jahre, zweimal monatlich fünf Stunden); MünchKomm-Hinz Rz 28; Soergel-Strätz Rz 22; Erman-Ronke Rz 24; Palandt-Diederichsen Anm 3 a aa; Johannsen-Henrich-Jaeger Rz 27.

kommt bei großer räumlicher Entfernung zwischen Kind und nicht sorgeberechtigtem Elternteil eine **Bündelung der Besuche** auf mehrere Tage in Betracht.*

227 Im allgemeinen wird zusätzlich zu periodischen Kurzbesuchen noch jeweils **ein Feiertag** der großen christlichen Feste (Ostern, Pfingsten, Weihnachten) zugebilligt,** während das Kind an anderen hohen Feiertagen beim Sorgeberechtigten bleibt.*** Allerdings ist zweifelhaft, ob die Aufspaltung der großen Feiertage, vor allem Ostern und Pfingsten, den Freizeitgewohnheiten beider Familien noch gerecht wird, insbesondere angesichts der zunehmenden Übung, an diesen Tagen Kurzreisen zu unternehmen. Daher könnte erwogen werden, zB Ostern und Pfingsten jährlich wechselnd ganz dem Umgangsberechtigten zu widmen (vgl auch Johannsen-Henrich-Jaeger Rz 28 aE; Wendl-Kempmann-Wendl 2. Teil IV 1 b b4, 250).

228 Aufgrund der veränderten Reisegewohnheiten hat auch der **Ferienumgang** eine erhebliche Bedeutung erlangt. Nach neuerer Ansicht kommt er nicht nur als Surrogat in Betracht (so aber Soergel-Strätz Rz 22), wenn also das Kind so weit vom Umgangsberechtigten entfernt wohnt, daß periodische Kurzbesuche ausscheiden (OLG Karlsruhe OLGZ 1967, 468 = FamRZ 1967, 632; OLG Stuttgart FamRZ 1981, 1006; LG Mannheim Justiz 1976, 475). Vielmehr wird er auch **zusätzlich** neben dem periodischen Besuch**** gewährt, da ein solcherart ausgedehnter und in das Familienleben des nicht sorgeberechtigten Elternteils zwanglos einbezogener Aufenthalt des Kindes besonders gut geeignet ist, eine herzliche Verbindung zu dem anderen Elternteil aufrechtzuerhalten und zu festigen. Voraussetzung ist in diesem Falle aber besonders, daß die Eltern spannungsfrei miteinander umgehen und daß das Kind etwa dem Grundschulalter entwachsen ist.*****

229 Leben das Kind oder der nicht sorgeberechtigte Elternteil im **Ausland**, kommt ein mehrwöchiger Ferienbesuch bei dem anderen Elternteil in Betracht

---

* BayObLGZ 1957, 134 = FamRZ 1958, 470 (LS) = EJF A III Nr 14 und B II Nr 11; Z 1964, 28 = NJW 1964, 1324 = MDR 1964, 506 =FamRZ 1964, 217 = ZBlJR 1964, 302; Z 1964, 443 = NJW 1965, 869 = MDR 1965, 387 = FamRZ 1965, 155 = Rpfleger 1965, 236; Z 1965, 355 = NJW 1966, 160 = MDR 1966, 147 = FamRZ 1965, 618 = ZBlJR 1967, 25; OLG Stuttgart FamRZ 1959, 296; OLG Karlsruhe OLGZ 1967, 468 = FamRZ 1967, 632; LG Mannheim Justiz 1976, 475; **krit:** Gernhuber § 53 III 8 und Riedel 93; **aA:** LG Heilbronn Justiz 1974, 425: Besuch von mehreren Tagen erst ab Schulreife.

** KG JFG 21, 197 = DFG 1940, 53 = DR 1940, 980; LG Mannheim MDR 1961, 1016; MünchKomm-Hinz Rz 28; Soergel-Strätz Rz 22; Palandt-Diederichsen Anm 3 a aa; Johannsen-Henrich-Jaeger Rz 28; Stender in: Remschmidt 97, 99; **aA:** KG KGJ 48, 5, 8; RJA 15, 4 = OLGE 33, 356; ZBlJR 1937/38, 214; OLG München JW 1939, 289; LG Heilbronn Justiz 1973, 433; Dürr 26; Vollertsen ZBlJR 1977, 230, 237; **krit:** Rolland Rz 7 und Klussmann 231.

*** KG JFG 21, 197 = DFG 1940, 53 = DR 1940, 980: keine Anwesenheit der nicht sorgeberechtigten Mutter bei der Konfirmation der 15jährigen Tochter; MünchKomm-Hinz Rz 28; Soergel-Strätz Rz 22; Palandt-Diederichsen Anm 3 a aa; Klussmann 232; Schnitzerling FamRZ 1958, 444, 446.

**** BayObLG in stRspr Z 1957, 134 = FamRZ 1958, 470 (LS) = EJF A III Nr. 14 und B II Nr 11; Z 1959, 123; Z 1964, 28 = NJW 1964, 1324 = MDR 1964, 506 = FamRZ 1964, 217 = ZBlJR 1964, 302; Z 1964, 443 = NJW 1965, 869 = MDR 1965, 387 = FamRZ 1965, 155 = Rpfleger 1965, 236; Z 1965, 355 = NJW 1966, 160 = MDR 1966, 147 = FamRZ 1965, 618 = ZBlJR 1967, 125; OLG Köln FamRZ 1982, 1237: „übliches Sommerferienumgangsrecht".

***** OLG Hamburg DAVorm 1968, 10; OLG Köln FamRZ 1982, 1237; LG Heilbronn Justiz 1973, 433 und Justiz 1974, 126; LG Tübingen FamRZ 1975, 167 (LS) = DAVorm 1974, 193; MünchKomm-Hinz Rz 28; Johannsen-Henrich-Jaeger Rz 29; Klussmann 232; **aA:** die ältere Rspr: KG KGJ 48, 5; OLGE 33, 355; JW 1930, 1009; LG Lübeck DAVorm 1969, 369 und Dürr 26; sowie im Einzelfalle ablehnend KG FamRZ 1979, 70 (für Grundschulalter bei stark zerstrittenen Eltern); FamRZ 1978, 728 (bei einem 11jährigen Kind, das selbst den Ferienbesuch bei der Mutter ablehnt); LG Berlin FamRZ 1973, 99, 100 (bei starken Spannungen zwischen den Eltern).

(BayObLGZ 1964, 443 = NJW 1965, 869 = MDR 1965, 387 = FamRZ 1965, 155 = Rpfleger 1965, 236; OLG Stuttgart FamRZ 1981, 1006, 1007). Aus Gründen des Kindeswohls kann auch dann eine Umgangsregelung in **Zeitblöcken** erwogen werden, wenn anders das Familienleben der einen oder anderen Familie durch die Kurzbesuche zu stark belastet und dadurch für das Kind der Umgang quälend wird (MünchKomm-Hinz Rz 27; Palandt-Diederichsen Anm 3 a aa). Zu bedenken ist aber, daß nach einer Herausnahme des Kindes aus der Familie des sorgeberechtigten Elternteils über einen längeren Zeitraum die Eingewöhnung und Rückgewöhnung besonders schwierig sein kann. Deshalb dürfte eine solche Bündelung bei starker Elternverfeindung nicht dem Wohl des Kindes dienen. Dagegen hat, vor allem bei nicht mehr ganz jungen Kindern, die ungestörte Kontinuität der Erziehung durch den sorgeberechtigten Elternteil keinen absoluten Vorrang (so aber KG FamRZ 1978, 728), vielmehr dient es der Erweiterung des Horizonts und damit grundsätzlich auch dem Wohl des Kindes, wenn es bei dem anderen Elternteil eine Alternative zu dem eigenen Leben miterleben kann (MünchKomm-Hinz Rz 26; Ell DAVorm 1986, 745; Klussmann 230; s oben Rz 42 ff). Voraussetzung für eine solche Regelung ist, daß die Eltern nicht verfeindet sind, daß der nicht sorgeberechtigte Elternteil die Lebensweise des sorgeberechtigten Elternteils respektiert und daß er nicht durch Verwöhnung das Kind seinem bisherigen Lebenskreis zu entfremden versucht. In diesem Sinne ist der zunehmend geforderten Großzügigkeit des Umgangs des nicht sorgeberechtigten Elternteils (Soergel-Strätz Rz 22; Gernhuber § 53 III 8; Schwoerer in Vorauflage Rz 25) zuzustimmen. Mehr Großzügigkeit ist aber nicht so sehr zugunsten des Umgangsberechtigten, als vielmehr zugunsten des Kindes zu fordern (Wendl-Kempmann-Wendl 2. Teil IV 1 b b4, 250).

cc) Ersatzumgang 230

Die richterliche Anordnung eines Ersatzumgangs für ausgefallene Besuchstage empfiehlt sich, wenn vorherzusehen ist, daß Umgangstage ausfallen werden, oder wenn es zu derartigem Ausfall in der Vergangenheit gekommen ist (Rolland Rz 7). Dabei muß es sich um zwingende Hinderungsgründe in der Person des Kindes handeln (wirkliche, nicht nur behauptete Krankheit des Kindes, wichtige auswärts auszuübende Hobbys wie Fußballmannschaftsspiele, Aufführungen eines Spielmannszuges, vgl Arntzen 45). Hinderungsgründe aus der Sphäre der Eltern rechtfertigen keine Verschiebung des Umgangsrechts. Es hat sich als zweckmäßig herausgestellt, eine Verschiebung auf den nächstmöglichen üblichen Umgangstag, also zB den Sonntag, anzuordnen, weil sonst Hinderungsgründe dazu benutzt werden könnten, das periodische Umgangsrecht zu unterlaufen (LG Heilbronn Justiz 1974, 126). Derartige Ersatzlösungen sind aber nicht zwingend. Der unverschuldete Ausfall eines Ferienaufenthalts während der Sommermonate führt nicht ohne weiteres zu einem Ersatzferienaufenthalt in den Weihnachtsferien (LG Karlsruhe DAVorm 1975, 243). Denn die Anordnung eines Ersatzumgangs darf nicht dazu führen, die Unruhe für das Kind in einer mit seinem Wohl nicht mehr zu vereinbarenden Weise zu vergrößern und die Planungen für den sorgeberechtigten Elternteil in unzumutbarer Weise zu erschweren.

dd) Holen und Bringen 231

Das Holen und Bringen des Kindes muß, falls die Eltern sich darüber nicht einigen können, in der gerichtlichen Umgangsordnung ebenfalls klar geregelt sein (Soergel-Strätz Rz 20; Göppinger Rz 631). Ob darüber hinaus eine Verpflichtung des sorgeberechtigten Elternteils in die gerichtliche Anordnung aufzunehmen ist, das Kind zur Abholung bereitzuhalten, ist streitig. Das KG (FamRZ 1977, 405, 406 = Rpfleger 1976, 398) und Soergel-Strätz (Rz 20) verneinen die Notwendigkeit, die Verpflichtung verstehe sich von selbst, während das BayObLG (FamRZ 1975, 279

Nr 129 [LS] und Z 1970, 240, 241 = FamRZ 1971, 184 = MDR 1971, 144 = Rpfleger 1970, 434), das OLG Frankfurt (FamRZ 1966, 258), das OLG Stuttgart (Justiz 1966, 45 und FamRZ 1979, 342) sowie das LG Berlin (FamRZ 1976, 285, 286) die Notwendigkeit aus Vollstreckungsgründen bejahen. Dieser letzten Meinung ist zuzustimmen, weil andernfalls die Zulässigkeit der Beugemaßnahmen nach § 33 FGG gegenüber dem „ungehorsamen" Elternteil zweifelhaft sein kann. Dagegen kommt die Anordnung bzw der Ausspruch der Verpflichtung zum physischen Zwang (LG Mannheim NJW 1972, 950 = MDR 1972, 611; ähnlich wohl auch OLG Zweibrücken FamRZ 1987, 90 = DAVorm 1987, 78) nicht in Betracht.

232 Grundsätzlich obliegt es dem Umgangsberechtigten, das Kind abzuholen und zum Sorgeberechtigten zurückzubringen (OLG Zweibrücken FamRZ 1982, 531 = DAVorm 1982, 594 [LS] = JA 1982, 503 m Anm Moritz; zust Luthin FamRZ 1984, 114, 117; **krit:** Lempp ZBlJR 1979, 517, der empfiehlt, zur psychischen Entlastung des Kindes den sorgeberechtigten Elternteil zum Bringen zu verpflichten, ebenso Rolland Rz 10). Den Sorgeberechtigten treffen über die Wohlverhaltenspflicht aus § 1634 Abs 1 S 2 und die weitere Pflicht, das Kind auf den Besuch angemessen vorzubereiten und pünktlich bereitzuhalten, keine weiteren Mitwirkungspflichten, um das Umgangsrecht des anderen Elternteils zu verwirklichen. Eine solche Pflicht folgt insbesondere nicht aus § 1634 Abs 1 S 2 (OLG Zweibrücken FamRZ 1982, 531 = DAVorm 1982, 594 [LS]; OLG Frankfurt FamRZ 1988, 866; ebenso Johannsen-Henrich-Jaeger Rz 31 und Luthin FamRZ 1984, 1114, 1117).

233 Etwas anderes kann gelten, wenn die Eltern getrennt leben, also noch beide Inhaber der elterlichen Sorge sind, § 1634 Abs 4. In diesen Fällen kann es auch zu den Pflichten beider Eltern gehören, das Kind, das noch zu jung ist, um selbständig eine Entfernung von 125 km zu überwinden, abwechselnd zum umgangsberechtigten Elternteil zu bringen und zum anderen Elternteil zurückzubringen (OLG Saarbrükken FamRZ 1983, 1054); uU kann die Pflicht, das Kind zu bringen, auch aus einer insoweit übernommenen vertraglichen Verpflichtung folgen (OLG Frankfurt FamRZ 1988, 866).

234 **ee) Benachrichtigung**

Im Zusammenhang mit der Ersatzumgangslösung wie dem Problem des Holens und Bringens entstehen häufig Schwierigkeiten durch fehlende oder fehlerhafte Benachrichtigung. In die gerichtliche Anordnung sollten deshalb erforderlichenfalls, vor allem wenn es aufgrund von Benachrichtigungsdefiziten in der Vergangenheit zu Umgangsschwierigkeiten gekommen ist, klare Benachrichtigungsmodalitäten (wie, in welcher Frist) und Benachrichtigungspflichten aufgenommen werden.

235 **ff) Ort des Umgangs**

Echte, dem nahen Verwandtschaftsverhältnis entsprechende menschliche Beziehungen lassen sich am unbefangensten im familiären Raum pflegen. Deshalb ist der Ort des persönlichen Umgangs regelmäßig die **eigene** Häuslichkeit des Umgangsberechtigten.* Diese Häuslichkeit kann auch eine von dem Umgangsberechtigten bezeich-

* BGHZ 51, 219 = LM § 1634 BGB Nr 4 = NJW 1969, 422 = MDR 1969, 295 = JZ 1969, 194 = FamRZ 1969, 148 = JR 1969, 184 m Anm Bökelmann; KG in stRspr: KGJ 37, 26; ZBlJR 1937/38, 305; FamRZ 1978, 729, 730; BayObLG in stRspr: Z 1964, 28 = NJW 1964, 1324 = MDR 1964, 506 = FamRZ 1964, 217 = ZBlJR 1964, 302; Z 1964, 443 = NJW 1965, 869 = MDR 1965, 387 = FamRZ 1965, 155 = Rpfleger 1965, 236 mwN; Z 1966, 102 = NJW 1966, 1322 = MDR 1966, 760 = FamRZ 1966, 453, 455 = Rpfleger 1967, 180; OLG Karlsruhe ZBlJR 1965, 77; OLG München FamRZ 1978, 614, 617; OLG Düsseldorf FamRZ 1988, 1196; MünchKomm-Hinz Rz 26; Soergel-Strätz Rz 22; Palandt-Diederichsen Anm 3 a bb; Johannsen-Henrich-Jaeger Rz 25; Rolland Rz 9; Riedel 95.

nete Wohnung eines Dritten sein, zB die Wohnung der Eltern des Umgangsberechtigten (BGH FamRZ 1984, 1084 = EzFamR BGB § 1634 Nr 2; OLG Karlsruhe OLGZ 1967, 468 = FamRZ 1967, 632, 633; KG FamRZ 1968, 325 = ZBlJR 1969, 210).

Die **Wohnung des Sorgeberechtigten** ist als Umgangsort regelmäßig **ungeeignet**, im allgemeinen auch die Wohnung von Verwandten des Sorgeberechtigten. Denn der Umgangsberechtigte und das Kind können sich in diesen Räumen nicht unbefangen bewegen, und die Loyalitätskonflikte werden für das Kind uU besonders belastend.* **236**

Die Häuslichkeit des Umgangsberechtigten ist auch dann der richtige Umgangsort, wenn das Sorgerecht noch beiden Elternteilen zusteht, dieses aber nur von einem Elternteil ausgeübt wird (BayObLGZ 1963, 231 = NJW 1963, 2276 = MDR 1963, 1013 = FamRZ 1963, 581 = JZ 1964, 181). **237**

Etwas anderes kann dann gelten, wenn das Kind noch sehr klein ist (BayObLG JFG 5, 74 = HRR 1929 Nr 110: Wohnung der Mutter; s aber OLG Hamm JMBlNRW 1959, 68 = FamRZ 1959, 169 [LS]) oder wenn das Kind nach lange unterbrochenem Kontakt »fremdelt« (KG ZBlJR 1937/38, 34; OLG Bamberg FamRZ 1984, 507) oder wenn Umgangsberechtigter und Kind sehr weit voneinander entfernt wohnen (dann evtl „Treffen auf halber Strecke"). **238**

Nur ausnahmsweise soll ein **neutraler Ort** gewählt werden, wenn das Kindeswohl dies erfordert (evtl Wohnung gemeinsamer Freunde, Pfarrhaus, Kindergarten, Jugendamt, Haus der Jugend; BayObLG ZBlJR 1968, 145 = DAVorm 1968, 227; OLG Bamberg FamRZ 1984, 507; OLG Düsseldorf FamRZ 1988, 1196; MünchKomm-Hinz Rz 26; Soergel-Strätz Rz 21; Arntzen 41; Riedel 96). Lebt das Kind im **Internat**, so muß bei der Bestimmung des Umgangsortes auf die Internatsordnung Rücksicht genommen werden. Häufig wird der Umgang außerhalb der Ferien in den Besuchsräumen des Internats stattfinden müssen. **239**

Ist der Umgangsberechtigte **inhaftiert**, so entfällt deshalb sein Umgangsrecht nicht; es muß jedoch an einem Ort durchgeführt werden, der dem Kind keinen Schaden zufügt, also etwa in dem Verwaltungsgebäude der Haftanstalt oder in der Wohnung des Bewährungshelfers (BayVerfGH NJW 1973, 1144 = MDR 1973, 912 = FamRZ 1974, 37, 40 = ZBlJR 1974, 448 = DAVorm 1975, 173 [LS]; **krit:** Becker RDJ 1975, 344, 347 = Der Kinderarzt 1978, 385). In Frage kommt in diesem Falle auch die Wohnung der Eltern des Inhaftierten (BGH FamRZ 1984, 1084 = EZ FamR BGB § 1634 Nr 2). **240**

gg) Anwesenheit Dritter **241**

α) Gegen den Willen des sorgeberechtigten Elternteils

Über den Umgang des Kindes mit Dritten hat während der Dauer des Umgangs zwischen Kind und nicht sorgeberechtigtem Elternteil dieser zu bestimmen, § 1634 Abs 2 S 1 HS 2. Diese durch das SorgeRG eingefügte Ergänzung beruht auf der Erwägung, daß in der Regel nur der Elternteil, bei dem sich das Kind gerade

* BayObLG in stRspr: OLGE 43, 370 unter Hinweis auf KG RJA 17, 41; Z 1951, 357, 359; Z 1964, 443, 445 = NJW 1965, 869 = MDR 1965, 387 = FamRZ 1965, 155 = Rpfleger 1965, 263; Z 1966, 102, 108 = NJW 1966, 1322 = MDR 1966, 760 = FamRZ 1966, 453 = Rpfleger 1967, 180; MünchKomm-Hinz Rz 26; Soergel-Strätz Rz 21; Erman-Ronke Rz 23; Palandt-Diederichsen Anm 3 a bb; Johannsen-Henrich-Jaeger Rz 25; **aA:** KG HRR 1935 Nr 351 mit der nicht stichhaltigen Begründung, der Umgang solle dem Sorgeberechtigten möglichst wenig Umstände machen.

aufhält, die Personen kennt, mit denen das Kind bei ihm zusammentrifft, und daß deshalb auch nur er beurteilen kann, ob der Umgang mit dem Kindeswohl vereinbar ist (BT-Drucks 8/2788, 55). Im Interesse des harmonischen Verlaufs des Kontaktes zwischen nicht sorgeberechtigtem Elternteil und Kind ist diese Vorschrift nicht eng auszulegen. Denn der Kontakt soll dem Kind und dem nicht sorgeberechtigten Elternteil ermöglichen, ihre Beziehung zueinander möglichst ungezwungen weiterhin zu pflegen. Eingeschränkt werden darf das Umgangsbestimmungsrecht des nicht sorgeberechtigten Elternteils während des Umgangs nur durch ausdrückliche Anordnung des Familiengerichts, § 1634 Abs 2 S 2 (BT-Drucks 8/2788, 55), und zwar nur unter den strengen Voraussetzungen von § 1634 Abs 2, wonach die Einschränkungen zum Wohl des Kindes erforderlich sein müssen. Will der sorgeberechtigte Elternteil das Alleinbestimmungsrecht des Umgangsberechtigten eingeschränkt wissen, muß er das Familiengericht anrufen, § 1634 Abs 2 S 2.

242 Soweit es die Anwesenheit Dritter bei den Umgangskontakten angeht, ist vornehmlich die Anwesenheit des **neuen Ehegatten/Lebenspartners** des Umgangsberechtigten und der Eltern des Umgangsberechtigten, also der **Großeltern des Kindes**, umstritten. Seit der Entscheidung des BGH vom 13. 12. 1968 (BGHZ 51, 219 = LM § 1634 BGB Nr 4 = NJW 1969, 422 = MDR 1969, 295 = JZ 1969, 194 = FamRZ 1969, 148 = JR 1969, 184 m Anm Bökelmann), mit der er von seinem zuvor eingenommenen Standpunkt in der Entscheidung vom 21. 10. 1964 (BGHZ 42, 364) Abstand genommen hat, wird ein Bestimmungsrecht des personensorgeberechtigten Elternteils über An- oder Abwesenheit eines Dritten während des Umgangs verneint. Leitender Gesichtspunkt ist auch hier allein das Kindeswohl. An ihm ist die Frage nach der Anwesenheit eines neuen Partners und anderer Dritter (Großeltern, andere Verwandte, Halbgeschwister) zu messen. Nur wenn das Wohl des Kindes es erfordert, darf die Abwesenheit eines Dritten aus der Sicht des Sorgeberechtigten verlangt und vom Familiengericht angeordnet werden.*

243 β) Gegen den Willen des umgangsberechtigten Elternteils

Auch hier gilt, daß seit Änderung der Vorschrift des § 1634 durch das SorgeRG und der sich daraus ergebenden Erweiterung seiner Kompetenz der Umgangsberechtigte negativ wie positiv über die Anwesenheit Dritter befinden kann. Denn § 1634 Abs 2 S 1 verweist auf § 1632 Abs 2. Mißbräuchen durch den Umgangsberechtigten kann das Familiengericht jederzeit steuern. Diese Grundsätze gelten auch bei der Beantwortung der Frage, ob der sorgeberechtigte Elternteil gegen den Willen des Umgangsberechtigten verlangen kann, daß der Umgang in Anwesenheit einer Aufsichtsperson (**Überwachungspfleger**) stattfindet (OLG München JFG 15, 253). Eine solche Einschränkung des alleinigen Gestaltungs- und Umgangsbestimmungsrechts des nicht sorgeberechtigten Elternteils während der Dauer des Umgangs kann der sorgeberechtigte Elternteil nur verlangen, wenn und soweit das Kindeswohl dies erfordert (OLG Hamm NJW 1967, 446 = ZBlJR 1967, 199). Stets ist zu beachten, daß die Einschränkung des Umgangsrechts durch Beiordnung eines »Aufpassers« zum Wohle des Kindes **erforderlich** sein muß. Denn die gegen den Willen des Umgangsberechtigten verordnete Gegenwart eines Dritten, die die »Assoziation mit Strafanstalten hervorzurufen« geeignet ist (Gernhuber § 53 III 4 Fn 16), führt häufig zur Verbitterung des umgangsberechtigten Elternteils und stört dadurch

* BayObLGZ 1969, 194 = NJW 1969, 1767 = MDR 1969, 927 = FamRZ 1969, 551 = ZBlJR 1970, 237; OLG Celle FamRZ 1970, 209 (LS) = NdsRpfl 1970, 43; OLG Stuttgart NJW 1978, 380 = FamRZ 1978, 203 (LS) = Justiz 1978, 110 = DAVorm 1978, 56; KG FamRZ 1978, 729; OLG Düsseldorf FamRZ 1979, 859 = FRES 5, 123; OLG Hamm FamRZ 1982, 93; Erman-Ronke Rz 20; Johannsen-Heinrich-Jaeger Rz 32; vgl im übrigen oben Rz 59 ff.

gerade die reibungslose Abwicklung des Umgangs. Die Eingriffsschwelle ist hoch, ebenso hoch, wie wenn es um den Ausschluß oder die Einschränkung des Umgangsrechts überhaupt geht: In das natürliche Elternrecht des umgangsberechtigten Elternteils darf nur eingegriffen werden, wenn dies zum Wohle des Kindes erforderlich ist (vgl im einzelnen oben Rz 28ff).

hh) Auflagen 244

Das Familiengericht kann die Umgangsordnung mit besonderen Auflagen versehen, wenn das Wohl des Kindes dies erfordert. Derartige Auflagen können auch nachträglich durch besondere Anordnung ausgesprochen werden, wenn sich die Notwendigkeit dafür während der Durchführung des Umgangs ergibt.

So kann das Familiengericht dem nicht sorgeberechtigten Elternteil aufgeben, sich 245
jeder negativen Beeinflussung des Kindes während des Umgangs zu enthalten (Ausfluß des Wohlverhaltensgebots, § 1634 Abs 1 S 2). Dies wird allerdings nur angebracht sein, wenn das Gericht einen konkreten Anhalt dafür hat, daß der nicht sorgeberechtigte Elternteil gegen das Wohlverhaltensgebot verstoßen hat oder verstoßen wird; andernfalls setzt eine solche Auflage diesen Elternteil ohne Grund herab. Wird ein solches Gebot ausgesprochen, sollte es tunlichst mit einer Zwangsgeldandrohung gem § 33 FGG verbunden werden, um seine Wirkung zu erhöhen.*

Das Familiengericht kann dem Umgangsberechtigten verbieten, bestimmte Dinge 246
vor dem Kind zur Sprache zu bringen (KG KGJ 51, 31, 34) und sich bei der Anrede des Kindes eines anderen als des vom Sorgeberechtigten bestimmten Rufnamens des Kindes zu bedienen (OLG München DFG 1943, 112). Es kann dem Umgangsberechtigten aufgeben, außerhalb der Umgangszeit jeglichen – auch zufälligen – Kontakt mit dem Kinde zu unterlassen. Dies muß das Familiengericht jedoch ausdrücklich anordnen, und es kann dies nur, wenn das Wohl des Kindes es erfordert. Andernfalls läßt sich eine solche Unterlassungspflicht nicht durchsetzen (OLG Hamm OLGZ 1966, 205 = NJW 1966, 784 [LS] = FamRZ 1966, 254 = ZBlJR 1966, 269; Schwoerer, Sonderfragen zur elterlichen Gewalt, Nachtrag XVII Rz 79).

Nicht zulässig ist die Koppelung der Umgangsregelung mit der Erfüllung der 247
Unterhaltspflicht durch den Umgangsberechtigten. Denn Unterhaltsfragen haben mit dem Umgangsrecht grundsätzlich nichts zu tun.**

ii) Abweichungen 248

Beruht der Sorgerechtsverlust nicht auf Trennung oder Scheidung der Eltern, sondern auf Entziehung oder Verwirkung der elterlichen Sorge oder aber auf Ehelicherklärung oder Adoption des Kindes, so können Abweichungen für die Regelung des Umgangs in Betracht kommen, soweit es Ort, Zeit und Art des

* OLG München DFG 1943, 112; BayObLGZ 1961, 119 = NJW 1961, 1581 = MDR 1961, 770 = FamRZ 1961, 381: Verbot abweichender religiöser Beeinflussung des Kindes; Z 1963, 231 = NJW 1963, 2276 = MDR 1963, 1013 = JZ 1964, 181 = FamRZ 1963, 581; Z 1964, 28, 32 = NJW 1964, 1324 = MDR 1964, 506 = FamRZ 1964, 217 = ZBlJR 1964, 302: Verbot, Kind bis in die späten Abendstuben am Gasthausbesuch teilnehmen zu lassen oder das Kind zu Rennsportveranstaltungen mitzunehmen; MünchKomm-Hinz Rz 33; Soergel-Strätz Rz 20.

** In zeitlicher Reihenfolge: BayObLGZ 32, 364; KG ZBlJR 1937/38, 353; OLG Düsseldorf ZBlJR 1955, 274; vgl auch OLG Celle ZBlJR 1954, 86; OLG Hamm FamRZ 1966, 317 = ZBlJR 1966, 302 = JMBlNRW 1966, 188 und BGH NJW 1987, 893 = FamRZ 1987, 356 aE für den Fall des Betreuungsunterhalts gem § 1570 BGB; Palandt-Diederichsen Anm 2 b; Dölle § 98 IV aE; Martiny 309, 325.

Umgangs angeht. Zahl und Dauer der Kontakte werden im allgemeinen geringer zu bemessen sein. Häufig wird das Verhalten des umgangsberechtigten Elternteils, das zum Verlust des Sorgerechts geführt hat, auch Anlaß sein, den Umgang nicht in der Wohnung des Elternteils zuzulassen, eventuell auch nur unter Hinzuziehung einer Aufsichtsperson.

249 Bei Kindern, die in Familienpflege leben und bei denen das Vormundschaftsgericht eine Verbleibensanordnung getroffen hat, § 1632 Abs 4, ist Art, Zahl und Dauer des Umgangs einerseits an dem Alter und der Belastbarkeit des Kindes, andererseits an der Dauer der bestehenden Familienpflege und schließlich daran zu messen, ob das Kind in absehbarer Zeit wieder zu den leiblichen Eltern zurückkehren kann (vgl oben Rz 141). Lebt das Kind in Fürsorgeerziehung, müssen sich Quantität und Qualität des Umgangs einerseits nach den Erfordernissen richten, die sich aus der Unterbringung des Kindes ergeben, andererseits nach den Gründen, die zur Anordnung der Fürsorgeerziehung geführt haben.

250 Ist dagegen die elterliche Sorge auf einen der beiden Elternteile nur vorläufig im Wege einer einstweiligen Anordnung übertragen worden (im isolierten Sorgerechtsverfahren oder während des Scheidungsverfahrens) oder sind noch **beide Elternteile Inhaber der elterlichen Sorge** (bloße Trennung, ohne daß ein Antrag nach § 1672 gestellt ist, und in Fällen der gemeinsamen elterlichen Sorge nach Scheidung), stellt sich die Frage, ob hier das Umgangsrecht großzügiger zu gestalten ist. Ein ähnliches Problem ergibt sich, wenn das Kind dauernd bei dem nicht sorgeberechtigten Elternteil lebt, in bezug auf das Umgangsrecht des sorgeberechtigten Elternteils. Die hM geht davon aus, daß dann, wenn die Elternehe noch nicht geschieden ist, eine freiere Auffassung am Platze sei (KG DFG 1943, 50). Weil dann das Moment der Umgewöhnung für das Kind entfalle und der Elternteil, bei dem das Kind lebe, unangemessen begünstigt würde, während der andere Elternteil in seinem Erziehungsrecht benachteiligt würde, wird zum Teil ein erheblich großzügigeres Umgangsrecht gewährt.*

251 Nach **aA** kommt eine generell großzügigere Behandlung dieser Fälle nicht in Betracht; entscheidend sei allein das Kindeswohl.**

252 Der letzteren Auffassung ist zuzustimmen. Der Umstand, daß im Falle gemeisamer elterlicher Sorge beide Eltern Inhaber des Erziehungsrechts sind, rechtfertigt **allein** noch kein Recht zum persönlichen Umgang in größerem Umfang als sonst. Denn durch die Trennung der Eltern ist die gemeinsame Erziehung und Betreuung der Kinder durch beide Eltern unmöglich geworden, so daß die Miterziehung des abwesenden Elternteils faktisch ausscheidet (KG OLGZ 1965, 102 = FamRZ 1965, 154, 155 aE). Berücksichtigt man, daß in diesen Fällen fast stets sehr junge Kinder betroffen sind (in den entschiedenen Fällen gingen alle Kinder noch nicht einmal zur Schule), so kann die Tatsache, daß beiden Eltern die elterliche Sorge zusteht, nicht dazu führen, daß die Kinder in zeitlicher Hinsicht mehr oder weniger zwischen den Eltern aufgeteilt werden. Die Schranke für die Ausdehnung des Umgangsrechts ist das Wohl des Kindes. Eine großzügigere Regelung ist aus der Sicht des Kindes nur vertretbar, wenn die Eltern getrennt leben, ohne sich zu befeinden, oder, falls zwischen ihnen ein Rechtsstreit (etwa die Scheidung) schwebt, die Kinder aus ihren

---

* OLG Bremen FamRZ 1956, 190; OLG Karlsruhe FamRZ 1958, 333; BayObLGZ 1966, 102 = NJW 1966, 1322 = MDR 1966, 760 = FamRZ 1966, 453 = Rpfleger 1967; 180; OLG Hamm FamRZ 1968, 527; MünchKomm-Hinz Rz 24; Soergel-Strätz Rz 22 und 12; Schwoerer, Sonderfragen der elterlichen Gewalt, Nachtrag S XVII; Gernhuber § 53 III 12).

** KG JFG 2, 81, 83 = JW 1925, 377 m Anm Blume für den Fall, daß das Kind bei dem nicht sorgeberechtigten Elternteil lebt; KG OLGZ 1965, 102 = FamRZ 1965, 154; OLG Saarbrücken FamRZ 1983, 1054; LG Heilbronn Justiz 1974, 126; Vollertsen ZBlJR 1977, 230, 241; Dürr 25.

Auseinandersetzungen heraushalten (LG Heilbronn Justiz 1974, 126; iE ebenso MünchKomm-Hinz Rz 24).

G. Einschränkung und Ausschluß des Umgangs (§ 1634 Abs 2 Satz 2)

I. Rechtsentwicklung 253

Bei Schaffung des BGB ging der Gesetzgeber davon aus, daß dem nicht sorgeberechtigten Elternteil der Umgang mit dem Kinde nicht gänzlich versagt werden dürfe. Die Rechtsprechung nach der Jahrhundertwende sah ihren Weg durch die Motive zum BGB und durch die Reichstagsverhandlungen vorgezeichnet. Schon nach dem bis dahin geltenden Landesrecht, insbesondere dem PrALR II, 2, § 101, § 102, sollte die Verkehrsbefugnis ein „Recht" des vom Kinde getrennten Elternteils sein mit der Eigenschaft, nicht entziehbar zu sein. Daran wollte der Regierungsentwurf nichts ändern. Man fürchtete die „zu große diskretionäre Gewalt" des Richters und umgab sein Tätigkeitsgebiet von vornherein mit festen Grenzen, indem man ihm nur die Möglichkeit bot, „durch sachgemäße Anordnungen über Zeit, Ort und Bedingungen des Verkehrs" Gefahren für das Kind abzuwenden (Prot d Komm f d 2. Lesung des E zum BGB in Mugdan, Materialien IV 972). Damit brandmarkte man zugleich jeden anderen Versuch als mit dem Willen des Gesetzgebers in Widerspruch stehend (Reckert DFG 1938, 64, 65).

Die Rechtsprechung respektierte die Auffassung des Gesetzgebers bis in die zwanzi- 254
ger Jahre hinein und hielt eine Anordnung, die den Verkehr völlig untersagte oder der Untersagung im Ergebnis gleichkam, **strikt für unzulässig**.*

Das Kammergericht (KGJ 41, 11 = Recht 1912 Nr 2280 [LS] und Nr 2679 = 255
RJA 11, 254 = OLGE 24, 26) hatte der Entstehungsgeschichte der Vorschrift entnommen, daß das Verkehrsrecht auch bei Vorliegen der Voraussetzungen des § 1666 nicht entzogen werden könne. Das BayObLG (Z 25, 418 = JFG 4, 37 = JR 1927 Nr 133 = ZBlJR 1927/28, 271 Nr 9) hatte hieraus gefolgert, selbst im Falle der Schikane des Verkehrsberechtigten (keinerlei Unterhaltszahlung für Mutter und Kind, kein echtes Interesse am Kind, ausschließliche Absicht, die Frau zu belästigen) könne das Verkehrsrecht nicht ausgeschlossen werden. § 226 sei nicht anwendbar; auch wenn das Kindeswohl durch den Verkehr aufs schwerste gefährdet werde, komme ein Ausschluß nach § 1666 nicht in Betracht.

Eine Lockerung dieser strengen Handhabung trat nur insofern ein, als der Verkehr 256
zeitweise oder auch dauernd ausgesetzt werden konnte – als letztes Mittel –, wenn er mit Gefahr für Leib oder Leben des Kindes verbunden war, der auch durch die Verkehrsgestaltung nicht begegnet werden konnte (BayObLGZ 18, 60 = Recht 1917 Nr 1278 [LS]; KG KGJ 53, 30; JFG 4, 33 = JR 1926 Nr 810 = ZBlJR 1927/28, 271 Nr 8; OLG München JFG 6, 53). Im Beschluß vom 1. 7. 1936 (JFG 14, 26) setzte sich das OLG München mit § 1666 auseinander und kam zu dem Ergebnis, daß auch im Familienrecht § 226 anzuwenden sei, gelangte aber trotz ungünstiger Eigenschaften des Vaters nicht zu einem Ausschluß. In einem Beschluß vom 28. 4. 1937 (JFG 15, 288) wandte das OLG München sodann § 1666 an, aber nur bei Leib- und Lebensgefahr für den Minderjährigen. Nach der Entscheidung des RG

* In zeitlicher Reihenfolge: OLG Darmstadt OLGE 11, 297; KG KGJ 41, 11 = Recht 1912 Nr 2280 (LS); Nr 2679 = RJA 11, 254 = OLGE 24, 26; BayObLG Recht 1914 Nr 68; KG OLGE 31, 402; BayObLG Z 16, 45; KG RJA 15, 4 = OLGE 33, 356; BayObLG Z 18, 60 = Recht 1917 Nr 1278 (LS); Z 19, 233; Z 23, 163 = JFG 2, 80 = JW 1926, 1572; Z 25, 418 = JFG 4, 37 = JR 1927 Nr 133 = ZBlJR 1927/28, 271 Nr 9; Z 29, 111 = JFG 6, 53.

vom 14. 1. 1937 (RGZ 153, 238 = JFG 14, 515 = JW 1937, 928 = HRR 1937 Nr 560 = DJ 1937, 360 = ZBlJR 1937/38, 41), welches das Umgangsrecht als Restbestandteil des Sorgerechts ansah und damit die Entziehbarkeit des Verkehrsrechts nach § 1666 ermöglichte, schloß das KG im Beschluß vom 10. 9. 1937 (JFG 16, 178 = DFG 1937, 207 = DJ 1937, 1783) den Verkehr einer nach seiner Ansicht ehrlosen und unsittlich lebenden Mutter mit dem Kinde gem § 1666 aus, ohne auf Leib- und Lebensgefahr abzustellen (ebenso OLG München JW 1939, 289; KG DFG 1937, 183 = ZBlJR 1937/38, 307; DFG 1938, 133 = JW 1938, 2211; s auch Reckert DFG 1938, 64, 65). Doch wurde auch jetzt noch große Zurückhaltung geübt; regelmäßig verneinte die Rechtsprechung die Voraussetzungen für einen Ausschluß.

257 Erst das EheG 1938 räumte dem Vormundschaftsgericht in § 82 Abs 2 S 2 ausdrücklich das Recht ein, den Verkehr für bestimmte Zeit oder dauernd auszuschließen, „wenn dies aus besonderen Gründen dem Wohl des Kindes dient". Damit sollte Unzuträglichkeiten, die sich erfahrungsgemäß aus einer mißbräuchlichen Ausnutzung des Verkehrsrechts ergeben, wirkungsvoll begegnet werden (amtliche Begründung DJ 1938, 1112). Danach kam die Anordnung des Ausschlusses insbesondere dann in Betracht, wenn der nicht sorgeberechtigte Elternteil ohne Rücksicht auf das Kind seine Zusammenkünfte mit diesem dazu mißbrauchte, die Erziehungstätigkeit des anderen Elternteils zu stören, oder wenn er versuchte, bei dem Kind Liebe, Achtung und Gehorsam gegenüber dem sorgeberechtigten Elternteil zu untergraben (Massfeller, Das neue Ehegesetz [2. Aufl 1939] § 82 III). Das EheG 1946 übernahm diese Regelung in der Fassung des § 75 unverändert.

258 Das GleichberG führte mit § 1634 die Verkehrsregelungsvorschrift in das BGB zurück und regelte in Abs 2 S 2, daß das Vormundschaftsgericht den Verkehr für eine bestimmte Zeit oder dauernd ausschließen könne, wenn dies zum Wohle des Kindes erforderlich sei. Eine **sachliche Änderung** war mit dieser sprachlichen Neufassung **nicht** beabsichtigt (Massfeller-Reinicke Beilage zu BAnz v 26. 3. 1957, 8: „... bestimmt § 1634 Abs 2 ... in sachlicher Übereinstimmung mit § 75 Abs 2 EheG 46, daß das Vormundschaftsgericht ..." Auf diese Beilage verweist der zur sprachlichen Änderung schweigende schriftliche Bericht BT-Drucks 2/3409; Massfeller-Reinicke GleichberG 1958 § 1634 Anm 1: „§ 1634 hat den § 75 EheG übernommen und die Regelung auf das gesamte Gebiet der elterlichen Gewalt ausgedehnt"; ebenso H Krüger in: Krüger-Breetzke-Nowack Rz 1: „§ 1634 entspricht wörtlich dem § 75 EheG"; Knöpfel FamRZ 1983, 317, 323; **aA:** OLG Karlsruhe FamRZ 1958, 332, 333).

259 Das 1. EheRG 1976 und das SorgeRG 1979 haben an der Fassung nichts geändert. Zwar enthielten der Regierungsentwurf vom 2. 5. 1974 (BT-Drucks 7/2060) und der Fraktionenentwurf vom 10. 2. 1977 (BT-Drucks 8/111) den Formulierungsvorschlag, das Familiengericht könne die Befugnis ausschließen oder einschränken, **soweit** dies zum Wohl des Kindes erforderlich sei. Das SorgeRG vom 18. 7. 1979 ist jedoch zu der seit dem 1. 7. 1958 geltenden Fassung zurückgekehrt (**wenn** dies zum Wohl des Kindes erforderlich ist), »um sprachlich korrekt dem Umstand Rechnung zu tragen, daß die Befugnis auch gänzlich ausgeschlossen werden kann. Für diesen Fall wäre „soweit" nicht passend« (BT-Drucks 8/2788, 55). Seit dem SorgeRG ergibt sich nunmehr auch aus der unterschiedlichen Fassung von § 1671 Abs 5 Satz 1 und 2, daß der Passus „zum Wohle des Kindes **erforderlich**" eine niedrigere Eingriffsschwelle bildet als die **Gefährdung** des Kindeswohls (Knöpfel FamRZ 1983, 317, 323): Die Bestellung eines Unterhaltspflegers, § 1671 Abs 5 S 2, die vorgenommen werden soll, wenn dies zum Wohle des Kindes **erforderlich** ist, setzt keine Gefährdung seines Wohles voraus. Grund allein ist hier der elterliche Interessenkonflikt (Jo-

HANNSEN-HENRICH-JAEGER § 1671 Rz 95); dagegen setzt das Familiengericht einen Sorgerechtsvormund oder Pfleger ein, wenn dies erforderlich ist, um eine Gefahr für das Wohl des Kindes abzuwenden. **Diese** Eingriffsvoraussetzung ist mit der des § 1666 identisch (JOHANNSEN-HENRICH-JAEGER § 1671 Rz 92).

Die zur Frage des Ausschlusses ergangene Rechtsprechung umfaßt mithin verschiedene Stadien gesetzlicher Regelung: Bis zu den zwanziger Jahren gab es überhaupt keine Ausschlußmöglichkeit, bis zur Mitte der dreißiger Jahre ließ die Rechtsprechung zunehmend einen Ausschluß nach § 1666 unter den hiernach geforderten Voraussetzungen zu; seit dem Inkrafttreten des EheG 1938 (über § 75 EheG 1946 bis zur geltenden Fassung § 1634) besteht dagegen eine großzügigere Einschränkungs- und Ausschlußmöglichkeit (OLG München JW 1939, 289). Durch diesen Zeitspiegel müssen auch Schrifttum und Rechtsprechung gesehen und eingeordnet werden: So gibt eine Entscheidung aus dem Jahre 1937 (unter der Herrschaft des § 1666) für die Beurteilung einer Entscheidung aus den Jahren 1947, 1959 oder 1985 nichts her. **260**

II. Eingriffsvoraussetzungen

1. Rechtfertigung des Eingriffs **261**

Durch die Formulierung, die das GleichberG § 1634 Abs 2 S 2 gegeben hat („wenn ... erforderlich ist"), sind die Voraussetzungen, unter denen der Umgang eingeschränkt oder ausgeschlossen werden darf, gegenüber dem davor geltenden Recht nicht verschärft worden.*

Durch die jetzige Formulierung ist die Vorschrift des Abs 2 S 2 keineswegs den Eingriffsvoraussetzungen des § 1666 („die zur Abwendung der Gefahr erforderlichen Maßnahmen") und denen des § 1671 Abs 5 S 1 („erforderlich, um eine Gefahr für das Wohl des Kindes abzuwenden") angeglichen worden, wie ein Vergleich mit § 1671 Abs 5 S 2 zeigt. § 1634 Abs 2 S 2 ist gegenüber § 1666 Abs 1 lex specialis (SOERGEL-STRÄTZ Rz 27). Ebenso wie bei § 1671 Abs 5 S 2 (Bestellung eines Unterhaltspflegers) bedarf es **keiner Gefährdung** des Kindeswohls, um eine Einschränkung oder den Ausschluß des Umgangsrechts zu rechtfertigen (JOHANNSEN-HENRICH-JAEGER Rz 34; KNÖPFEL FamRZ 1983, 317, 323; GIESEN NJW 1972, 225, 228; SIMITIS in GOLDSTEIN-FREUD-SOLNIT 101 f; LEMPP ZBlJR 1981, 283, 287). Die Eingriffsschwelle wird von der hM zu hoch angesetzt.** Wenn der BGH annimmt, in das Umgangsrecht dürfe (nur) eingegriffen werden, um eine Gefährdung der körperlichen oder seelischen Entwicklung des Kindes abzuwenden (NJW 1980, 454 = FamRZ 1981, 131, 132), das Wohl des Kindes müsse durch die Beziehung des Kindes zum nicht sorgeberechtigten Elternteil gefährdet oder beeinträchtigt und seine Entwicklung gefährdet sein (FamRZ 1984, 1084, 1085), so setzt er die Ein- **262**

* Ebenso KNÖPFEL FamRZ 1983, 317, 323 unter Berufung auf MASSFELLER/REINICKE Beilage zum BAnz vom 26. 3. 1957, BT-Drucks 2/3409 und oben Rz 258; **aA:** OLG Freiburg Rpfleger 1950, 425 und OLG Karlsruhe FamRZ 1958, 332 sowie SCHWOERER in der Vorauflage Rz 82, der annimmt, die geltende Formulierung entspreche der Bedeutung des Elternrechts mehr als vorher. Die Beratungen zu dem GleichberG bestätigen diese Annahme SCHWOERERS nicht.

** BVerfGE 31, 194, 209 = NJW 1971, 1447 = MDR 1971, 905 = FamRZ 1971, 421 = ZBlJR 1971, 315 = Rpfleger 1971, 300; E 64, 180 = NJW 1983, 2491 = JZ 1983, 703 = FamRZ 1983, 872 = ZBlJR 1983, 427 = DAVorm 1983, 727 (LS); BGH LM § 1634 Nr 5 = NJW 1980, 454 = MDR 1980, 386 = FamRZ 1980, 131 = DAVorm 1980, 32 = FRES 5, 202 = FamRZ 1984, 1084 = EzFamR BGB § 1634 Nr 2; OLG Stuttgart NJW 1981, 404 = Justiz 1981, 211 m Anm LEMPP ZBlJR 1981, 282; MünchKomm-HINZ Rz 42; ERMAN-RONKE Rz 27; PALANDT-DIEDERICHSEN Anm 3 b; JAUERNIG-SCHLECHTRIEM Anm 3 c; ROLLAND Rz 13.

griffshürde unangemessen hoch an. Denn sie entspricht derjenigen aus § 1666 und 1671 Abs 5 S 1, ohne daß der Grund des staatlichen Eingriffs und dessen Ziel identisch sind: Das Tätigwerden des Staates im Rahmen der Umgangsregelung ist darauf gerichtet, den **Ausgleich** zwischen den beiden eigenständigen und durch das Elternrecht aus Art 6 Abs 2 GG geschützten Rechtspositionen der Eltern vorzunehmen. Den gegenüber dem Staat bestehenden Elternvorrang als Erziehungsträger tastet das Gericht dabei, anders als in §§ 1666, 1671 Abs 5 S 1 nicht an. Deshalb ist der hier in Rede stehende staatliche Eingriff nicht an die strengen Voraussetzungen gebunden, die für einen **Eingriff** in das **elterliche Erziehungsrecht** vorliegen müssen.* Die Beschränkung des Umgangs hat nicht zur Folge, daß anstelle der Eltern der Staat die Betreuung und Erziehung des Kindes übernimmt. Anordnung wie Aufhebung von gerichtlichen Umgangsbeschränkungen sind deshalb an geringere Voraussetzungen als in §§ 1666, 1671 Abs 5 S 1 gebunden.

263 Das Umgangsrecht hat, anders als das Erziehungsrecht, nichts Statisches, es ist dem raschen Wechsel der Verhältnisse unterworfen, dem es erforderlichenfalls in flexibler Weise angepaßt werden muß (siehe oben Rz 145 ff). Wird das Umgangsrecht eingeschränkt oder ausgeschlossen, weil dies derzeit dem Wohl des Kindes entspricht, so ist bei geänderter subjektiver wie objektiver Situation die Wiedereinräumung des Umgangsrechts jederzeit möglich, ohne daß etwa der von der Umgangsbeschränkung Betroffene die Feststellungslast hätte, daß der Umgang jetzt das Wohl des Kindes nicht mehr gefährde.

264 Weil auch bei beschränkenden Maßnahmen das Wohl des Kindes oberste Richtschnur ist (BVerfGE 31, 194) und das Persönlichkeitsrecht des Kindes Rücksichtnahme auf seine Bedürfnisse und kindlichen Möglichkeiten fordert (BGH NJW 1980, 454 = FamRZ 1980, 131), reichen mithin **triftige, das Kindeswohl nachhaltig berührende Gründe**, die besorgen lassen, daß ohne Einschränkung oder Ausschluß des Umgangsrechts eine ungünstige Entwicklung des Kindes eintreten kann, für Maßnahmen nach § 1634 Abs 2 S 2 aus.** Freilich sind die Grenzen zwischen derartigen Gründen und der Gefährdung des Kindeswohls fließend. Festzuhalten ist aber, daß es im Rahmen des § 1634 Abs 2 S 2 Gründe gibt, die die Eingriffsschwelle der §§ 1666, 1671 Abs 5 S 1 nicht erreichen, gleichwohl aber eine Umgangsbeschränkung rechtfertigen können. Wiegt die ungünstige Entwicklung, die das Kind durch den Umgang zu erleiden droht, schwerer als die Beeinträchtigung, die bei ihm durch die Beschränkung des Umgangs eintritt, so kann nur die Beschränkung des Umgangs die Folge sein.

Verschulden des Umgangsberechtigten ist für beschränkende Maßnahmen nicht erforderlich.

265 Für den Ausschluß bedarf es **konkreter, gegenwärtiger Gründe,** die das Wohl des Kindes nachteilig berühren. Vom Sorgeberechtigten behauptete Beschwerden reichen hierfür allein nicht aus. Denn vielfach sucht der sorgeberechtigte Elternteil sein Bedürfnis nach einem Schlußstrich unter die Beziehung zu dem früheren Ehegatten auf die Kinder auszudehnen (OLG Bamberg FamRZ 1984, 507), während die Kinder im allgemeinen eine Beziehung zu beiden Elternteilen wollen und

---

* BVerfGE 7, 320, 323 = NJW 1958, 865; E 24, 119, 138, 142 = NJW 1968, 2233 = FamRZ 1968, 578 = ZBlJR 1969, 24 = DAVorm 1968, 324; E 31, 194 = NJW 1971, 1447 = MDR 1971, 905 = FamRZ 1971, 421 = ZBlJR 1971, 315; bestätigt durch E 64, 180 = NJW 1983, 2491 = JZ 1983, 703 = FamRZ 1983, 872 = ZBlJR 1983, 427 = DAVorm 1983, 727 (LS).

** OLG Stuttgart NJW 1978, 380 = FamRZ 1978, 203 (LS) = DAVorm 1978, 56 = Justiz 1978, 110; NJW 1978, 1593 = ZBlJR 1978, 444; Johannsen-Henrich-Jaeger Rz 34; Knöpfel FamRZ 1983, 317, 323; Dürr 16; Simitis in: Goldstein-Freud-Solnit 111; Lempp ZBLJR 1981, 287.

brauchen (FTHENAKIS, Väter, Band 2, 82). Der sorgeberechtigte Elternteil hat die Möglichkeit, das Kind in seelische Konflikte zu stürzen mit der Folge, daß er dadurch häufig faktisch allein darüber entscheidet, ob das Kind und der andere Elternteil einander sehen (OLG Frankfurt FamRZ 1984, 614, 615 = DAVorm 1984, 920 [LS]). Das Familiengericht muß die konkreten Gründe feststellen. Dazu muß es von Amts wegen alle Umstände vollständig aufklären (§§ 12, 50 a bis 50 c FGG, § 48 a Abs 1 Nr 4 JWG), die für die Beurteilung des Kindeswohls im Blick auf den Umgang mit dem anderen Elternteil von Bedeutung sind (Alter, Gesundheit, sonstige Lebensverhältnisse des Kindes in Schule, Kindergarten, Freizeit, Befindlichkeit in seiner jetzigen Familie, Lebensverhältnisse des umgangsberechtigten Elternteils, Stiefelternteile, Geschwister, Halb- und Stiefgeschwister, menschliche Beziehungen und Bindungen des Kindes an seine beiden Eltern, Erfahrungen mit den bisherigen Besuchen, Ursachen aufgetretener Konflikte – ohne sie müßte das Familiengericht nicht regeln! –, evtl Verhaltensstörungen des Kindes). Erforderlichenfalls muß die seelische Verfassung des Kindes durch ein kinderpsychologisches oder kinderpsychiatrisches Sachverständigengutachten geklärt werden.

Andere als das Kindeswohl nachhaltig berührende Gründe rechtfertigen Umgangs- 266
beschränkungen **nicht**. Weder kommt die Beschränkung als **Strafmaßnahme** gegen den Umgangsberechtigten in Betracht noch als **Druckmittel**, etwa zur Hebung seiner Unterhaltsmoral.*

Auch dürfen Beschränkungen nicht allein zum Zwecke der **Schonung** der Gefühle 267
des Sorgeberechtigten angeordnet werden.** Freilich sind auch hier die Grenzen fließend: Gründe, die die Gefühle des Sorgeberechtigten verletzen, führen sehr häufig **zugleich** zu einer Beeinträchtigung des Kindes und lassen Befürchtungen für seine Entwicklung aufkommen (vgl AG Frankfurt Streit 1986, 69). Beschränkungen dürfen nicht deswegen angeordnet werden, um der Furcht der Mutter zu begegnen, daß das letzte ihrer drei Kinder zum Vater überwechseln könnte, es sei denn, durch eine solche Übersiedlung würde zugleich auch die Entwicklung des Kindes nachhaltig ungünstig beeinflußt (OLG Stuttgart NJW 1978, 1593 = ZBlJR 1978, 444).

Hetzt der Umgangsberechtigte das Kind gegen den sorgeberechtigten Elternteil auf, 268
so kommt eine beschränkende Maßnahme ebenfalls **nicht** zum Schutz des Sorgeberechtigten in Betracht. Wird aber durch dieses mißbräuchliche Verhalten **zugleich** das Seelenleben des Kindes gefährdet, indem das Kind mit Abscheu, Verachtung und Haß gegen den umgangsberechtigten Elternteil erfüllt wird, wird das Kind dadurch verängstigt und bildet sich bei ihm ein Widerwille gegen diesen Elternteil (OLG Schleswig SchlHAnz 1957, 101 = ZBlJR 1957, 276), so muß **deshalb** das Umgangsrecht beschränkt, uU sogar gänzlich ausgeschlossen werden. Dasselbe gilt, wenn der nicht sorgeberechtigte Elternteil in einem „Privatkrieg", den er gegen den anderen Elternteil führt, das Umgangsverfahren als Teil einer Gesamtstrategie betreibt, um sich für das ihm angetane Unrecht zu rächen. Auch hier kommt eine

* KG RJA 12, 3; DFG 43, 141; OLG Celle ZBlJR 1954, 86; OLG Düsseldorf ZBlJR 1955, 274; BayObLG 1957, 134, 145 = FamRZ 1958, 470 (LS) = EJF A III Nr 14 und B II Nr 11; OLG Hamm FamRZ 1966, 317 = ZBlJR 1966, 302 = JMBlNRW 1966, 188; KG FamRZ 1968, 260, 261; BayObLGZ 67, 412 = MDR 1968, 326 = FamRZ 1968, 269, 271; ZBlJR 1978, 372 = DAVorm 1978, 552 (LS); SOERGEL-STRÄTZ Rz 29; PALANDT-DIEDERICHSEN Anm 2 b; GERNHUBER § 53 III 11; DÖLLE § 98 IV; MARTINY, 309, 325; **krit:** KG ZBlJR 1978, 372 = DAVorm 1978, 552 (LS) für den Fall, daß das 12jährige Kind selbst das Ausbleiben der Unterhaltszahlung als Lieblosigkeit empfindet, und AG Ingolstadt DAVorm 1967, 24 sowie STEFFEN ZBlJR 1979, 129, 133.

** OLG Stuttgart NJW 1978, 380 = FamRZ 1978, 203 (LS) = DAVorm 1978, 56 = Justiz 1978, 110; KG FamRZ 1978, 729, 730; OLG Bamberg FamRZ 1984, 507; MünchKomm-HINZ Rz 43 a; SOERGEL-STRÄTZ Rz 29; PALANDT-DIEDERICHSEN Anm 3 b; GERNHUBER § 53 III 11.

Beschränkung nicht zur Schonung des anderen Elternteils, sondern allein deswegen in Betracht, weil der betroffene sensible aufgeweckte 13jährige Jugendliche, dem diese extremen Streitigkeiten nicht verborgen geblieben sind, der Zerreißprobe eines Umgangs zu seinem Schutz derzeit nicht ausgesetzt werden darf (KG FamRZ 1980, 399). Auch wenn der umgangsberechtigte Elternteil den Umgang zu weiteren Auseinandersetzungen mit dem anderen Elternteil vor den Augen und Ohren des Kindes nutzt, kommt ein Ausschluß allein deswegen in Betracht, weil das Kind darunter leidet (OLG Stuttgart NJW 1979, 1168 [LS] = DAVorm 1980, 521 [LS]; AG Gelsenkirchen Streit 1987, 65).

269 **2. Eingriffsarten und richterliche Gestaltung des Eingriffs**

Da die Intervention des Staates in § 1634 Abs 2 S 2 der Gefahrenabwehr dient, gilt das Prinzip des jeweils mildesten Eingriffs, also der **Grundsatz der Verhältnismäßigkeit** (MünchKomm-Hinz Rz 42; Soergel-Strätz Rz 27; Johannsen-Henrich-Jaeger Rz 34; Gernhuber § 53 III 11; Rolland Rz 13). Zum Wohle des Kindes kann die Beschränkung nur erforderlich sein, wenn die dem Kinde drohende ungünstige Entwicklung nicht durch andere Maßnahmen, nämlich durch eine sachgemäße Anordnung über Ort, Zeit und Art des Umgangs (MünchKomm-Hinz Rz 42; Soergel-Strätz Rz 37; Erman-Ronke Rz 27; Palandt-Diederichsen Anm 3 b; Johannsen-Henrich-Jaeger Rz 34; Gernhuber § 53 III 11) abgewendet werden kann. **Einschränkungen** des Umgangs gehen dem **völligen Ausschluß** vor. Wirkt sich ungünstig allein die **Umgebung des Umgangsberechtigten** aus, so ist allein die örtliche oder persönliche Umgebung zu ändern. So ist für das Wohl eines 12jährigen Mädchens nicht schon deshalb der vollständige Ausschluß des Umgangs nötig, weil die Mutter der Prostitution nachgeht (OLG Braunschweig MDR 1962, 132); durch sachgemäße Anordnungen über Zeit, Ort und sonstige Bedingungen des Umgangs lassen sich Beeinträchtigungen des Wohles des Kindes vermeiden. Dasselbe gilt bei anstößigem Lebenswandel des Vaters (OLG Celle ZBlJR 1956, 137) und bei angeblich bedenklicher Lebensführung der Mutter nach Vorstrafe wegen Münzverbrechens (OLG München JFG 14, 189 = Recht 1936 Nr 9092).

270 Daß die umgangsberechtigte Mutter einen Freund hat, mit dem sie ein gemeinsames Kind hat, rechtfertigt es nicht, ihren Umgang mit ihrem 7jährigen Sohn aus der geschiedenen Ehe auszuschließen. Weder bringt es dem Kinde seelischen Schaden noch wird das Kind seelisch gefährdet, wenn es alle 14 Tage für einige Stunden seine Mutter besucht, selbst wenn der Freund der Mutter bei diesem Besuch des Kindes einmal erscheint (OLG Schleswig MDR 1957, 420).

271 Ist der umgangsberechtigte Vater **inhaftiert**, so führt diese Tatsache allein noch nicht zum Umgangsausschluß (BayVerfGH NJW 1973, 1644 = MDR 1973, 912 = FamRZ 1974, 37 = ZBlJR 1974, 448 = DAVorm 1975, 173 [LS]; **krit:** Becker RdJ 1975, 344, 347; OLG Hamm FamRZ 1980, 481 [LS]; BGH FamRZ 1984, 1084 = EzFamR BGB § 1634 Nr 2). Aber die Umgebung des Umgangsberechtigten eignet sich nicht zur Durchführung des Umgangs. In Frage kommt die Wahl eines unverfänglichen, das Kind nicht belastenden Umgangsorts (Verwaltungsgebäude der Haftanstalt, Wohnung des Bewährungshelfers, BayVerfGH NJW 1973, 1644 = FamRZ 1974, 37) oder die Beschränkung des Umgangs auf die Zeit des Hafturlaubs mit der weiteren Anordnung, daß der Umgang nur in der Wohnung der Eltern des umgangsberechtigten Vaters, also der Großeltern des Kindes, durchzuführen ist (BGH FamRZ 1984, 1084). Gibt es keine derart neutralen Umgangsorte und verlangt der Umgangsberechtigte den Besuch des Kindes in der Haftanstalt, so scheidet ein Besuch aus. Hier kommt allein der Ausschluß in Betracht (KG FamRZ 1968, 260, 261: Ausschluß des Besuchs eines 16jährigen Mädchens im

Zuchthaus, in dem der umgangsberechtigte Vater wegen eines an einer damals acht Jahre alten Freundin des Mädchens begangenen Sittlichkeitsverbrechens für zehn Jahre einsitzt, weil durch solche Besuche die Erinnerung an die Umstände wieder aufgefrischt würden, die zur Verurteilung des Vaters geführt hatten).

Drohen **Übergriffe** des Umgangsberechtigten **in die Kompetenz des Sorgeberechtigten** (eigene Erziehungsversuche, religiöse Beeinflussung, Untergrabung der Autorität, Entführung und Verbringung des Kindes, vgl unten Rz 303, oder allgemeine gesundheitliche Gefahren), so kann zur Vermeidung des Ausschlusses die Anwesenheit eines Dritten (**Überwachungspflegers**) angeordnet werden. Allerdings ist diese Maßnahme nicht nur faktisch, sondern wegen des alleinigen Bestimmungsrechts des Umgangsberechtigten während des Umgangs auch rechtlich problematisch (siehe oben Rz 65f, 243f), sie muß daher auf seltene Ausnahmefälle beschränkt sein; als Alternative darf ohne Überwachungspfleger nur der Ausschluß übrig bleiben.* **272**

Auch **zeitlich begrenzte Beschränkungsmaßnahmen** sind dem dauernden Ausschluß vorzuziehen.** Ebenso kommt die Beschränkung auf einige wenige Besuchskontakte in Betracht, um eine ungünstige Entwicklung des Kindes zu vermeiden.*** **273**

Auch kann das Familiengericht zur Beschränkung des Umgangs dem Umgangsberechtigten **Auflagen** machen, etwa bestimmte Themen oder Personen im Gespräch zu meiden, bestimmte Unternehmungen zu unterlassen (siehe oben Rz 244f), gewisse gesundheitliche Vorsichtsmaßnahmen zu treffen, bevor es zu einem Ausschluß gelangt. **274**

Greift das Familiengericht zu dem Instrument der zeitlichen Beschränkung, so muß es diese und deren Ende aus Gründen der Rechtsklarheit genau bezeichnen.**** Bei einem zeitweiligen Ausschluß muß nicht in jedem Fall in den Beschlußtenor ein Enddatum kalendermäßig eingesetzt werden, wenn das gemeinte Datum aus der Entscheidung nur sicher zu ermitteln ist (BGH FamRZ 1984, 1084, 1085 „bis zur Entlassung aus der Strafhaft“; dagegen nicht ausreichend: „für einige Monate“ AG Hamburg-Harburg Streit 1984, 143). Die einschränkende Entscheidung ist aufzuheben, wenn ihr Anlaß entfallen ist (BayObLGZ MDR 1982, 763 = FamRZ 1982, 958, 960 = ZBlJR 1982, 414 = Rpfleger 1982, 284), und zwar – analog § 1696 Abs 2 – auch ohne Antrag (Johannsen-Henrich-Jaeger Rz 34; Gernhuber § 53 III 11). **275**

---

* In zeitlicher Reihenfolge: KG KGJ 30, 44 = RJA 5, 225 = OLGE 11, 298; OLGE 12, 323, 324; KGJ 53, 30; OLG München JFG 15, 253 = ZBlJR 1937/38, 212; OLG Celle ZBlJR 1956, 137; OLG Schleswig SchlHAnz 1957, 101 = ZBlJR 1957, 276; OLG Celle ZBlJR 1962, 56; OLG Hamm ZBlJR 1967, 314, 315; BayObLGZ 1967, 412 = MDR 1968, 236 = FamRZ 1968, 269, 271; MünchKomm-Hinz Rz 42; Soergel-Strätz Rz 27; Palandt-Diederichsen Anm 3 b; Johannsen-Henrich-Jaeger Rz 34; Gernhuber § 53 III 11.

** In zeitlicher Reihenfolge: OLG Hamm ZBlJR 1967, 314, 315; AG Hagen DAVorm 1968, 191 (auf sechs Monate); OLG Düsseldorf FamRZ 1977, 827 („einstweilen“); OLG Stuttgart NJW 1978, 1593 = ZBlJR 1978, 444 (auf zwei Jahre); KG FamRZ 1980, 399 (zwei Jahre bei 13jährigem Jungen); BayObLG MDR 1982, 763f = FamRZ 1982, 958 = ZBlJR 1982, 414 = Rpfleger 1982, 284 (zwei bis drei Jahre bei 4jährigem Kind); OLG Frankfurt FamRZ 1983, 217 (zwei Jahre bei 13jährigem Mädchen); KG FamRZ 1986, 503 = EzFamR § 1634 Nr 3 m Anm Fthenakis-Oberndorfer (bei 10jährigem Jungen „vorübergehend“).

*** In zeitlicher Reihenfolge: OLG Hamm ZBlJR 1967, 314; AG Ingolstadt UJ 1974, 456 m Anm Deisenhofer (wenige Stunden); LG Heilbronn Justiz 1974, 126 (nur **ein** Besuch pro Monat); OLG Stuttgart NJW 1978, 380 = FamRZ 1978, 203 (LS) = DAVorm 1978, 56 = Justiz 1978, 110 (wenige Tage im Jahr); AG Bochum ZBlJR 1978, 373 = DAVorm 1978, 553 (LS) (ein monatlicher Besuch); KG FamRZ 1985, 639 (vier Stunden im Monat nach langer Entfremdung).

**** In zeitlicher Reihenfolge: OLG Celle ZBlJR 1956, 138; BayObLGZ 1967, 412 = MDR 1968, 326 = FamRZ 1968, 269 = KG FamRZ 1980, 399; BGH FamRZ 1984, 1084 = EzFamR BGB § 1634 Nr 2; MünchKomm-Hinz Rz 44; Soergel-Strätz Rz 24; Palandt-Diederichsen Anm 3 c; Johannsen-Henrich-Jaeger Rz 41; Rolland Rz 13.

276 Die Maßnahme des **völligen Ausschlusses** kommt nur aus zwingenden Gründen und als **äußerstes Mittel** in Betracht, wenn das Kind nur so vor ungünstigen Einflüssen des nicht sorgeberechtigten Elternteils wirksam geschützt werden kann.*

277 Liegen die Voraussetzungen für eine Beschränkung (Einschränkung, Ausschluß) vor, so **muß** das Familiengericht diese Maßnahme treffen; sie ist nicht in sein Belieben gestellt. § 1634 Abs 2 S 2 eröffnet kein Ermessen. Das Wort „kann" bringt lediglich die gerichtliche Entscheidungsbefugnis zum Ausdruck, von der dann Gebrauch gemacht werden muß („erforderlich ist"), wenn die im Gesetz genannten sachlichen Voraussetzungen vorliegen (Firsching, FamR [3. Aufl 1973] 122 Fn 295 mwN).

278 Schließt das Familiengericht den Umgang aus, so bedeutet das nicht ohne weiteres, daß auch jeder andere zB **briefliche** Kontakt zugleich unterbunden ist (OLG Schleswig SchlHAnz 1984, 173). Die Regelung des Familiengerichts wirkt auch gegenüber Dritten. Bei Verstößen kann deshalb gegenüber Dritten, die durch die gerichtliche Anordnung vom Umgang ausgeschlossen sind, direkt mit Zwangsmaßnahmen nach § 33 FGG vorgegangen werden (BT-Drucks 8/2788, 55).

279 In der Rechtsprechung ist umstritten, ob das nach § 1634 Abs 2 angerufene Familiengericht stets eine Entscheidung treffen, erforderlichenfalls also eine Einschränkung oder den Ausschluß anordnen **muß** oder ob es zwischen der gerichtlichen positiven Regelung der Umgangsbefugnis und der negativen Entscheidung der Einschränkung oder des Ausschlusses ein sogenanntes „Niemandsland der Nichtregelung" gibt. Während der 17. Zivilsenat des KG (FamRZ 1980, 399; FamRZ 1985, 639) die Ansicht vertritt, es bedürfe bei Vorliegen entsprechender Gründe stets der **ausdrücklichen gerichtlichen Ausschließung** des Umgangsrechts für eine bestimmte Zeit oder auf Dauer, hat der 18. Zivilsenat desselben Gerichts (FamRZ 1979, 448) entschieden, das Familiengericht könne eine Regelung des persönlichen Umgangs auch lediglich **ablehnen**, also von einer gerichtlichen Regelung absehen (ebenso OLG Düsseldorf FamRZ 1979, 857, 858 = FRES 4, 158; OLG Hamburg FamRZ 1988, 1316). Die letztere Lösung verdient den Vorzug: Denn wenn das Gericht es lediglich ablehnt, zur Zeit die Umgangsbefugnis des nicht sorgeberechtigten Elternteils konkret zu regeln, so läuft dies zwar faktisch auf einen zeitweiligen Ausschluß des Umgangsrechts hinaus. Jedoch entfällt die „Stigmatisierung" des ausgeschlossenen Elternteils, worin ein nicht zu unterschätzender psychologischer Vorteil liegt. Gerade weil in streitigen Umgangsverfahren sehr häufig die Partnerkonflikte zwischen den Eltern weiter fortgesetzt werden, kann sich der gerichtliche Ausschluß der Umgangsbefugnis wie ein Sieg des sorgeberechtigten Elternteils und wie eine Niederlage des nicht sorgeberechtigten Elternteils auswirken. Diese Wirkung sollte, im Interesse der Befriedung der ganzen Familie und zum Wohle des Kindes, nach Möglichkeit vermieden werden. Durch die bloße **Nichtregelung** ist dieses Ergebnis

---

* BVerfGE 31, 194 = NJW 1971, 1447 = MDR 1971, 905 = FamRZ 1971, 421 = ZBlJR 1971, 315 = Rpfleger 1971, 300; E 64, 180 = NJW 1983, 2491 = JZ 1983, 703 = FamRZ 1983, 872 = ZBlJR 1983, 427 = DAVorm 1983, 727 (LS); BGH LM § 1634 BGB Nr 5 = NJW 1980, 454 = MDR 1980, 386 = FamRZ 1980, 131 = DAVorm 1980, 32 = FRES 5, 202; FamRZ 1984, 1084 = EzFamR BGB § 1634 Nr 2; BayObLGZ 1957, 134 = FamRZ 1958, 470 (LS) = EJF A III Nr 14 und B II Nr 11; Z 1967, 412 = MDR 1968, 326 = FamRZ 1968, 269; MDR 1982, 763 = FamRZ 1982, 958, 960 = ZBlJR 1982, 414 = Rpfleger 1982, 284; OLG München JFG 14, 189 = Recht 1936 Nr 9092; JW 1939, 289; OLG Freiburg Rpfleger 1950, 425; OLG Celle ZBlJR 1954, 86; OLG Celle ZBlJR 1956, 137; OLG Schleswig SchlHAnz 1957, 101, 102 = ZBlJR 1957, 276; OLG Karlsruhe FamRZ 1958, 332; OLG Celle ZBlJR 1962, 56; OLG Hamm FamRZ 1966, 317 = ZBlJR 1966, 302 = JMBlNRW 1966, 188; OLG Hamm ZBlJR 1967, 314; KG FamRZ 1968, 260, 261; KG FamRZ 1968, 262, 263; MünchKomm-Hinz Rz 42; Soergel-Strätz Rz 27; Erman-Ronke Rz 27; Palandt-Diederichsen Anm 3 b; Gernhuber § 53 III 11.

mit einfachen Mitteln zu erzielen. Soweit gegen eine solche Handhabung eingewendet wird, es fehle an der notwendigen Klarheit (SOERGEL-STRÄTZ Rz 19; PALANDT-DIEDERICHSEN Anm 3 c; JOHANNSEN-HENRICH-JAEGER Rz 43), ist dem entgegenzuhalten, daß der von der Umgangsbefugnis ausgeschlossene Elternteil ohnehin jederzeit ein neues Verfahren zur Regelung des Umgangs mit seinem Kinde beginnen kann. Beantragt zB der nicht sorgeberechtigte Elternteil in einem hochstreitigen Umgangsverfahren, sein Recht auf Umgang gerichtlich zu regeln, und begegnet die sorgeberechtigte Mutter dem mit einem Antrag, das Umgangsrecht des Vaters gänzlich auszuschließen (ein in der Praxis häufig vorkommender Fall), so kann, wenn das Kind sich nachhaltig und mit beachtlichen Gründen weigert, den Vater zu sehen, es sich empfehlen, beiden Eltern die Rücknahme ihres Antrages anzuraten. Geschieht dies, so bleibt der Vater in dem Bewußtsein, sein Umgangsrecht behalten zu haben, auf dessen Ausübung er nur zur Zeit freiwillig verzichte. Diese „eigene Einsicht" kann er seinem eigenen Kinde bei späteren Besuchen vielleicht auch eher vermitteln als einen gerichtlich ausgesprochenen Ausschluß seines Umgangsrechts. Dieser Zustand kann daher durchaus erträglicher sein als eine klare (versagende) Gerichtsentscheidung (**aA:** JOHANNSEN-HENRICH-JAEGER Rz 43 aE).

III. Einzelfälle* 280

Folgende Konstellationen können **Einschränkungen** oder einen **Ausschluß des Umgangsrechts** rechtfertigen, wobei jedoch jeweils im konkreten Einzelfall geprüft werden muß, ob dieser Eingriff unter dem Blickwinkel der **Verhältnismäßigkeit** erforderlich ist:

1. Gründe, die bei den Eltern liegen 281

a) Erkrankung des Umgangsberechtigten

Leidet der Umgangsberechtigte an einer **ansteckenden Krankheit**, ohne daß es möglich wäre, das Kind vor Ansteckung wirksam zu schützen (**Aids** – vgl aber die kritischen Überlegungen bei TIEDEMANN NJW 1988, 729, 730, 736, die zu Recht darauf hinweist, daß auch hier die Bindungen des Kindes den Ausschlag geben müssen, und neuerdings OLG Stuttgart NJW 1988, 2620 sowie LAUFS-LAUFS NJW 1987, 2257, 2260 vor 6 –; andere noch nicht erforschte, zB aus den Tropen eingeschleppte Krankheiten), so kann ein Ausschluß angezeigt sein. Ist dagegen die Krankheit erfolgreich therapiert (Tbc, Syphilis) und besteht zur Zeit keine Ansteckungsgefahr, so ist der Ausschluß nicht etwa deshalb zulässig, weil die Krankheit wieder ausbrechen **könnte** (KG KGJ 53, 30; JFG 4, 33 = JR 1926 Nr 810 = ZBlJR 1927/28, 271 Nr 8).

Bei **Suchtkrankheiten** (Alkoholismus, Drogenabhängigkeit) des Umgangsberechtig- 282
ten liegt die Gefahr, die dem Kinde droht, darin, daß nicht einigermaßen sicher vorhersehbar ist, in welcher Verfassung sich der umgangsberechtigte Elternteil befindet, wenn das Kind ihn besucht. Besteht bei dem umgangsberechtigten Elternteil keine Einsicht in die Abhängigkeit, wird die Sucht bagatellisiert und zu ihrer

* Schrifttum: ARNTZEN 31, 33, 38; COESTER 341; DÜRR 15; GIESEN NJW 1972, 225; ELL DAVorm 1986, 745; KLUSSMANN 184; KNÖPFEL FamRZ 1983, 317, 323; KÜHN DAVorm 1984, 582, 583; LEMPP NJW 1963, 1659, 1661; NJW 1972, 315; FamRZ 1984, 741, 743; NEUHAUS FamRZ 1972, 279; NOWKA FamRZ 1960, 218; RUDOLF REUTHER FamRZ 1967, 258, 260; RÖCKER Pädiatrische Praxis 1975/76, 557; SIMITIS in: GOLDSTEIN-FREUD-SOLNIT, 111; STEFFEN ZBlJR 1979, 129.

Überwindung nichts getan (Entzug, Therapie) oder ist der abhängige Kranke unkontrolliert aggressiv, so ist es nicht zu verantworten, den Kontakt zwischen Kind und Elternteil unbeaufsichtigt zu lassen. Handelt es sich dagegen um einen „trockenen" Alkoholiker ohne Aggressivität, so müssen konkrete Anhaltspunkte für eine andauernde nachhaltige Beeinträchtigung des Kindeswohls vorliegen. Andernfalls ist gegen Besuche nichts einzuwenden. Jedoch wird stets besondere Vorsicht am Platze sein wegen der großen Rückfallgefahr (Rückfallquote bei trunksüchtigen Frauen 91%, bei trunksüchtigen Männern 73% nach einer Statistik der Barmer Ersatzkasse, zitiert bei Arntzen 17).

283 Leidet der umgangsberechtigte Elternteil an einer Persönlichkeitsstörung durch **geistige Erkrankung** oder **Gemütserkrankung**, so wird häufig ein Ausschluß des Umgangs nötig sein, weil das Verhalten des Elternteils auf das Kind beängstigend wirken und es im übrigen auch direkt gefährden kann. Bei festgestellten Psychosen, zB Schizophrenie, kann ein Ausschluß angezeigt sein, weil diesen Kranken häufig die Fähigkeit fehlt, sich auf das Kind einzustellen (Arntzen 33), oder aber ein echter menschlicher Kontakt zu dem Kind nicht mehr möglich ist (AG Peine FamRZ 1965, 85). Wird dagegen der Umgang so organisiert, daß eine dritte Person anwesend ist, bestehen keine Bedenken gegen einen monatlichen Umgang von einigen Stunden (KG KGJ 52, 19 = RJA 17, 27). Leidet der umgangsberechtigte Elternteil unter Depressionen, die ärztlich versorgt und medikamentös eingestellt sind (Arntzen 17), so bestehen ebenfalls keine grundsätzlichen gesundheitlichen Bedenken gegen einen Umgang, vorausgesetzt, es droht keine psychische oder physische Gefährdung des Kindes (Suiziddrohung!).

284 **b) Gesellschaftlich mißbilligtes Verhalten des Umgangsberechtigten**

Geht die umgangsberechtigte Mutter eines 12jährigen Mädchens der gewerbsmäßigen Prostitution nach, so rechtfertigt dies nicht ohne weiteres den Ausschluß des Umgangs (OLG Braunschweig MDR 1962, 132), ebensowenig die angeblich bedenkliche Lebensführung der wegen Münzverbrechens vorbestraften Mutter (OLG München JFG 14, 189 = Recht 1936 Nr 9092) oder der anstößige Lebenswandel des Vaters (OLG Celle ZBlJR 1956, 137) oder der Mutter (KG JFG 4, 33 = JR 1926 Nr 810 = ZBlJR 1937/38 Nr 8; OLGE 46, 175, 176 Fn 1 b = JR 1927 Nr 1027 unter Hinweis auf KG JFG 4, 33). Hier kann häufig durch die Ausgestaltung des Umgangs den berechtigten Belangen des Kindes Rechnung getragen werden.

285 Lebt der Umgangsberechtigte im **Konkubinat**, aus dem ein Kind hervorgegangen ist, begründet dieser Umstand nicht den Ausschluß des Umgangs (OLG Schleswig MDR 1957, 420); wohl aber kann der Umgang mit Rücksicht hierauf ausgestaltet und beschränkt werden (OLG Braunschweig OLGE 26, 249, 252).

286 **Vorstrafen** des Umgangsberechtigten führen ebenfalls nicht ohne weiteres zu einer Umgangsbeschränkung. Entscheidend ist, ob und wenn ja, welchen Zusammenhang die Straftaten mit dem Leben des Kindes haben: Hat der Vater die Mutter getötet, ist er deshalb wegen Totschlags rechtskräftig verurteilt worden und ist ihm sodann die elterliche Sorge nach § 1666 entzogen worden, so ist es zulässig, die Umgangsbefugnis des Vaters jedenfalls bis zur Vollendung des 14. Lebensjahres des Kindes auszuschließen. Denn bei näherem Umgang des Vaters mit der Tochter könnten dieser ihre wahren Familienverhältnisse und das Schicksal der Mutter nicht verheimlicht werden. Die damit notwendigerweise verbundene Aufklärung ist vorher nicht zumutbar, da die Gefahr eines schweren seelischen Schocks für das Kind besteht (BGH LM § 1634 BGB Nr 6 = NJW 1981, 2067 = MDR 1981, 923 Nr 41 = FamRZ 1981, 659 = ZBlJR 1981, 397 = FRES 9, 160). Hatte sich die Straftat, deretwegen der umgangsberechtigte Elternteil inhaftiert ist, gegen das Kind selbst

gerichtet (zB Kindesmißhandlung oder Sittlichkeitsverbrechen), würde das Kind durch Kontakte mit dem umgangsberechtigten, straffälligen Elternteil regelmäßig wieder an die Ereignisse erinnert, die dessen Bestrafung zugrunde gelegen haben, so kann das Wohl des Kindes den Ausschluß des Umgangs erfordern. Das gilt auch, wenn sich das Sexualverbrechen gegen die damals 8jährige Freundin der Tochter des Umgangsberechtigten gerichtet hatte (KG FamRZ 1968, 260, 261; 1968, 262f; LG Berlin FamRZ 1973, 147).

Stets kommt es im Falle der **Inhaftierung** des Umgangsberechtigten auf den Einzel- 287
fall an (Vollertsen ZBlJR 1977, 230, 236; Lempp-Winkelmann UJ 1977, 85f.; eher ablehnend: Andriessens UJ 1978, 344). § 1634 versagt dem Strafgegangenen, der auch Träger von Grundrechten ist (BVerfGE 33, 1, 9 = NJW 1972, 811, 812), nicht jede Beziehung zu seinem Kinde, auch nicht die des persönlichen Umgangs. Jedoch kann uU das Kindesinteresse die Versagung des persönlichen Umgangs für die gesamte Dauer der Haftzeit gebieten. Wegen des Prinzips des geringstmöglichen Eingriffs ist der totale Ausschluß aber nur zulässig, wenn das Wohl des Kindes durch die Ausübung des Umgangs nachhaltig beeinträchtigt würde und diese Beeinträchtigung durch sachgemäße Anordnung über Ort, Zeit und Art des Umgangs nicht abzuwenden ist. Unter Anwendung dieser Grundsätze hat es der Bayerische Verfassungsgerichtshof in seiner Entscheidung vom 18. 5. 1973 (NJW 1973, 1644 = MDR 1973, 912 = FamRZ 1974, 37 = ZBlJR 1974, 448 = DAVorm 1975, 173 [LS]; **krit:** Becker RDJ 1975, 344, 347) gebilligt, daß der inhaftierte Vater das Recht erhalten hatte, sein Kind alle vier Monate in dem neutralen Verwaltungsgebäude der Strafvollzugsanstalt oder in der Wohnung seines Bewährungshelfers zu sehen. Zugleich hat der Bayerische Verfassungsgerichtshof bestätigt, daß das Umgangsrecht des Vaters während der Strafhaft nicht ruht.

Ähnlich hat der BGH am 12. 7. 1984 (FamRZ 1984, 1084, 1085 = EzFamR § 1634 288
Nr 2) entschieden. Der wegen zweier Vergewaltigungsdelikte inhaftierte Vater hatte den Wunsch, mit seinem knapp sechs Jahre alten Sohn „umzugehen", den er zuletzt gesehen hatte, als das Kind zwei Jahre alt war. AG und OLG hatten diesen Antrag zurückgewiesen. Der BGH hat demgegenüber dem Vater grundsätzlich das Recht zugestanden, auch während der Strafhaft persönlichen Kontakt mit seinem Sohn zu unterhalten, und dazu ausgeführt: „Die Tatsache, daß der Vater Gewaltverbrechen begangen hat und deswegen zweimal zu längeren Freiheitsstrafen verurteilt worden ist, rechtfertigt für sich allein nicht den Schluß, daß das Kindeswohl durch Beziehungen zu ihm gefährdet ist, solange der Strafvollzug nicht beendet und eine Resozialisierung des Vaters nicht erweislich ist." Auch die Tatsache der Inhaftierung des Berechtigten rechtfertige den Ausschluß des Umgangsrechts regelmäßig nicht. Wenn, wie im vorliegenden Fall, Möglichkeiten beständen, durch eine entsprechende Ausgestaltung des Umgangs außerhalb der Strafanstalt, etwa im Zusammenhang mit Hafturlaub des Umgangsberechtigten, die Gefahr einer Beeinträchtigung des Kindeswohls ausreichend zu beheben, verlöre der Umstand, daß der Berechtigte Strafhaft verbüße, erheblich an Bedeutung. In jenem Fall hatten die Eltern des Vaters, also die Großeltern des Kindes, ihre Wohnung für die Besuchskontakte zur Verfügung gestellt. Ohne Hinzutreten weiterer Umstände brauche, so hat der BGH ausgeführt, die Begegnung mit dem Vater in derartiger Umgebung die Entwicklung des Kindes nicht zu gefährden (ebenso OLG Hamm FamRZ 1980, 481 [LS]).

c) Vernachlässigung, Mißhandlung, sexueller Mißbrauch des Kindes durch den umgangsberechtigten Elternteil 289

Hat der umgangsberechtigte Elternteil das Kind gröblich vernachlässigt und ist ihm deswegen die elterliche Sorge nach § 1666 entzogen, so kann das Wohl des Kindes einen Ausschluß des Umgangs erfordern, inbesondere, wenn sich das Kind bereits in Adoptionspflege befindet (AG Hamburg DAVorm 1977, 457, 458); dasselbe gilt, wenn die Kinder im Säuglingsalter aufs schwerste mißhandelt wurden und nun, nach Entzug des Sorgerechts der Mutter, inkognito in Adoptionspflege leben (LG Berlin DAVorm 1980, 936). Hat der umgangsberechtigte Vater die 15jährige Tochter ebenso wie die Mutter geschlagen, wird die Tochter vom Vater beschimpft und angeschrien und hat sie deswegen Angst vor ihm, so führt der erzwungene Umgang uU zu Entwicklungsstörungen, die den Ausschluß des Umgangsrechts erforderlich machen (OLG Karlsruhe ZBlJR 1980, 292, 293).

Hat die Mutter ihr Kind im Alter von einem Jahr in Pflege gegeben und wird ihr, weil sie Anstalten macht, das Kind zur unrechten Zeit aus der Pflegestelle zurückzuholen, deswegen das Aufenthaltsbestimmungsrecht nach § 1666 entzogen oder trifft das Gericht eine Verbleibensanordnung nach § 1632 Abs 4, so kann die Umgangsbefugnis ausgeschlossen werden, wenn noch unklar ist, ob das Kind schließlich gänzlich bei den Pflegeeltern verbleiben oder aber zur Mutter zurückkehren wird. Denn mit dem Umgangsrecht würde dem Kind statt klarer Verhältnisse ein bedenklicher Konflikt aufgebürdet. Was sich juristisch als ein Minderes darstellt (Umgangsrecht der Mutter statt vollständiger Aufenthalt bei ihr), kann in psychologischer Hinsicht bei dem betroffenen, nun sieben Jahre alten Kind ein Schlimmeres sein (OLG Oldenburg FamRZ 1979, 1038 = DAVorm 1980, 20 = NdsRpfl 1980, 12).

290 Hat der umgangsberechtigte Vater sich seiner jetzt sieben Jahre alten Tochter in der Vergangenheit eindeutig inzestuös genähert, führt dies zum Ausschluß des Umgangs auf unbestimmte Zeit, weil nicht vorhersehbar ist, ob überhaupt und wenn, wann der Vater die Inzestschranke wieder aufgebaut haben könnte; seine Beteuerung, die erwiesene Handlung an dem Kind komme nicht wieder vor, reicht nicht aus, um das Kind zu schützen, weil es nicht allein auf den Willen, sondern auch darauf ankommt, ob der Vater in der Lage ist, nach diesem Willen zu handeln (AG Bad Iburg FamRZ 1988, 536, 537). Der völlige Ausschluß muß jedenfalls dann angeordnet werden, wenn der Umgangsberechtigte einen Umgang unter Aufsicht ablehnt.

291 **d) Ehelichkeitsanfechtung**

Erhebt der Vater, der die Einräumung eines Umgangsrechts verlangt, nahezu zeitgleich mit diesem Begehren Klage auf Anfechtung der Ehelichkeit dieses Kindes, so führt dies nicht selten zu einem Antrag der Mutter auf Ausschluß des Umgangs. Zur Begründung wird vorgebracht, der Vater habe sich mit der Anfechtungsklage endgültig und in jeder Beziehung von dem Kinde losgesagt, er habe das Kind verstoßen. Das OLG Düsseldorf (NJW 1988, 831 = FamRZ 1987, 1177) hat in einem solchen Fall den Umgang zwischen dem Vater und der 5jährigen Tochter nicht ausgeschlossen. Es hat keinen Grund gesehen, der zum Wohle des Kindes den Ausschluß erfordere. Daß der Vater Anfechtungsklage erhoben habe, sei legitim, die Klärung der Abstammung liege im Interesse des Vaters **und** des Kindes. Angesichts des Umstandes, daß die Mutter selbst erklärt habe, das Kind stamme von dem Vater, sowie mit Rücksicht auf das Alter des Kindes und den liebevollen Umgang zwischen Vater und Kind seien derzeit keine Gründe erkennbar, die gegen den Umgang sprächen. Auf die evtl. Nichtehelichkeit könne sich die Mutter erst nach deren rechtskräftiger Feststellung berufen, § 1593. Ebenso hat das OLG Frankfurt (FamRZ 1988, 754 = NJW-RR 1988, 772) in dem Falle eines durch Fremdbefruchtung erzeugten Kindes entschieden, dessen Ehelichkeit der Ehemann erfolglos angefochten hatte. Anders hat das OLG Nürnberg (NJW 1988, 831 = FamRZ 1987, 1178) den Fall eines knapp zwei Jahre alten Kindes beurteilt, dessen Eltern weit entfernt voneinander in zwei verschiedenen Bundesländern lebten: Es hat den Umgang zwischen Vater und Sohn bis zum rechtskräftigen Abschluß des Anfechtungsverfahrens ausgeschlossen und zur Begründung angeführt, mit der Erhebung der Anfechtungsklage (und fast gleichzeitigem Antrag auf Umgangsregelung) habe der Vater ein widersprüchliches Verhalten gezeigt, das sein Umgangsbegehren derzeit als rechtsmißbräuchlich erscheinen lasse. Bezweifle ein Vater seine Vaterschaft, so handele er gegen Sinn und Zweck der Umgangsregelung. Er bestreite damit nämlich die verwandtschaftlichen Beziehungen, die durch die Umgangsregelung gefestigt werden sollten, und strebe die Entfremdung vom Kinde an, der mit dem Umgang entgegengewirkt werden solle.

Stellungnahme 292

Mit dem OLG Düsseldorf ist davon auszugehen, daß in der Anfechtung der Ehelichkeit allein noch kein Ausschließungsgrund liegt (ebenso jetzt BGH NJW 1988, 1666 = FamRZ 1988, 711 = DAVorm 1988, 529, ergangen zu OLG Nürnberg aaO). Erfahrungsgemäß werden bei sehr zerstrittenen Eltern Anfechtungsklagen relativ schnell und häufig erhoben, die jedoch ebenso oft unbegründet sind. Bestehen gute Beziehungen zwischen Vater und Kind, so fehlt es in aller Regel an Gründen, die einen auch nur zeitweisen Umgangsausschluß rechtfertigen könnten. Vielmehr sollten die guten Beziehungen im Interesse des Kindes auf jeden Fall erhalten bleiben. Denn wenn der Abstammungsprozeß zugunsten des Kindes und „zuungunsten" des Vaters ausgeht, lassen sich erfahrungsgemäß Verbindungen, wenn sie erst einmal über einen langen Zeitraum unterbrochen waren, nicht oder nur schwer wiederherstellen. Andererseits bleiben nicht selten Vater und Kind selbst dann in Beziehung, wenn schließlich die Nichtehelichkeit des Kindes festgestellt wird. Hier wirkt sich dann die gewachsene Vater-Kind-Beziehung als psychologisch haltbare Bindung aus, ein Vorteil für das Kind, das durch die Trennung der Eltern ohnehin fast stets Beziehungseinbußen erleben muß.

Ein Umgangsausschluß kann allerdings erwogen werden, wenn die Mutter während des Ehelichkeitsanfechtungsverfahrens selbst einen anderen Mann als den wirklichen Vater bezeichnet, mit dem sie und das Kind bereits zusammenleben. Denn dann ist der erfolgreiche Ausgang der Ehelichkeitsanfechtung zu erwarten, und das Kind könnte bei fortgesetztem Umgang mit seinem (Schein-)Vater später in vermeidbare Loyalitätskonflikte geraten.

e) Interesselosigkeit des Umgangsberechtigten 293

aa) Umgangsverzicht

Vereinbarungen der Eltern, durch die der persönliche Umgang mit dem Kinde geregelt wird, sind nichtig, wenn sie einen **generellen** Verzicht auf das Umgangsrecht oder eine Regelung enthalten, die einem Verzicht tatsächlich nahekommt. Da jedoch nach der oben (Rz 16, 23 ff, 48) dargestellten hM in Literatur und Rechtsprechung dem Umgangsrecht des nicht sorgeberechtigten Elternteils trotz § 1618 a keine zwangsweise durchsetzbare Umgangspflicht gegenübersteht*, wird es nicht grundsätzlich als unzulässig angesehen, sich zur Nichtausübung des Umgangsrechts

---

* BGH EBE 1984, 249 = NJW 1984, 1951 = MDR 1985, 36 = FamRZ 1984, 778 = DAVorm 1984, 827 = JR 1984, 497 m Anm Göppinger = EzFamR BGB § 1634 Nr 1 (LS); KG Recht 1914 Nr 1698 (LS); OLG Düsseldorf FamRZ 1986, 202; MünchKomm-Hinz Rz 12; Soergel-Strätz Rz 5; Erman-Ronke Rz 5; Palandt-Diederichsen Anm 1 a; Johannsen-Henrich-Jaeger Rz 16; Gernhuber § 53 III 4; Göppinger Vereinbarungen Rz 632; Lohmann GruchB 61, 22, 30, 33.

zwar nicht unbefristet, ohne Rücksicht auf die künftige Entwicklung, aber doch für eine gewisse Zeit jedenfalls dann zu verpflichten, wenn dies dem Wohl des Kindes entspricht (BGH NJW 1984, 1951; OLG Hamm FamRZ 1980, 724, 725; MünchKomm-Hinz Rz 12; Rolland Rz 21; Schwab, Handbuch Rz 24 Nr 3; Göppinger Rz 632; **aA:** Gernhuber § 53 III 4 Fn 14; Soergel-Strätz Rz 7). Soweit Rechtsprechung und Literatur den zeitweiligen Verzicht auf das Umgangsrecht auch dann nicht zulassen, wenn er im Kindesinteresse liegt, besteht ein Widerspruch zu der Auffassung, eine Umgangspflicht bestehe niemals, auch nicht, wenn der Umgang im Interesse des Kindes liege (s oben Rz 23 ff). Im übrigen wird hier übersehen, daß jede Nichtausübung faktisch einem stillschweigenden Verzicht auf das Umgangsrecht gleichkommt. Diese Nichtausübung wird aber übereinstimmend mit der angeblich nicht bestehenden Umgangspflicht begründet und daher gebilligt!

294 Die Bereitschaft des umgangsberechtigten Elternteils, von der Ausübung des Umgangsrechts abzusehen, ist allerdings rechtlich unbeachtlich, wenn sie in einer gegen die guten Sitten verstoßenden Weise mit einer **Unterhalts-Freistellungsverpflichtung** des anderen Elternteils gekoppelt wird. Wird ein Kind nach dem übereinstimmenden Vorschlag der Eltern über die Regelung des Sorgerechts „zum Gegenstand eines Handels" gemacht, stellt zB ein Ehegatte gegen Nichtausübung des Umgangsrechts den anderen von der Unterhaltspflicht gegenüber dem Kind frei und wird das Kind durch diese Regelung gefährdet (BGH EBE 1984, 249 = NJW 1984, 1951 = MDR 1985, 36 = FamRZ 1984, 778 = JR 1984, 497 m Anm Göppinger = DAVorm 1984, 827 = EzFamR BGB § 1634 Nr 1 [LS]; NJW 1986, 1167 = FamRZ 1986, 444 = JR 1986, 324 mit zust Anm Göppinger), so ist eine solche Vereinbarung als unzulässige Kommerzialisierung des elterlichen Umgangsrechts (Palandt-Heinrichs § 138 Anm 5 k) regelmäßig als sittenwidrig und damit als nichtig gem § 138 Abs 1 anzusehen (Palandt-Diederichsen Anm 2 a; MünchKomm-Hinz Rz 12; Johannsen-Henrich-Jaeger Rz 16). Anders kann die rechtliche Beurteilung sein, wenn die Nichtausübung des Umgangsrechts, die mit der Freistellungsvereinbarung gekoppelt wird, auch dem Kindeswohl dienen kann, wenn also die Freistellung vom Umgang nur solange gelten soll, als im Interesse des Kindeswohls auf die Ausübung des Umgangsrechts verzichtet wird (OLG Frankfurt FamRZ 1986, 596, 597 in Abgrenzung zu BGH NJW 1984, 1951 = FamRZ 1984, 778; vgl auch BGH NJW 1986, 1167 = FamRZ 1986, 444; Palandt-Diederichsen Anm 2 a).

295 **bb) Verwirkung**

Eine durch jahrelange Nichtausübung des persönlichen Umgangs entstandene Entfremdung bildet keinen Ausschließungsgrund iSv § 1634 Abs 2 S 2 (OLG Neustadt RdJ 1961, 175; KG FamRZ 1980, 399; FamRZ 1980, 1156 = DAVorm 1981, 215 (LS); FamRZ 1985, 639). Das Umgangsrecht kann nicht erlöschen oder verwirkt werden, weil nach hM zur Ausübung des Umgangs keine Verpflichtung des nicht sorgeberechtigten Elternteils besteht.*

296 Diese Meinung ist allerdings nicht unbestritten: Schon Reckert (DFG 1938, 64, 67) vertrat die Auffassung, es sei abzulehnen, die Verkehrsbefugnis nur als Recht und nicht zugleich als Pflicht anzusehen; der Verkehr sei ganz oder zeitweilig auszu-

* BGH EBE 1984, 249 = NJW 1984, 1951 = MDR 1985, 36 = FamRZ 1984, 778 = JR 1984, 497 m Anm Göppinger = DAVorm 1984, 827 = EzFamR BGB § 1634 Nr 1 (LS); NJW 1987, 893 = FamRZ 1987, 356, 358; KG Recht 1914 Nr 1698 (LS); OLG Neustadt RdJ 1961, 175; OLG Düsseldorf FamRZ 1986, 202; Soergel-Strätz Rz 5; MünchKomm-Hinz Rz 12; Erman-Ronke Rz 5; Palandt-Diederichsen Anm 1 a; Johannsen-Henrich-Jaeger Rz 16; Gernhuber § 53 III 4; Göppinger Rz 632; Lohmann GruchB 61, 22, 30, 33; Dieckmann AcP 178 (1978), 298, 323, 324.

schließen, wenn durch das pflichtwidrige Fernbleiben des Verkehrsberechtigten das Wohl des Minderjährigen verletzt werde. Nach NOWKA (FamRZ 1960, 218, 220) und BECKER (RdJ 1975, 344, 348 = Der Kinderarzt 1978, 385) handelt es sich bei der Umgangsbefugnis um eine im Kindesinteresse auszuübende Eltern**pflicht**, während MASSFELLER-BÖHMER (BGB 1 III § 1634 Anm 1) den Umgang mit dem nicht sorgeberechtigten Elternteil auch für das natürliche Recht des Kindes halten.

Dem ist zuzustimmen: Nach der hier (vgl oben Rz 16, 23ff, 48) vertretenen Auffassung gehört die grundsätzliche Bereitschaft der Eltern zum persönlichen Kontakt in den Bereich der nach § 1618 a gesetzlich geschuldeten Beistandspflichten. § 1618 a gibt die Legitimation zu einem Verständnis des § 1634 Abs 1 S 1 dahin, daß es sich bei dem Umgangsrecht ebenfalls um die **Gegenseitigkeit** von Rechten und Pflichten handelt, also um ein beiderseitiges Umgangsrecht und eine beiderseitige Umgangspflicht. Auf dieser Grundlage führt die jahrelange Nichtausübung des Umgangsrechts gegen den Willen des umgangswilligen und umgangsbereiten Kindes zu einer Verwirkung des Umgangsrechts. Denn der Elternteil, der sich jahrelang um sein Kind nicht kümmert und kein Interesse zeigt, verstößt gegen die Pflichten, die sich aus seinem pflichtgebundenen natürlichen Elternrecht ergeben. Er stellt damit einen Zustand der Entfremdung her, auf den sich das Kind schließlich einstellt und nach dem es seine Lebensgestaltung richtet; nach gesicherten Erkenntnissen der Humanwissenschaften ist eine solche Entfremdung je nach Lebensalter des Kindes häufig irrevisibel. Da das Wohl des Kindes auch im Rahmen des § 1634 oberste Richtschnur ist (BVerfGE 31, 194 = NJW 1971, 1447 = MDR 1971, 905 = FamRZ 1971, 421 = ZBlJR 1971, 315 = Rpfleger 1971, 300), ist in solchen Fällen entgegen der hM zum Wohle des Kindes eine Verwirkung der Umgangsbefugnis zu bejahen mit der Folge des zeitweiligen oder gänzlichen Ausschlusses (so iE schon KG Recht 1914 Nr 1698 [LS] und OLG Düsseldorf FamRZ 1977, 827). 297

f) Spannungen zwischen den Eltern und deren Familien 298

Wirken sich die zwischen den Eltern anhaltenden Spannungen bei einer weiteren Ausübung des Umgangsrechts nachteilig auf das Kind aus, so können diese Folgen den Ausschluß des Umgangsrechts auf Zeit rechtfertigen, jedenfalls dann, wenn hinter dem Verhalten des sorgeberechtigten Elternteils Beweggründe stehen, die sein Verhalten zumindest verständlich erscheinen lassen (OLG Stuttgart NJW 1978, 1593 = ZBlJR 1978, 444 unter Hinweis auf LEMPP, Ehescheidung, 34, 39: Angst der Mutter, daß das letzte ihrer drei Kinder anläßlich des Umgangs zum Vater überwechselt). Teilweise wird angenommen, die Einräumung eines Umgangsrechts sei ohne erheblichen Schaden für das Kind überhaupt nicht möglich, solange noch Spannungen zwischen den Eltern fortbeständen (LG Berlin FamRZ 1973, 99; LG Ravensburg DAVorm 1976, 417; LG Paderborn DAVorm 1984, 1030), wobei es nicht darauf ankomme, wer diese Störung in bezug auf das Kind verschuldet habe (OLG Stuttgart NJW 1978, 1593 = ZBlJR 1978, 444). Wenn der umgangsberechtigte Elternteil sein Umgangsrecht zu weiteren nachehelichen Auseinandersetzungen mit dem anderen Elternteil vor Augen und Ohren des Kindes benutze und das Kind darunter leide, so seien Ausschluß (OLG Stuttgart NJW 1979, 1168 [LS] = DAVorm 1980, 521 [LS]; AG Gelsenkirchen Streit 1987, 65) oder zeitliche Reduzierung (KG FamRZ 1978, 728, 729; LG Heilbronn Justiz 1974, 126) geboten. Dasselbe wird angenommen, wenn der Umgangsberechtigte infolge weiter schwelender Spannungen mit dem anderen Elternteil den Umgang dazu benutzt, um das Kind gegen den sorgeberechtigten Elternteil aufzuhetzen (OLG München JW 1939, 289; OLG Schleswig SchlHAnz 1957, 101 = ZBlJR 1957, 276), oder wenn das Ziel des

Umgangsberechtigten ist, im Wege einer Gesamtstrategie, die sich gegen den sorgeberechtigten Elternteil richtet, schließlich das Sorgerecht selbst zu erringen (KG FamRZ 1980, 399).

299 **Stellungnahme**

Diesen Bedenken ist im Ergebnis zuzustimmen. Fortbestehende Spannungen zwischen den Eltern werden sich dem Kinde mitteilen und bei diesem häufig einen scheinbar eigenen Widerwillen gegen Besuche bei dem nicht sorgeberechtigten Elternteil erzeugen. Ein solches Kind wird sodann bei der richterlichen Anhörung erklären, es wolle den anderen Elternteil nicht sehen, und dem Familienrichter auf dessen Frage, warum es denn das nicht wolle, antworten, es wolle es eben nicht. Diese Hilflosigkeit des betroffenen Kindes zeigt, daß die nicht gelösten Spannungen zwischen den Eltern sich besonders belastend und schädigend auf das Kind auswirken, und zwar unabhängig davon, ob das Kind den anderen Elternteil sieht und erlebt oder nicht. Deshalb sollte in einem solchen Konflikt das Familiengericht stets darauf hinwirken, daß die Eltern zur Verarbeitung ihres Konflikts sich fachkundiger Hilfe bedienen, und zwar beide Elternteile (Wendl-Kempmann-Wendl 2. Teil IV 1 b b5, 250, 251; III 6, 246, 247). Solange dies nicht geschieht, sollten vor allem jüngere Kinder diesem unlösbaren Loyalitätskonflikt durch aufgezwungene Besuche nicht ausgesetzt werden (AK-BGB-Münder Rz 3; Dürr 16, 19 mwN; Röcker 558; Wendl-Kempmann-Wendl 260, 261; **aA:** Steffen ZBlJR 1979, 129, 138). Hat das Kind einmal das 12. Lebensjahr erreicht, so hat es im allgemeinen eine eigenständige und relativ selbstbewußte Haltung zur Frage des Umgangsrechts. Hier kann das Familiengericht unter Einbeziehung des Kindes eine Lösung anstreben, die den Bedürfnissen des Kindes nach mehr Eigengestaltung seines Lebens Rechnung trägt. Im allgemeinen wird von dieser Altersgruppe an ein Ausschluß des Umgangsrechts weder nötig sein, noch Wirkung zeigen können.

300 Bestehen anhaltende Spannungen zwischen einem Elternteil und dessen Schwiegereltern (Großeltern des Kindes), so muß dem durch entsprechende Ausgestaltung des Umgangs begegnet werden (OLG Stuttgart NJW 1978, 380 = Justiz 1978, 110 = FamRZ 1978, 203 [LS] = DAVorm 1978, 56); uU kommt ein zeitweiliger Ausschluß in Betracht (AG Gelsenkirchen Streit 1987, 65). Nervöse Beschwerden des sorgeberechtigten Elternteils anläßlich des Zusammentreffens mit dem anderen Elternteil in Zusammenhang mit der Ausübung des Umgangsrechts rechtfertigen keine Einschränkung des Umgangs (OLG Bamberg FamRZ 1984, 507).

301 Fehlende oder unzureichende Unterhaltszahlung des Umgangsberechtigten für das Kind führen nicht zu einer Einschränkung des Umgangsrechts.* Begründet wird diese Auffassung mit der Annahme, das Umgangsrecht solle weder als Druckmittel noch als Strafe zur Unterhaltserzwingung eingesetzt werden; folglich könne das Umgangsrecht auch nicht von der Erfüllung der Unterhaltspflicht abhängig gemacht werden. Gleichwohl kann die Nichtzahlung von Unterhalt als Indiz für Interessenlosigkeit, mangelnde Elternliebe und damit für das Fehlen persönlicher Beziehungen gewertet werden, so daß auf diesem Wege ein Ausschluß des Umgangsrechts dennoch erfolgen kann (KG ZBlJR 1978, 372 = DAVorm 1978, 552 [LS]: Das

---

* In zeitlicher Reihenfolge: KG RJA 12, 3; BayObLGZ 32, 364; OLG Celle ZBlJR 1954, 86; OLG Düsseldorf ZBlJR 1955, 274; BayObLGZ 1957, 134, 145 = FamRZ 1958, 470 (LS) = EJF A III Nr 14 und B II Nr 11; OLG Hamm FamRZ 1966, 317 = ZBlJR 1966, 302 = JMBlNRW 1966, 188; BayObLGZ 1967, 412 = MDR 1968, 326 = FamRZ 1968, 269, 271; KG ZBlJR 1978, 372 f = DAVorm 1978, 552 (LS); MünchKomm-Hinz Rz 33; Soergel-Strätz Rz 28; Palandt-Diederichsen Anm 2 b; Gernhuber § 53 III 11; Dölle § 98 IV.

12jährige Kind selbst empfand das Ausbleiben des Unterhalts als Lieblosigkeit; **krit** ebenfalls AG Ingolstadt DAVorm 1967, 24; Steffen ZBlJR 1979, 129, 133; Martiny 309, 325, 326).

g) Mißbrauch des Umgangsrechts 302

Mißbraucht der nicht sorgeberechtigte Elternteil die Umgangsbefugnis, um die Erziehung des sorgeberechtigten Elternteils zu untergraben oder dessen Ansehen herabzusetzen, so kann hierin ein Mißbrauch der Umgangsbefugnis liegen, der zum – auch zeitweiligen – Ausschluß führen kann (KG FamRZ 1968, 260; FamRZ 1980, 399). Dasselbe gilt, wenn der nicht sorgeberechtigte Elternteil die Besuche des Kindes dazu benutzt, um das Kind von dem anderen Elternteil abzuwerben (OLG Stuttgart NJW 1978, 1593 = ZBlJR 1978, 444), oder wenn er das Umgangsrecht nur deswegen erstrebt, um im Anschluß daran das Sorgerecht zu erlangen und das Kind dann »neu aufzubauen« (KG FamRZ 1980, 399). Auch Eingriffe in die religiöse Erziehung können zur Beschränkung oder sogar zum Ausschluß des Umgangs führen (BayObLGZ 1961, 119 = NJW 1961, 1581 = MDR 1961, 770 = FamRZ 1961, 381 – neuapostolische Kirche –; AG Hagen DAVorm 1968, 191 - Zeugen Jehovas -).

Ein Mißbrauch des Umgangsrechts kann auch vorliegen, wenn der Umgangsberech- 303
tigte die Befugnis benutzt, um das Kind in das **Ausland** zu **entführen**, oder wenn diese Gefahr konkret besteht (so schon OLG Braunschweig OLGE 26, 249; vgl auch Baer ZBlJR 1977, 516, 526), insbesondere, wenn der umgangsberechtigte Elternteil einem anderen Rechts- und Kulturkreis angehört. Hier kann als Einschränkung die Anordnung einer Aufsichts- oder Überwachungspflegschaft in Frage kommen oder die einschränkende Ausgestaltung des Umgangs durch das Familiengericht, zB derart, daß der Vater das Kind nur in den Räumen des Jugendamtes oder des Pastorats in Gegenwart einer dritten Person, auch des Sorgeberechtigten selbst (AG Frankfurt Streit 1986, 69), sehen darf (vgl Erman-Ronke Rz 18, 24).

Ob das Gericht anordnen darf, daß der Umgangsberechtigte während des Umgangs seinen eigenen Reisepaß oder Personalausweis zu hinterlegen hat (so OLG Köln FamRZ 1972, 572), erscheint fraglich. Denn jeder Deutsche ist ab Vollendung des 16. Lebensjahres verpflichtet, Personalausweis oder Reisepaß stets bei sich zu führen, weil er sich auf Verlangen einer dazu ermächtigten Behörde jederzeit ausweisen können muß (§ 1 des Gesetzes über Personalausweise vom 19. 12. 1950 BGBl I S 807). Noch problematischer ist die Anordnung der Paßhinterlegung bei Ausländern. Denn insoweit dürfte es an der deutschen Gerichtsbarkeit fehlen (Peschel-Gutzeit MDR 1984, 890, 894; Wengler Völkerrecht Bd 2 [1964] 949). Aus der Paßhoheit des ausländischen Staates wird gefolgert, daß auch deutsche Verwaltungsbehörden nicht berechtigt sind, einen gültigen ausländischen Paß einzuziehen oder sicherzustellen (OVG Münster NJW 1972, 2199; Peschel-Gutzeit aaO 895; Kanein NJW 1973, 729, 733 je mwN; Jayme-Reitz ZBlJR 1974, 59, 60).

Daß bei gemischt-nationalen Ehen den Familiengerichten die Anordnung der Paßhinterlegung häufig angesonnen wird und daß dies gelegentlich auch geschieht (vgl zB AG Hamburg-Harburg Streit 1983, 35 m Anm Bahr-Jendges), ändert nichts. Denn bei derartigen Anordnungen wird, soweit ersichtlich, eine Rechtsgrundlage nicht genannt. Solche Anordnungen sind nach der hier vertretenen Auffassung aus öffentlich-rechtlichen Gründen unzulässig, abgesehen davon, daß sie im allgemeinen keine Wirkung entfalten dürften. Denn die ausländische Paßbehörde wird ihrem eigenen Staatsangehörigen alsbald einen neuen Paß erteilen.

Auf keinen Fall kann das Familiengericht etwa grundsätzlich bei Kindern mit doppelter Staatsangehörigkeit den Dauerkonflikt (zB zwischen einer deutschen sorgeberechtigten Mutter und einem mohammedanischen umgangsberechtigten Vater), der darin besteht, daß die Mutter zwar nach deutschem Recht das alleinige Sorgerecht für das Kind hat, der Vater nach seinem Heimatrecht aber seit Geburt des Kindes alleiniger Inhaber der Elterngewalt ist und bleibt und als solcher das Kind ohne weiteres anläßlich eines Besuches in seine Heimat verbringen kann, durch einschränkende Maßnahmen gem § 1634 Abs 2 S 2 lösen. Anders ausgedrückt: Die deutsche Mutter kann von dem Familiengericht nicht erwarten, daß das Umgangsrecht des ausländischen Vaters wegen der von ihr gefürchteten Entführungs-, richtiger Verbringungsgefahr auf Dauer eingeschränkt oder gar ausgeschlossen wird (vgl auch unten Rz 364 f). Nach einem vom Land Berlin im Bundesrat eingebrachten Gesetzesantrag vom 5. 9. 1988 (BR-Drucks 405/88) sollen durch eine Änderung des FGG die zivilrechtlichen Zwangsmittel zur Durchsetzung gerichtlicher Sorgerechtsentscheidungen erweitert und verschärft werden. Damit soll vor allem Entführungen von Kindern durch den nicht sorgeberechtigten Elternteil besser vorgebeugt und die Rückgabe entführter Kinder wirksamer erzwungen werden können (vgl Bericht FamRZ 1988, 1136 und ZRP 1988, 445).

304 **h) Verstoß gegen die Wohlverhaltensklausel, insbesondere Auswanderung**

Die Wohlverhaltensklausel (§ 1634 Abs 1 S 2) normiert eine Elternpflicht zu wechselseitigem loyalen Verhalten bei der Verwirklichung des Umgangsrechts (vgl zu Entstehungsgeschichte und Inhalt im einzelnen oben Rz 4, 50, 69 ff). Diese Norm verbietet dem sorgeberechtigten Elternteil jede negative Beeinflussung des Kindes gegen den Umgangsberechtigten und gebietet ihm die erzieherische Einwirkung auf das Kind, damit dieses die Umgangsbefugnis des anderen Elternteils akzeptiert und ihr nachkommt; dem nicht sorgeberechtigten Elternteil verbietet sie, das Kind gegen den sorgeberechtigten Elternteil einzunehmen und dessen Stellung zu untergraben.

305 Verstoßen die Eltern gegen diese Pflicht, so kann es zu folgenden Sanktionen kommen:

Auf seiten des Sorgeberechtigten kann uU eine Änderung der Sorgerechtsregelung in Frage stehen. Das wird allerdings wegen der inzwischen eingetretenen Erziehungs- und Bindungskontinuität bei dem Kind vergleichsweise selten geschehen können. Denn würde man das Kind wegen des illoyalen Verhaltens des sorgeberechtigten Elternteils in die Obhut des anderen Elternteils geben, so würde damit in erster Linie das Kind gestraft und nicht der illoyale Elternteil, vor allem dann, wenn an den anderen Elternteil nicht dieselben kindlichen Bindungen vorhanden sind (BVerfGE 64, 180 = NJW 1983, 2491 = JZ 1983, 703 = FamRZ 1983, 872 = ZBlJR 1983, 427 = DAVorm 1983, 727 [LS]; BGH NJW 1985, 1702 = FamRZ 1985, 169, 170 m Anm Bosch; Johannsen-Henrich-Jaeger Rz 18; Lempp ZBlJR 1977, 507, 511). Ob es mit dem Wohl des Kindes vereinbar ist, zur Gewährleistung des Umgangsrechts des Vaters mit seinem drei Jahre alten Sohn diesem einen Umgangspfleger zu bestellen, dem insoweit das Aufenthaltsbestimmungsrecht übertragen wird (§ 1671 Abs 5), wenn der sorgeberechtigte Elternteil den Umgang mit dem anderen Elternteil unter Verstoß gegen § 1634 Abs 1 Satz 2 unterbindet (OLG Bamberg FamRZ 1985, 1175 m Anm Schütz), erscheint fraglich. Der BGH (NJW-RR 1986, 1264) hat denn auch diese Lösung des OLG Bamberg verworfen und – unter Aufhebung und Zurückverweisung – bei fortgesetzter Umgangsbehinderung durch die Mutter alternativ nur die zwangsweise Durchsetzung des Umgangsrechts, § 33 Abs 2 FGG, oder uU die Übertragung der elterlichen Sorge auf den umgangsberechtigten Vater genannt; letztere Lösung dürfte aber wiederum aus den vorgenannten Gründen scheitern.

306 Verstößt der umgangsberechtigte Elternteil nachhaltig gegen die Wohlverhaltensklausel zum Nachteil des sorgeberechtigten Elternteils und damit zugleich im

allgemeinen auch zum Nachteil des Kindes, so kann das Familiengericht beschränkende Maßnahmen nach § 1634 Abs 2 S 2 ergreifen, also das Umgangsrecht einschränken oder ausschließen. Eine solche Maßnahme wird eher in Betracht kommen als die Änderung der Sorgerechtsentscheidung, weil das Kind durch eine Änderung des Sorgerechts ungleich schwerer betroffen wird als durch (zeitweilige) Einschränkung oder Ausschluß des Umgangsrechts.

Zu derartigen Verstößen des Umgangsberechtigten gegen die Loyalitätspflicht gehört allerdings nicht ohne weiteres der Ungehorsam gegenüber gerichtlichen Anordnungen und Auflagen (Verstoß gegen gerichtliche Schreibverbote: KG JFG 23, 82 = DFG 1941, 181 = DR 1942, 526 = HRR 1942 Nr 105; KG FamRZ 1968, 260 f; **aA:** MünchKomm-Hinz Rz 43 a; Soergel-Strätz Rz 28). Einschränkung oder Ausschluß des Umgangsrechts können hier nur in Betracht kommen, wenn aus diesem Verstoß auf eine künftige, durch andere gerichtliche Anordnung nicht auszuräumende Beeinträchtigung des Kindeswohls zu schließen ist.

Sowohl in bezug auf den sorgeberechtigten wie bezüglich des nicht sorgeberechtig- **307**
ten Elternteils gilt, daß gerichtliche Sanktionen nur in Betracht kommen können, wenn die Verstöße gegen § 1634 Abs 1 S 2 ein **beachtliches Maß** erreichen; auch müssen die Verstöße „ständig" bzw „dauernd" (BT-Drucks 8/2788, 54) vorkommen, ehe das Gericht eingreift. Weder soll § 1634 Abs 1 S 2 dem nicht sorgeberechtigten Elternteil einen ständigen Anreiz geben, dem Gericht mit entsprechenden Vorwürfen eine Sorgerechtsänderung anzutragen, noch soll der sorgeberechtigte Elternteil auf diese Weise Gelegenheit erhalten, das Umgangsrecht des anderen Teils ohne weiteres zu verhindern (BT-Drucks aaO). Andere als die vorgenannten Sanktionen (Änderung des Sorgerechts, Beschränkung oder Ausschluß des Umgangsrechts) sind bei Verstößen gegen § 1634 Abs 1 S 2 nicht vorgesehen (MünchKomm-Hinz Rz 19; Soergel-Strätz Rz 18; Erman-Ronke Rz 7; Palandt-Diederichsen Anm 2 c; Johannsen-Henrich-Jaeger Rz 18).

Das bedeutet, daß die Wohlverhaltensnorm die Eltern iE faktisch **ungleich belastet**. **308**
Soweit es den sorgeberechtigten Elternteil angeht, ist das Wohlverhaltensgebot gegen ihn zwangsweise kaum durchzusetzen, weil die Sorgerechtsänderung vor allem das Kind betreffen würde (besonders deutlich: BGH NJW 1985, 1702 = FamRZ 1985, 169, 170 m Anm Bosch), während der dauernd illoyale Umgangsberechtigte damit durchaus Gründe setzen kann, die sogar zum Ausschluß des Umgangsrechts führen können, etwa wenn er das Kind durch Beeinflussung und Herabsetzung des anderen Elternteils verunsichert und ängstigt und zu entfremden versucht (zB OLG Schleswig SchlHAnz 1957, 101 = ZBlJR 1957, 276). Die Wohlverhaltensnorm, ohnehin eher von idealistischem Wert (Lempp ZBlJR 1981, 283), erweist sich hier also als Waffe, deren Klinge nur nach einer Seite scharf ist.

Zu dem durch § 1634 Abs 1 S 2 untersagten illoyalen Verhalten kann auch die **309**
Auswanderung des sorgeberechtigten Elternteils mit dem Kind gegen den Willen des nicht sorgeberechtigten Elternteils gehören. Durch die Auswanderung in entfernte, vor allem überseeische Gebiete wird das Verhältnis des Kindes zum zurückbleibenden umgangsberechtigten Elternteil beeinträchtigt, nämlich ungleich erschwert, häufig faktisch unterbunden. Der Auswanderung kann ein Umzug innerhalb der Bundesrepublik gleichkommen, wenn die wirtschaftlichen und beruflichen Verhältnisse des Umgangsberechtigten Besuche kaum noch zulassen (KG FamRZ 1978, 832, 833: Umzug von Berlin nach Baden-Württemberg).

Eine Lösung dieses Problems ist mit Hilfe der Wohlverhaltensklausel nicht möglich. **310**
Der sorgeberechtigte Elternteil hat das Recht, den Aufenthalt des Kindes zu bestimmen, § 1631 Abs 1, sei es im Inland oder im Ausland. Dieses Bestimmungsrecht wird durch die Umgangsbefugnis des anderen Elternteils **nicht begrenzt** (so schon Josef SeuffBl 75 [1910], 202 in **krit** Anmerkung zu OLG München OLGE 18,

278, das die allein sorgeberechtigte Mutter verpflichtet hatte, die von ihr nach Amerika gebrachten Kinder nach Deutschland zurückzuschaffen), mag das Umgangsrecht auch generell das Sorgerecht beschränken (BGHZ 51, 219 = LM § 1634 BGB Nr 4 = NJW 1969, 422 = MDR 1969, 295 = JZ 1969, 194 = FamRZ 1969, 148 = JR 1969, 184 m Anm Bökelmann). Das Umgangsrecht hat sich mithin nach dem jeweiligen Aufenthalt des Kindes zu richten. Auf die Interessen des Umgangsberechtigten kommt es insoweit nicht an, entscheidend ist allein das Wohl des Kindes. Aus der Gleichordnung der beiden Elternteile und ihrer beiderseits verfassungsrechtlich geschützten Position als Inhaber des natürlichen Elternrechts folgt noch nicht, daß der Sorgeberechtigte Einbußen an seiner eigenen Freizügigkeit und seinem Recht auf freie Entfaltung seiner Persönlichkeit hinzunehmen hätte. Die Kollision der Grundrechte **beider** Eltern (Art 6 Abs 2 S 1 GG) kann nicht einseitig zugunsten des Umgangsberechtigten gelöst werden, wenn der Sorgeberechtigte seinen Aufenthaltsort verändert und dadurch die Konfliktlage schafft. Ein Rechtssatz des Inhalts, daß der Sorgeberechtigte die Kinder so erziehen und ihren Aufenthalt so bestimmen müsse, daß der andere Elternteil sein Umgangsrecht wahrnehmen könne, findet im Gesetz keine Stütze (BVerfGE 31, 194 = NJW 1971, 1447 = MDR 1971, 905 = FamRZ 1971, 421 = ZBlJR 1971, 315 = Rpfleger 1971, 300; BGH NJW 1987, 893 = FamRZ 1987, 356, 359; OLG Köln FamRZ 1972, 572, 574; OLG Düsseldorf FamRZ 1979, 965, 966 = VerwRspr Art 6 II GG Nr 75).

311 Es kann auch keinen Unterschied machen, ob der Sorgeberechtigte **triftige Gründe** für die Auswanderung hat oder nicht, **str** (wie hier iE Soergel-Strätz Rz 6; Johannsen-Henrich-Jaeger Rz 20; iE auch Gernhuber § 53 III 8; **für triftige Gründe**: MünchKomm-Hinz Rz 13; OLG Oldenburg FamRZ 1980, 78, 79; OLG Stuttgart NJW 1980, 1227, 1229; OLG München FamRZ 1981, 389, 391 unter Bezugnahme auf RGZ 141, 319, 320 m **krit** Anm Luthin). Der Sorgeberechtigte hat kraft seines grundgesetzlich geschützten Persönlichkeitsrechts grundsätzlich die Kompetenz zur eigenverantwortlichen Führung der Teilfamilie. Hierzu gehört auch das Recht auf Freizügigkeit (BVerfGE 6, 32, 34; OLG Düsseldorf FamRZ 1979, 965, 966 = VerwRspr Art 6 III GG Nr 75; Johannsen-Henrich-Jaeger Rz 19, 20; Coester 342 mwN). Eine Rechtsgrundlage, ihm selbst die Auswanderung zu verbieten, bietet § 1634 in keinem Falle (so aber iE OLG Oldenburg FamRZ 1980, 78 m zutr Kritik bei Coester 343 Fn 880). Aber ihm kann auch nicht allein wegen der Gefährdung des Umgangsrechts des anderen Elternteils aufgegeben werden, das Kind nicht mit in das Ausland zu nehmen, also verboten werden, mit dem Kind auszuwandern (so aber OLG Oldenburg FamRZ 1980, 78). Eine solche vom Gericht angeordnete Zurücklassung des Kindes ohne den bisherigen Sorgeberechtigten würde uU das Wohl des Kindes im höchsten Maße gefährden; ob der umgangsberechtigte Elternteil an die Stelle des sorgeberechtigten Elternteils treten könnte, kann sich allenfalls aus umfänglichen Prüfungen der jeweiligen Situation ergeben. Will der umgangsberechtigte Elternteil das Verbleiben des Kindes im Inland erreichen, so muß von ihm zuvor ein Änderungsverfahren nach § 1696 betreffend die elterliche Sorge angestrengt werden. Im Verlauf eines solchen Verfahrens ist zu prüfen, ob die Übersiedlung des Kindes mit dem sorgeberechtigten Elternteil gegen das Wohl des Kindes verstößt oder nicht und ob ggf das Sorgerecht auf den Umgangsberechtigten zu übertragen ist (so iE OLG München FamRZ 1981, 389).

312 Der umgangsberechtigte Elternteil kann die Übertragung der elterlichen Sorge auf sich nicht allein deshalb verlangen, weil er durch die Auswanderung des anderen Elternteils mit dem Kind an der Ausübung des Umgangsrechts faktisch gehindert wird.*

* hM: BVerfGE 31, 194, 209 = NJW 1971, 1447, 1449 = MDR 1971, 905 = FamRZ 1971, 421 =

Nur das Sorgerecht, nicht das Umgangsrecht gibt mithin das Recht zur Intervention gegen die Übersiedlung des Kindes in das Ausland (BGH NJW 1987, 893 = FamRZ 1987, 356, 359). Wird ein Änderungsantrag in bezug auf das Sorgerecht nicht gestellt oder bleibt der Antrag erfolglos, so hat das schwächere bzw weniger umfassende Umgangsrecht dem stärkeren oder umfassenderen Sorgerecht zu weichen.* 313

Etwas anderes gilt im Grundsatz auch dann nicht, wenn der sorgeberechtigte Elternteil mit dem Kind gerade **in der Absicht** auswandert, den Umgang des anderen Elternteils mit dem Kind zu verhindern. Zwar liegt in einer solchen Handlung ein klarer Verstoß gegen die Wohlverhaltensnorm § 1634 Abs 1 S 2. Jedoch kann als Sanktion wieder nur eine Abänderung des Sorgerechts, §§ 1696, 1671, erwogen werden mit den Schranken, die sich auch hier aus dem Wohl des Kindes ergeben. 314

Eine gesetzliche Grundlage, dem Sorgeberechtigten die Ausreise mit dem Kind zu verbieten, ergibt sich aus § 1634 keinesfalls (**aA:** OLG Oldenburg FamRZ 1980, 78). Aber auch in einem Sorgerechtsänderungsverfahren stellt die so motivierte Auswanderung noch keinen zwingenden Abänderungsgrund dar; denn die Auswanderung muß nicht gegen das Wohl des Kindes im übrigen verstoßen. Selbst wenn die Erziehungseignung des sorgeberechtigten Elternteils insoweit zweifelhaft erscheint, als der Kontakt zu dem anderen Elternteil abgelehnt und bewußt hintertrieben wird (OLG Karlsruhe FamRZ 1978, 201, s zur einseitigen, „vaterlosen" Erziehung auch BGH NJW 1985, 1702 = FamRZ 1985, 169 m Anm Bosch; OLG Bamberg FamRZ 1984, 507 und FamRZ 1985, 1175 m Anm Schütz), wird das Gericht, falls

---

ZBlJR 1971, 315 = Rpfleger 1971, 300; E 64, 180, 189 = NJW 1983, 2491 = JZ 1983, 703 = FamRZ 1983, 872 = ZBlJR 1983, 427 = DAVorm 1983, 727 (LS); OLG Neustadt FamRZ 1963, 300 m abl Anm Schwoerer; OLG Köln FamRZ 1972, 572; OLG Karlsruhe FamRZ 1978, 201; OLG Düsseldorf FamRZ 1979, 965 = VerwRspr Art 6 II GG Nr 75; LG Mannheim Justiz 1975, 232 = FamRZ 1976, 167 (LS); iE auch BayObLGZ 1956, 333 = MDR 1957, 39 = JR 1957, 141 m Anm Beitzke = EJF A III Nr 8 m Anm Zimmermann = FamRZ 1958, 470 Nr 198 (LS); Soergel-Strätz Rz 6; Erman-Ronke Rz 4); **aA:** nur Schwoerer in Vorauflage dieses Kommentars Rz 93–96 und Anm zu OLG Neustadt FamRZ 1963, 301, der meint, das Gericht habe allein das Vorliegen triftiger Gründe für die Auswanderung des sorgeberechtigten Elternteils zu prüfen und davon die vormundschaftsgerichtliche Zulassung der Auswanderung abhängig zu machen. Diese Ansicht geht schon deshalb fehl, weil sie richterliche Gestaltungsmöglichkeit behauptet, die gar nicht besteht (Gernhuber § 53 III 8 Fn 29): Eine gerichtliche Zulassung der durch die Auswanderung entstehenden Beschränkung des Umgangsrechts ist durch § 1634 Abs 2 S 2 nicht gedeckt (so aber wohl iE BayObLGZ 1956, 333 und 1959, 139, 141: Zustimmung des Umgangsberechtigten zur Paßerteilung für das Kind bei geplanter Ausreise). Im übrigen begründet Schwoerer seine Auffassung mit der überholten Vorstellung, daß das Umgangsrecht dem nicht sorgeberechtigten Elternteil um seiner selbst willen verliehen sei und damit in gleichrangiger Konkurrenz mit dem Sorgerecht stehe. Die jetzt hM ist dem mit Rücksicht auf das streng pflichtgebundene, in erster Linie dem Kindesinteresse dienende Umgangsrecht mit Recht nicht gefolgt.

* Ganz hM: BVerfGE 31, 194 = NJW 1971, 1447 = MDR 1971, 905 = FamRZ 1971, 421 = ZBlJR 1971, 315 = Rpfleger 1971, 300; BGH NJW 1987, 893 = FamRZ 1987, 356, 358; RGZ 141, 319, 321 = JW 1933, 2587 m zust Anm Endemann = HRR 1933 Nr 1933; BayObLGZ 1956, 333 = MDR 1957, 39 = JR 1957, 141, 143 m Anm Beitzke = FamRZ 1958, 470 Nr 198 (LS) = EJF A III Nr 8 m Anm Zimmermann; BayObLG FamRZ 1962, 34, 36; OLG Neustadt FamRZ 1963, 300; OLG Köln FamRZ 1972, 572; OLG Karlsruhe FamRZ 1978, 201; OLG Düsseldorf FamRZ 1979, 965 = VerwRspr Art 6 II GG Nr 75; OLG Stuttgart NJW 1980, 1227, 1229; iE (da im Rahmen eines Sorgerechtsänderungsverfahrens ergangen) auch: OLG München FamRZ 1981, 389 m Anm Luthin; Erman-Ronke Rz 4; MünchKomm-Hinz Rz 13; Soergel-Strätz Rz 6; Palandt-Diederichsen Anm 1 a; Gernhuber § 53 III 8; **aA:** OLG Oldenburg FamRZ 1980, 78 f.

darin eine Kindeswohlgefährdung liegt, die Auswanderung nur verhindern, wenn es wenigstens das Aufenthaltsbestimmungsrecht auf den umgangsberechtigten Elternteil oder hilfsweise auf einen Pfleger überträgt (unter den gesetzlichen Voraussetzungen der §§ 1696, 1671 Abs 5). Kann das Familiengericht derartige Feststellungen nicht treffen, so bleibt auch dieser dolose Verstoß des sorgeberechtigten Elternteils gegen die Loyalitätspflicht aus § 1634 Abs 1 S 2 praktisch sanktionslos (ebenso Johannsen-Henrich-Jaeger Rz 21). Die Auffassung, bei einem heimlichen Auswandern mit der Absicht, das Umgangsrecht zu vereiteln, diene die Sorgerechtsänderung dem Kindeswohl, weil dieses Wohl von einer grundlosen Vereitelung des Umgangsrechts nachhaltig berührt werde (MünchKomm-Hinz Rz 13), ist in dieser Allgemeinheit nicht haltbar: Die Ermöglichung oder Verhinderung des Umgangsrechts ist nur eines von vielen Kriterien bei der Frage der Sorgerechtsregelung; sie hebt die übrigen, lebenswichtigen Bindungen und Beziehungen des Kindes und dessen Kontinuitätsbedürfnis nicht auf (OLG Karlsruhe FamRZ 1978, 201; Coester 341, 343 mwN).

315 Wird das Umgangsrecht des nicht sorgeberechtigten Elternteils infolge seiner Ausweisung aus der Bundesrepublik unterbunden, so muß der umgangsberechtigte Elternteil diese zwangsweise Trennung von dem Kind uU wegen höherrangiger öffentlicher Interessen an seiner Ausweisung hinnehmen (OVG Münster FamRZ 1969, 35; Jans-Happe § 1634 Anm 1; Palandt-Diederichsen Anm 1 a aE).

316 **2. Gründe, die beim Kind liegen**

a) Entgegenstehender Wille des Kindes

Der Wille des Kindes hat bei der Beantwortung der Frage, ob dem umgangsberechtigten Elternteil die Umgangsbefugnis eingeräumt wird oder ob sie auszuschließen ist, einen beachtlichen Wert. Nach Auffassung des BGH (LM § 1634 BGB Nr 5 = NJW 1980, 454 = MDR 1980, 386 = FamRZ 1980, 131 = DAVorm 1980, 32 = FRES 5, 202) erfordert es das Persönlichkeitsrecht des Kindes, bei der gerichtlichen Regelung des Umgangsrechts den Willen des Kindes im Rahmen seines wohlverstandenen Interesses und das Interesse des umgangsberechtigten Elternteils gegeneinander abzuwägen. Für den Ausschluß des Umgangsrechts ist es hiernach bedeutsam, ob die Einstellung des Kindes auf subjektiv beachtlichen oder verständlichen Beweggründen beruht. Sei das zu bejahen, so werde eine gewaltsame Durchsetzung des Umgangsrechts mit seinem Zweck im allgemeinen ebenso unvereinbar sein wie mit dem Persönlichkeitsrecht des Kindes. Hieraus folgt, daß dann, wenn das Kind sich bei seiner notwendigen Anhörung nach § 50 b FGG gegen einen Kontakt mit dem umgangsberechtigten Elternteil ausspricht, in jedem Einzelfall zunächst geprüft werden muß, ob die Entwicklung der Persönlichkeit des Kindes bereits so weit fortgeschritten ist, daß eine dem Willen des Kindes zuwiderlaufende Ausübung des Umgangsrechts eine Gefährdung seiner Entwicklung bedeuten könnte. Im Anschluß hieran sind die Gründe zu prüfen, die das Kind zu seiner verneinenden Haltung veranlassen. Diese Gründe müssen aus der Sicht des Kindes berechtigt sein. Ist dies der Fall, so ist es nach Auffassung des BGH grundsätzlich Aufgabe des Gerichts, dem Kind die Bedeutung des Umgangsrechts für den anderen Elternteil und für das Kind selbst vor Augen zu führen und das Kind zu einer eigenständigen Prüfung seiner ablehnenden Haltung zu veranlassen. Bleibt das Kind auch unter Beachtung dieser Grundsätze bei seiner ablehnenden Haltung, so rechtfertigt dies den Ausschluß der Umgangsbefugnis.

Der vom BGH entschiedene Fall betraf drei Kinder im Alter von 17, 16 und 13 Jahren. Aber **auch bei jüngeren Kindern** ist die Ermittlung ihres Willens erforderlich. Dies geschieht durch die persönliche Anhörung des Kindes. Die Abneigung des Kindes, mit dem anderen Elternteil zusammenzutreffen, kann verständliche Gründe haben. Die Ablehnung kann so tief verwurzelt sein, daß das Kindeswohl ernstlich beeinträchtigt würde, wenn darüber hinweggegangen würde. Stets ist das Kindeswohl leitender Gesichtspunkt, Zwang soll tunlichst vermieden werden. Daraus folgt, daß auch bei einem jüngeren Kind der Wille angemessen berücksichtigt werden muß (vgl wegen der Einzelheiten der Ermittlung des kindlichen Willens und seiner Beachtung oben Rz 191 ff und unten Rz 397 ff). Solange das Kind sich ernsthaft weigert, mit dem anderen Elternteil zusammenzukommen, ist eine Durchführung der Kontakte, die mit dem Kindeswohl vereinbar wäre, praktisch nicht möglich. In derartigen Fällen kann deshalb der Umgang nur ausgeschlossen werden. Jedoch sollte gerade in diesen Fällen nicht ohne vorherige **psychologische Begutachtung** entschieden werden.* 317

Im übrigen trifft in der Praxis ein deutlich entgegenstehender Wille des Kindes häufig mit nicht bewältigten Spannungen zwischen den Eltern zusammen: Das Kind weigert sich, den anderen Elternteil zu sehen, weil es dem von ihm nicht zu lösenden, aber auch nicht auszuhaltenden Konflikt zwischen den Eltern nicht erneut ausgesetzt werden möchte. In diesem Fall ist es Sache beider Eltern, sich – erforderlichenfalls unter Zuhilfenahme entsprechender Beratung – ernsthaft um die Aufarbeitung ihres eigenen Konfliktes zu bemühen, bevor sie das Kind diesem unbewältigten Konflikt aussetzen.

b) Alter des Kindes 318

Das sehr niedrige Alter eines Kindes steht dem Umgang grundsätzlich nicht entgegen, weil auch ein solcher Kontakt durch den allgemeinen Umgangszweck gerechtfertigt ist und nur so eine Entfremdung zwischen Kind und Elternteil zu vermeiden ist.** Schwierigkeiten, die sich aus dem geringen Alter des Kindes für den Umgang ergeben, kann durch entsprechende Umgangsgestaltung begegnet werden (s o Rz 211 f, 219 f; MünchKomm-Hinz Rz 43; Palandt-Diederichsen Anm 3 b; Johannsen-Henrich-Jaeger Rz 30). Bei älteren und nahezu erwachsenen Kindern ist ein Umgang gegen deren Willen praktisch nicht durchführbar und deshalb nach hM (s o Rz 191 f, 316 f) nicht anzuordnen.

c) Entwicklungsstörung 319

Viele Kinder zeigen im Zusammenhang mit dem Scheidungsstreit der Eltern oder in dessen Gefolge Entwicklungsstörungen. Haben diese eine gewisse Intensität und sind sie auch therapeutisch nicht zu beheben, so können sie schließlich zum

* **Umstritten**, wie hier: KG FamRZ 1979, 448; OLG Düsseldorf FamRZ 1979, 857 = FRES 4, 158; OLG Karlsruhe ZBlJR 1980, 292; OLG Frankfurt FamRZ 1983, 217; KG FamRZ 1985, 639; FamRZ 1986, 503 = EzFamR § 1634 Nr 3 m Anm Fthenakis-Oberndorfer; LG Ravensburg DAVorm 1975, 243; Johannsen-Henrich-Jaeger Rz 39 bis 41; AK-BGB-Münder Rz 13; Rolland Rz 16; Dickmeis ZBlJR 1982, 271; Ell DAVorm 1986, 745, 748, 752; Wendl-Kempmann-Wendl 2. Teil IV 2 f; Arntzen 31, 38; s weitere Nachw oben Rz 191 f; **aA:** Erman-Ronke Rz 16; **differenzierend** nach Alter und Einsichtsfähigkeit des Kindes: MünchKomm-Hinz Rz 29, 30; Soergel-Strätz Rz 26; Palandt-Diederichsen Anm 3 b; wegen der Problematik derartiger Differenzierungen vgl oben Rz 191 f.

** Umgang mit Säugling: BayObLG JFG 5, 74 = HRR 1929 Nr 110; OLG Hamm JMBlNRW 1959, 68 = FamRZ 1959, 169 (LS); OLG Zweibrücken FamRZ 1986, 714, 715 (LS) = DAVorm 1986, 355; Umgang mit Kleinkind: OLG Stuttgart NJW 1981, 404 = Justiz 1981, 211 m Anm Lempp ZBlJR 1981, 283; OLG Bamberg FamRZ 1984, 507.

Ausschluß der Umgangsbefugnis führen, insbesondere, wenn die Schwierigkeiten durch den Umgang mit dem nicht sorgeberechtigten Elternteil vergrößert werden (OLG Karlsruhe ZBlJR 1980, 292; OLG Stuttgart NJW 1981, 404 = Justiz 1981, 211, hierzu kritisch LEMPP ZBlJR 1981, 283). Ähnlich wie in den Fällen, in denen die Kinder den Besuch beim anderen Elternteil strikt ablehnen, wird es hier Aufgabe der Eltern sein, ihre eigenen Schwierigkeiten abzubauen, um so den Kindern aus den Entwicklungsstörungen herauszuhelfen. Zum Ausschluß des Umgangsrechts reicht nicht jedes auffällige Verhalten eines Kindes aus.

320 So genügt nicht etwa das „Fremdeln" eines 2½ Jahre alten Kindes, das seinen Vater ein halbes Jahr nicht gesehen hat (OLG Bamberg FamRZ 1984, 507, 508). Anerzogene Angst, grundlose Furcht und Abneigung des Kindes sollen in der Regel kein Grund sein, den Umgang einzuschränken (BayObLG in stRspr zB Z 1964, 443 = NJW 1965, 869 = MDR 1965, 387 = FamRZ 1965, 155 = Rpfleger 1965, 236; ERMAN-RONKE Rz 16; SOERGEL-STRÄTZ Rz 26 unter Hinweis auf KG OLGE 26, 269 [wonach der sorgeberechtigte Elternteil nötigenfalls angemessene Zuchtmittel gegen das sich sträubende Kind anzuwenden habe, um dessen unberechtigten Widerstand zu brechen] und auf BayObLGZ 32, 364, 366 [wonach die Angst eines drei Jahre alten Mädchens vor seinem Vater, gegen den wegen des Verbrechens der Notzucht strafrechtlich ermittelt werde, nicht ohne weiteres einen Grund zur Beschränkung des persönlichen Umgangs des Vaters mit dem Kind bilde; es sei Pflicht der Mutter, durch vernünftige Vorstellungen dem Kinde diese Angst zu nehmen und die Einflüsse zu beseitigen, die diese Angst hervorrufen!]; differenzierend MünchKomm-HINZ Rz 43 und PALANDT-DIEDERICHSEN Anm 3 b). Andererseits sollen erhebliche Gefährdungen der Gesundheit eines 6jährigen Kindes (LG Mannheim NJW 1972, 950 = MDR 1972, 611) und drohende erhebliche seelische oder gesundheitliche Schädigungen des Kindes (BayObLG ZBlJR 1968, 145 = DAVorm 1968, 227) für das Gericht beachtlich sein.

321 Stellungnahme

Wie oben (Rz 191 ff, 316) ausgeführt, ist auch der negative Wille eines Kindes, also seine Abneigung, stets beachtlich, wenn dem eine entsprechende psychische Prägung zugrunde liegt. Mag die Angst des Kindes auch anerzogen sein, mag seine Furcht und Abneigung aus der Sicht des Erwachsenen grundlos erscheinen, so ist dies doch die psychische Realität des Kindes. Über sie hinwegzugehen oder sie gar mit erzieherischen Mitteln zwangsweise zu durchbrechen, muß nach heute gefestigten Ergebnissen der Humanwissenschaften fast zwangsläufig zu erheblichen Entwicklungsstörungen des Kindes führen. Deshalb bleibt nur der Weg, den Gründen, die zu der Angst, Furcht und Abneigung des Kindes geführt haben könnten, sorgfältig nachzugehen (NOWKA FamRZ 1960, 218). Stellt sich bei dieser gerichtlichen Überprüfung heraus, daß die vom Kinde geäußerten negativen Gefühle wie Angst, Furcht und Abneigung mit seinem tatsächlichen Befinden übereinstimmen (also nicht lediglich „auswendig gelernt" dahergeredet werden), so sind sie in jedem Fall beachtlich. Sind sie durch liebevolles Eingehen auf das Kind nicht zu entkräften, so sind Besuche des Kindes bei dem anderen Elternteil mit seinem Wohl nicht vereinbar; sie müssen daher ausgeschlossen werden. Die anderslautenden Entscheidungen des KG vom 7. 3. 1913 (OLGE 26, 269), des BayObLG vom 14. 7. 1932 (BayObLGZ 32, 364) und des LG Mannheim vom 12. 11. 1971 (NJW 1972, 950 = MDR 1972, 611) sind durch die Ergebnisse der kinderkundlichen Forschungen insbesondere der letzten 20 Jahre überholt und können daher eine andere Entscheidung nicht mehr begründen.

d) Integration des Kindes in eine neue Familie 322

Ist der sorgeberechtigte Elternteil wiederverheiratet, lebt er ständig mit einem neuen Partner zusammen oder ist das Kind in eine Familie aufgenommen worden, die dessen Adoption beabsichtigt, so kann ein Ausschluß der Umgangsbefugnis geboten sein. Hier ergibt sich das besondere Problem, daß das Kind in seinen eigenen Bedürfnissen nach Liebe, Zuwendung, Identifikation und Sicherheit voll befriedigt wird, so daß zu seinem Wohl das Hinzutreten eines weiteren Elternteils nicht nur nicht erforderlich ist, sondern das Kind durch diese ihm oft noch nicht begreiflichen Familienverwicklungen stark beunruhigt und in seinem Wohlergehen gefährdet werden kann. Einer derartigen Integration des Kindes in eine neue Familie können uU regelmäßige Kontakte mit dem nicht sorgeberechtigten Elternteil nicht förderlich sein. Auch bei gutem Willen aller Beteiligten werden Kontakte mit dem anderen Elternteil die Integration des Kindes häufig eher hemmen (LG Berlin DAVorm 1980, 936 – für den Fall der Adoption –; AG Kamen DAVorm 1983, 228; LG Paderborn DAVorm 1984, 1030; kritisch: WENDL-KEMPMANN-WENDL 2. Teil IV 2 c).

Doch ist in diesen Fällen besondere Vorsicht am Platze: Denn häufig wird die 323
„Ausgrenzung" des früheren Ehegatten vor allem von dem sorgeberechtigten Elternteil gewünscht, wenn dieser wieder heiratet. Es soll eine neue „heile" Familie gegründet werden. Derart eigensüchtige Motive des sorgeberechtigten Elternteils reichen zum Ausschluß der Umgangsbefugnis nicht aus (OLG Stuttgart NJW 1981, 404 = Die Justiz 1981, 211 m kritischer Besprechung LEMPP ZBlJR 1981, 283, 285 f). Stets muß auch hier der Ausschluß der Umgangsbefugnis zum Wohl des Kindes erforderlich sein, das Kind muß also durch den Kontakt zu dem anderen Elternteil in nicht behebbarer Weise irritiert werden. Das wird in den seltensten Fällen zu bejahen sein, weil angesichts der Scheidungshäufigkeit sehr viele Kinder in ähnlichen Verhältnissen leben. Sie erleben im Kindergarten oder in der Schulklasse, daß viele Mitschüler bei Stiefelternteilen leben und daneben noch einen „anderen" Elternteil haben. Dem Problem, daß der sorgeberechtigte Elternteil wegen eines neuen Partners den Wunsch nach möglichst geringer Störung durch den anderen Elternteil hat, kann auch durch die entsprechende Ausgestaltung des Umgangs im allgemeinen begegnet werden. Ein Ausschluß der Umgangsbefugnis könnte in diesen Fällen eine unbillige Härte gegen den nicht sorgeberechtigten Elternteil sein (JOHANNSEN-HENRICH-JAEGER Rz 30; BT-Drucks 8/2788, 53).

H. Kosten des Umgangs 324

Die Umgangskosten teilen sich in solche Kosten, die bei dem Umgangsberechtigten aus Anlaß des Umgangs für seine eigene Person entstehen (Eigenkosten) und solche, die zugunsten des Kindes aufgewendet werden (Kindeskosten).

I. Aufwendungen, die der Umgangsberechtigte aus Anlaß des Umgangs für sich selbst erbringt (Eigenkosten)

Dem Umgangsberechtigten entstehen Kosten für seine eigene Anfahrt und Rückfahrt, wenn – wie üblich (s o Rz 231 ff) – **ihm** das Holen und Bringen des Kindes auferlegt ist. Weitere Kosten können ihm entstehen durch Unternehmungen **mit** dem Kinde, seien es – bei periodischen Kurzbesuchen – zB Kosten für Eintrittskarten, die der Umgangsberechtigte für sich selbst löst, um mit dem Kinde Veranstaltungen (Theater, Kino, Sport, Jahrmarkt, Schwimmbad, Tierpark) zu besuchen, seien es eigene Bewirtungskosten, wenn er mit dem Kinde eine Gaststätte aufsucht, seien es eigene Übernachtungs- und Verpflegungskosten, wenn er zum Zwecke des

Umgangs von weit her anreist und nicht am selben Tage zurückfahren kann. Weitere eigene Kosten für Fahrgeld, Übernachtung, Verpflegung und Unternehmungen entstehen für den Umgangsberechtigten selbst, wenn er mit dem Kinde verreist.

325 Diese **gesamten Eigenkosten** hat der Umgangsberechtigte **allein** zu tragen. Eine Erstattung oder einen Ersatz kann er weder von dem Sorgeberechtigten noch von dem Kinde verlangen. Ersatz dieser Kosten kann er auch nicht indirekt im Wege der Verringerung seines (für die Unterhaltspflicht maßgebenden) Nettoeinkommens durch entsprechende Bereinigung erreichen. Das gilt sowohl im Verhältnis zu dem anderen (getrennt lebenden oder geschiedenen) Elternteil im Blick auf dessen Unterhaltsanspruch, als auch im Verhältnis zu dem Kinde, mit dem der nicht sorgeberechtigte Elternteil Umgang ausübt, in bezug auf dessen Barunterhaltsanspruch. Denn diese Kosten, die für **jeden** Elternteil bei Gelegenheit der Erziehung, Beaufsichtigung und Begleitung des eigenen Kindes entstehen, sind die Folgen des Eltern-Kind-Verhältnisses, der Beistandspflicht beider Eltern, § 1618 a, und der Pflicht zur Beaufsichtigung und Betreuung, § 1631 Abs 1. Diese Pflichten treffen den Umgangsberechtigten bei Gelegenheit des Umgangs, den Sorgeberechtigten, wenn und soweit er das Kind bei sich hat: Auch der Sorgeberechtigte muß das Kind zu Veranstaltungen, zum Arzt, zum Krankenhaus, in die Ferien begleiten, um seiner Pflicht zur Beaufsichtigung nachzukommen. Diese Kosten sind weder Unterhaltskosten des Kindes noch Unterhaltskosten des sorgeberechtigten Elternteils: Der Barunterhalt des Kindes hat dessen Barbedarf, also **seine** Lebenshaltungskosten zu decken. Er ist so (gering) bemessen, daß er allenfalls zur Deckung dieser Kosten, nicht aber der Kosten einer Begleitperson ausreicht. Die so entstehenden eigenen Kosten des sorgeberechtigten Elternteils fallen auch nicht unter § 1606 Abs 3 S 2: Zwar erfüllt der sorgeberechtigte Elternteil seine Unterhaltspflicht gegenüber dem Kind in der Regel in Natur durch die Pflege und Erziehung des Kindes. Damit sind aber **nur** die Kosten der Pflege und Erziehung des Kindes gemeint, die sonst durch Fremdbetreuung (Kindergarten, Pflegerin) entstünden und bar bezahlt werden müßten. Eigene Fahrt-, Reise- und Veranstaltungskosten des sorgeberechtigten Elternteils sind von dieser Vorschrift nicht umfaßt.

326 Diese Gegenüberstellung zeigt, daß durch das Zusammensein mit dem eigenen Kinde stets **zusätzliche Elternkosten** entstehen können, deren Tragung dem Elternteil obliegt, der mit dem Kinde zusammen ist und mit ihm etwas unternimmt. Wäre es anders, so müßte der Betreuungsunterhalt gem § 1570 zusätzlich die Kosten umfassen, die (nur) durch die Begleitung des Kindes entstehen. So ist der Betreuungsunterhalt indessen nicht geregelt, und so wird er auch nicht errechnet: Dieser Unterhalt soll es dem betreuenden Elternteil ermöglichen, aus dem vom anderen Elternteil gezahlten Unterhalt seine eigenen laufenden Lebenshaltungskosten zu decken; der Unterhalt soll ihn von Erwerbstätigkeit freistellen, damit er das gemeinsame Kind betreuen kann. In seiner Höhe wird dieser Unterhalt nicht anders errechnet als ein solcher, der wegen Krankheit, Alters oder Arbeitslosigkeit gezahlt wird, nämlich im allgemeinen pauschal als Quote von dem Einkommen des Unterhaltspflichtigen, unabhängig davon, ob der Unterhaltsberechtigte ein Kind betreut oder nicht. **Kinderbegleitkosten** sind darin also nicht enthalten; es handelt sich um reine Lebenshaltungskosten, die der Elternteil, der sie erbringt, aus seinem Einkommen (oder seinem Unterhalt) decken muß. Mithin sind diese Kosten bei zusammenlebenden wie getrennten oder geschiedenen Eltern ausschließlich eigene Lebenshaltungskosten, die die Eltern im Interesse des Kindes kraft ihres Elternrechts und ihrer Elternpflicht selbst und endgültig aufzuwenden haben.

327 Dieses Ergebnis wird dadurch bestätigt, daß dem allein barunterhaltspflichtigen umgangsberechtigten Elternteil bei der Berechnung seiner Unterhaltspflicht gegen-

über dem Kinde die Hälfte des staatlichen Kindergeldes verbleibt zu dem Zweck, eigene Mehraufwendungen für das Kind davon zu decken. Zu diesen Mehraufwendungen gehören auch eigene Reise-, Verpflegungs- und Veranstaltungskosten im Zusammenhang mit der Ausübung der Umgangsbefugnis. Der Deckung dieser eigenen Mehraufwendungen dient auch der durch das Steueränderungsgesetz 1977 (vom 16. 8. 1977, BGBl I 1586) eingefügte „Besucher"- oder „Zahlväter"-Freibetrag (Blümich-Falk EStG § 33 Anm IV). Hiernach darf der nicht sorgeberechtigte Elternteil von seinem zu versteuernden Einkommen jährlich einen Betrag von 600 DM pro Kind als **außergewöhnliche Belastung** in Abzug bringen. Dieser Freibetrag soll dem unterhaltspflichtigen geschiedenen oder dauernd getrennt lebenden Elternteil eine gezielte Erleichterung gewähren und seine Mehrbelastungen abgelten, die ihm im Vergleich zu dem anderen Elternteil nach der allgemeinen Lebenserfahrung durch die Pflege des Eltern-Kind-Verhältnisses entstehen. Solche Mehrbelastungen sind nach dem Erlaß des BMF vom 16. 10. 1985 (BStBl 635, 636 unter Nr 9) zB Kosten für Besuche und Geschenke. Auf die Höhe dieser Aufwendungen kommt es nicht an (Blümich-Falk § 33 Anm 4; Klein-Flockermann-Kühr EStG § 33 a Rz 72, 74; Littmann EStG § 33 a Rz 24 a; Schmidt EStG § 33 a Anm 3; vgl auch OLG Frankfurt FamRZ 1987, 1033, 1034). Dagegen kann der umgangsberechtigte Elternteil auch dann, wenn er sich ständig um die Erziehung und Ausbildung des gemeinsamen Kindes mitkümmert, das Kind weit über den Rahmen seiner Unterhaltsverpflichtung hinaus unterstützt, Mutter und Kind regelmäßig am Wochenende besucht und mit beiden gemeinsam den Urlaub verbracht hat, deswegen nicht die Kosten einer doppelten Haushaltsführung iSv § 9 Abs 1 Nr 5 EStG geltend machen (BFH NJW 1988, 2263 = FamRZ 1988, 1267 = BB 1988, 462, 463).

Allerdings hat das OLG Frankfurt (1. Familiensenat) am 18. 11. 1983 (FamRZ 1984, 328
178) entschieden, ein Vater, dessen Nettoeinkommen als Post-Hauptsekretär nach Bereinigung um Kosten der Krankenversicherung, der Kinderaussteuerversicherung und des Unterhalts für zwei 10 und 15 Jahre alte Töchter noch knapp 1430 DM betrug, könne Kosten von 250 DM, die er monatlich für eigene Fahrten und eigene Übernachtungen bei der Ausübung seiner Umgangsbefugnis mit den beiden Töchtern aufwende, seiner geschiedenen Frau entgegenhalten und insoweit sein Nettoeinkommen bereinigen mit der Folge, daß er zur Zahlung von Betreuungsunterhalt, § 1570, nicht mehr leistungsfähig sei. Dieses Urteil ist jedoch aus mehreren Gründen rechtlich nicht haltbar: Zum einen ist nicht erkennbar und auch nicht näher begründet, mit welcher unterhaltsrechtlich relevanten Berechtigung der Vater angesichts der großen Entfernung zwischen seinem eigenem Wohnort in Hessen und demjenigen der Kinder, die zusammen mit der Mutter an der Nordsee lebten, einmal monatlich nach dem Wohnort der Kinder fahren, dort kostenaufwendig übernachten und sodann zurückfahren darf. Denn der Umgang mit den Kindern findet regelmäßig in der Wohnung des Umgangsberechtigten statt (s oben Rz 235 ff). Nach dem Wegzug der Mutter und der Kinder aus der Nähe des Vaters bestand deshalb Anlaß, eine neue Umgangsregelung zu treffen, etwa dahingehend, daß die Kinder zum Vater fuhren und dort übernachteten, sei es einmal monatlich, sei es in größeren Zeitblöcken, wie das auch sonst bei weiter Entfernung zwischen Umgangsberechtigten und Kindern geschieht. Die hierdurch entstehenden Kosten wären wegen der Fahrpreisermäßigung für mehrere Kinder voraussichtlich geringer gewesen als die 3000 DM, die der geringverdienende Vater für seine eigenen Kosten jährlich angesetzt hatte. Ob die Kinder in einem solchen Falle Anspruch auf dauernd erhöhten Unterhalt gehabt hätten (zu dessen Leistung der Vater imstande und wohl auch verpflichtet gewesen wäre, vgl Moritz ZBlJR 1982, 768, 778) oder ob diese Kosten aus dem Pauschalunterhalt der Kinder aufzubringen gewesen wären

(vgl OLG Karlsruhe FamRZ 1982, 1111; BGH NJW 1984, 2826 = MDR 1984, 830 = FamRZ 1984, 470 = DAVorm 1984, 464), kann hier unentschieden bleiben. Jedenfalls sind die Fahrt- und Übernachtungskosten des Vaters in diesem Fall dessen eigene erhöhte Lebenshaltungskosten, die er freiwillig erbringt. Ob er diese im Verhältnis zu seinem Einkommen unproportional hohen Kosten aufbringen, also den ihm durch den Selbstbehalt belassenen Einkommensteil derart verwenden wollte oder nicht, unterlag allein seiner Entscheidung, die sich auf den Unterhaltsanspruch der Kinder und des anderen Elternteils nicht auswirken konnte.

329 Zum anderen erweist sich die Entscheidung des OLG Frankfurt deswegen als rechtlich nicht haltbar, weil sie der sorgeberechtigten Mutter im Ergebnis jedweden Betreuungsunterhalt versagt, auf den die Mutter jedoch dem Grunde nach Anspruch hat, wie das OLG Frankfurt nicht verkannt hat. Das hat zur Folge, daß entweder die Mutter (durch Unterhaltsversagung) oder die Kinder (deren Mutter mangels Unterhaltszahlung die Betreuung der Kinder nur beschränkt leisten kann) die eigenen Lebenshaltungskosten des Vaters „bezahlen". Diese Lastenverlagerung entspricht nicht dem Gesetz und wird auch weder durch die weite Entfernung zwischen Kindern und Vater noch durch dessen relativ geringes Einkommen richtiger. Daß das OLG Frankfurt zu seiner – sachlich unrichtigen – Entscheidung gelangt ist, weil es den Umzug der Mutter mit den Kindern an die Nordsee und die dadurch bedingte Umgangserschwerung für den Vater mißbilligt hat, kann nur vermutet werden. Träfe dies zu, so wäre auch dieser rechtliche Ansatz verfehlt: Der sorgeberechtigte Elternteil ist in seiner Freizügigkeit durch die Umgangsbefugnis des anderen Elternteils nicht beschränkt. Es ist seine Entscheidung, wo er nach der rechtskräftigen Scheidung zusammen mit den Kindern einen Wohnsitz begründet (s oben Rz 309 ff). Der andere, nicht sorgeberechtigte Elternteil muß diese Wohnsitzbegründung hinnehmen und seine Umgangsbefugnis dementsprechend ausgestalten. Einen Rechtsanspruch auf möglichst kostengünstige Gestaltung hat der Umgangsberechtigte ebensowenig wie darauf, daß der sorgeberechtigte Elternteil den Wohnsitz so wählt, daß die Umgangsbefugnis möglichst wenig beeinträchtigt wird.

330 Ausgehend von diesen Grundsätzen haben denn auch das OLG Frankfurt (3. Familiensenat) in seiner Entscheidung vom 25. 11. 1986 (FamRZ 1987, 1033 und neuerdings FamRZ 1988, 866) und das OLG Bamberg am 7. 7. 1987 (FamRZ 1987, 1295) die Abzugsfähigkeit von eigenen Umgangskosten im Rahmen der Ermittlung des unterhaltsrechtlich relevanten Einkommens verneint, wobei das OLG Frankfurt (FamRZ 1987, 1033) wie auch das OLG Karlsruhe (FamRZ 1982, 1111) zu Recht darauf hingewiesen haben, daß weitere Entfernungen des Umgangsberechtigten zum Wohnort des Kindes in der Regel eine verminderte Besuchshäufigkeit zur Folge haben.

331 Ob in Ausnahmefällen, in denen der Umgangsberechtigte in sehr beengten wirtschaftlichen Verhältnissen lebt, der sorgeberechtigte Elternteil dagegen in gehobenen Einkommensverhältnissen, eine Überbürdung der eigenen Umgangskosten auf den anderen Elternteil oder das Kind in Frage kommen kann, kann allenfalls unter **Billigkeitsgesichtspunkten** erwogen werden (so schon Endemann, JW 1933, 2980 Anm zu AG Solingen vom 28. 7. 1933: „Es scheint falsch, wenn heute immer nur die Interessenlage des einzelnen betont wird. Ausgleichende Gerechtigkeit heischt, daß zuhöchst die Zweckerfüllung ermöglicht werde. Was hierzu erforderlich ist, mag unter den beteiligten Eltern nach Billigkeit auferlegt und aufgeteilt werden"; ihm folgend: Lücken DFG 1943 113, 115, 116 und Schwoerer in Vorauflage Rz 112; ablehnend: Soergel-Strätz Rz 31: „Reizt zu weiterem Streit").

II. Kosten, die anläßlich des Umgangs in der Person des Kindes entstehen (Kindeskosten) 332

Diese Aufwendungen sind die eigentlichen Umgangskosten, über die die Gerichte seit der Entscheidung des OLG Hamburg vom 30. 3. 1905 (OLGE 11, 296, 297) wiederholt entschieden haben. Hierbei ist zu differenzieren zwischen den Kosten, die nur durch die Ausübung der Umgangsbefugnis entstehen, die also ohne den Kontakt mit dem anderen Elternteil nicht entstehen würden (**Zusatzkosten**), und denen, die für das Kind stets aufgewendet werden müßten (**reguläre Kosten**).

1. Zusatzkosten 333

Kosten, die ihre Ursache allein im Kontakt mit dem anderen Elternteil haben und denen auf seiten des sorgeberechtigten Elternteils keine Ersparnis gegenübersteht, sind vor allem Kosten der An- und Abreise des Kindes zum nicht sorgeberechtigten Elternteil, evtl – je nach Ausgestaltung des Umgangs – auch Kosten seiner Unterbringung am dritten Ort, Kosten einer Aufsichts- oder Pflegeperson (als Ersatz oder Stellvertreter des sorgeberechtigten Elternteils), Urlaubskosten (Fahrt und Unterkunft und Unternehmungen, die bei dem sorgeberechtigten Elternteil nicht entstünden). Diese Kosten sind nach der in der Rechtsprechung vorherrschenden Auffassung von dem Umgangsberechtigten nicht nur vorzuschießen, sondern auch endgültig zu tragen.*

Dagegen verpflichtete das KG (Recht 1909 Nr 1329) jeden Elternteil, einen Teil der Fahrtkosten der Kinder vorzuschießen, während das AG Solingen (JW 1933, 2080 m krit Anm Endemann) die Reisekosten dem sorgeberechtigten, zugleich allein unterhaltspflichtigen Vater auferlegte und das KG (OLGE 46, 175 = JR 1927 Nr 1027) die Frage, wer die Kosten der Bahnfahrt der Kinder zu tragen habe, unentschieden ließ; darüber müsse das Prozeßgericht entscheiden. Die Kosten der von der sorgeberechtigten Mutter für ein 1jähriges Kind während des Besuches des Vaters bestellten Pflegerin bezeichnete das BayObLG (JFG 5, 74 = HRR 1929 Nr 110) als Unterhaltskosten, die der Unterhaltspflichtige zu tragen habe. 334

Das Schrifttum stimmt dem Ergebnis, daß den Umgangsberechtigten die Zusatzkosten treffen, im wesentlichen zu**. 335

2. Reguläre Kosten 336

Hierbei handelt es sich um Aufwendungen, die für das Kind auch dann erbracht werden müßten, wenn das Kind sich nicht bei dem umgangsberechtigten Elternteil aufhielte, sondern bei dem Sorgeberechtigten bliebe: Kosten also, denen, wenn der umgangsberechtigte Elternteil sie trägt, reale Ersparnisse auf seiten des Sorgebe-

* Für den alten Rechtszustand, als das Vormundschaftsgericht nur über die vorläufige Kostentragung entschied, die endgültige Kostenregelung dagegen dem Prozeßgericht vorbehalten war: OLG Hamburg OLGE 11, 296, 297; KG RJA 8, 89 = Recht 1907, 1771; OLG München JFG 14, 32; für den Zustand nach neuem Recht: BayObLGZ 1957, 134, 138, 146 = EJF A III Nr 4 und B II Nr 11 = FamRZ 1958, 470 (LS); OLG Zweibrücken FamRZ 1982, 531 = DAVorm 1982, 594 (LS) = JA 1982, 503 m Anm Moritz; OLG Frankfurt FamRZ 1988, 866.

** MünchKomm-Hinz Rz 34, Soergel-Strätz Rz 30; Erman-Ronke Rz 29, der dabei allerdings auf das Trennungsverschulden abstellt; Palandt-Diederichsen Anm 5; Johannsen-Henrich-Jaeger Rz 31 aE; Dölle § 98 VI; Lohmann GruchB 61, 22, 34, 35, 65; Krüger-Breetzke-Nowack Anm 9; Martiny 309, 320; differenzierend nach der Unterhaltspflicht: Lücken DFG 1943, 114, 115; Riedel, 97; Moritz ZBlJR 1982, 768, 778; JA 1982, 503, 504; **aA:** Endemann JW 1933, 2080: für Billigkeitsentscheidung.

rechtigten gegenüberstehen. Derartige Aufwendungen sind vor allem Kosten für Verpflegung, evtl noch für notwendige Kleidung (deren Fehlen sich beim Aufenthalt bei dem nicht sorgeberechtigten Elternteil herausstellt und die das Kind auch noch nicht hat, aber benötigt, zB Regenschutz, feste Schuhe).

337 Nach Auffassung des BayObLG (JFG 5, 74 = HRR 1929 Nr 110) handelt es sich bei diesen Aufwendungen um Kosten, die zu den **Unterhaltskosten** zählen und daher von dem Unterhaltspflichtigen zu tragen sind (ebenso AG Solingen JW 1933, 2080; Riedel 97). Werden diese Kosten während des Aufenthalts des Kindes von dem nicht sorgeberechtigten Elternteil gedeckt, so mindert sich dadurch die Bedürftigkeit des Kindes mit der Folge, daß sich dessen Barunterhaltsanspruch grundsätzlich verringert, § 1602 Abs 1. Wird das Unterhaltsbedürfnis des Kindes durch Gewährung von Wohnung, Kost und Kleidung in Natur erfüllt, so kann das die Höhe des Barunterhalts verringern (Köhler, Handbuch des Unterhaltsrechts, Rz 70 mwN). Diese Folge kann auch eintreten, wenn der allein barunterhaltspflichtige Elternteil den Unterhalt des Kindes nicht in bar, sondern in Natur befriedigt.

338 Eine andere Frage ist, ob der allein barunterhaltspflichtige, nicht sorgeberechtigte Elternteil das Recht hat, wegen solcher zeitweiliger Deckung des Unterhaltsbedarfs des Kindes in Natur durch ihn selbst die dem anderen Elternteil geschuldete **Unterhaltsrente** zu **kürzen**. Das LG Berlin (FamRZ 1972, 217) und das KG (FamRZ 1979, 327) haben dies bejaht und für einen längeren Aufenthalt des Kindes während der Ferien bei dem nicht sorgeberechtigten Elternteil einen anteiligen Abzug und Einbehaltung des Barunterhalts zugelassen, das LG Berlin, gestützt auf § 242, in Höhe von 7/15 des Unterhalts, das KG, gestützt auf § 812 wegen Doppelleistung ohne Rechtsgrund, in Höhe von 2/3 des geschuldeten monatlichen Barunterhalts. Der sorgeberechtigte Elternteil erhielt mithin für die Zeit der Abwesenheit des Kindes nur etwa die Hälfte (LG Berlin) bzw 1/3 (KG) des Barunterhalts zur Bestreitung der fortlaufenden, stehenden Kosten vor allem für Wohnung, Energiekosten, Versicherung usw. Dagegen hat das OLG Karlsruhe (FamRZ 1982, 1111) einen Rückzahlungsanspruch des allein barunterhaltspflichtigen, umgangsberechtigten Vaters gegen das Kind zwar ebenfalls wegen ungerechtfertigter Bereicherung dem Grunde nach bejaht. Indessen hat es die Klage des Vaters auf Rückzahlung eines Teils des geleisteten Barunterhalts abgewiesen, weil bei dem nach der Düsseldorfer Tabelle bemessenen pauschalen Kindesunterhalt bereits berücksichtigt sei, daß sich das Kind zeitweise in Ausübung des Umgangsrechts bei dem barunterhaltspflichtigen, nicht sorgeberechtigten Elternteil befinde. Ein Aufenthalt des Kindes bei dem Vater von insgesamt ca. 35 Tagen im Jahr überschreite den Rahmen der bereits in die Pauschale eingearbeiteten Anwesenheit beim nicht sorgeberechtigten Elternteil nicht.

339 Anders hat der BGH (NJW 1984, 282 = MDR 1984, 830 = FamRZ 1984, 470 = DAVorm 1984, 464) entschieden. Zwar hat er die Zwangsvollstreckungsabwehrklage für zulässig gehalten, wenn der barunterhaltspflichtige, nicht sorgeberechtigte Vater das Kind während der Ferien bei sich betreut und verpflegt und der Sorgeberechtigte dennoch aus dem Unterhaltstitel den vollen Unterhalt vollstreckt. Jedoch hält er den Vater, wenn dieser das Kind in Ausübung seines Umgangsrechts während der Ferien für einige Wochen bei sich versorgt hat, im Regelfall nicht für berechtigt, den von ihm an den anderen Elternteil zu zahlenden Barunterhalt zu kürzen. Denn es handelt sich nach Auffassung des BGH bei dem Kindesunterhalt im allgemeinen um pauschalierte Summen. Der Gesamtjahresbedarf des Kindes werde durch gleichmäßig über das Jahr verteilte Rentenbeträge ausgedrückt. Das berechtigte Verlangen des Unterhaltsschuldners nach einer Unterhaltskürzung sei, dem Gedanken aus § 1613 Abs 2 S 1 folgend, auf Fälle beschränkt, in denen die Deckung eines Teils des Unterhaltsbedürfnisses in Natur unvorhersehbar eintrete;

darüber hinaus müsse diese anderweitige Unterhaltsdeckung der Höhe nach gegenüber dem laufenden Unterhalt ins Gewicht fallen. Jedenfalls am Merkmal der Unvorhersehbarkeit fehle es bei der Wahrnehmung des gesetzlich vorgesehenen Rechts zum persönlichen Umgang mit dem Kinde (ebenso MünchKomm-Hinz Rz 34; Palandt-Diederichsen Anm 5; iE auch Johannsen-Henrich-Jaeger Rz 31 aE; Dölle § 98 VI; Krüger-Breetzke-Nowack Anm 9; Lohmann GruchB 61, 22, 35; Lempp ZBlJR 1979, 517, 519 aE).

Dagegen fordert Strätz (Soergel-Strätz Rz 30) eine Kürzung des Barunterhalts 340
für den Fall, daß die zusätzliche Belastung des nicht sorgeberechtigten Elternteils die Höhe eines monatlichen Unterhaltsbetrages erreicht, mit der Begründung, während dieser Zeit sei der andere Elternteil seiner Pflicht zur Unterhaltsleistung nach § 1606 Abs 3 S 2 enthoben. Ronke (Erman-Ronke Rz 29) hält dagegen, dem BayObLG folgend, den Unterhaltspflichtigen zur Tragung der Verpflegungskosten für verpflichtet (ebenso Lücken DFG 1943, 113, 115 und Riedel 97). Moritz (ZBlJR 1982, 768, 778; JA 1982, 503, 504) unterscheidet danach, ob die Beziehung zwischen dem nicht sorgeberechtigten Elternteil und dem Kind negativ oder neutral einerseits oder positiv andererseits sei. In letzterem Fall hält er den sorgeberechtigten Elternteil zur Tragung der Besuchskosten für verpflichtet; allerdings müsse der nicht sorgeberechtigte Elternteil dann mehr Unterhalt für das Kind zahlen. Grundsätzlich sei ein ⅔-Rückbehalt (wie KG FamRZ 1979, 327) berechtigt, und zwar für jeden vollen Tag, den das Kind bei dem nicht sorgeberechtigten Elternteil verbringt, während Massfeller-Böhmer (§ 1634 Anm 3) meinen, für die Dauer des Aufenthalts schulde der Umgangsberechtigte keinen Unterhalt.

Stellungnahme 341

Dem BayObLG (JFG 5, 74 = HRR 1929 Nr 110; ihm folgend: AG Solingen JW 1933, 2080 und Riedel 97) ist darin zuzustimmen, daß sich die Tragung der regulären Kosten (vor allem für die Verpflegung), aber auch die der Zusatzkosten (vor allem für die An- und Abreise, für zusätzliche Beherbergung und evtl Aufsichtspersonen) nach der Unterhaltspflicht richtet. Denn stets handelt es sich um Kosten des laufenden oder gesonderten Kindesbedarfs, die grundsätzlich der Unterhaltspflichtige zu decken hat. In dem wohl häufigsten Fall, in dem der allein barunterhaltspflichtige Elternteil zugleich der Umgangsberechtigte ist, deckt dieser den regulären und den erhöhten Bedarf des Kindes anläßlich des Umgangs in Natur, wenn er das Kind holt und bringt, es versorgt und verpflegt, mit ihm verreist. Daß er daneben die pauschalierte Unterhaltsrente an den anderen Elternteil ungekürzt weiterzuzahlen hat (BGH NJW 1984, 2826 = FamRZ 1984, 470, 472), ist in den vom BGH gesteckten Grenzen (Vorhersehbarkeit, unerheblicher materieller Umfang) eine Zweckmäßigkeitsentscheidung, die der Befriedung zwischen den Eltern dient und daher Zustimmung verdient.

Anders sind aber Fälle zu beurteilen, in denen der **umgangsberechtigte** Elternteil 342
nicht oder **nicht allein barunterhaltspflichtig** ist. Ist zB das Kind wegen eigenen Vermögens nicht unterhaltsbedürftig, verdient der sorgeberechtigte Elternteil gut, während der nicht sorgeberechtigte Elternteil geringes oder gar kein Einkommen hat, so daß nur der sorgeberechtigte Elternteil Unterhalt schuldet, § 1603 Abs 2 S 2, ist das Kind auswärts, zB in einem Internat untergebracht und sind deshalb beide Eltern anteilig barunterhaltspflichtig (OLG Hamburg DAVorm 1983, 666), befindet sich das Kind in Familienpflege und wird sein gesamter Barunterhaltsbedarf durch Mittel der Jugendhilfe gedeckt, etwa weil die Eltern einkommenslos und selbst bedürftig sind, so fallen die Kosten des Umgangs (Reise-, Aufenthalts- und Verpflegungskosten) für das Kind nicht allein dem umgangsberechtigten Elternteil zur Last. Als Unterhaltskosten sind sie vielmehr aus dem gezahlten Barunterhalt zu erbrin-

gen. Denn sie sind, ebenso wie Klassenreisen, Erholungsreisen, Ausflüge des Kindes, typischerweise anfallende Kosten des Unterhalts, die aus der Unterhaltsrente zu bezahlen sind. Wird diese Unterhaltsrente pauschal erbracht, so wird, vor allem bei sehr geringem Pauschalunterhalt, der keinen Spielraum läßt, zu prüfen sein, ob wegen der Reisekosten ein Sonderbedarf besteht, was vor allem von der Vorhersehbarkeit und Gewichtigkeit dieser Kosten abhängen wird (BGH NJW 1984, 2826 = FamRZ 1984, 470, 472). Nicht gerechtfertigt ist es jedenfalls, den umgangsberechtigten Elternteil in Fällen, in denen ihn keine oder nur eine anteilige Unterhaltspflicht trifft, mit den Kosten des Umgangs ganz zu belasten. Lebt zB das Kind in Familienpflege, so werden die Pflegeeltern, wenn das Kind drei Wochen seiner Ferien bei einem Elternteil verbringt, während dieser Zeit weder Anspruch auf das volle Pflege- noch Unterhaltsgeld erheben können, sondern diese Mittel werden dem mangels Leistungsfähigkeit nicht unterhaltspflichtigen Elternteil von der Jugendbehörde zur Verfügung gestellt werden müssen. Jede andere Sicht könnte zu dem Ergebnis führen, daß Elternteile, die wegen geringer eigener Einkünfte nicht oder nur teilweise unterhaltspflichtig sind, die eigenen Kinder nicht zu Besuch haben könnten, weil sie die zusätzlichen Kosten nicht aufbringen können. Eine solche Lösung wäre mit dem Wohle des Kindes nicht vereinbar. Vielmehr muß in diesen Fällen das Kind das nötige Geld für Unterkunft, Verpflegung wie auch Taschengeld, ähnlich wie bei Klassenfahrten, „mitbringen", sei es aus eigenem Vermögen, sei es aus Mitteln des sorgeberechtigten, dennoch unterhaltspflichtigen Elternteils, sei es aus öffentlichen Mitteln. Erforderlichenfalls muß ein solcher Zusatzbedarf des Kindes bei dem Träger der Jugendhilfe oder der Sozialhilfe geltend gemacht werden.

343 **III. Zuständigkeit**

Kosten des Umgangs im engeren Sinne sind mithin nur die Kindeskosten. Über deren Verteilung entscheidet das Familiengericht oder, soweit es ausnahmsweise zuständig ist (vgl unten Rz 379), das Vormundschaftsgericht im Rahmen der Umgangsregelung mit, und zwar kraft Sachzusammenhangs endgültig (Soergel-Strätz Rz 31; **aA:** Rolland Rz 23 und Kissel II 24). Dies geschieht nicht nur, wie noch nach altem Recht, vorläufig und in jenem Rahmen auch durch einstweilige Anordnung (OLG München JFG 14, 32), während damals das Prozeßgericht die endgültige Regelung vornahm*.

Entgegen Kissel (aaO) handelt es sich bei der Frage, wer die Kosten des persönlichen Verkehrs zu tragen hat, um eine Familiensache. Denn die Umgangs-Kindeskosten sind Unterhaltskosten. Soweit es um die Frage geht, wie diese Kosten zwischen beiden Eltern und dem Kind zu verteilen sind, gehört der Streit vor das Familiengericht; der Vorschlag Kissels, wegen dieser Streitigkeit müsse der ordentliche Rechtsweg beschritten werden, führt mithin wiederum zum Familiengericht.
Soweit es um die Aufbringung der Kindes-Umgangskosten geht, handelt es sich um eine unterhaltsrechtliche Frage. Entgegen Rolland (aaO) kann diese jedoch von dem Vormundschafts- oder Familiengericht bei der Regelung des Umgangs losgelöst von der übrigen Unterhaltssituation entschieden werden. Falls derjenige Elternteil, den das Gericht mit den Kindeskosten belastet, dies nicht hinnehmen will, muß er diese Frage in einem gesonderten Unterhalts(Abänderungs-)Verfahren klären

* OLG Hamburg OLGE 11, 296; RGZ 63, 236; KG RJA 8, 89 = Recht 1907 Nr 1771, Recht 1909 Nr 1329; OLGE 46, 175 = JR 1927 Nr 1027; OLG München JFG 14, 32; Lohmann GruchB 61, 22, 65; Endemann JW 1933, 2080; Seibert DFG 1937, 136; Lücken DFG 1943, 113, 115; weitere Nachw in Vorauflage Rz 111.

lassen. Soweit es sich allerdings um seine eigenen Umgangskosten handelt, sind diese unterhaltsrechtlich irrelevant (vgl oben Rz 325 ff).

I. Internationales und interlokales Privatrecht

I. Internationales Privatrecht (IPR) 344

Die Behandlung von Umgangsregelungsverfahren mit internationaler Berührung richtet sich in der Bundesrepublik Deutschland praktisch ausschließlich nach dem Haager Übereinkommen über die Zuständigkeit der Behörden und das anzuwendende Recht auf dem Gebiet des Schutzes von Minderjährigen (Minderjährigenschutzabkommmn MSA vom 5. 10. 1961 [BGBl 1971 II 217]), in der Bundesrepublik Deutschland in Kraft seit dem 17. 9. 1971 (Bek vom 11. 10. 1971 BGBl II 1150).

Als Staatsvertrag geht das MSA den nationalen Kollisionsnormen aus Art 19 EGBGB vor (Art 3 Abs 2 S 1 MSA). Die autonome Regelung des Art 19 Abs 3 EGBGB gelangt nur in den Fällen zur Anwendung, in denen nicht das MSA Vorrang hat. Die Reform des deutschen IPR durch das IPR-Gesetz vom 25. 7. 1986 (BGBl I 1142) hat die Geltung des MSA nicht berührt.

1. Das Haager Minderjährigenschutzabkommen (MSA) 345

(vgl zunächst Staudinger-Kropholler Vorbem zu Art 18 EGBGB)

a) Anwendungsgebiet:

In **persönlicher Hinsicht** ist das MSA auf alle **Minderjährigen** anzuwenden, die ihren gewöhnlichen Aufenthalt in einem der Vertragsstaaten haben (Art 13 Abs 1 MSA). Vertragsstaaten neben der Bundesrepublik Deutschland sind: Schweiz, Portugal, Luxemburg, die Niederlande, Frankreich, Österreich, Türkei und Spanien. Italien und Jugoslawien haben das MSA gezeichnet, aber noch nicht ratifiziert (Rahm-Paetzold, Handbuch VIII Rz 281). Hat also ein Kind seinen gewöhnlichen Aufenthalt in einem der Vertragsstaaten, so ist für alle „Schutzmaßnahmen" iSv Art 1 MSA **ausschließlich** das Übereinkommen anzuwenden und **nicht** Art 19 Abs 2 und Abs 3 EGBGB. Ob der Heimatstaat des Minderjährigen zu den Vertragsstaaten gehört, ist unerheblich (BayObLGZ 1974, 491 = FamRZ 1975, 425); ebensowenig kommt es darauf an, ob der Minderjährige ein Staatenloser oder ein Doppelstaater ist*.

Sachlich gilt das Abkommen für Schutzmaßnahmen zugunsten Minderjähriger. Zu 346
den Schutzmaßnahmen iSv Art 1 MSA zählt auch die Regelung des Umgangsrechts**. Sachlich gehört auch die Änderung von entsprechenden gerichtlichen oder

* BGHZ 60, 68, 72 = NJW 1973, 417 = MDR 1973, 390 = JZ 1974, 178 m Anm Firsching = JR 1973, 275 m Anm Jayme = FamRZ 1973, 138, 139 = StAZ 1973, 213 m Anm Dilger = IPRspr 1972, Nr 59 b; BayObLGZ 1975, 291 = NJW 1975, 2146 = FamRZ 1976, 47; Z 1981, 246 = DAVorm 1981, 691 = IPRAX 1982, 106; OLG Hamm NJW 1972, 1628 = FamRZ 1972, 381; NJW 1974, 1053 = FamRZ 1974, 155; KG FamRZ 1972, 304 = ZBlJR 1973, 277 = IPRspr 1972, Nr 599; Rahm-Paetzold, Handbuch VIII Rz 286; Kropholler NJW 1971, 1721 f; Beitzke IPRAX 1984, 313 f.

** LG Heilbronn Justiz 1972, 389 = IPRspr 1972 Nr 75; LG Landau FamRZ 1973, 604 = IPRspr 1973 Nr 88; AG Bremen IPRspr 1975 Nr 71; OLG Stuttgart NJW 1978, 1746 = IPRspr 1977 Nr 79; KG OLGZ 1979, 183 = DAVorm 1979, 530 = IPRspr 1979 Nr 234; Staudinger-Kropholler Vorbem 280 zu Art 18 EGBGB; MünchKomm-Siehr nach Art 19 EGBGB Anh II behördlichen Regelungen zu dem Anwendungsbereich des MSA, außerdem die Anerkennung von ausländischen Schutzmaßnahmen, soweit diese keiner Vollstrekkung bedürfen (Art 7 MSA; vgl AG Kitzingen IPRAX 1987, 178 und hierzu DÖRNER IPRAX 1987, 155 ff).

347 **Zeitlich** ist das Übereinkommen auf die nach seinem Inkrafttreten (17. 9. 1971) getroffenen Maßnahmen anzuwenden (Art 17 Abs 1 MSA). Es ist auch noch in der Rechtsbeschwerdeinstanz zu berücksichtigen (BGHZ 60, 68).

348 **b) Internationale Zuständigkeit**

Die Besonderheit des MSA besteht darin, daß es nicht primär das anzuwendende Recht bestimmt, sondern die internationale Zuständigkeit regelt. Das Gericht, das nach den Regeln des MSA international zuständig ist, wendet sodann sein eigenes Recht als die lex fori an, Art 2 MSA (mit den sich aus Art 3 ergebenden Einschränkungen).

Die internationale Zuständigkeit zur Vornahme von Schutzmaßnahmen kann sich aus Art 1 (Aufenthaltszuständigkeit), Art 8 (Gefährdungszuständigkeit) und Art 9 (Eilzuständigkeit) ergeben.

349 **aa) Aufenthaltszuständigkeit, Art 1 MSA**

Primär entscheidet die Aufenthaltszuständigkeit (Art 1 MSA). Hiernach sind für Schutzmaßnahmen grundsätzlich und in erster Linie die Gerichte und Behörden des Aufenthaltsstaates zuständig (KROPHOLLER MSA 57 mwN; LUTHER FamRZ 1973, 408). Diese Regelung beruht auf der Erwägung, daß am Ort des gewöhnlichen Aufenthalts am besten und am schnellsten die familiären und sozialen Verhältnisse des Minderjährigen ermittelt und die erforderlichen Maßnahmen durchgeführt und überwacht werden können. Dadurch ist zugleich gewährleistet, daß das Recht angewendet wird (Art 2 MSA), das in der sozialen Umwelt des Minderjährigen tatsächlich gilt (KROPHOLLER MSA 58; LUTHER FamRZ 1973, 408).

350 Um die Aufenthaltszuständigkeit nach Art 1 MSA bejahen zu können, muß das Kind im **Zeitpunkt** des **Erlasses** der Entscheidung (KG OLGZ 1974, 110 = NJW 1974, 424 = FamRZ 1974, 144 = ZBlJR 1974, 439 = IPRspr 1973, Nr 178; OLG Düsseldorf FamRZ 1975, 641; OLG Stuttgart OLGZ 1975, 391 = NJW 1976, 483 = FamRZ 1975, 644 = IPRspr 1975 Nr 74) seinen **gewöhnlichen Aufenthalt** in der Bundesrepublik Deutschland haben. Als gewöhnlicher Aufenthalt ist der **faktische** Wohnsitz (BGH NJW 1975, 1068 = FamRZ 1975, 272; Z 78, 293 = NJW 1981, 520 = MDR 1981, 215 = FamRZ 1981, 135 = IPRAX 1981, 139), der Ort des tatsächlichen Mittelpunktes der Lebensführung zu verstehen. Ein gewöhnlicher Aufenthalt liegt vor, wenn das Kind auf Dauer, mindestens ein halbes Jahr (BayObLGZ 1973, 345 = NJW 1974, 421 = MDR 1974, 317 = FamRZ 1974, 150; KG OLGZ 1974, 110 = NJW 1974, 424 = FamRZ 1974, 144 = ZBlJR 1974, 439 = IPRspr 1973 Nr 178; OLG Hamm NJW 1974, 1053 = FamRZ 1974, 155; OLG Düsseldorf FamRZ 1975, 641; OLG Stuttgart NJW 1978, 1746 = IPRspr 1977 Nr 79) seiner Umwelt in familiärer und beruflicher Hinsicht eingegliedert ist. Nicht ausreichend sind nur provisorische, noch nicht gefestigte Beziehungen des Kindes zu seiner Umgebung (BGHZ 78, 293 = NJW 1981, 520 = MDR 1981, 215 = FamRZ 1981, 135 = IPRAX 1981, 139; OLG Hamm NJW 1974, 1053 = FamRZ 1974, 155; OLG Stuttgart OLGZ 1975, 391 = NJW 1976, 483 = FamRZ 1975, 644 = IPRspr 1975 Nr 74). Auf die polizeiliche Anmeldung kommt es nicht an. Die Annahme

---

Rz 57; SOERGEL-KEGEL vor Art 18 EGBGB Rz 20; RAHM-PAETZOLD, Handbuch VII Rz 295; KROPHOLLER MSA 32 und 84; ders NJW 1971, 1721, 1722; LUTHER FamRZ 1973, 403, 406, 407; SIEHR IPRAX 1982, 85, 86; BÖHMER-SIEHR Art 1 MSA Rz 45.

einer sechsmonatigen Aufenthaltsdauer zur Begründung eines gewöhnlichen Aufenthalts ist ein Mindestzeitraum. Auch nach einjährigem Aufenthalt fehlt es uU noch an der sozialen Einbindung (OLG Hamm IPRAX 1986, 45).

Der gewöhnliche Aufenthalt leitet sich auch nicht ohne weiteres vom Elternwohnsitz ab, sondern ist selbständig zu bestimmen. Übersiedelt der Minderjährige allerdings zusammen mit den Eltern oder einem Elternteil oder mit der Zustimmung eines von ihnen in ein anderes Land, so hat er sofort am Ort der Niederlassung einen neuen gewöhnlichen Aufenthalt (Johannsen-Henrich Art 19 EGBGB Rz 7).

Die Aufenthaltszuständigkeit des Art 1 MSA gilt nur vorbehaltlich der Bestimmun- **351**
gen der Art 3, 4 und 5 Abs 3 MSA.

α) Vorbehalt des Gewaltverhältnisses

Nach Art 3 MSA ist ein **Gewaltverhältnis**, das nach dem innerstaatlichen Recht des Staates, dem der Minderjährige angehört, kraft Gesetzes besteht, in allen Vertragsstaaten anzuerkennen. Die Frage, wie dieser Vorbehalt zu verstehen ist, ist streitig, insbesondere, soweit es das Verhältnis von Art 1 zu Art 3 MSA angeht. Aus Art 3 MSA folgt, daß dann, wenn der Minderjährige nach seinem Heimatrecht bereits in einem Gewaltverhältnis steht, im Aufenthaltsstaat kein neues Gewaltverhältnis begründet werden kann. Streitig ist, ob und, wenn ja, in welchem Umfang in ein Gewaltverhältnis eingegriffen werden darf, das nach dem Heimatrecht des Landes besteht (wegen der Einzelheiten, insbesondere zum Theorienstreit siehe Staudinger-Kropholler Vorbem zu Art 18 EGBGB Rz 473 f). Nach der heute als herrschend anzusehenden sogenannten Heimatrechtstheorie (BGH FamRZ 1984, 686 = IPRAX 1985, 40 m Anm Jayme IPRAX 1985, 23 ff; Palandt-Heldrich Anh zu Art 24 EGBGB Art 3 MSA Anm 2; Johannsen-Henrich Art 19 Rz 10; Henrich, Ehe- und Familiensachen V 1 d) schließt ein nach dem Heimatrecht des Kindes bestehendes gesetzliches Gewaltverhältnis die internationale Zuständigkeit der Gerichte des Aufenthaltsstaates nicht grundsätzlich aus. Gericht oder Behörde des Aufenthaltsstaates können aber nur solche Maßnahmen treffen, die auch im Heimatstaat des Kindes nach dem dort geltenden Recht getroffen werden könnten. Das Gewaltverhältnis wird nicht weitergehend geschützt als nach dem Recht, in dem es wurzelt (BGH FamRZ 1984, 686 = IPRAX 1985, 40 m Anm Jayme IPRAX 1985, 23 ff; Palandt-Heldrich Anh zu Art 24 EGBGB Art 3 MSA Anm 2; Johannsen-Henrich Art 19 EGBGB Rz 10; Jayme IPRAX 1985, 23; Siehr IPRAX 1987, 302 ff).

Das bedeutet, daß nur „kraft Gesetzes" (ex lege) bestehende Gewaltverhältnisse zu **352**
beachten sind. Ist dagegen von dem Heimatstaat des Kindes die elterliche Sorge einem Elternteil **übertragen**, so besteht das Gewaltverhältnis nicht kraft Gesetzes. Hat in einem solchen Fall das Kind seinen gewöhnlichen Aufenthalt in der Bundesrepublik Deutschland, so sind die deutschen Gerichte nicht gehindert, Schutzmaßnahmen zu treffen (**aA:** OLG Zweibrücken IPRAX 1981, 182 mit krit Anm Henrich, das die internationale Zuständigkeit verneint hatte für den Fall, in dem ein US-amerikanisches Gericht in einem Ehescheidungsstreit zwischen US-Bürgern das Sorgerecht dem Vater übertragen und der Mutter ein Verkehrsrecht eingeräumt hatte; die Mutter begehrte nun in der Bundesrepublik die Änderung der Verkehrsregelung).

Bleiben nach dem Heimatrecht des Kindes nach einer Scheidung der Eltern beide **353**
Eltern Inhaber der elterlichen Sorge und kann nur deren Ausübung gerichtlich geregelt werden, so kann ein deutsches Gericht auch nur in diesem Rahmen tätig werden, also auch nur die Ausübung der elterlichen Sorge übertragen (AG München IPRAX 1982, 204: italienisches Recht; AG Kitzingen IPRAX 1985, 298:

türkisches Recht). Sieht dagegen das Heimatrecht des Kindes eine gerichtliche Regelung des Sorgerechts bei Trennung oder Scheidung der Eltern vor, so besteht kein gesetzliches Gewaltverhältnis. Die deutschen Gerichte entscheiden bei Aufenthalt des Kindes in der Bundesrepublik Deutschland sodann nach dem deutschen Recht, Art 2 MSA (BGH FamRZ 1984, 350 = IPRAX 1984, 208). Nach deutschem Recht ist das Umgangsrecht kein Gewaltverhältnis, das kraft Gesetzes besteht; denn es wird durch das Gericht geregelt (Kropholler NJW 1971, 1721, 1725; NJW 1972, 371 f; OLG Hamm NJW 1972, 1628 = FamRZ 1972, 381; LG Heilbronn Justiz 1972, 389 = IPRspr 1972 Nr 75). Andere Vertragsstaaten können also das Umgangsrecht deutscher Kinder regeln, Art 3 MSA steht nicht entgegen. Enthält dagegen das Heimatrecht eines hier aufhältlichen Kindes ein gesetzliches Gewaltverhältnis (vgl Zusammenstellungen Staudinger-Kropholler Vorbem 505 ff zu Art 18 EGBGB; Palandt-Heldrich Anh zu Art 24 EGBGB Art 3 MSA Anm 3), das einer Umgangsregelung entgegensteht – etwa weil das Heimatrecht nur eine uneingeschränkte elterliche Gewalt kennt ohne Umgangs- oder Verkehrsrecht für den anderen Elternteil –, so stünde Art 3 MSA einer Regelung durch ein hiesiges Gericht entgegen (KG OLGZ 1979, 183 = DAVorm 1979, 530 = IPRspr 1979 Nr 234: Die beantragte Verkehrsregelung durch die Mutter im Falle einer noch nicht geschiedenen türkischen Ehe wäre ein Eingriff in das gesetzliche Gewaltverhältnis des türkischen Vaters; OLG Frankfurt FamRZ 1980, 79 = IPRspr 1979 Nr 95: Einem Antrag der iranischen Mutter, ihr entsprechend § 1672 BGB die elterliche Sorge zu übertragen, steht das ex-lege-Gewaltverhältnis des Vaters nach iranischem Recht entgegen). Die nach Art 3 gebotene Anwendung des ausländischen Heimatrechts steht jedoch unter dem Vorbehalt des ordre public, Art 16 EGBGB (Palandt-Heldrich Anh zu Art 24 EGBGB MSA Art 3 Anm 1c).

354 **β) Behandlung von Doppelstaatern**

Gehört der Minderjährige, wie bei gemischt-nationalen Ehen häufig, zwei Staaten an, so ist an das Sachrecht desjenigen Staates anzuknüpfen, zu dem das Kind die engeren persönlichen Beziehungen hat. Lebt das Kind in keinem seiner beiden Heimatstaaten, so kann davon ausgegangen werden, daß das Kind dem Staat am engsten verbunden ist, dessen Lebensformen denen des Aufenthaltsstaates am meisten ähneln (BayObLG IPRAX 1985, 226 m krit Bespr Mansel IPRAX 1985, 209 = FamRZ 1984, 1144 = ZBlJR 1984, 432; anders nunmehr OLG München IPRAX 1988, 32 m zust Bespr Mansel IPRAX 1988, 22). Hat das Kind neben einer ausländischen die deutsche Staatsangehörigkeit, so entscheidet nach Art 5 Abs 1 S 2 EGBGB nur diese (AG Bremen IPRspr 1975 Nr 71; Palandt-Heldrich Anh zu Art 24 EGBGB Art 4 MSA Anm 1; Beitzke IPRAX 1984, 313; kritisch zu dieser Anknüpfung Rauscher IPRAX 1985, 214, 216).

355 Wechselt das Kind während des anhängigen Verfahrens seinen gewöhnlichen Aufenthalt, so ändert sich damit auch die internationale Zuständigkeit, auch wenn dieser Wechsel erst in der Beschwerdeinstanz als weiterer Tatsacheninstanz geschieht **(keine perpetuatio fori)***.

* BayObLGZ 72, 292 = NJW 1972, 2190 = MDR 1973, 53 (LS) = FamRZ 1972, 582 = IPRspr 1972 Nr 179; OLG Hamm NJW 1974, 1053 = FamRZ 1974, 155; OLG Düsseldorf FamRZ 1975, 641; OLG Stuttgart NJW 1978, 1746 = IPRspr 1977 Nr 79; Luther FamRZ 1973, 406, 408; Henrich IPRAX 1986, 364, 365; **aA:** KG OLGZ 1974, 110 = NJW 1974, 424 = FamRZ 1974, 144 = ZBlJR 1974, 439 = IPRspr 1973 Nr 178 und iE AG Köln IPRAX 1988, 115 – jedoch mit zutr Begründung, da fortdauernde Verbundzuständigkeit bestand und das Kind in einen Nicht-Vertragsstaat übergesiedelt ist.

Lediglich in **Entführungsfällen** wird eine Fortdauer der einmal begründeten internationalen Aufenthaltszuständigkeit vertreten, um die Erschleichung einer anderen, dem Entführenden genehmeren Aufenthaltszuständigkeit zu verhindern*. 356

γ) Heimatzuständigkeit (Staatsangehörigkeitszuständigkeit Art 4 Abs 1 MSA) 357

Die Aufenthaltszuständigkeit nach Art 1 steht unter dem Vorbehalt der Heimatzuständigkeit nach Art 4. Die Aufenthaltszuständigkeit entfällt mithin, soweit die Heimatbehörde Schutzmaßnahmen gem Art 4 getroffen hat. Dies geschieht in der Regel dann, wenn zum Wohle des Minderjährigen ein Eingreifen der Heimatgerichte und Behörden anstelle der nach Art 1 MSA primär zuständigen Gerichte des Aufenthaltslandes erforderlich ist. Voraussetzung ist, daß die Gerichte oder Behörden des Heimatlandes zuvor die Behörden des Staates verständigt haben, in dem der Minderjährige seinen gewöhnlichen Aufenthalt hat (Art 4 Abs 1). Die Heimatzuständigkeit gilt nur zugunsten von Vertragsstaaten, Art 13 Abs 2. Gegenüber Nichtvertragsstaaten gilt allein die Aufenthaltszuständigkeit.

Für die internationale Heimatzuständigkeit ist nur Raum, wenn im Einzelfall aufgrund besonderer Umstände das Eingreifen der Heimatbehörde und der Heimatgerichte dem Kindesinteresse mehr dient bzw den Schutz des Kindes besser gewährleistet als das Tätigwerden der Aufenthaltsbehörde (Palandt-Heldrich Anh zu Art 24 EGBGB Art 4 MSA Anm 1 mwN). Dies kann dann zu bejahen sein, wenn die Aufenthaltsbehörde zu den gebotenen Schutzmaßnahmen nicht bereit oder nicht in der Lage ist oder aufgrund besonderer Eilbedürftigkeit (KG OLGZ 1974, 110 = NJW 1974, 424 = FamRZ 1974, 144 = ZBlJR 1974, 439 = IPRspr 1973 Nr 178; OLG Stuttgart NJW 1978, 1746 = IPRspr 1977 Nr 79; OLG Karlsruhe NJW 1979, 500). Diese Ausnahmeregel ist zurückhaltend anzuwenden (MünchKomm-Siehr nach Art 19 EGBGB Anh II Rz 190). Ob die Anhängigkeit eines Scheidungsverfahrens im Heimatland, in dessen Rahmen auch eine Sorgerechtsregelung zu treffen ist, zur Begründung der Heimatzuständigkeit ausreicht, ist umstritten (**abl** Palandt-Heldrich Anh zu Art 24 EGBGB Art 4 MSA Anm 1; Jayme FamRZ 1979, 21; **zust** BayObLGZ 78, 113 = FamRZ 1979, 38 [LS]; OLG Düsseldorf FamRZ 1979, 75 erörtert diese Frage nicht). 358

δ) Fortdauer bestehender Schutzmaßnahmen 359

Schließlich fehlt es an der Aufenthaltszuständigkeit für Schutzmaßnahmen, wenn der Heimatstaat des Minderjährigen diese Schutzmaßnahmen bereits getroffen hatte, Art 5 Abs 3 MSA, vorausgesetzt, der Heimatstaat und der neue Aufenthaltsstaat sind Vertragsstaaten.

bb) Gefährdungszuständigkeit 360

Bei ernstlicher Gefährdung des Minderjährigen besteht die internationale Zuständigkeit des Aufenthaltsstaates auch dann, wenn Art 3, 4 oder 5 Abs 3 grundsätzlich zur Verneinung der internationalen Zuständigkeit führen müßten (Art 8 Abs 1). In einem solchen Falle können also die Gerichte des Aufenthaltsstaates die erforderlichen Maßnahmen zum Schutze des Minderjährigen treffen. Diese Maßnahmen müssen durch andere Vertragsstaaten nicht anerkannt werden, Art 8 Abs 2.

* KG OLGZ 1974, 110 = NJW 1974, 424 = FamRZ 1974, 144 = ZBlJR 1974, 439 = IPRspr 1973 Nr 178; OLG Düsseldorf FamRZ 1975, 641; OLG Karlsruhe OLGZ 1976, 1 = NJW 1976, 485 = FamRZ 1976, 708 m Anm Jayme = IPRspr 1975 Nr 76 b; vgl hierzu auch Mansel IPRAX 1987, 298 ff.

361 cc) **Eilzuständigkeit**

Art 9 schafft schließlich eine besondere, vorläufige internationale Eilzuständigkeit.

362 c) **Anzuwendendes Recht**

Ist die internationale Zuständigkeit des deutschen Gerichtes gegeben, so wendet dieses deutsches Recht als lex fori an, Art 2 Abs 1 MSA. Ausländisches Sachrecht ist nur insoweit zu beachten, als es den Rahmen für das Tätigwerden des deutschen Gerichtes absteckt (vgl oben Rz 351 f). Läßt das nach Art 3 MSA zu beachtende Heimatrecht des Kindes nur bestimmte (einschränkende) Entscheidungen zu, so kann das deutsche Gericht nur diese treffen (**Heimatrechtstheorie**; JOHANNSEN-HENRICH Art 19 EGBGB Rz 21 mwN).

363 d) **Anerkennung und Vollstreckung**

Wegen der Anerkennung, Vollstreckung und Abänderung ausländischer Umgangsrechtsentscheidungen vgl STAUDINGER-KROPHOLLER Vorbem zu Art 18 EGBGB MSA Art 7 Rz 617 sowie AG Kitzingen IPRAX 1987, 178; PALANDT-HELDRICH Anh zu Art 24 EGBGB Art 7 MSA Anm 1 mwN; HENRICH, Ehe- und Familiensachen V 2 c (Umgangsrecht); DÖRNER, Zur Anerkennung und Vollstreckung ausländischer Umgangsregelungen, IPRAX 1987, 155.

364 Wird das **Kind entführt,** so fehlt es in bezug auf dessen Rückführung an wirksamen Vollstreckungsregelungen (vgl SIEHR IPRAX 1984, 309).

Zwei neue internationale Übereinkommen sollen hier Abhilfe schaffen: Das **Europäische Übereinkommen** über die Anerkennung und Vollstreckung von Entscheidungen über das Sorgerecht für Kinder und die Wiederherstellung des Sorgerechts vom 20. 5. 1980 und das **Haager Übereinkommen** über die zivilrechtlichen Aspekte internationaler Kindesentführung vom 26. 10. 1980 (jeweils abgedruckt in IPRAX 1984, 283 mit Einl BÖHMER IPRAX 1984, 282; ders RabelsZ 1982, 643, 644 f).

365 Das **Europäische Übereinkommen** ist seit dem 1. 9. 1983 in Kraft und gilt in folgenden Staaten: Belgien, Frankreich, Luxemburg, Österreich, Portugal, Schweiz, Spanien, Vereinigtes Königreich, Zypern. Nach Art 8 dieses Übereinkommens hat bei einer Kindesentführung die „Zentrale Behörde" des Aufnahmelandes die Wiederherstellung des Sorgerechts umgehend zu veranlassen, vorausgesetzt, Kind und Eltern waren Angehörige des Staates, in dem die ursprüngliche Sorgerechtsregelung getroffen worden war, das Kind hatte dort seinen gewöhnlichen Aufenthalt und der Antrag auf Wiederherstellung wird innerhalb von sechs Monaten seit der Entführung gestellt. Waren Eltern und Kind nicht Angehörige des Staates, aus dem das Kind entführt ist, macht Art 8 die Wiederherstellung des Sorgerechts von erschwerten Voraussetzungen abhängig, ebenso, wenn der Antrag später als sechs Monate gestellt wird.

366 Das **Haager Übereinkommen** ist seit dem 1. 1. 1984 in Kraft und gilt in Australien, Frankreich, Kanada, Luxemburg, Portugal, Schweiz, Spanien, Ungarn, Vereinigtes Königreich. Dieses Abkommen bezweckt die sofortige Rückgabe des widerrechtlich in einen Vertragsstaat verbrachten oder dort zurückgehaltenen Kindes mit anderen Mitteln. Auch hier wird schnelle Antragstellung verlangt. Geht der Antrag auf Rückführung später als ein Jahr nach der Entführung ein, so ist die Rückgabe an erschwerte Voraussetzungen geknüpft.

Die Bundesrepublik Deutschland hat bisher beide Übereinkommen nicht ratifiziert. Die Ratifizierung war noch für das Jahr 1988 beabsichtigt, ist aber nicht vorgenommen worden (nähere Einzelheiten vgl HENRICH, Ehe- und Familiensachen, V 3 und BÖHMER IPRAX 1984, 282; wegen einer geplanten Änderung des FGG zur Abhilfe bei Kindesentführungen s o Rz 303).

2. Autonomes deutsches Kollisionsrecht 367

Art 19 Abs 2 und 3 EGBGB gilt für das Umgangsverfahren praktisch nur, wenn der Minderjährige seinen gewöhnlichen Aufenthalt in einem Nichtvertragsstaat hat, Art 13 Abs 1 MSA. Denn die übrigen Fälle, in denen das MSA nicht gilt (keine Schutzmaßnahmen iSv Art 1, kein Minderjähriger iSv Art 12), betreffen das Umgangsverfahren nicht.

a) Internationale Zuständigkeit 368

Das deutsche Gericht ist in diesem Fall international zuständig, wenn das Kind die deutsche Staatsangehörigkeit hat, §§ 43 Abs 1, 35 a Abs 1 S 1 FGG, oder, falls es nicht Deutscher ist, uU aus der sogenannten Verbundzuständigkeit, §§ 623 ff ZPO, falls also in der Bundesrepublik Deutschland ein Scheidungsverfahren zwischen den Eltern anhängig ist (AG Köln IPRAX 1988, 115; Johannsen-Henrich Art 19 EGBGB Rz 23 mwN; Jayme FamRZ 1979, 21; Henrich IPRAX 1986, 364).

b) Anzuwendendes Recht 369

Das für die Umgangsregelung anwendbare materielle Recht richtet sich danach, ob die Ehe der Eltern noch besteht oder nicht und ob die begehrte Regelung die Zeit der Elterntrennung oder diejenige nach Auflösung der Ehe betreffen soll. Art 19 Abs 2 S 1 EGBGB verweist das Rechtsverhältnis zwischen Eltern und Kindern, solange die Ehe besteht, auf das Recht, das nach Art 14 Abs 1 EGBGB für die allgemeinen Wirkungen der Ehe maßgebend ist. Nach Art 14 Abs 1 ist an erster Stelle das Recht des Staates maßgebend, dem beide Eltern angehören oder angehört haben, hilfsweise das Recht des letzten Aufenthaltsstaates, hilfsweise das Recht des Staates, mit dem die Eltern auf andere Weise am engsten verbunden waren. Besteht die Ehe nicht mehr, gilt gem Art 19 Abs 2 S 2 EGBGB das Recht des Staates, in dem das Kind seinen gewöhnlichen Aufenthalt hat (Palandt-Heldrich Art 19 EGBGB Anm 3).

Schutzmaßnahmen bei Gefährdung des Kindeswohls können nach Art 19 Abs 3 EGBGB auch während des Bestehens der Ehe der Eltern **zusätzlich** nach dem Recht des Aufenthaltsstaates getroffen werden, das nicht Vertragsstaat des MSA ist (sonst findet dieses Anwendung).

II. Interlokales Privatrecht (ILR) 370

1. Interlokale Zuständigkeit

Im Verhältnis beider deutscher Staaten zueinander findet das MSA dann Anwendung, wenn der Minderjährige seinen gewöhnlichen Aufenthalt in der Bundesrepublik Deutschland einschließlich des Landes Berlin (West) hat, Art 13 Abs 1 MSA (LG Kleve FamRZ 1977, 335 m Anm Betz; Rahm-Paetzold, Handbuch VIII Rz 293; Kropholler MSA, 25; Betz FamRZ 1977, 337; Palandt-Heldrich Anh zu Art 24 EGBGB vor Art 1 MSA Anm a bb; Art 13 Anm 1 jeweils mit der Begründung, das MSA sei deshalb im Verhältnis zur DDR anwendbar, weil die Bundesrepublik keinen Vorbehalt gem Art 13 Abs 3 erklärt habe. Hierzu kritisch Betz FamRZ 1977, 337). Die besondere Rechtslage im geteilten Deutschland, wo nur eine Staatsangehörigkeit existiert, führt bei der Bestimmung des Heimatrechts des Minderjährigen zur analogen Anwendung von Art 14 MSA (Staudinger-Kropholler Art 18 EGBGB Rz 730; Palandt-Heldrich Anh zu Art 24 EGBGB Art 14 MSA Anm 1; Betz FamRZ 1977, 337; **aA:** Böhmer-Siehr Art 14 MSA Rz 2). Danach kommt es mangels gemeinsamen innerdeutschen interlokalen Privatrechts auf die engste Bindung, also regelmäßig auf den gewöhnlichen Aufenthalt an. Diese Rechtslage führt aber nicht dazu, von der Anwendung des MSA abzusehen (**aA:** Erman-Marquord Anh 2 zu Art 23 EGBGB Rz 6).

Hat der Minderjährige seinen gewöhnlichen Aufenthalt in der DDR, gelten dagegen die allgemeinen Regeln zur Bestimmung der interlokalen Zuständigkeit, wobei wieder der gewöhnliche Aufenthalt des Minderjährigen ein wichtiger Anknüpfungspunkt ist (Rahm-Paetzold, Handbuch VII Rz 294 mwN). Die internationale Zuständigkeit folgt aus §§ 43 Abs 1, 35 a Abs 1 S 1 FGG, da der Minderjährige Deutscher ist.

371 **2. Anzuwendendes Recht, materielles Recht der DDR**

Das anzuwendende materielle Recht folgt aus analoger Anwendung von Art 19 EGBGB (Palandt-Heldrich Art 19 EGBGB Anm 5 mwN). Das Rechtsverhältnis zwischen Eltern und Kindern unterliegt nach Art 19 Abs 2 S 1 EGBGB grundsätzlich dem jeweiligen gemeinsamen (bzw letzten gemeinsamen und von einem beibehaltenen) Personalstatut der Ehegatten.

372 Gelangt das Gericht hiernach zur Anwendung des Rechtes der DDR, so gilt folgendes:

Die materiell-rechtliche Regelung des Umgangsrechts der DDR ergibt sich aus § 27 FGB vom 20. 12. 1965 idF des Einführungsgesetzes zum Zivilgesetzbuch der DDR vom 19. 6. 1975. Nach § 27 Abs 1 S 1 FGB behält nach der Scheidung der nichterziehungsberechtigte Elternteil die Befugnis zum persönlichen Umgang mit dem Kinde. Die Umgangsbefugnis folgt aus dem Wesen des Erziehungsrechts als Grundrecht der Eltern (Familienrecht-Kommentar zum FGB der DDR, § 27 Anm 1.1). Die Umgangsbefugnis berücksichtigt, daß der Nichterziehungsberechtigte und das Kind weiterhin als nächste Verwandte miteinander verbunden sind. Die Regelung des Umgangs ist den Eltern übertragen, § 27 Abs 1 S 2 FGB. Nur wenn den Eltern eine Einigung nicht gelingt, hat das Organ der Jugendhilfe die Eltern auf Antrag zu unterstützen und eine Einigung über den Umgang herbeizuführen, § 27 Abs 2 S 1 FGB. Das Organ der Jugendhilfe kann die Befugnis zum Umgang für bestimmte oder unbestimmte Zeit ausschließen, wenn die Ausübung der Umgangsbefugnis die Entwicklung des Kindes stört oder seine Entwicklung gefährdet, § 27 Abs 2 S 1 FGB. Der Ausschluß ergibt sich ausschließlich aus den Interessen des Kindes (nicht des Erziehungsberechtigten). Ein Ausschlußgrund kann vorliegen, wenn das Verhalten und die Lebensweise des Nichterziehungsberechtigten das Kind negativ beeinflussen; ein schuldhaftes Handeln dieses Elternteils ist nicht Voraussetzung für den Ausschluß. Grundsätzlich soll der Ausschluß zeitlich begrenzt werden, im allgemeinen auf höchstens ein Jahr. Nur wenn sehr schwerwiegende Umstände vorliegen, kann ein Ausschluß auf unbestimmte Zeit in Frage kommen (Kommentar FGB DDR § 27 Anm 2.2). Ausschlußgründe werden beispielhaft genannt in der Richtlinie Nr 5 des Zentralen Jugendhilfeausschusses zu den Aufgaben und der Arbeitsweise der Organe der Jugendhilfe im Zusammenhang mit dem Umgang des Nichterziehungsberechtigten mit dem Kind nach der Ehescheidung (§ 27 Abs 2 FGB vom 2. 5. 1973, Jugendhilfe 1973/7/8, 213 – ZJARL Nr 5 – Abschn B Ziff 13).

Nach § 27 Abs 1 FGB kann der Umgang generell nicht mit staatlicher Hilfe durchgesetzt werden, es sei denn, daß durch die Verweigerung des Umgangs das Wohl des Kindes gefährdet wird. Das Kind ist nach § 27 Abs 2 S 3 FGB vom Organ der Jugendhilfe zu hören, wenn es die erforderliche geistige Reife besitzt und die Anhörung für die Entscheidungen notwendig ist. Diese Bestimmung stimmt im

Wortlaut mit § 53 S 1 FGB überein, der restriktiv ausgelegt wird (Komm FGB DDR § 53 Anm 1). Konflikte im Zusammenhang mit dem Umgangsrecht werden durch außerrechtliche Einflußnahme auf die Eltern gelöst (vgl im einzelnen HANS-HENNING ARNOLD II 3, 122 ff mwN).

K. Verfahren 373

Vorbemerkung

Seit Inkrafttreten des 1. Gesetzes zur Reform des Ehe- und Familienrechts (1. EheRG) vom 14. Juni 1976 (BGBl I 1421) am 1. Juli 1977 kann die Regelung des Umgangs zwischen Eltern und ehelichen Kindern in zwei verschieden ausgestalteten Verfahrensgängen vorgenommen werden: einerseits in einem isolierten Verfahren (Rz 374 ff), andererseits im sogenannten Verbundverfahren im Zusammenhang mit der Ehescheidung (Rz 454 ff).

I. Das isolierte Umgangsregelungsverfahren

1. Gegenstand des Verfahrens 374

Gegenstand des isolierten gerichtlichen Verfahrens zur Regelung des Umgangs zwischen Eltern und ehelichen Kindern können alle Umgangsregelungen sein, die nicht im Zusammenhang mit oder für den Fall der rechtskräftigen Scheidung begehrt werden. Gegenstand des isolierten Verfahrens kann mithin die Regelung des Umgangs mit dem ehelichen Kinde sein,
- falls die Eltern nicht nur vorübergehend getrennt leben (§ 1672),
- falls die Eltern nach rechtskräftiger Scheidung beide Inhaber der elterlichen Sorge geblieben sind (§ 1671),
- falls das Kind dauernd bei dem nicht sorgeberechtigten Elternteil lebt,
- falls die elterliche Sorge anläßlich der Scheidung einem Vormund oder Pfleger übertragen ist (§ 1671 Abs 5),
- falls den Eltern oder einem Elternteil die Personensorge nach § 1666 entzogen ist,
- falls die Adoption des Kindes aufgehoben und den leiblichen Eltern die elterliche Sorge nicht zurückübertragen ist (§ 1764 Abs 4),
- falls die Großeltern ein Umgangsrecht begehren (über § 1666),
- falls das Kind in Familienpflege lebt und das Vormundschaftsgericht eine Verbleibensanordnung getroffen hat (§ 1632 Abs 4),
- falls das nichteheliche Kind durch Legitimation seitens des Vaters zu einem ehelichen Kind geworden ist (§§ 1723, 1736, 1738) im Hinblick auf die Umgangsbefugnis der Mutter,
- falls sich das Kind in Fürsorgeerziehung befindet,
- falls eine bestehende Umgangsregelung geändert werden soll (Erweiterung, Einschränkung, Ausschluß, § 1696),
- falls eine Auskunft gem § 1634 Abs 3 begehrt wird,
- falls die Vollstreckung einer Umgangsregelung begehrt wird,
- falls es um die Anerkennung und Vollstreckbarkeitserklärung einer ausländischen Umgangsentscheidung geht (BGHZ 88, 113 = NJW 1983, 2775 = FamRZ 1983, 1008 = IPRAX 1984, 323).

375 **2. Gerichtliche Zuständigkeit**

a) Sachliche Zuständigkeit

Nach §§ 23 b Abs 1 S 2 Nr 3 GVG, 621 Abs 1 Nr 2 ZPO iVm § 1634 Abs 2 S 1 BGB ist das Verfahren betreffend die Regelung des Umgangs eines Elternteils mit dem ehelichen Kinde eine Familiensache, für die die Familiengerichte und die Familiensenate (§ 119 Abs 2 GVG) ausschließlich zuständig sind. Die Vorschriften der §§ 23 b, 119 Abs 1 S 1 und 2 GVG, 621 ZPO sind durch das 1. EheRG in das Gesetz mit Wirkung vom 1. Juli 1977 eingefügt worden. Durch das Gesetz zur Änderung unterhaltsrechtlicher, verfahrensrechtlicher und anderer Vorschriften (UÄndG) vom 20. 2. 1986 (BGBl I 301) Art 2 Nr 1 und Art 3 Nr 14 sind die §§ 23 b Abs 1 S 2 Nr 3 GVG und 621 Abs 1 Nr 2 ZPO jeweils dahin geändert worden, daß die Regelung des Umgangs eines Elternteils mit dem **ehelichen Kinde** als Familiensache den Familiengerichten zugewiesen ist. Auf diese Weise ist klargestellt worden, daß die Bestimmung nicht für den Umgang der nichtehelichen Mutter mit ihrem bei Dritten lebenden Kind gilt, was zuvor zweifelhaft war.

376 Die Frage, ob die Familiengerichte zur Regelung des Umgangs auch für Verfahren zuständig sind, in denen einem Elternteil die Personensorge durch Entscheidung des Vormundschaftsgerichts nach § 1666 entzogen worden ist, wird in Rechtsprechung und Schrifttum unterschiedlich beantwortet: Der BGH (LM § 1634 BGB Nr 6 = NJW 1981, 2967 = MDR 1981, 923 Nr 41 = FamRZ 1981, 659 = ZBlJR 1981, 397 = FRES 9, 160; NJW 1984, 2824 = MDR 1984, 213 = FamRZ 1983, 1102 = Rpfleger 1983, 483 = DAVorm 1983, 947) vertritt die Auffassung, das Familiengericht regele den Umgang der Eltern mit dem Kinde auch dann, wenn das Vormundschaftsgericht ihnen die Personensorge nach § 1666 entzogen und einem Vormund übertragen hat*. Im Schrifttum stimmen mit dem BGH überein: MünchKomm-Hinz Rz 45; Palandt-Diederichsen Anm 4 a; Johannsen-Henrich-Jaeger Rz 9; Schwab, Handbuch Rz 223; Stein-Jonas-Schlosser ZPO § 621 Rz 7; Baumbach-Lauterbach-Albers-Hartmann ZPO § 621 Anm 1 B; AK-ZPO-Derleder-Lemke § 621 Rz 4; Schellhammer, Zivilprozeß Rz 1744; Kissel Band 2, 24, 39, 154; Walter, Neuer Prozeß (1980) 17/18; Rahm-Schneider IV Rz 16. Diese Auffassung wird im wesentlichen damit begründet, daß der klare Wortlaut des § 1634 Abs 2 S 1 keine Auslegung zulasse. Der Gesetzgeber habe die Zuständigkeitsprobleme zwischen Vormundschaftsgericht und Familiengericht gesehen und dennoch die jetzige gesetzliche Regelung getroffen. Über eine gesetzliche Regelung dürfe sich der Richter nicht schon dann hinwegsetzen, wenn sie ihm reformbedürftig erscheine (BGH NJW 1984, 2824 = FamRZ 1983, 1102, 1104).

377 Dagegen vertreten einige Instanzgerichte eine abweichende Meinung: OLG Hamburg (FamRZ 1978, 793: § 1666, Umgangsrecht, zuständig Vormundschaftsgericht); OLG Frankfurt (FamRZ 1979, 1061: Umgangsregelung keine Familiensache bei einstweiliger Regelung des Umgangs nach Entziehung der Personensorge gem § 1666); OLG Oldenburg (FamRZ 1979, 1038 = DAVorm 1980, 20 = NdsRpfl 1980, 12: Umgangsregelung durch Vormundschaftsgericht nach Entziehung des Aufenthaltsbestimmungsrechts gem § 1666); OLG Düsseldorf (FamRZ 1981, 479: Entziehung des Aufenthaltsbestimmungsrechts gem § 1666 – Umgangsregelung keine Familiensache); OLG Schleswig (SchlHAnz 1982, 41: Umgangsregelung

---

* Ebenso KG FamRZ 1979, 720 = Rpfleger 1979, 307 = DAVorm 1979, 530; BayObLG FamRZ 1982, 958, 959 = MDR 1982, 763 = Rpfleger 1982, 284 = ZBlJR 1982, 414 für eine nichteheliche Mutter, der die Personensorge nach § 1666 entzogen ist; OLG Düsseldorf FamRZ 1986, 203 für den Fall der Änderung der Umgangsregelung, § 1696 Abs 1, wenn das Vormundschaftsgericht zuvor den Umgang geregelt hatte.

keine Familiensache nach Entzug des Personensorgerechts und Prüfung der Lockerung der völligen Abschirmung des Kindes gegen die Eltern); LG Berlin (FamRZ 1979, 448 [LS] = DAVorm 1979, 139: Umgangsregelung als Fortsetzung des Eingriffs nach § 1666: Zuständigkeit des Vormundschaftsgerichts). Im Schrifttum haben sich gegen die Auffassung des BGH ausgesprochen: Erman-Ronke Rz 31; Gernhuber § 53 III 13 (anders: § 53 III 8 Fn 25); Rolland Rz 26; Klauser MDR 1979, 627; Böttcher Rpfleger 1981, 3, 6; Schlüter-König FamRZ 1982, 1159, 1160; Salgo FamRZ 1984, 221 (de lege ferenda); differenzierend: Johannsen-Henrich-Sedemund-Treiber § 23 b GVG Rz 40; Schreiber 116f; offengelassen: Soergel-Strätz Rz 32 und Zöller-Philippi ZPO 15. Aufl § 621 Rz 35.

Diese Auffassung wird damit begründet, daß für die Zuständigkeit des Familiengerichts dann kein Raum sei, wenn die Eltern noch zusammenleben. Wenn die der Umgangsregelung zugrunde liegende Sorgerechtsregelung vom Vormundschaftsgericht stamme, sei wegen der größeren Sachnähe das Vormundschaftsgericht auch für die Umgangsregelung gem § 1634 zuständig. Auch ein eindeutiger Gesetzeswortlaut hindere nicht, die betreffende Norm im Wege richterlicher Rechtsfortbildung teleologisch zu reduzieren und die familiengerichtliche Zuständigkeit nur für solche Umgangsregelungen zuzulassen, die im Zusammenhang mit einer Sorgerechtsentscheidung des Familiengerichts ständen. Andernfalls käme es zu einer mißlichen und unerwünschten Zuständigkeits- und Rechtswegspaltung.

Stellungnahme 378

Die duale Zuständigkeit von Vormundschaftsgericht und Familiengericht in Fällen der Umgangsregelung ist rechtspolitisch unerwünscht. Denn Kompetenzüberschneidungen sind unvermeidlich und eine doppelte Befassung verschiedener Gerichte mit derselben Angelegenheit mit womöglich abweichendem Ergebnis wird provoziert. Dieses Ergebnis ist dann hinzunehmen, wenn sich die Doppelzuständigkeit aus der Entwicklung des Familienkonflikts ergibt: wenn die Eltern also zB zunächst wegen Vernachlässigung der elterlichen Sorge in ein Verfahren gem § 1666 verwickelt werden und wenn dieser Konflikt im Falle der Trennung und Scheidung dieser Ehe schließlich in die Zuständigkeit des Familiengerichts übergeht. Daß in diesen Fällen das Familiengericht kraft ausdrücklicher gesetzlicher Regelung den Umgangskonflikt schon vor Beginn der Ehesache zu lösen hat, erscheint im Ergebnis sachgerecht; denn seine endliche und abschließende Befassung mit der Familiensache gewährleistet die erforderliche Kenntnis des Falles, die Sachnähe und den bleibenden Sachbezug.

Etwas anderes gilt aber, wenn das Familiengericht mit diesem Familienkonflikt 379
nicht befaßt ist und voraussichtlich auch in Zukunft nicht befaßt werden wird oder nicht befaßt werden kann. Lebt zB nur noch ein Elternteil, dem die Personensorge nach § 1666 entzogen wird, so kann dieser Elternteil unter keinen Umständen in einen Elternkonflikt geraten, der die Zuständigkeit des Familiengerichts begründet. Will dieser Elternteil sein Kind besuchen, so findet zwar § 1634 Anwendung (vgl oben Rz 124f). Sachlich besteht aber kein Grund für die Einschaltung des Familiengerichts. Zu einem Eheverfahren kann es ebensowenig kommen wie überhaupt zur Trennung der Eltern. Ähnliches gilt für den Fall, daß das Kind bei Pflegeeltern lebt, das Vormundschaftsgericht eine Verbleibensanordnung nach § 1632 Abs 4 getroffen hat und der (einzige) lebende Elternteil Umgang mit dem Kinde haben möchte. Hier ist § 1634 entsprechend anzuwenden (vgl oben Rz 141). Müßte auch jetzt das Familiengericht entscheiden, so hätte es weder Bezug zur Ausgangsentscheidung nach § 1632 Abs 4 noch zur weiteren Entwicklung des Konfliktes (Rückkehr des Kindes zum leiblichen Elternteil? Weiteres Verbleiben bei den Pflegeeltern?).

380 Sinn der Zuständigkeitsregelung des § 1634 Abs 2 S 1 kann nicht sein, dem Familiengericht die Zuständigkeit für Umgangsregelungen auch dann zuzuerkennen, wenn es zu seiner (späteren) Einschaltung nicht kommen kann oder wenn seine spätere Einschaltung noch gänzlich ungewiß ist (etwa weil die Eltern noch zusammenleben). Deshalb ist in Fällen der §§ 1666, 1666 a, 1632 Abs 1, 1632 Abs 4 dann, wenn entweder nur noch ein Elternteil lebt oder die Eltern noch nicht getrennt leben und ein Eheverfahren nicht anhängig ist, dem Vormundschaftsgericht in einschränkender Auslegung des § 1634 Abs 2 kraft Sachzusammenhangs eine Zuständigkeit für die Umgangsregelung zuzuerkennen. Denn das Vormundschaftsgericht verantwortet die weitere Entwicklung des Konfliktes, trifft also auch evtl künftig nötig werdende Entscheidungen nach §§ 1666, 1632 und 1696; wegen seiner Sachkenntnis, seiner Sachnähe und zur Vermeidung einer abweichenden Beurteilung des Konfliktes zwischen Vormundschaftsgericht und Familiengericht sollte deshalb das Vormundschaftsgericht auch für die Regelung des Umgangs der leiblichen Eltern mit dem Kinde zuständig sein (wie hier: Johannsen-Henrich-Sedemund-Treiber § 23 b GVG Rz 40 mwN; Erman-Ronke § 1634 Rz 31; Gernhuber § 53 III 13; Schlüter-König FamRZ 1982, 1159, 1160, 1161; Böttcher Rpfleger 1981, 3, 6; Schreiber 116, jedenfalls bis zur Trennung der Eltern).

381 Das OLG Hamburg (FamRZ 1978, 793) hält das Vormundschaftsgericht generell für zuständig, wenn die Ausgangsentscheidung bezüglich des Sorgerechts vom Vormundschaftsgericht getroffen ist. In seiner Kritik geht Walter (Prozeß 17, 18, im Wortlaut identisch mit FamRZ 1979, 259, 262) einerseits auf das in dieser Entscheidung angesprochene grundsätzliche, bis heute nicht befriedigend gelöste Problem nicht ein, daß nämlich § 1634 Abs 2 die Lösung der Umgangsprobleme ausnahmslos dem Familiengericht zugewiesen hat, auch wenn dieses mit dem Konflikt sonst weder befaßt war noch befaßt werden kann. Andererseits fehlt bei Walter ein Hinweis darauf, daß das nichteheliche Kind im Verhältnis zu seiner Mutter die Stellung eines ehelichen Kindes hat, so daß durchaus zweifelhaft war, ob insoweit eine Familiensache vorlag; erst das UÄndG hat durch entsprechende Änderung des Gesetzes die nötige Klarheit gebracht. Für den Fall, daß das Kind sich in dauernder Familienpflege befindet, hält das Landgericht Berlin (FamRZ 1979, 448 [LS] = DAVorm 1979, 139) das Vormundschaftsgericht für die Regelung des Umgangs mit den leiblichen Eltern für zuständig (**aA:** LG Frankfurt FamRZ 1986, 1036). Für die Umgangszuständigkeit des Vormundschaftsgerichts, wenigstens während der Dauer des Verfahrens auf Entziehung des Aufenthaltsbestimmungsrechts oder der gesamten Personensorge, haben sich OLG Oldenburg (FamRZ 1979, 1038 = DAVorm 1980, 20 = NdsRpfl 1980, 12), OLG Düsseldorf (FamRZ 1981, 479), OLG Schleswig (SchlHAnz 1982, 41) und obiter BGH NJW 1984, 2824 = FamRZ 1983, 1102 sowie Keidel-Kuntze-Winkler (§ 64 k FGG Rz 11 a) ausgesprochen. Dagegen wenden sich Schlüter-König (FamRZ 1982, 1159, 1160), da § 1634 lex specialis zu § 1666 sei.

382 Die Zuständigkeit im Umgangskonflikt, der sich im Falle der Verbleibensanordnung nach § 1632 Abs 4 ergibt, ist höchstrichterlich noch nicht entschieden. Es wäre wünschenswert, wenn der BGH bald Gelegenheit erhielte, diese Frage insbesondere für den Fall, daß nur noch **ein** leiblicher Elternteil lebt, zu klären und in diesem Zusammenhang seine Entscheidung zur Zuständigkeit für Umgangsregelungen im Rahmen von § 1666 zu überdenken. Die Anerkennung der vormundschaftsgerichtlichen Zuständigkeit für Umgangsregelungen in diesen Fällen wäre keine Anomalie. Denn für andere Umgangsregelungen in bezug auf eheliche Kinder ist das Vormundschaftsgericht ohnehin zuständig: Für die Umgangsregelung der leiblichen Eltern nach Aufhebung der Adoption, § 1764 Abs 4, für den Umgang der nichtehelichen Mutter nach Legitimation ihres Kindes durch den Vater, das dadurch

zu einem ehelichen Kind wird (§§ 1723, 1736, 1738), für ein eventuelles Umgangsrecht der Großeltern, das ihnen allein über § 1666 eingeräumt werden kann*, für den Umgang der Eltern, wenn sich das Kind in Fürsorgeerziehung befindet (§ 71 Abs 4 JWG, vgl oben Rz 144) und schließlich, kraft ausdrücklicher gesetzlicher Zuweisung, für den Fall der Auskunftserteilung gem § 1634 Abs 3 (**aA** insoweit beim Verbundverfahren: ROLLAND Rz 28). In allen übrigen Fällen verbleibt es bei der sachlichen Zuständigkeit des Familiengerichts.

Die Umgangsanordnung ist dem Richter vorbehalten (§ 14 Nr 16 RPflG), nicht aber das Auskunftsverfahren. Diese Anordnung obliegt dem Rechtspfleger (§ 3 Nr 2 a RPflG, die Neufassung des Richtervorbehalts in § 14 Nr 16 RPflG ist ausdrücklich auf § 1634 Abs 2 beschränkt).

b) Örtliche Zuständigkeit 383

Die örtliche Zuständigkeit ergibt sich bei der isolierten Umgangsregelung aus §§ 621 a ZPO, 43 Abs 1, 36 Abs 1 S 1 FGG (wegen der örtlichen Zuständigkeit bei Anhängigkeit oder Anhängigwerden einer Ehesache siehe unten Rz 455). § 64 k Abs 3 S 2 FGG stellt die Verbindung zu dem sachlich zuständigen Familiengericht anstelle des in § 43 FGG genannten Vormundschaftsgerichts her. Nach §§ 43 Abs 1, 36 Abs 1 S 1 FGG bestimmt sich die örtliche Zuständigkeit nach dem Wohnsitz des Kindes zu dem Zeitpunkt, in dem das Gericht mit der Sache befaßt wird. Soweit es hiernach auf den Wohnsitz des Kindes ankommt, ergibt sich dieser aus § 11 BGB: Das Kind teilt den Wohnsitz der Eltern (sogenannter abgeleiteter Wohnsitz), § 11 S 1 HS 1. Trennen sich die Eltern, gleichviel aus welchem Grunde, so gilt bis zur Sorgerechtsregelung folgendes: Da jeder Elternteil, dem das Recht, für die Person des Kindes zu sorgen, zusteht, dem Kinde seinen Wohnsitz vermittelt, hat das Kind, wenn die Eltern einen verschiedenen Wohnsitz haben, einen **Doppelwohnsitz.** Gibt nur ein Elternteil den gemeinsamen bisherigen Wohnsitz auf und begründet er einen neuen, so führt auch das (ohne anderslautende Einigung) zu einem Doppelwohnsitz des Kindes**.

Auch wenn das Kind erst nach der Trennung geboren wird, erlangt es nach § 11 S 1 HS 1 einen abgeleiteten Doppelwohnsitz (KG NJW 1964, 1577).

Bei Doppelwohnsitz des Kindes sind beide Wohnsitzgerichte gleichermaßen zuständig. Wie die Konkurrenz unter mehreren zuständigen Gerichten zu lösen ist, ist umstritten: Vor Inkrafttreten des 1. EheRG wurde dieser Konflikt generell nach § 4 FGG gelöst, wonach demjenigen Gericht der Vorzug gebührt, welches zuerst in der Sache tätig geworden ist. Wegen § 621 a Abs 1 S 2 ZPO gilt jedoch § 4 FGG in FG-Familiensachen, welche den Familiengerichten zugewiesen sind, nicht mehr (OLG Bremen FamRZ 1979, 861). Vielmehr soll der Zuständigkeitskonflikt in einem isolierten Umgangsregelungsverfahren nunmehr nach den Vorschriften der ZPO 384

* BayObLG FamRZ 1980, 284 Nr 176 [LS] = DAVorm 1979, 768 = FRES 2, 366; FamRZ 1981, 707 [LS] = ZBlJR 1981, 272; FamRZ 1982, 737 Nr 441 [LS] = DAVorm 1982, 359, 361 = FRES 12, 79; DAVorm 1983, 377, 379; BAUMBACH-LAUTERBACH-ALBERS-HARTMANN § 621 ZPO Anm 1 B; AK-ZPO-DERLEDER-LEMKE § 621 ZPO Rz 4; KEIDEL-KUNTZE-WINKLER § 64 k FGG Rz 11; BASSENGE-HERBST § 64 k FGG Anm 2 b; LUTHIN FamRZ 1979, 986, 988; vgl im übrigen oben Rz 94 ff.

** Ganz hM: vgl § 11 Rz 6, 7 und BGHZ 48, 228 = NJW 1967, 2253 = MDR 1967, 911 = FamRZ 1967, 606 m krit Anm BEITZKE = JZ 1968, 131 m Anm LANGE; LM Nr 4 zu § 11 BGB = NJW 1984, 971 = FamRZ 1984, 162; BayObLGZ 1969, 299; Z 1970, 215 = NJW 1971, 197 = FamRZ 1971, 192 = Rpfleger 1970, 391; Z 1973, 331 = NJW 1974, 420 = MDR 1974, 231 = FamRZ 1974, 137; FamRZ 1982, 1118 = Rpfleger 1982, 378; OLG Karlsruhe FamRZ 1968, 94; FamRZ 1969, 161; OLG Düsseldorf OLGZ 1968, 122; KG OLGZ 1968, 345; OLG Hamm FamRZ 1969, 105 = Rpfleger 1969, 19; OLG Köln FamRZ 1971, 443; OLG Celle Rpfleger 1972, 102.

gelöst werden. Darüber, welche Norm insoweit anzuwenden sei, sind die Meinungen geteilt: BGHZ 71, 15, 16 = FamRZ 1978, 331; FamRZ 1988, 1259; OLG Bremen (FamRZ 1979, 861) und wohl auch OLG Düsseldorf (FamRZ 1986, 478) halten § 36 Nr 6 ZPO für einschlägig; OLG Koblenz (FamRZ 1983, 201), THOMAS-PUTZO (ZPO § 621 a Anm 3 b), WIECZOREK (ZPO § 621 a Anm A II), KISSEL (Band 2, 60 und 141), BAUMBACH-LAUTERBACH-ALBERS-HARTMANN (ZPO § 621 Anm 3 B a unter Bezugnahme auf SCHLÜTER-KÖNIG FamRZ 1982, 1159, 1162) und BASTIAN-ROTH-STIELOW-SCHMEIDUCH (ZPO § 621 a Rz 25) wollen § 35 ZPO anwenden, während STEIN-JONAS-SCHLOSSER (§ 621 a Rz 3), ZÖLLER-PHILIPPI (§ 621 a Rz 10), OLG Schleswig (SchlHAnz 1981, 148) und LG Frankfurt (FamRZ 1986, 1037) § 261 Abs 3 Nr 1 ZPO für einschlägig halten. KEIDEL-KUNTZE-WINKLER (§ 64 k FGG Rz 33) halten § 35 ZPO nicht, auch nicht für entsprechend anwendbar. Denn die Wahlmöglichkeit des Klägers versage im Amtsverfahren. Dieser letzten Auffassung ist zuzustimmen. § 4 FGG hat in der ZPO keine Parallele, diese Vorschrift ist zugeschnitten auf Amtsverfahren, zu denen das Umgangsverfahren gehört (s oben Rz 146). Deshalb ist mit KEIDEL-KUNTZE-WINKLER davon auszugehen, daß § 4 FGG trotz des entgegenstehenden Wortlauts von § 621 a Abs 1 S 2 ZPO in selbständigen Familiensachen der FG, die Amtsverfahren sind, weiter anzuwenden ist (KEIDEL-KUNTZE-WINKLER FGG § 64 k Rz 33 und § 5 Rz 5; BUMILLER-WINKLER FGG § 64 k Anm 2 a und § 4 Anm 1; BASSENGE-HERBST FGG § 64 k IV 2 c; JOHANNSEN-HENRICH-SEDEMUND-TREIBER FGG § 64 k Rz 36; iE auch OLG Bremen FamRZ 1985, 950).

385 Die örtliche Zuständigkeit des tätigwerdenden Gerichts ist im Verfahren der freiwilligen Gerichtsbarkeit in jeder Instanz von Amts wegen zu beachten*. Die Eltern können eine andere Wohnsitzbestimmung treffen (§ 11 S 3 iVm §§ 7 Abs 3, 8 Abs 1), zB können sie einen dieser beiden Wohnsitze einverständlich aufheben. Sind die Eltern darüber einig, daß das Kind auf Dauer bei einem Elternteil bleiben soll, so hat das Kind nur diesen einen Wohnsitz (BayObLGZ 1962, 11, 14 = NJW 1962, 740 = FamRZ 1962, 164; Z 1964, 28 = NJW 1964, 1324 = MDR 1964, 506 = FamRZ 1964, 217 = ZBlJR 1964, 302; OLG Düsseldorf OLGZ 1968, 122, 124; OLG Koblenz FamRZ 1983, 201). Denn die gesetzliche Regelung des § 11 ist nicht zwingend; vielmehr können die Eltern für das Kind auch einen gewillkürten Wohnsitz, § 7 Abs 1, § 8 Abs 1, an einem anderen Ort begründen (BayObLGZ 1979, 142, 149 = Rpfleger 1979, 300 = FRES 1, 181). Für diese Annahme genügt aber nicht das bloße Dulden des Aufenthalts des Kindes bei einem Elternteil durch den anderen Elternteil (OLG Karlsruhe NJW 1961, 271 = FamRZ 1960, 503 [LS]; PALANDT-HEINRICHS § 11 Anm 1; KEIDEL-KUNTZE-WINKLER § 36 Rz 9 b).

Ist die elterliche Sorge einem Elternteil übertragen (wofür die Übertragung durch einstweilige Anordnung genügt, STAUDINGER-COING § 11 Rz 4), so teilt das Kind den Wohnsitz nur dieses Elternteils, § 11 S 1 HS 2 (BayObLGZ 1961, 119, 121 = NJW 1961, 1581 = MDR 1961, 770 = FamRZ 1961, 381; Z 1973, 331 = NJW 1974, 420 = MDR 1974, 231 = FamRZ 1974, 137, 138; Z 1979, 142, 149 = Rpfleger 1979, 300 = FRES 1, 181; OLG Hamm FamRZ 1966, 242, 243).

Der Geschwistergerichtsstand ergibt sich aus § 36 Abs 1 S 2 FGG (KEIDEL-KUNTZE-WINKLER § 36 Anm 13 mwN).

386 Die Änderung einer früheren Umgangsregelung bildet, wenn das vorangegangene Umgangsregelungsverfahren abgeschlossen ist, eine neue selbständige Einzelverrichtung iSv § 43 Abs 1 S 2 HS 2 FGG**. Eine perpetuatio fori findet nicht statt.

* BayObLGZ 1961, 119, 120 = NJW 1961, 1581 = MDR 1961, 770 = FamRZ 1961, 381; Z 1962, 11, 13 = NJW 1962, 740 = FamRZ 1962, 164; NJW 1968, 1337 = FamRZ 1968, 474 (LS); FamRZ 1984, 886 = Rpfleger 1984, 237; FamRZ 1985, 743, 744; OLG Düsseldorf FamRZ 1978, 621, 622.

** BGHZ 21, 306, 315 = NJW 1956, 1439, 1440; BayObLG FamRZ 1964, 640; Z 1967, 474, 477;

Auch im Verhältnis zur Regelung der elterlichen Sorge (§§ 1671, 1672) ist das Umgangsregelungsverfahren ein selbständiger Verfahrensgegenstand; seine erstmalige Einführung in der Rechtsmittelinstanz ist nicht zulässig (OLG Hamm FamRZ 1980, 488; OLG Hamburg FamRZ 1986, 181).

c) **Internationale Zuständigkeit** 387

(vgl oben Rz 344 f, 348 f, 368, 370)

3. Verfahrensart und Verfahrenseinleitung 388

Das isolierte Umgangsregelungsverfahren ist Familiensache iSv § 621 Abs 1 Nr 2 ZPO. Es folgt dem zwischen dem Verfahren der freiwilligen Gerichtsbarkeit und der ZPO **gemischten Verfahren,** §§ 621 a ff ZPO, 64 k FGG. Hierin gelten die allgemeinen Regeln des FG-Verfahrens, soweit sie nicht durch § 621 a ZPO dem ZPO-Verfahren vorbehalten sind. Insbesondere gelten also § 12 FGG (Amtsermittlung), § 15 FGG (Grundsatz der Beweiserhebung und Glaubhaftmachung), § 13 a FGG (Kostenregelung), § 16 Abs 1 FGG (Wirksamwerden der Entscheidung), § 34 FGG (Akteneinsicht). Das isolierte Umgangsregelungsverfahren ist Feriensache, § 200 Abs 1 Nr 5 b GVG (Peschel-Gutzeit, Verfahren und Rechtsmittel in Familiensachen [1988] A II 2, 35 ff).

Eines **Antrages** zur Einleitung des Verfahrens bedarf es nicht, das Gericht wird von Amts wegen tätig. Wird ein Antrag gestellt, so hat er keine Sachantragsfunktion (OLG Köln OLGZ 66, 76, 77; OLG Zweibrücken FamRZ 1986, 714 [LS] = DAVorm 1986, 355; MünchKomm-Hinz Rz 45; Erman-Ronke Rz 31 und oben Rz 146 f).

4. Verfahrensbeteiligte 389

Der Begriff des Beteiligten ist im Gesetz nicht normiert. Zu unterscheiden ist zwischen Beteiligten im materiellen und im formellen Sinne. Materiell beteiligt ist jede Person, deren Rechte und Pflichten durch die Entscheidung unmittelbar betroffen werden oder betroffen werden können, ohne Rücksicht darauf, ob sie im Verfahren auftreten. Beteiligter im formellen Sinne ist im allgemeinen jede Person, die zur Wahrnehmung sachlicher Interessen am Verfahren teilnimmt oder zu ihm, sei es auch zu Unrecht, beigezogen wird. Wer beschwerdeberechtigt ist, ist auch befugt, schon im ersten Rechtszug als formell Beteiligter am Verfahren teilzunehmen, um seine Interessen zu verfolgen (OLG München FamRZ 1978, 614; Keidel-Kuntze-Winkler § 6 Rz 18 mwN).

Hiernach sind Beteiligte des Umgangsregelungsverfahrens: im materiellen Sinne 390
beide Eltern, die durch die Regelung des Umgangs in ihren Rechten und Pflichten unmittelbar betroffen sein können. In der Regel sind sie auch formell beteiligt, weil sie vom Gericht von Amts wegen zugezogen werden oder von einem ihnen im Gesetz verliehenen Antragsrecht Gebrauch machen. Weiter ist zumindest das 14 Jahre alte Kind materiell und formell Beteiligter wegen des eigenen Beschwerderechts, § 59 Abs 1 FGG. Materiell beteiligt ist aber auch das jüngere Kind, jedoch

---

FamRZ 1975, 647, 650; Z 1975, 197, 199 = NJW 1975, 1893 (LS) = MDR 1975, 1020 = FamRZ 1976, 41, 43 = BayStA 1975, 126 (LS); Z 1977, 97, 99 = MDR 1977, 63; OLG Düsseldorf FamRZ 1978, 621; LG Karlsruhe DAVorm 1975, 173; Keidel-Kuntze-Winkler § 43 Rz 2 b; Bassenge-Herbst § 43 Anm 4; Bumiller-Winkler § 43 Anm 1; Palandt-Diederichsen § 1696 Anm 3.

nicht Partei des Verfahrens (BGH NJW 1985, 1702 = FamRZ 1985, 169, 172 m Anm Bosch), darüber hinaus alle sonstigen nach § 57 Abs 1 FGG zur Beschwerde Berechtigten, also zB Großeltern, wenn es um deren Umgangsrecht geht. Das Jugendamt ist nach § 48 Abs 1 Nr 4, § 52 a JWG beteiligt.

391 Es besteht **kein Anwaltszwang** (§ 621 a Abs 1, § 78 Abs 3 ZPO), so daß die Beiordnung eines Rechtsanwalts in der Regel als nicht erforderlich angesehen wird (OLG Hamm FamRZ 1984, 1245; Soergel-Strätz Rz 33; **aA:** OLG Düsseldorf FamRZ 1981, 695, 696). Dies kann jedoch dann anders zu beurteilen sein, wenn einer der beiden Elternteile durch einen Rechtsanwalt vertreten ist (§§ 14 FGG, 121 Nr 2 ZPO: „Waffengleichheit") oder wenn zwischen den Eltern besonders erbittert gekämpft wird, wie dies in streitigen Umgangsregelungsverfahren in der Praxis häufig vorkommt. Dann kann die Beiordnung wegen des Umfanges, der Schwierigkeit und der Bedeutung der Sache erforderlich sein (§§ 14 FGG, 121 Abs 1 ZPO). Der Umstand, daß das Gericht den Sachverhalt von Amts wegen zu ermitteln (§ 621 a Abs 1 S 1 ZPO, § 12 FGG) und das Jugendamt zu hören hat (§ 48 a Abs 1 Nr 3 JWG), gewährleistet nicht in jedem Fall, daß das Gericht ohne anwaltliche Mitwirkung die am Wohle des Kindes am besten ausgerichtete Entscheidung findet. Es kommt auf den Einzelfall an.

392 Im Umgangsregelungsverfahren muß dem Kind vor der Entscheidung des Gerichts kein **Verfahrenspfleger** gem § 1909 BGB bestellt werden (RGZ 64, 16, 18 mit der nach heutigem Verfassungsverständnis nicht mehr haltbaren Begründung, dem Kind komme im Falle des § 1636 BGB aF keine Parteistellung zu, sei **Gegenstand** amtlicher Fürsorge, sein Interesse habe das Gericht gem §§ 12, 15 FGG von Amts wegen wahrzunehmen). Allerdings bleibt es dem Ermessen des Gerichts überlassen, ob es dem Kind einen Pfleger bestellen will (RG aaO, ebenso Soergel-Strätz Rz 33, **aA:** Schwoerer in Vorauflage Rz 113, der eine Rechtsgrundlage für eine Maßnahme nach § 1909 BGB vermißt, die das RG in RGZ 64, 16, 18 der Vorschrift des § 1636 BGB aF direkt entnommen hatte). Die Rechtsgrundlage für die Bestellung eines Verfahrenspflegers bildet § 1634 Abs 2 iVm § 1909: Zumindest dann, wenn das Kind eine positive oder negative Umgangsregelung selbst begehrt, kann ein Bedürfnis für die Pflegschaftsanordnung bestehen. Dieses Bedürfnis kann schon deshalb anzunehmen sein, damit der Pfleger die erforderlichen Ermittlungen anstellt oder das rechtliche Gehör bei Interessenwiderstreit zwischen dem Kind und seinem gesetzlichen Vertreter ausübt. März (FamRZ 1981, 736 in kritischer Analyse der Entscheidung BVerfGE 55, 159 = NJW 1981, 217 = FamRZ 1981, 124 = ZBlJR 1981, 61 = DAVorm 1981, 202) weist mit Recht darauf, daß sich die Frage nach dem Verfahrenspfleger für den nicht verfahrensfähigen Minderjährigen seit Inkrafttreten des Grundgesetzes neu stelle. In dem Kommissionsentwurf einer Verfahrensordnung für die freiwillige Gerichtsbarkeit ist deshalb in § 104 E vorgesehen: „Hat das Kind, das zur Vornahme von Verfahrenshandlungen nicht fähig ist, keinen gesetzlichen Vertreter oder ist dieser an der Vertretung verhindert, so ist das Jugendamt Pfleger für das Verfahren" (Bericht der Kommission für das Recht der freiwilligen Gerichtsbarkeit [1977], vgl dazu Arnold Rpfleger 1979, 241, 242).

393 In diesem Zusammenhang wird auch die Forderung nach dem **„Anwalt des Kindes"** gestellt*.

---

* Fehmel FamRZ 1981, 645, 647 rechtsvergleichend zu dem amerikanischen Institut des „child advocate"; ZBlJR 1982, 654, 659, 660; Fthenakis, Der Anwalt des Kindes – Einleitende Anmerkungen aus kinderpsychologischer Sicht, Ev Akad Bad Boll (1983); Limbach, Der Anwalt des Kindes aus juristischer Sicht; Lempp, Der Anwalt des Kindes aus kinderpsychiatrischer Sicht; je Protokolldienst 14/83 Ev Akad Bad Boll 12 ff, 24 ff; Schwenzer „Der Anwalt des Kindes". Tagungsbericht der Ev Akad Bad Boll, FamRZ 1983, 974 f III mwN; Zenz, Kindesmißhandlung

5. Gang des Verfahrens 394

a) Anhörung

aa) Anhörung der Eltern (§ 50 a FGG)

Die Vorschrift des § 50 a FGG, eingefügt durch Art 5 Nr 2 des SorgeRG, unterscheidet zwischen dem sorgeberechtigten Elternteil und dem nicht sorgeberechtigten Elternteil. Abs 1 bezieht sich auf den sorgeberechtigten Elternteil, Abs 2 auf den nicht sorgeberechtigten Elternteil, Abs 3 regelt, ob und unter welchen Voraussetzungen von einer Anhörung abgesehen werden kann. Die Anhörung dient sowohl der Gewährung rechtlichen Gehörs wie der Sachaufklärung. Sie verlangt, daß sich das Gericht von dem Anzuhörenden einen **persönlichen** Eindruck verschafft*. Um diesen persönlichen Eindruck zu gewinnen, ist der Richter zur Herstellung eines intensiven mündlichen Kontaktes verpflichtet, wobei er auf Eigenschaften, Verhaltensweisen, Ansichten, Bemerkungen des Angehörten zu achten hat (BayObLGZ 1980, 215, 218 = NJW 1980, 2422 Nr 17 [LS] = FamRZ 1980, 1150, 1151; MDR 1981, 230; FamRZ 1982, 634, 637 = DAVorm 1982, 351, 358; FamRZ 1984, 936, 937). In Angelegenheiten der Personensorge, zu denen das Umgangsregelungsverfahren gehört, ist die mündliche Anhörung der Eltern zwingend vorgeschrieben. Von ihr darf nur unter den Voraussetzungen des § 50 a Abs 3 FGG abgewichen werden**.

Sind im Umgangsregelungsverfahren beide Elternteile sorgeberechtigt, so werden 395
beide nach § 50 a Abs 1 S 2 angehört, andernfalls nur der sorgeberechtigte Elternteil (OLG München OLGZ 1980, 191 = FamRZ 1980, 623, 624 = Rpfleger 1980, 226, 479; OLG Schleswig SchlHAnz 1981, 190; Bassenge-Herbst § 50 a Anm 1 b und 2 a; Luthin FamRZ 1981, 111, 112), während der nicht sorgeberechtigte Elternteil nach Abs 2 angehört wird, es sei denn, von seiner Anhörung ist eine Aufklärung nicht zu erwarten. Die Anhörung auch des nicht sorgeberechtigten Elternteils soll die Regel sein. Denn auch der nicht sorgeberechtigte Elternteil kann, wenn zwischen ihm und dem Kind engere Beziehungen und ein an sich wünschenswerter persönlicher Kontakt bestehen, durch seine Kenntnis der Situation zu einer ausgewogenen und guten Entscheidung beitragen (BT-Drucks 8/2788, 41). Die Anhörung darf auch durch den ersuchten oder beauftragten Richter erfolgen (BGH NJW 1985, 1702, 1705 = FamRZ 1985, 169, 172 m Anm Bosch; BayObLGZ 1983, 231, 234 = MDR 1984, 233 = FamRZ 1984, 199 [LS] = BayVBl 1984, 90; Keidel-Kuntze-Winkler § 50 a Rz 14, 15; Bumiller-Winkler § 50 a Anm 2; Bassenge-Herbst § 50 a Anm 2 b; Rolland § 50 a Rz 4).

Nur aus schwerwiegenden Gründen darf das Gericht von der Anhörung der Eltern 396
absehen, § 50 a Abs 3 FGG. Solche Gründe können vorliegen bei nicht absehbarer

---

und Kindesrechte (1979) 147 bis 151, 413; Frommann 144; Goldstein-Freud-Solnit, Jenseits des Kindeswohls, 58 bis 60; Salgo ZBlJR 1985, 259 f; vgl auch AG Mönchengladbach-Rheydt FamRZ 1985, 532, das dem 12 Jahre alten Kind „als eigenständigem Rechtssubjekt" zur Wahrung seiner Interessen einen eigenen Rechtsanwalt beigeordnet hat; hierzu kritisch Kuntze FamRZ 1985, 532, 533; Moritz Jura 1986, 588.

* BGH NJW 1985, 1702, 1705 = FamRZ 1985, 169, 172 m Anm Bosch; BayObLGZ 1980, 202, 205 = NJW 1980, 2422 Nr 16 (LS) = FamRZ 1980, 1152 (LS); Z 1980, 215, 218 = NJW 1980, 2422 Nr 17 (LS) = FamRZ 1980, 1150, 1151; FamRZ 1982, 634, 637 = DAVorm 1982, 351, 358; OLG München OLGZ 1980, 191 = FamRZ 1980, 623, 624 = Rpfleger 1980, 226, 479.

** BayObLGZ 1980, 202, 205 = NJW 1980, 2422 Nr 16 (LS) = FamRZ 1980, 1152 (LS); FamRZ 1982, 634, 637 = DAVorm 1982, 351, 358; FamRZ 1984, 205, 207; DAVorm 1984, 517; FamRZ 1987, 87; OLG Hamm OLGZ 1984, 20 = NJW 1984, 617 = FamRZ 1984, 99; Keidel-Kuntze-Winkler § 50 Rz 10; Bassenge-Herbst § 50 a Anm 2 a; BT-Drucks 8/2788, 41 und 73.

Dauer eines Auslandsaufenthalts (BayObLG FamRZ 1981, 814 = DAVorm 1981, 399), bei sonstiger Unerreichbarkeit, dann, wenn die Anhörung zu erheblichen, zB gesundheitlichen Nachteilen für das Kind oder den Anzuhörenden selbst führen könnte (Keidel-Kuntze-Winkler § 50 a Rz 23; Bassenge-Herbst § 50 a Anm 5; Johannsen-Henrich-Sedemund-Treiber § 50 a Rz 17) oder wegen Eilbedürftigkeit der Entscheidung (§ 50 a Abs 3 S 2 FGG); hier muß die Anhörung unverzüglich nachgeholt werden (BayObLGZ 1980, 202 = NJW 1980, 2422 Nr 16 [LS] = FamRZ 1980, 1152 [LS]).

397 **bb) Anhörung des Kindes (§ 50 b FGG)**

α) Notwendigkeit der Anhörung

Das Kind muß in dem Umgangsregelungsverfahren ohne Rücksicht auf sein Alter angehört werden, wenn seine Neigungen, Bindungen oder sein Wille für die Entscheidung von Bedeutung sind oder wenn es zur Feststellung des Sachverhalts angezeigt erscheint, daß sich das Gericht von dem Kind einen unmittelbaren Eindruck verschafft, § 50 b Abs 1 FGG. Diese Vorschrift ist durch das SorgeRG vom 18. 7. 1979 (BGBl I 1061) Art 5 Nr 2 in das Gesetz eingefügt worden und hat die wesentlich engere Vorschrift des § 1695 BGB ersetzt. Die Verpflichtung des Gerichts zur persönlichen Anhörung des Kindes beruht auf der Erwägung, daß ein Kind sich nicht hinreichend schriftlich äußern kann und bei schriftlicher Anhörung die Gefahr einer Beeinflussung durch die Eltern besonders groß ist, außerdem darauf, daß dem Eindruck, den das Gericht durch die persönliche Anhörung gewinnt, erhebliche Bedeutung zukommt (BT-Drucks 7/2060, 43). Die Vorschrift ist verfassungskonform (BVerfGE 55, 159 = NJW 1981, 217 = FamRZ 1981, 124, 126 = ZBlJR 1981, 61 = DAVorm 1981, 202). Sie entspricht dem verfassungsrechtlichen Gebot, bei Sorgerechtsentscheidungen den Willen des Kindes zu berücksichtigen, soweit dies mit seinem Wohl vereinbar ist. Eine Entscheidung, die den Belangen des Kindes gerecht wird, kann in der Regel nur ergehen, wenn das Kind in dem gerichtlichen Verfahren die Möglichkeit erhalten hat, seine persönlichen Beziehungen zu den übrigen Familienmitgliedern erkennbar werden zu lassen. Das Gericht ist im Umgangsregelungsverfahren verpflichtet, das Kind **mündlich** (nicht telefonisch BayObLG FamRZ 1985, 100, 101; nicht zu Protokoll des Urkundsbeamten der Geschäftsstelle OLG München OLGZ 1980, 191 = FamRZ 1980, 623 = Rpfleger 1980, 226, 479) anzuhören.

398 Die Anhörung ist zwingend*. Von ihr darf nur unter den Voraussetzungen des Abs 3 abgesehen werden**. Als schwerwiegende Gründe iSv § 50 b Abs 3 S 1 wird es angesehen, wenn eine ernst zu nehmende psychische oder physische Beeinträchtigung des Kindes zu befürchten ist (BayObLG FamRZ 1984, 929, 930; FamRZ 1987, 87, 88), wenn eine Verständigung mit dem Kinde nicht möglich ist, wenn das Kind den Elternteil, der den Umgang begehrt, seit der Geburt nicht erlebt hat und deshalb Neigungen und Bindungen des Kindes nicht vorhanden sind (BayObLG

* BayObLG FamRZ 1983, 761; Z 1983, 125, 127 = FamRZ 1983, 948 = DAVorm 1983, 767, 972 (LS) = IPRAX 1984, 86; FamRZ 1984, 312 (LS) = ZBlJR 1985, 36; OLG Hamm Rpfleger 1985, 27; Keidel-Kuntze-Winkler § 50 b Rz 5; Johannsen-Henrich-Sedemund-Treiber § 50 b Rz 6 und 7; BT-Drucks 8/2788, 42.

** BayObLG FamRZ 1981, 814 = DAVorm 1981, 399; FamRZ 1981, 999 = DAVorm 1981, 759; Z 1983, 125, 127 = FamRZ 1983, 948 = DAVorm 1983, 767 und 972 (LS) = IPRAX 1984, 86; OLG Hamburg FamRZ 1983, 1271; OLG Hamm Rpfleger 1985, 27; Johannsen-Henrich-Sedemund-Treiber FGG § 50 b Rz 7 und 8; Fehmel DAVorm 1981, 169, 171; ZBlJR 1982, 654; Luthin FamRZ 1979, 986; FamRZ 1981, 111, 113; FamRZ 1981, 1149; Klussmann, 83.

FamRZ 1984, 312 [LS] = ZBlJR 1985, 36) oder bei sofortigem Handlungsbedarf, wobei die Anhörung nachzuholen ist (KG FamRZ 1981, 204; BayObLG FamRZ 1985, 100, 101; FamRZ 1985, 520, 521; Johannsen-Henrich-Sedemund-Treiber § 50 b Rz 8; Luthin FamRZ 1981, 1149, 1150 mwN; Fehmel DAVorm 1981, 169, 170, der vor der Überstrapazierung der schwerwiegenden Gründe zum Zwecke der Vermeidung der persönlichen Anhörung warnt). Die Verletzung der Anhörungspflicht ist ein Verfahrensverstoß, der regelmäßig zur Aufhebung und Zurückverweisung führt (BayObLGZ 1983, 125, 137 = FamRZ 1983, 948 = DAVorm 1983, 767 und 972 = IPRAX 1984, 86; OLG Hamburg FamRZ 1983, 527 mwN).

Soweit nicht Abs 2 eingreift, ergibt sich die Anhörung von Kindern aus Abs 1. Die **399**
Anhörung von Kindern unter 14 Jahren ist der Hauptanwendungsfall des § 50 b FGG. Nach der ersten Alternative des Abs 1 ist eine Anhörung erforderlich, wenn Neigungen, Bindungen oder der Wille des Kindes für die Entscheidung von Bedeutung sind. Das trifft für die Umgangsregelung regelmäßig zu (BGH FamRZ 1984, 1084, 1086 = EzFamR BGB § 1634 Nr 2; OLG München OLGZ 1980, 191 = FamRZ 1980, 623 = Rpfleger 1980, 226, 479). Da Neigungen, Bindungen und ein Wille des Kindes erst von einem gewissen Alter des Kindes an so geäußert werden können, daß das Gericht dies verstehen und verwerten kann, hat die Anwendung von § 50 b Abs 1 FGG der Praxis zunächst Schwierigkeiten bereitet, soweit kleine Kinder betroffen waren. Feste Altersgrenzen, von deren Erreichen an das Kind stets angehört werden muß, **vor** deren Erreichen eine Anhörung dagegen regelmäßig ausscheidet, enthält Abs 1 nicht.

Weil Kindesanhörungen „unvorhersehbare Einsichten“ (Zenz, Kindesmißhand- **400**
lung und Kindesrechte, 146) ergeben können, geht die Rechtsprechung heute davon aus, daß auch sehr kleine Kinder schon anzuhören sind*.

Auch das Schrifttum nimmt an, daß Kinder etwa ab 3 Jahren anzuhören sind**. **401**

* In zeitlicher Reihenfolge: OLG München OLGZ 1980, 191 = FamRZ 1980, 623 = Rpfleger 1980, 226, 479: 10 Jahre, § 1634; OLG Köln FamRZ 1980, 1153: 2½ und 4 Jahre, § 1672; OLG Schleswig SchlHAnz 1980, 199: Alter nicht bekannt, § 620 a ZPO; KG FamRZ 1980, 1156 = DAVorm 1981, 215 (LS): 13 und 10 Jahre, § 1634; OLG Karlsruhe OLGZ 1981, 133 = FamRZ 1981, 203 = Justiz 1981, 84: 13 und 17 Jahre, § 1634; OLG Hamm DAVorm 1981, 921: 5¾ Jahre, §§ 1666, 1632; OLG Frankfurt FamRZ 1981, 813: 7 Jahre, § 1632 Abs 4; OLG Zweibrücken DAVorm 1981, 765: 12 Jahre, § 1671; OLG Schleswig SchlHAnz 1981, 190: 8, 11 und 13 Jahre, § 1671; OLG Frankfurt FamRZ 1982, 430: 10 Jahre, § 1666; OLG Düsseldorf JurBüro 1982, 719: 11 und 14 Jahre und jünger, § 1634; BayObLG FamRZ 1983, 761: 6½ Jahre, § 1751 Abs 3; OLG Hamburg FamRZ 1983, 527: 5 Jahre, §§ 1671, 1672; OLG Hamburg FamRZ 1983, 1271, 1272: Alter nicht bekannt, § 1632 Abs 4; BayObLGZ 1983, 125, 127 = FamRZ 1983, 948 = DAVorm 1983, 767, 972 (LS) = IPRAX 1984, 86: 4 Jahre, Entzug des Aufenthaltsbestimmungsrechts; KG FamRZ 1983, 1159: 4,8 und 7,8 Jahre, §§ 1671, 1672; BayObLG FamRZ 1984, 196: 9 Jahre, § 1632 Abs 4; BayObLG FamRZ 1984, 312 (LS) = ZBlJR 1985, 36f: 3 Jahre, § 1666; BayObLGZ 1984, 98 = NJW 1984, 2168 = MDR 1984, 668 = FamRZ 1984, 817, 818 = ZBlJR 1984, 373 = DAVorm 1984, 1036 (LS): 7 Jahre, §§ 1666, 1632 Abs 4; BGH NJW 1985, 1702 = FamRZ 1985, 169 m Anm Bosch: 12 und 14 Jahre, § 1671; BGH FamRZ 1984, 1084 = EzFamR BGB § 1634 Nr 2: 4 Jahre und 10 Monate, § 1634; BayObLG FamRZ 1985, 520: 11 und 13 Jahre, § 1632 Abs 1; OLG Hamm Rpfleger 1985, 27, 28: 9, 12 und 14 Jahre, § 1666; BayObLG FamRZ 1985, 1179 = NJW-RR 1986, 84: 8 Jahre, § 1666; OLG Bamberg FamRZ 1988, 750: 8 und 10 Jahre, § 1671.

** Baer FamRZ 1982, 221, 232; Dürr 11; Fehmel DAVorm 1981, 169, 170, 172; ZBlJR 1982, 654, 656, 657 Fn 30 bis 37; Lempp, Gerichtliche Kinder- und Jugendpsychiatrie (1983), 109, 110; Lempp-von Braunbehrens ua (1987), 108; Luthin FamRZ 1981, 111, 113 und 1149; Wendl-Kempmann-Wendl 2. Teil III 1 2, 231; Zenz, Kindesmißhandlung und Kindesrechte, 101, 135, 141, 142, 146, 239, 301, 417, 418.

402 Insgesamt läßt sich festhalten, daß heute Rechtsprechung und Schrifttum die Grenze der Anhörung etwa bei 2 bis 3 Jahren des Kindes ziehen, wobei das OLG Köln (FamRZ 1980, 1153) von der Anhörung eines 2 ½ Jahre alten Kindes ausgegangen ist, freilich zusammen mit dem vier Jahre alten Geschwisterkind. Die zunächst, nach Einführung des § 50 b FGG, teilweise abweichende Meinung (BayObLG FamRZ 1981, 814 = DAVorm 1981, 399: 3 und 6 Jahre, § 1666; OLG Oldenburg FamRZ 1981, 811, 813: 4 Jahre, § 1632 Abs 4; AG Kamen FamRZ 1981, 705: 5 ½ Jahre, § 1671 [gemeinsamer Elternvorschlag]; BayObLG FamRZ 1981, 999 = DAVorm 1981, 759: 6 Jahre, § 1666) ist aufgegeben und wird heute nicht mehr vertreten. Das Schrifttum hat sich dem angeschlossen (Fehmel ZBlJR 1982, 654 mwN; vgl aber Freund DRiZ 1982, 268, dazu krit Rotax DRiZ 1982, 466 sowie die Zusammenfassung der heute geltenden Praxis bei Lempp-von Braunbehrens ua, Die Anhörung des Kindes gem § 50 b FGG [1987]).

403 Bei noch jüngeren Kindern kommt zur Verschaffung eines unmittelbaren Eindrucks eine Augenscheinseinnahme in Betracht, wenn dies zur Feststellung des Sachverhalts angezeigt erscheint, § 50 b Abs 1 HS 2 FGG. Das kann insbesondere dann zu erwägen sein, wenn ältere Geschwister vorhanden sind, die anzuhören sind. Wird in diesem Fall die Anhörung der älteren Kinder zu Hause durchgeführt, erlebt der Richter die jüngeren Kinder zugleich mit und verschafft sich so einen häufig wertvollen unmittelbaren Eindruck ohne zusätzliche Belastung für die Beteiligten.

404 Die Verletzung der Anhörungspflicht ist ein von Amts wegen zu beachtender Verfahrensmangel, der zur Aufhebung der darauf beruhenden Entscheidung und Zurückverweisung der Sache führt (BayObLGZ 1980, 138, 141 = FamRZ 1981, 96, 97; Z 1980, 202, 208 = NJW 1980, 2422 Nr 16 [LS] = FamRZ 1980, 1152 [LS]; FamRZ 1984, 205, 207; FamRZ 1987, 87, 88). Die strikte Anhörungspflicht entfällt auch nicht bei übereinstimmendem Elternvorschlag und damit übereinstimmenden Jugendamtsbericht (**aA:** de lege ferenda Freund DRiZ 1982, 268; vgl auch die Zusammenstellung bei Lempp-von Braunbehrens ua, Anhörung des Kindes [1987]). Allenfalls kann sich hier die Frage stellen, ob von der Anhörung nach Abs 3 abgesehen werden kann, um dem Kinde die Belastung der Anhörung zu ersparen und weil von der Anhörung eine weitere wesentliche Sachaufklärung nicht zu erwarten ist (AG Kamen FamRZ 1981, 705, 706). Aber auch insoweit ist eine sorgfältige Abwägung der Interessen, insbesondere des Kindes, vorzunehmen; nicht selten ist der übereinstimmende Elternvorschlag das Ergebnis ausgehandelter gegenläufiger Elterninteressen; Jugendamtsberichte lassen bei übereinstimmendem Elternvorschlag bisweilen erkennen, daß auf eine gründliche eigene Ermittlung verzichtet wurde.

405 **β) Art und Weise der Anhörung**

Das Kind ist persönlich, also **mündlich** anzuhören. Denn Ziel der Anhörung ist es, dem Kind Gelegenheit zu geben, seinen Gefühlen, Neigungen und Abneigungen Ausdruck zu geben. Um dies zu ermöglichen, muß das Gericht mit Einfühlungsvermögen und Fingerspitzengefühl vorgehen. Hierbei muß es das Alter, den Entwicklungsstand und die seelische Verfassung des Kindes berücksichtigen (BVerfGE 55, 159 = NJW 1981, 217 = FamRZ 1981, 124 = ZBlJR 1981, 61 = DAVorm 1981, 202). Je entspannter die Gesprächsatmosphäre ist, um so eher wird das Kind aus sich herauskommen.

406 Dem **Ort der Anhörung** kommt dabei eine erhebliche Bedeutung zu, insbesondere bei kleineren Kindern. Hier bietet es sich an, einen Ort zu wählen, der dem Kind vertraut ist. Denn so wird vermieden, daß das Kind neben der Befangenheit, die sich aus der Begegnung mit einem ihm fremden Menschen ergibt, auch noch Ängste

vor einer ihm fremden Umgebung verarbeiten und überwinden muß. Ob ein Hausbesuch notwendig oder doch angezeigt ist, kann nur der Einzelfall ergeben. Bei jüngeren Kindern wird er eher in Betracht kommen (für Hausbesuche in schwierigen Fällen: OLG Hamburg FamRZ 1983, 527 m krit Anm LUTHIN; BERES ZBlJR 1982, 1, 5; BAER FamRZ 1982, 221, 232; in Ausnahmefällen: KLUSSMANN, 85; THALMANN FamRZ 1983, 553; WENDL-KEMPMANN-WENDL 2. Teil III 2; JOHANNSEN-HENRICH-SEDEMUND-TREIBER § 50 b Rz 9; generell gegen Hausbesuche: KG FamRZ 1983, 1159, 1161, 1162; FEHMEL ZBlJR 1982, 654, 659; im Grundsatz auch KLUSSMANN 85; LEMPP-VON BRAUNBEHRENS ua 107 Ziff 5). Geschieht die Anhörung in der Häuslichkeit des einen Elternteils, so sollte sie im Umgangsverfahren unbedingt auch in der Häuslichkeit des anderen Elternteils zusätzlich durchgeführt werden, weil der Richter nur so einen vergleichbaren Eindruck von dem Umgang je eines Elternteiles mit dem Kinde in der häuslichen Umgebung gewinnen kann (WENDL-KEMPMANN-WENDL aaO). Häufig bietet sich für die Anhörung ein dem Kinde bekannter ruhiger neutraler Raum im Kindergarten, Kindertagesheim, in der Schule, bei der Tagesmutter oder in dem Heim an, in dem das Kind ohnehin lebt (OLG Hamm Rpfleger 1985, 27, 28), wobei eine solche Anhörung so organisiert sein muß, daß nicht die Sensationslust und Neugierde anderer Kinder geweckt wird. Die Anhörung im Gerichtsgebäude setzt die entsprechende Vorrichtung des Raumes voraus, was bei älteren Gerichtsgebäuden schon technisch schwierig ist; stets bleibt dann noch der düstere Gesamteindruck vieler älterer Gerichtsgebäude. Zum eigentlichen Anhörungsverfahren, Vorbereitung, Ablauf, Ziel vgl WENDL-KEMPMANN-WENDL 2. Teil III 2 mit vielen praktischen Hinweisen.

Die **Anwesenheit der Eltern** bei der Anhörung des Kindes sollte soweit wie möglich 407
vermieden werden, um dem Kinde zu ermöglichen, sich unbefangen zu äußern*. Daß bei kleineren Kindern jedenfalls dann ein Elternteil zugegen sein muß, wenn das Kind sich andernfalls fürchtet, ist selbstverständlich. Den Eltern ist das Ergebnis der Anhörung nachträglich zur Gewährung rechtlichen Gehörs bekanntzumachen (KG FamRZ 1980, 1156 = DAVorm 1981, 215 [LS]); die Verfahrensbevollmächtigten der Eltern nehmen an der Anhörung des Kindes regelmäßig nicht teil.

Ob die Anhörung des Kindes von einem **ersuchten** oder **beauftragten Richter** 408
vorzunehmen ist, ist umstritten. Grundsätzlich ist die Entscheidung hierüber in das Ermessen des Gerichts zu stellen (BayObLGZ 1980, 215, 221 = NJW 1980, 2422 Nr 17 [LS] = FamRZ 1980, 1150, 1151; BayObLG FamRZ 1985, 100, 101; KEIDEL-KUNTZE-WINKLER § 50 b Rz 17; JOHANNSEN-HENRICH-SEDEMUND-TREIBER FFG § 50 b Rz 11). Jedoch sollte dies wegen der Bedeutung des persönlichen Eindrucks nur ausnahmsweise geschehen. Die Rechtsprechung hält die Anhörung durch den **ersuchten** Richter wegen der notwendigen Unmittelbarkeit des Eindrucks grundsätzlich für unzulässig; nur in eng begrenzten Ausnahmefällen kann sie angezeigt sein**. Dagegen werden gegen die Anhörung des Kindes durch den **beauftragten** Richter eines Kollegiums keine Bedenken erhoben***.

* BGH NJW 1987, 1024 = FamRZ 1986, 895, 896; OLG Schleswig SchlHAnz 1977, 191; KG FamRZ 1980, 1156, 1157 = DAVorm 1981, 215 (LS); OLG Hamm (15. Zivilsenat) Rpfleger 1985, 27; enger OLG Hamm (1. Familiensenat) FamRZ 1979, 1065 zu § 1695 aF; LUTHIN FamRZ 1981, 111, 114; FEHMEL ZBlJR 1982, 654, 657; ablehnend: WESTERMANN-ADELHOLD FamRZ 1978, 863, 865.

** OLG Stuttgart FamRZ 1980, 627 (LS) = Justiz 1980, 149; OLG Frankfurt FamRZ 1988, 98; **aA:** BayObLG ZBlJR 1983, 503 = FamRZ 1983, 942 (LS) mwN; wohl auch OLG Düsseldorf FamRZ 1980, 934 und OLG Frankfurt Rpfleger 1980, 391; die beiden letzten Entscheidungen beziehen sich auf ein Rechtshilfeersuchen und gelangen zu dem Ergebnis, daß die Rechtshilfeersuchen der auswärtigen Gerichte zur Kindesanhörung nicht abgelehnt werden dürfen, da die Anhörung des Kindes durch einen ersuchten Richter nicht gesetzlich verboten sei.

*** BGH NJW 1985, 1702, 1705 = FamRZ 1985, 169, 171, 172 m Anm BOSCH; BayObLG FamRZ

409 **cc) Anhörung von Pflegepersonen (§ 50 c FGG)**

Lebt ein Kind seit längerer Zeit in Familienpflege und geht es darum, daß die leiblichen Eltern das Kind besuchen oder zu Besuch haben möchten, so sind auch die Pflegeeltern anzuhören, es sei denn, daß davon eine Aufklärung nicht zu erwarten ist (BayObLG FamRZ 1984, 196; FamRZ 1985, 100 mwN). Auch diese Vorschrift ist durch das SorgeRG vom 18. 7. 1979 (BGBl I 1061) eingeführt worden. Sie steht im Zusammenhang mit § 1632 Abs 4 und dient dem Schutz des Kindes. Eine persönliche Anhörung der Pflegepersonen ist nicht erforderlich.

410 **b) Stellungnahme des Jugendamts**

Das Jugendamt ist anzuhören und hat eine Stellungnahme abzugeben (§ 48 a Abs 1 Nr 4 JWG; über den Umfang der Pflichten des Jugendamtes bei der Anhörung nach § 48 a JWG speziell im Zusammenhang mit § 1634 vgl NEDDENRIEP-HANKE 49 ff, im übrigen DIV-Gutachten ZBlJR 1984, 570). Wird der Umgang ohne die zwingend vorgeschriebene Anhörung des Jugendamtes geregelt, so liegt ein Verfahrensverstoß vor, der zur Aufhebung und Zurückverweisung an das Gericht des ersten Rechtszuges führen kann (OLG Schleswig SchlHAnz 1977, 191; KG FamRZ 1979, 69 = DAVorm 1979, 172 [LS]; OLG Düsseldorf FamRZ 1979, 859 = FRES 5, 123; OLG Zweibrücken FamRZ 1986, 714 [LS] = DAVorm 1986, 355; BayObLG FamRZ 1987, 87). Auch das Jugendamt, das für den Wohnsitz des Elternteils zuständig ist, bei dem sich das Kind nicht aufhält, ist in Umgangsregelungsverfahren zu hören (OLG Hamm FamRZ 1965, 83 = ZBlJR 1965, 250); der Behördenweg braucht insoweit nicht eingehalten zu werden (OLG Köln FamRZ 1986, 707). Das ergibt sich zwar nicht aus § 48 a Abs 1, § 11 JWG, aber aus § 12 FGG. Der Bericht des Jugendamtes ist den Eltern zur Kenntnis zu bringen (KG FamRZ 1979, 69 = DAVorm 1979, 172 [LS]), andernfalls ist der Anspruch auf rechtliches Gehör verletzt (KG FamRZ 1979, 69 = DAVorm 1979, 172 [LS]). Die Bekanntgabe der Namen von Informanten des Jugendamtes kann in der Regel nicht verlangt werden (OVG Koblenz FamRZ 1983, 300 = DAVorm 1983, 402). Zum Inhalt und zur Darstellung der Stellungnahme des Jugendamtes vgl ARNDT-OBERLOSKAMP, Gutachtliche Stellungnahme in der sozialen Arbeit (1981), 61; zum Inhalt des Jugendamtsberichtes und dessen Verwendung KLUSSMANN 97.

411 **c) Begutachtung durch Sachverständige**

Das Gericht kann im Rahmen der Amtsermittlung Sachverständigengutachten einholen. Psychologische Sachverständigengutachten werden bei Umgangsregelungen vor allem eingeholt, wenn die Beteiligten verfeindet sind oder in Fällen, in denen das Kind (angeblich) den anderen Elternteil nicht besuchen will. Die Begutachtung durch einen Sachverständigen ist oft das einzige Mittel, um die Ursache des schwelenden Konfliktes aufzudecken und so dem Kind zu helfen. Andererseits erhöht sich durch die psychologische Begutachtung nicht selten das Streitpotential, insbesondere dann, wenn die Eltern oder ein Elternteil in dem psychologischen Gutachten abgewertet werden (vgl zu dieser Problematik PULS ZBlJR 1984, 8, identisch mit PULS in REMSCHMIDT [Hrsg] 23 mwN, im übrigen BERK, Der psychologische Sachverständige in Familienrechtssachen [1985]; BÖHM DAVorm 1985, 731; STERNBECK-DÄTHER FamRZ 1986, 21; SCHÜTZ-JOPT ZBlJR 1988, 349 mwN). Das minderjährige Kind kann die erforderliche Einwilligung in eine psychologische

---

1982, 192 Nr 103 (LS) = Rpfleger 1982, 27; Z 1983, 231, 234 = MDR 1984, 233 = FamRZ 1984, 199 (LS) = BayVBl 1984, 90; FamRZ 1984, 312 (LS) = ZBlJR 1985, 36, 37; FamRZ 1986, 102, 103 = NJW-RR 1986, 687 = ZBlJR 1986, 27; KG FamRZ 1983, 1159, 1161; OLG Frankfurt Rpfleger 1980, 391.

Begutachtung wirksam abgeben, wenn es ein solches Maß an Verstandesreife erreicht hat, daß es die Tragweite seiner Entscheidung übersehen kann (BGHZ 29, 33 ff = NJW 1959, 811 = MDR 1959, 383 = FamRZ 1959, 200 m Anm Bosch; BGH VersR 1961, 632). Starre Altersgrenzen lassen sich dabei nicht ziehen. Daneben ist auch die Einwilligung des gesetzlichen Vertreters erforderlich, sofern deren Einholung nichts im Wege steht (BayObLG FamRZ 1987, 87 mwN).

Im Umgangsregelungsverfahren ist eine zwangsweise angeordnete psychologische 412 Begutachtung der Eltern oder eines Elternteils nicht zulässig (OLG Hamm FamRZ 1982, 94). Auch ein Dritter (Freund der Mutter) ist nicht verpflichtet, sich einer psychologischen Untersuchung und dem damit verbundenen Testverfahren zu unterziehen. Eine entsprechende gerichtliche Verpflichtung greift in das Persönlichkeitsrecht des Dritten ein und ist mangels Rechtsgrundlage unzulässig (OLG Hamm FamRZ 1981, 706). Insgesamt bedeutet die Einholung eines Sachverständigengutachtens stets ein Ansteigen der Kosten und erheblichen Zeitverlust, der für die betroffenen Kinder besonders schädlich sein kann. Das Gericht muß deshalb im Interesse aller Beteiligten die Vor- und Nachteile abwägen und braucht nach § 12 FGG nicht jedem Wunsch nach Einholung eines Sachverständigengutachtens nachzugeben.

Der vom Gericht beauftragte psychologische Sachverständige darf bei der Vorberei- 413 tung des Gutachtens nur in eingeschränktem Maße Hilfskräfte beschäftigen; die maßgeblichen Feststellungen muß er selbst treffen (OLG Frankfurt FamRZ 1981, 485). Zu dem Problem der Verwertbarkeit projektiver Persönlichkeitstests vgl OLG München NJW 1979, 603 und 1253 m Anm Wegener; OLG Frankfurt DAVorm 1979, 130; zu Mängeln des Sachverständigengutachtens iü BayObLG DAVorm 1981, 216, 220 = FamRZ 1981, 590 (LS); FamRZ 1982, 638, 639; OLG Hamburg FamRZ 1983, 1271, 1272. Die Einholung eines Sachverständigengutachtens darf nicht von der Einzahlung eines Auslagenvorschusses abhängig gemacht werden. Das Gericht darf zwar die Zahlung des Vorschusses anordnen (§ 8 KostO), hat aber wegen des im Interesse des Kindes durchgeführten Amtsverfahrens das Gutachten auch dann einzuholen, wenn der Vorschuß nicht geleistet wird (OLG Zweibrücken FamRZ 1982, 530 = DAVorm 1982, 389).

d) Sonstige Ermittlungen 414

Das Gericht muß im Rahmen der ihm obliegenden Amtsermittlung (§ 12 FGG) den Sachverhalt vollständig aufklären. Dazu kann es formlose weitere Ermittlungen anstellen, also zB mündlich oder schriftlich Auskunftspersonen (OLG München FamRZ 1979, 70, 71) oder Dritte anhören, denen gegenüber die Ausübung des Umgangsrechts näher geregelt wird. Es kann auch amtliche Auskünfte von Behörden (Schule, Gesundheitsbehörde) einholen und dabei auch ein an sich unzuständiges Jugendamt in seine Ermittlungen einschalten, ohne den Behördenweg einhalten zu müssen (OLG Köln FamRZ 1986, 707); es kann auch die Beiziehung von Akten anordnen. Darüber hinaus kann es in die förmliche Beweisaufnahme (§ 15 FGG) eintreten, also zB Zeugen vernehmen und Urkundsbeweis erheben.

Verhandelt das Gericht mündlich oder hört es mündlich in der Verhandlung an, so ist die Anhörung und die Verhandlung nicht öffentlich (§§ 170 GVG, 640 Abs 2 ZPO). Verstößt das Gericht gegen diesen Grundsatz, begründet dies einen unheilbaren Verfahrensmangel (OLG Köln NJW-RR 1986, 560).

6. Entscheidung 415

Die Umgangsregelung trifft der Richter, § 14 Nr 16 RPflG; etwas anderes gilt im Auskunftsverfahren gem § 1634 Abs 3. Hier entscheidet der Rechtspfleger beim

Vormundschaftsgericht, § 3 Nr 2 a RPflG (Erman-Ronke Rz 31; MünchKomm-Hinz Rz 58; Bassenge-Herbst § 14 RPflG Ziff 15; Belchaus, Elterliche Sorge, Rz 28; Rolland Rz 28; zweifelnd Soergel-Strätz Rz 33 Fn 18; **krit:** Luthin FamRZ 1979, 986 und Rolland Rz 28).

416 **a) Inhalt der Entscheidung**

Der Tenor der Entscheidung kann einen positiven (Regelung des Umgangs, Änderung, Auskunft) wie negativen (Einschränkung, Ausschluß, Zurückweisung) Inhalt haben. Er kann auch die Einigung der Eltern billigen und so die Einigung zum Inhalt der eigenen Richterentscheidung machen (vgl oben Rz 145 ff, 172 f). Stets muß die Entscheidung eine klare Anordnung enthalten, weil sie nur dann durchsetzbar (vollstreckbar) ist. Adressat der Entscheidung sind die Eltern und Dritte, gegenüber denen sie Wirkung entfalten soll, nicht das Kind (§ 1634 Abs 1 S 2).

417 **b) Kosten**

Die Entscheidung muß auch die Kosten des Umgangsregelungsverfahrens regeln. Im isolierten Umgangsregelungsverfahren ist zur Zahlung der Gerichtsgebühren nur der Elternteil verpflichtet, den das Gericht des 1. Rechtszuges nach billigem Ermessen bestimmt, § 94 Abs 1 Nr 4, Abs 3 S 2 KostO. Das Gericht kann auch anordnen, daß von der Erhebung der Gebühr abzusehen ist, § 94 Abs 3 S 2 letzter HS KostO. Besteht die Entscheidung des Gerichts in der Ablehnung einer Umgangsregelung, so wird keine Gebühr erhoben, § 91 iVm § 94 Abs 1 Nr 4 KostO (BayObLGZ 1963, 293 = NJW 1964, 550 [LS] = MDR 1964, 417 = FamRZ 1964, 155 = JVBl 1964, 64 = KostenRspr § 94 KostO Nr 5). Im übrigen wird für die Entscheidung nach § 1634 die volle Gebühr erhoben, auch wenn die Entscheidung in der Vollstreckungserklärung einer ausländischen Entscheidung besteht (BGHZ 88, 113 = NJW 1983, 2775 = FamRZ 1983, 1008 = IPRAX 1984, 323; OLG Bamberg JurBüro 1986, 748).

418 Der **Geschäftswert** des Verfahrens bestimmt sich nach § 30 Abs 2 KostO (§ 94 Abs 2 S 1 KostO). Umstritten ist, ob stets der Regelwert von 5000 DM oder aber ein Abschlag gerechtfertigt ist, jedenfalls dann, wenn es sich um eine einfache Regelung ohne erheblichen Ermittlungsaufwand handelt oder wenn die Beteiligten sich geeinigt haben. Für einen niedrigeren Wert als 5000 DM haben sich ausgesprochen (in zeitlicher Reihenfolge): OLG Celle Rpfleger 1979, 35 = NdsRpfl 1979, 41 = JurBüro 1979, 577 (1500 DM); OLG Zweibrücken JurBüro 1980, 1719 (1000 DM); OLG Karlsruhe JurBüro 1980, 1659 (3000 DM); OLG Köln JurBüro 1981, 1564 (2500 DM); OLG Frankfurt JurBüro 1985, 1232 (wohl 1500 DM unter Bezugnahme auf § 12 Abs 2 S 3 GKG); FamRZ 1988, 866; FamRZ 1988, 1315 („in der Regel nicht mehr als 2000 DM"); ebenso treten Korintenberg-Lappe-Bengel-Reimann KostO § 94 Rz 81 für einen geringeren als den Regelwert ein. Dagegen gehen OLG Hamm (Rpfleger 1976, 31 = JurBüro 1976, 507), OLG Bamberg (JurBüro 1979, 94) und OLG Düsseldorf (JurBüro 1980, 1558) von dem Regelwert von 5000 DM aus. Der zuerst genannten Ansicht ist der Vorzug zu geben: Wegen der im Verhältnis zur Regelung der elterlichen Sorge geringeren Bedeutung und Tragweite der Umgangsregelung bestehen in diesen Verfahren tatsächliche Anhaltspunkte dafür, daß der Wert mit weniger als 5000 DM anzunehmen ist (§ 30 Abs 2 S 1 KostO), vorausgesetzt, der Ermittlungsaufwand oder die Schwierigkeit der Angelegenheit rechtfertigt keine höhere Bewertung.

419 Wer die **außergerichtlichen Kosten,** also vor allem Rechtsanwaltskosten zu tragen hat, richtet sich nach § 13 a Abs 1 S 1 FGG. Das Gericht kann anordnen, daß diese Kosten von einem Beteiligten ganz oder teilweise zu erstatten sind, wenn dies der Billigkeit entspricht. Eines besonderen Antrages zur Herbeiführung einer Kostenentscheidung bedarf es nicht (Keidel-Kuntze-Winkler FGG § 13 a Rz 6 und 15

mwN), wohl aber ist ein Rechtsschutzbedürfnis für eine Erstattungsanordnung erforderlich.

Keine Einigkeit besteht darüber, wer die **Auslagen** (vor allem **Sachverständigenkosten**) zu tragen und wer hierüber zu entscheiden hat. Soweit es den Gebührenschuldner angeht, folgt die Zuständigkeit und die Rechtsgrundlage aus § 94 Abs 3 S 2 KostO. Dagegen entscheidet über die Tragung der Auslagen, § 137 Nr 4 KostO, der Kostenbeamte, der sich hierbei nach § 2 KostO richtet. Dabei ist umstritten, ob etwa derjenige, der das Umgangsregelungsverfahren durch seinen Antrag in Gang setzt, Schuldner der gesamten Auslagen (Antragsschuldner, § 2 Nr 1 KostO) ist oder derjenige, dessen Interessen wahrgenommen werden (Interessenschuldner, § 2 Nr 2 KostO). Im letzteren Falle würden uU beide Eltern, aber auch das Kind die Erstattung dieser Auslagen schulden. Teilweise erstreckt die Rechtsprechung die Billigkeitsentscheidung des Richters aus § 94 Abs 3 S 2 KostO auch auf die Auslagen, so daß diese zum Inhalt der gerichtlichen Kostenentscheidung werden*. Die Gegenansicht geht von dem Grundsatz aus, daß die Vorschrift des § 94 Abs 3 S 2 KostO nicht, auch nicht entsprechend, auf die Auslagen anzuwenden ist**. Teilweise werden beide Elternteile als Schuldner angesehen, jedenfalls, wenn das Umgangsverfahren streitig ist, teilweise auch Eltern und Kinder (vgl Einzelheiten in krit Würdigung bei Korintenberg-Lappe-Bengel-Reimann § 94 Rz 85 f). Der Auffassung, daß die Auslagen zu den Kosten gehören, die von dem Richter nach billigem Ermessen zu verteilen sind, ist zuzustimmen. Jede andere Verteilung der oft erheblichen Auslagen, die nicht selten Gerichtsgebühren und Anwaltskosten weit überschreiten, führt zu kaum hinnehmbaren, mit dem Interesse der Beteiligten nicht in Einklang zu bringenden Ergebnissen (ebenso iE schon Salander Rpfleger 1977, 122). 420

c) Wirksamwerden der Entscheidung einschließlich Zustellung 421

Die Entscheidung des Gerichts wird gem § 16 Abs 1 FGG mit der Bekanntmachung an denjenigen, für den sie ihrem Inhalt nach bestimmt ist, wirksam und bleibt dies, solange der Anordnungsbeschluß besteht. Gründe, die gegen seinen Bestand sprechen könnten, müssen in einem neuen Verfahren geltend gemacht werden.

Die Bekanntmachung der im isolierten Umgangsregelungsverfahren ergangenen endgültigen, instanzbeendenden Entscheidung erfolgt durch **Zustellung von Amts wegen** gemäß 329 ZPO, der nach § 621 a Abs 1 S 2 ZPO an die Stelle von § 16 Abs 2 und Abs 3 FGG tritt. Dabei ist § 176 ZPO zu beachten (KG FamRZ 1978, 728). Nach § 329 Abs 2 S 2 ZPO, § 59 Abs 2 S 1 FGG sind Endentscheidungen über das Umgangsrecht den Beteiligten und dem betroffenen Kinde selbst zuzustellen, wenn es bei Verkündung oder Übergabe der Entscheidung an die Geschäftsstelle (§ 59 Abs 3 FGG) das 14. Lebensjahr vollendet hat. Da das über 14 Jahre alte Kind selbst Beschwerde einlegen kann (§ 59 Abs 1 iVm Abs 3 FGG), ist es nicht prozeßunfähig iSv § 171 ZPO. Die Zustellung erfolgt deshalb nicht an den gesetzlichen Vertreter (Bumiller-Winkler FGG § 16 Anm 7 a; Rüffer FamRZ 1979, 405, 410; Heintzmann FamRZ 1980, 112, 116); eine Ersatzzustellung an die Eltern

* OLG Braunschweig NdsRpfl 1978, 212; OLG Stuttgart Justiz 1979, 266 = JurBüro 1980, 592; OLG Karlsruhe Rpfleger 1981, 716 = Justiz 1980, 476 = JurBüro 1981, 414; OLG Hamm JurBüro 1981, 1052; OLG Stuttgart Rpfleger 1983, 295 = Justiz 1983, 201 = JurBüro 1983, 1376; OLG Düsseldorf JurBüro 1985, 429.

** OLG Bamberg JurBüro 1979, 740 m Anm Mümmler; KG MDR 1979, 854 = Rpfleger 1979, 355 = JurBüro 1979, 1044; OLG Zweibrücken JurBüro 1979, 1556; OLG Bremen KostenRspr § 94 KostO Nr 29; OLG Koblenz DAVorm 1980, 583 = JurBüro 1980, 586; OLG Düsseldorf JurBüro 1981, 1551 m Anm Mümmler.

scheidet aus (Heintzmann FamRZ 1980, 112, 117 mwN). Eine Begründung soll dem Kind nicht mitgeteilt werden, wenn Nachteile für dessen Entwicklung, Erziehung oder Gesundheitszustand zu befürchten sind. Die Entscheidung über den Inhalt der Zustellung trifft der Richter, sie ist unanfechtbar, § 59 Abs 2 S 2 FGG. Diese Vorschrift ist durch Art 4 Nr 2 a des UÄndG vom 20. 2. 1986 (BGBl I 301) mit Wirkung vom 1. 4. 1986 in das Gesetz eingefügt worden. Sie entspricht der Regelung der §§ 57 Abs 4 S 2, 65 Abs 3 S 2 JWG, 54 Abs 2 JGG und ist bisher schon in Familiensachen empfohlen worden (OLG München FamRZ 1978, 614, 616; Heintzmann FamRZ 1980, 112, 117; Kunz ZBlJR 1980, 630, 636; **aA:** OLG Saarbrücken FamRZ 1979, 1051). Mit § 59 Abs 2 S 2 FGG nF ist zugleich klargestellt, daß eine dem Kind zugestellte Entscheidung ohne Begründung die Rechtsmittelfrist in Lauf setzt (Sedemund-Treiber FamRZ 1986, 209, 215; Diederichsen NJW 1986, 1462, 1468; BT-Drucks 10/2888, 34, 46).

Auch dem Jugendamt ist die Entscheidung zuzustellen, § 64 k Abs 3 S 3 FGG. Wird die Entscheidung in Anwesenheit der Eltern oder eines Elternteils verkündet, so wird sie diesem gegenüber bereits mit der Verkündung, nicht erst mit der Zustellung wirksam (OLG Hamburg FamRZ 1985, 93, 94).

422 **7. Vorläufige Anordnung (einstweilige Regelung)**

In dem isolierten Umgangsregelungsverfahren kann das Gericht, falls notwendig, vorläufige Regelungen treffen. Derartige vorläufige Anordnungen sind im Gesetz nicht geregelt (Göppinger AcP 169 [1969] 513f mwN). Dennoch ist heute allgemein anerkannt, daß sie auch ohne ausdrückliche gesetzliche Regelung statthaft sind (BGHZ 72, 169 = LM § 621 a ZPO Nr 7 = NJW 1979, 39 = JZ 1979, 271 m Anm Baumgärtel = FamRZ 1978, 886; BayObLG FamRZ 1984, 933, 934; FamRZ 1985, 100 jeweils mwN; Keidel-Kuntze-Winkler § 19 Rz 30; Bumiller-Winkler § 24 Anm 9; Gernhuber § 53 III; Giessler Rz 298 mwN). In Umgangsregelungsangelegenheiten kann eine **vorläufige Anordnung** (vAO), die häufig auch „einstweilige Anordnung" genannt, hier aber zur Unterscheidung von der einstweiligen Anordnung im Ehescheidungsverfahren gem § 620 a ZPO in Übereinstimmung mit Göppinger als vorläufige Anordnung bezeichnet wird, getroffen werden, wenn zum Schutz des Kindes ein dringendes Bedürfnis für ein unverzügliches Einschreiten besteht, das ein Abwarten bis zur endgültigen Entscheidung nicht gestattet. Die verfahrensrechtliche Form, in der eine vAO ergeht, ist die einer der Endentscheidung vorausgehenden Zwischenentscheidung. Sie ist ein verfahrensunselbständiges Mittel des vorläufigen Rechtsschutzes, das ein Hauptverfahren voraussetzt; ohne ein solches zumindest gleichzeitig anhängig gemachtes Hauptverfahren kann sie nicht ergehen und nicht bestehen bleiben; sie tritt mit der Entscheidung in der Hauptsache stets und ohne weiteres außer Kraft (OLG Hamm FamRZ 1980, 1155; BayObLG DAVorm 1985, 335). Der Antrag auf Erlaß einer vAO kann nur gestellt und eine vAO in zulässiger Weise nur erlassen werden, wenn ein Hauptverfahren auf Umgangsregelung anhängig ist (OLG Hamburg FamRZ 1986, 181; OLG Karlsruhe FamRZ 1988, 1186). Dabei müssen Gegenstand der vAO und des Hauptverfahrens kongruent sein. In einem Hauptverfahren auf Umgangsregelung kann zB nur eine vorläufige Umgangsregelung erlassen werden, keine vAO zur vorläufigen Sorgerechtsregelung. Allerdings genügt die Einleitung des Sorgerechtsregelungsverfahrens dann, wenn sich die Umgangsregelung als Teil dieses Verfahrens darstellt.

423 Anhängigkeit des Umgangsregelungsverfahrens bedeutet, daß der Antrag auf Einleitung des Verfahrens gestellt ist; er braucht den übrigen Beteiligten noch nicht zugestellt zu sein (Keidel-Kuntze-Winkler § 19 Rz 30; Göppinger AcP 169 [1969] 513, 520). Eine vAO kann auch von Amts wegen erlassen werden. Dann muß das

Hauptverfahren jedoch unverzüglich von Amts wegen eingeleitet werden (KEIDEL-KUNTZE-WINKLER § 19 Rz 30; GÖPPINGER aaO 520). Die Einreichung eines bloßen PKH-Gesuches für eine Umgangsregelung führt nicht zur Anhängigkeit und reicht deshalb nicht aus. Es besteht auch kein Anlaß, etwa das PKH-Verfahren in der Wirkung mit der Einleitung des Hauptsacheverfahrens gleichzusetzen. Denn die KostO macht das Tätigwerden des Gerichtes nicht von der Zahlung eines Vorschusses abhängig. Deshalb ist ein mittelloser Beteiligter nicht gehindert, sofort zusammen mit dem Antrag auf Erlaß einer vAO auch das Hauptsacheverfahren einzuleiten. In der Praxis ist es üblich geworden, bei Eilbedürftigkeit einen Antrag oder eine Anregung auf Erlaß einer vAO als einen solchen Antrag anzusehen, der mit der Anregung auf Einleitung des Hauptsacheverfahrens verbunden ist (OLG Frankfurt FamRZ 1988, 1315 m krit Anm LUTHIN). In dem Umgangsregelungsverfahren als einem Amtsverfahren kann eine vAO auch von Amts wegen ergehen. Anwaltszwang besteht auch hier nicht, § 621 a Abs 1, § 78 Abs 3 ZPO.

Voraussetzung für den Erlaß einer vAO ist, daß dafür ein **dringendes Regelungsbedürfnis** besteht, das ein Abwarten bis zum Abschluß der Ermittlungen nicht gestattet (KG JFG 20, 247 = DRW 1939, 1383; FamRZ 1979, 859; LG München DAVorm 1976, 210; ERMAN-RONKE Rz 33). Das Regelungsbedürfnis besteht, wenn die Eltern sich über den Bestand, die Art (Besuche, Briefe) und die Ausübung des Umgangsrechts (Häufigkeit, Dauer, sonstige Modalitäten) nicht einigen können und die Endentscheidung aus zwingenden Gründen, etwa wegen der langen Verfahrensdauer, der Schwierigkeit der Ermittlungen, nicht abgewartet werden kann, weil die Entscheidung zu spät kommen und die Interessen des Kindes nicht mehr genügend wahren würde. An einem solchen Regelungsbedürfnis kann es fehlen, wenn die Angelegenheit, deretwegen die vAO verlangt wird, bereits durch eine entsprechende vAO oder einstweilige Anordnung geregelt ist (wenn etwa im Scheidungsverfahren bereits eine einstweilige Anordnung auf Umgangsregelung ergangen ist). Doch kommt es wegen des Umstandes, daß nur eine im isolierten Umgangsregelungsverfahren ergangene vAO anfechtbar ist (s unten Rz 448, 464), nicht aber die einstweilige Anordnung gem § 620 ZPO, auf das im Einzelfall geltend gemachte konkrete Regelungsbedürfnis auch insoweit an. 424

Der Umstand, daß eine Ehesache anhängig ist, in der eine mit der vAO gegenständlich gleiche einstweilige Anordnung ergehen **könnte,** steht dem Regelungsbedürfnis nicht entgegen (siehe unten Rz 427 ff).

Die vAO darf im Inhalt nicht über das hinausgehen, was im Hauptsacheverfahren geregelt wird, sie darf die Hauptsachenentscheidung nicht vorwegnehmen. Deshalb kommen als vorläufige Umgangsregelungen nur mildere, weniger als die Hauptsachenentscheidung in die Rechte der Beteiligten eingreifende Maßnahmen in Betracht (OLG Bremen FamRZ 1956, 190; SOERGEL-STRÄTZ Rz 36). Die vorläufige Anordnung ist jederzeit auch von Amts wegen änderbar. 425

Stets sind die Beteiligten auch im Verfahren der einstweiligen Anordnung anzuhören, §§ 50 a bis c FGG, ebenso das Jugendamt. Wird aus Gründen der Eilbedürftigkeit die Anhörung der Beteiligten unterlassen, so ist sie unverzüglich nachzuholen, § 50 a Abs 3, 50 b Abs 3 FGG.

Der Inhalt der vAO kann eine Einzelanordnung (Ge- und Verbot, zB das Kind in das Ausland zu verbringen [OLG Köln FamRZ 1985, 1059], den Reisepaß des Kindes zu hinterlegen [wegen der Bedenken gegen die Zulässigkeit einer solchen Maßnahme vgl oben Rz 303], briefliche oder telefonische Kontakte zwischen Kind und Umgangsberechtigten zu ermöglichen, Regelung des Umgangs für einen bestimmten Anlaß) oder eine allgemeine Umgangsregelung, uU unter Auflagen sein, nicht jedoch ein gänzlicher Ausschluß auf Dauer; ein derart schwerer Eingriff ist nur dem Hauptsachenverfahren vorbehalten.

426 Die vorläufige Umgangsanordnung ergeht, wie die Hauptsachenumgangsregelung, durch Beschluß, der den Beteiligten (auch dem über 14 Jahre alten Kind und dem Jugendamt) bekanntzumachen ist und dadurch wirksam wird (§§ 621 a ZPO, 16 Abs 1 FGG). Sie ist, jedenfalls wenn sie von erheblicher Bedeutung ist oder wenn der Antrag auf eine vAO zurückgewiesen wird, zu begründen (Göppinger AcP 169 [1969] 504, 531). Eine Kostenentscheidung ist nicht zu treffen, die Kosten des vAO-Verfahrens folgen der Kostenentscheidung in der Hauptsache (analog § 620 g ZPO Bumiller-Winkler § 24 Anm 9, Giessler Rz 328 mwN).

427 **8. Konkurrenzen**

Während des Schwebens der Ehesache kann im Ehescheidungsverfahren eine Umgangsregelung beantragt werden, und zwar für den Fall der rechtskräftigen Scheidung als Folgesache für eine dauernde Regelung, für die Dauer des Verfahrens als vorläufige, einstweilige Anordnung mit dem Ziel vorläufiger Schlichtung und rascher Hilfe (vgl unten Rz 461). Die Möglichkeit schließt es aber nicht aus, auch während des Eheverfahrens ein selbständiges Umgangsregelungsverfahren mit dem Ziel einer engültigen Regelung bei dem Familiengericht anhängig zu machen oder, falls es schon vorher anhängig gemacht war (evtl im Zusammenhang mit einem Verfahren gem § 1672 BGB), es anhängig sein zu lassen*.

428 Die vergleichbare Frage, ob während des Schwebens einer Ehesache ein isoliertes Verfahren auf Regelung der elterlichen Sorge gem § 1672 BGB zulässig ist, wird heute von der hM ebenfalls bejaht**.

429 Trotz der während des Ehescheidungsrechtsstreits bestehenden Möglichkeit, eine einstweilige Anordnung gem § 620 a ZPO zu beantragen und zu erhalten, besteht wegen der erhöhten Bestandsgarantie nach umfassender Sachaufklärung ein Bedürfnis für die Durchführung des isolierten Umgangsregelungsverfahrens. Dieses Bedürfnis kann auch allein deswegen bestehen, weil im isolierten Umgangsregelungsverfahren – anders als im Ehescheidungsverfahren – eine vorläufige Anordnung von Amts wegen erlassen werden kann (OLG Hamburg MDR 1982, 1005 = FamRZ 1982, 722), aber auch, weil derartige vorläufige Anordnungen, ebenfalls im Unterschied zu den einstweiligen Anordnungen in dem Ehescheidungsverfahren,

* BGH LM § 1634 BGB Nr 5 = NJW 1980, 454 = MDR 1980, 386 = FamRZ 1980, 131 = DAVorm 1980, 32 = FRES 5, 202; OLG Schleswig SchlHAnz 80, 55; OLG Hamburg MDR 1982, 1005 = FamRZ 1982, 722; OLG Karlsruhe FamRZ 1988, 1186; MünchKomm-Hinz Rz 45; Soergel-Strätz Rz 55; Palandt-Diederichsen Anm 4 e; Johannsen-Henrich-Sedemund-Treiber ZPO vor §§ 620 bis 620 g Rz 4; Rolland § 1634 Rz 25 a; Thomas-Putzo ZPO § 620 Anm 1; Wieczorek (2. Aufl) ZPO § 620 Anm A III a; Zöller-Philippi (15. Aufl) ZPO § 620 Anm 11; Baumbach-Lauterbach-Albers-Hartmann (46. Aufl) ZPO Einf zu §§ 620 bis 620 g Anm 1 A; **aA:** OLG Karlsruhe FamRZ 1979, 1044; Stein-Jonas-Schlosser ZPO § 620 Rz 3, 14; Brüggemann FamRZ 1977, 1, 12.

** BGH NJW 1982, 2561 = FamRZ 1982, 788; OLG Düsseldorf FamRZ 1978, 604; KG FamRZ 1979, 1062; OLG Hamm FamRZ 1979, 1045 = FRES 4, 290; OLG Stuttgart FamRZ 1980, 400; OLG Karlsruhe FamRZ 1980, 1154; OLG Schleswig (2. 7. 1980) SchlHAnz 1980, 162; KG FamRZ 1981, 83; OLG Bremen FamRZ 1982, 1033; OLG Frankfurt FamRZ 1983, 91; OLG Zweibrücken FamRZ 1984, 405; KG FamRZ 1985, 722; OLG Hamm FamRZ 1988, 411; OLG Hamburg FamRZ 1988, 523; Rolland § 1672 Rz 9; Johannsen-Henrich-Jaeger § 1672 Rz 8; Schwab Rz 221; **aA:** OLG Düsseldorf FamRZ 1978, 806; OLG Karlsruhe FamRZ 1979, 1044; Gernhuber § 56 I 5; Walter FamRZ 1979, 663, 683; differenzierend: Schlüter-König FamRZ 1982, 1159, 1164.

angreifbar sind. Allerdings kann, soweit dafür PKH beansprucht wird, die Rechtsverfolgung im ordentlichen isolierten Verfahren uU mutwillig sein (JOHANNSEN-HENRICH-SEDEMUND-TREIBER ZPO vor §§ 620 bis 620 g Rz 3; **aA:** OLG Hamburg FamRZ 1988, 523).

9. Vollstreckung 430

Die Durchsetzung der Umgangsregelung wie der in diesem Verfahren ergangenen vorläufigen Anordnungen richtet sich nach § 33 FGG, und zwar, nach der Neufassung des § 1634 durch das SorgeRG, auch im Verhältnis gegenüber Dritten (allgem Meinung: BayObLGZ 1977, 219 = MDR 1977, 1021 = FamRZ 1977, 736 = Rpfleger 1977, 371; OLG München FamRZ 1979, 1047; ERMAN-RONKE Rz 35; MünchKomm-HINZ Rz 49; SOERGEL-STRÄTZ Rz 37). Diese Regelung ist verfassungsgemäß (BVerfGE 31, 194 = NJW 1971, 1447 = MDR 1971, 905 = FamRZ 1971, 421 = ZBlJR 1971, 315 = Rpfleger 1971, 300). Das auf Vollstreckung gerichtete Verfahren setzt nicht das frühere Verfahren fort, sondern ist eine selbständige Verrichtung iSv § 43 Abs 1 FGG. Die örtliche Vollstreckungszuständigkeit folgt aus §§ 43 Abs 1, 36 Abs 1 und 2 FGG (BGH FamRZ 1986, 789). Das bedeutet, daß für die nach § 33 FGG zu treffende Maßnahme das Amtsgericht zuständig ist, in dessen Bezirk das Kind seinen Wohnsitz hat, §§ 43 Abs 1, 36 Abs 1, 64 k Abs 3 S 1 und 2 FGG, 621 a Abs 1 S 1 ZPO*.

Gegenstand der Vollziehung ist die gerichtliche Verfügung, die einem Beteiligten aufgrund von § 1634 eine Verpflichtung auferlegt hat; eine anzuerkennende ausländische Entscheidung genügt (OLG Düsseldorf FamRZ 1982, 534). Eine Vereinbarung unter den Beteiligten kann nur Gegenstand der Vollziehung gem § 33 FGG sein, wenn sie Inhalt einer gerichtlichen Entscheidung geworden ist (OLG Zweibrücken FamRZ 1982, 429 = ZBlJR 1982, 108; OLG Frankfurt FamRZ 1988, 1315; OLG Karlsruhe FamRZ 1988, 1196; vgl oben Rz 147 f, 172 f). Diese gerichtliche Billigung kann auch durch die Anordnung des Zwangsgeldes erklärt werden (OLG Stuttgart FamRZ 1979, 342 mwN; OLG Hamm FamRZ 1980, 932 = Rpfleger 1980, 343; OLG Zweibrücken FamRZ 1982, 429, 430). Die Verpflichtung muß eine Handlung, deren Unterlassen oder Duldung zum Inhalt haben, die ausschließlich vom Willen des Verpflichteten abhängt, § 33 Abs 1 S 1 FGG, zB das Bereithalten des Kindes zur Durchführung des Umgangs (OLG Frankfurt FamRZ 1966, 258); hierher gehört auch die Verfügung des Rechtspflegers auf Erteilung der Auskunft nach § 1634 Abs 3 (KEIDEL-KUNTZE-WINKLER § 33 Rz 9). 431

Die Verpflichtung muß in der Entscheidungsformel **genau bestimmt** sein, sie darf sich nicht nur aus den Gründen oder aus Schlußfolgerungen ergeben**. 432

* Allgem Meinung: BGH FamRZ 1981, 25 mwN; FamRZ 1986, 789; OLG Frankfurt Rpfleger 1973, 432; KG FamRZ 1978, 440, 441; FamRZ 1979, 720 = DAVorm 1979, 530 = Rpfleger 1979, 307; OLG Hamm FamRZ 1980, 481, 482; MünchKomm-HINZ Rz 52; SOERGEL-STRÄTZ Rz 37; PALANDT-DIEDERICHSEN Anm 4 c; KEIDEL-KUNTZE-WINKLER § 33 Rz 11; BUMILLER-WINKLER § 33 Anm 10; **aA:** BASSENGE-HERBST § 33 Anm 3 b mwN: Das Gericht, das in der Hauptsache im ersten Rechtszug entschieden hat, ist auch für die Vollstreckung zuständig, ebenso OLG Köln FamRZ 1972, 518.

** In zeitlicher Reihenfolge: BayObLGZ 1964, 357 = NJW 1965, 399 = MDR 1965, 204 = FamRZ 1965, 82; OLG Stuttgart FamRZ 1966, 256 = Justiz 1966, 158 (LS); OLG Hamm OLGZ 1966, 205 = NJW 1966, 784 (LS) = FamRZ 1966, 254 = ZBlJR 1966, 269; KG OLGZ 1966, 352 = FamRZ 1966, 317; OLG Hamm NJW 1967, 446 = ZBlJR 1967, 199; BayObLGZ 1970, 240 = MDR 1971, 144 = FamRZ 1971, 184 = Rpfleger 1970, 434; OLG Braunschweig FamRZ 1973, 268; BayObLGZ 1974, 351 = FamRZ 1975, 279 Nr 130 (LS) = Rpfleger 1974, 432; KG FamRZ 1977, 405 = Rpfleger 1976, 398; OLG Stuttgart FamRZ 1979, 342; OLG Zweibrücken DAVorm 1982, 108; FamRZ 1982, 429 = ZBlJR 1982, 108; FamRZ 1984, 508; ERMAN-RONKE Rz 36; MünchKomm-HINZ Rz 49; vgl im übrigen oben Rz 218 ff.

Die Verfügung des Gerichts muß die dem betroffenen Elternteil auferlegte Verpflichtung eindeutig und unmißverständlich erkennen lassen. Sie muß genaue und erschöpfende Angaben über Art, Zeit und Ort des Umgangs zwischen dem berechtigten Elternteil und dem Kind enthalten. Es muß sich um ein genau bestimmtes, ausdrückliches Gebot oder Verbot handeln*; eine ausdehnende Auslegung der Verpflichtung ist nicht zulässig. Umstritten ist, ob die Regelung ausdrücklich erkennen lassen muß, daß der verpflichtete Elternteil gehalten ist, das Kind zu bestimmter Zeit zur Abholung bereitzuhalten. Während das KG (FamRZ 1977, 405 = Rpfleger 1976, 398) und Soergel-Strätz (Rz 20) dies verneinen, weil sich eine solche Verpflichtung von selbst verstehe, fordern andere (BayObLGZ 1970, 240, 241 = MDR 1971, 144 = FamRZ 1971, 184 = Rpfleger 1970, 434; Z 1974, 351 = FamRZ 1975, 279 Nr 129 [LS] mwN; vgl im übrigen oben Rz 218 ff) den Ausspruch einer solchen Verpflichtung. Der letzteren Meinung ist aus Gründen der Klarheit und Bestimmtheit als Vollstreckungsvoraussetzung zuzustimmen. Freilich braucht Selbstverständliches (etwa Klingeln an der Wohnungstür beim Holen und Bringen der Kinder, Hinaufbringen in den vierten Stock eines Hauses und nicht Verharren auf der Straße, wenn das Kind an die Wohnungstür zu bringen ist, BayObLGZ 1974, 351, 353 = FamRZ 1975, 279 Nr 130 [LS] = Rpfleger 1974, 432) nicht angeordnet zu werden mit der Folge, daß ein Verstoß gegen derartige Verpflichtungen auch dann zu einer Beugemaßnahme nach § 33 FGG führt, wenn sie nicht in der gerichtlichen Verfügung stehen.

433 Zweifel an der Bestimmtheit der durch Zwangsgeldandrohung durchzusetzenden Handlungen können bestehen, wenn die Androhung pauschal auf eine Umgangsregelung Bezug nimmt, die später mehrfach abgeändert worden ist (KG FamRZ 1977, 405 = Rpfleger 1976, 398). Die nötige Bestimmtheit der Verpflichtung fehlt, wenn das Familiengericht den sorgeberechtigten Elternteil in bezug auf eine Ferienreise des Kindes mit dem Vater nur auf eine frühere Vereinbarung hinweist, die zum Inhalt hatte, daß die Mutter verpflichtet sei, das Kind zu veranlassen, mit dem nicht sorgeberechtigten Elternteil „in die Ferien zu gehen“ (OLG Stuttgart FamRZ 1979, 342). Gründe, die sich gegen den Fortbestand der Umgangsregelung selbst richten, sind im Vollstreckungsverfahren grundsätzlich unbeachtlich (OLG Karlsruhe OLGZ 1981, 133 = FamRZ 1981, 203 = Justiz 1981, 84; OLG Zweibrücken FamRZ 1987, 90 = DAVorm 1987, 78). Jedoch ist die (weitere) Festsetzung von Zwangsgeld unzulässig, solange die Umgangsbefugnis des umgangsberechtigten Elternteils zeitweilig ausgeschlossen ist (OLG Frankfurt FamRZ 1983, 217).

434 Die Durchsetzung der Umgangsanordnung geschieht durch **Festsetzung** eines **Zwangsgeldes,** § 33 Abs 1 S 1 FGG. Dieses muß, bevor es festgesetzt wird, angedroht werden, § 33 Abs 3 S 1 FGG. In jedem Stadium der Vollstreckung ist zu prüfen, ob der Zwang dem Wohl des Kindes zuwiderläuft (Zimmermann in Keidel-Kuntze-Winkler FGG § 33 Rz 42 mwN). Vor jeder Zwangsgeldfestsetzung muß die Androhung erneut vorgenommen werden**.

Diese **Androhung,** die schon in die gerichtliche Umgangsregelung aufgenommen werden kann***, aber auch nachträglich vom Gericht ausgesprochen werden kann,

* BayObLGZ 1970, 240, 242 = MDR 1971, 144 = FamRZ 1971, 184 = Rpfleger 1970, 434; Z 1974, 351 = FamRZ 1975, 279 Nr 130 (LS) = Rpfleger 1974, 432; OLG Stuttgart FamRZ 1966, 256, 257 = Justiz 1966, 158 (LS); KG OLGZ 1966, 352 = FamRZ 1966, 317, 318; Keidel-Kuntze-Winkler § 33 Rz 11.

** BayObLGZ 1974, 351 = FamRZ 1975, 279 Nr 130 (LS); Rpfleger 1976, 250; OLG Frankfurt FamRZ 1980, 933; **str:** anders OLG Stuttgart Justiz 1978, 112, das eine generelle Androhung eines Zwangsgeldes für die jeden Monat neu eintretende Verpflichtung zur Bereithaltung des Kindes für zulässig hält.

*** BayObLGZ 1961, 119 = NJW 1961, 1581 = MDR 1961, 770 = FamRZ 1961, 381; Z 1964, 357 setzt nicht voraus, daß eine Zuwiderhandlung gegen das gerichtliche Gebot oder Verbot bereits stattgefunden hat oder konkret zu erwarten ist*. Das Zwangsgeld muß in der Androhung beziffert (OLG Stuttgart FamRZ 1972, 470) oder zumindest in der Höhe nach umrissen sein, indem zB ein Zwangsgeld bis zu einer Höhe von 900 DM angedroht wird. In diesem Fall ist der angedrohte Betrag die obere Grenze, die auch unterschritten, nicht aber überschritten werden darf (Erman-Ronke Rz 36). Auch kann die Androhung bis zu dem gesetzlichen Höchstbetrag von 1000 DM beziffert werden, § 33 Abs 3 S 2 FGG. Voraussetzung ist stets, daß das Gericht im Zeitpunkt der Androhung ein Zwangsgeld in der angekündigten Höhe wirklich in Betracht zieht (BGH NJW 1973, 2288 = JR 1974, 200 = DB 1973, 2240 = FamRZ 1973, 622 = ZBlJR 1974, 118 = DAVorm 1975, 64 [LS] = EBE 1973, 363; LG Berlin FamRZ 1973, 267; MünchKomm-Hinz Rz 49).

Die wirkliche **Höhe des Zwangsgeldes** kann erst bei der konkreten Festsetzung 435
bestimmt werden. Sie richtet sich nach den Umständen des Einzelfalles, die sich vollständig erst nach der Zuwiderhandlung beurteilen lassen (BGH NJW 1973, 2288), zB nach der Stärke des mißachtenden Willens, dem Grad des Verschuldens, der Wirkungslosigkeit bisheriger Zwangsgelder, den wirtschaftlichen Verhältnissen (BayObLGZ 1974, 351 = FamRZ 1975, 279 Nr 130 [LS] = Rpfleger 1974, 432; Bumiller-Winkler FGG § 33 Anm 3; Bassenge-Herbst FGG § 33 Anm 4). Die Bewilligung von Ratenzahlungen ist unzulässig (OLG Karlsruhe FamRZ 1980, 624; **aA:** Bassenge-Herbst § 33 Anm 4: Ratenzahlung, Stundung und Erlaß im Gnadenwege möglich).

Die Festsetzung des Zwangsgeldes setzt eine **schuldhafte Zuwiderhandlung** voraus 436
(OLG Braunschweig FamRZ 1972, 576; BayObLGZ 1974, 351 = FamRZ 1975, 279 Nr 130 [LS] = Rpfleger 1974, 432; OLG Düsseldorf FamRZ 1978, 619; Bumiller-Winkler § 33 Anm 2). Ist der Zweck der Androhung, den Willen des Rechtsungehorsamen zu beugen, während des Festsetzungsverfahrens erreicht, so scheidet die Festsetzung eines Zwangsgeldes aus (BayObLGZ 1974, 351, 353 = FamRZ 1975, 279 Nr 130 [LS] = Rpfleger 1974, 432; OLG Hamm OLGZ 1975, 386 = FamRZ 1975, 639 = StAZ 1976, 165 = ZBlJR 1975, 353; FamRZ 1984, 183). Dennoch kann die Zwangsgeldfestsetzung zulässig bleiben, wenn weitere Zuwiderhandlungen gegen die gerichtliche Anordnung zu befürchten sind, die Festsetzung des Zwangsgeldes deshalb als Antrieb für künftige Erfüllung der Umgangsverpflichtung dient**.

Problematisch ist die Durchsetzung der Umgangsverfügung, wenn das **Kind selbst** 437
gegen die Durchführung des Umgangs **Widerstand** leistet. Die Festsetzung eines Zwangsgeldes kann in diesem Falle nichts bewirken. Denn gebeugt werden soll

= NJW 1965, 399 = MDR 1965, 204 = FamRZ 1965, 82; OLG Hamm OLGZ 1966, 205 = NJW 1966, 784 (LS) = FamRZ 1966, 254 = ZBlJR 1966, 269; KG OLGZ 1966, 352 = FamRZ 1966, 317; OLG Köln FamRZ 1977, 735; OLG Stuttgart FamRZ 1979, 342; OLG Düsseldorf FamRZ 1979, 966; vgl im übrigen Keidel-Kuntze-Winkler § 33 Rz 22 mwN; **aA:** OLG Stuttgart FamRZ 1966, 256 = Justiz 1966, 158 (LS) und Schwab Rz 230 Fn 16; offengelassen OLG Karlsruhe OLGZ 1967, 206 = FamRZ 1967, 228, 229.

* KG OLGZ 1966, 352 = FamRZ 1966, 317; OLG Hamm NJW 1967, 446 = ZBlJR 1967, 199; OLG Stuttgart FamRZ 1979, 342; OLG Düsseldorf FamRZ 1979, 966; OLG Hamm FamRZ 1980, 932 = Rpfleger 1980, 343; OLG Karlsruhe FamRZ 1988, 1196; Soergel-Strätz Rz 37; Bassenge-Herbst FGG § 33 Anm 4; **aA:** OLG Stuttgart FamRZ 1966, 256, 258 = Justiz 1966, 158 (LS).

** BayObLGZ 1961, 119, 123 = NJW 1961, 1581 = MDR 1961, 770= FamRZ 1961, 381; Z 1974, 351 = FamRZ 1975, 279 Nr 130 (LS) = Rpfleger 1974, 432; OLG Hamm OLGZ 1975, 386 = FamRZ 1975, 639 = StAZ 1976, 165 = ZBlJR 1975, 353; KG FamRZ 1979, 720 = Rpfleger 1979, 307 = DAVorm 1979, 530; BayObLG FamRZ 1984, 197; Keidel-Kuntze-Winkler FGG § 33 Rz 19 mwN.

durch das Zwangsgeld der Wille des aus der gerichtlichen Verfügung Verpflichteten; das ist nicht das Kind, sondern der sorgeberechtigte Elternteil. Hat dieser alles getan, was möglich und zumutbar ist, und bleibt das Kind bei seiner Weigerung, so kommt eine Zwangsvollstreckung gegen den sorgeberechtigten Elternteil nicht in Betracht (BayObLG FamRZ 1984, 197; OLG Zweibrücken FamRZ 1984, 508; iE auch MünchKomm-Hinz Rz 49; **aA:** OLG Celle FamRZ 1987, 623 und bei kleineren Kindern Keidel-Kuntze-Winkler FGG § 33 Rz 12). In einem solchen Falle ist es auch nicht zulässig, dem sorgeberechtigten Elternteil das Aufenthaltsbestimmungsrecht teilweise zu entziehen und auf einen Pfleger zu übertragen, damit dieser für die Durchführung des Umgangs sorgt (so aber OLG Bamberg FamRZ 1985, 1175 m Anm Schütz und AG Rosenheim DAVorm 1987, 144). Denn auch der Aufenthaltsbestimmungspfleger hat keine anderen Beugemittel zu Gebote als diejenigen, die das Gericht nach § 33 FGG anwenden kann (BGH NJW-RR 1986, 1264 unter Aufhebung von OLG Bamberg FamRZ 1985, 1175).

438 Eine andere Frage ist, ob in einem solchen Falle, wenn das Kind sich gegen den Umgang sträubt, die Zwangsvollstreckung auf **Herausgabe des Kindes** zum Zwecke des Umgangs gerichtet und **durch Gewaltanwendung** gegen das Kind durchgeführt werden darf, § 33 Abs 2 FGG. Die ältere Rechtsprechung und Lehre haben das bejaht (Nachw in Vorauflage Rz 121). Heute sind die Ansichten geteilt: Der BGH (NJW-RR 1986, 1264), Ronke (Erman-Ronke Rz 36), Zimmermann (Keidel-Kuntze-Winkler FGG § 33 Rz 34) und Schüler (DGVZ 1980, 97 = ZBlJR 1981, 173, 182, 183) bejahen grundsätzlich die Vollstreckung von Umgangsbeschlüssen gem § 33 Abs 2 FGG. Während Ronke die Gewaltvollstreckung nur mit Einschränkung für zulässig hält, nämlich nur, wenn bei Widerstand des Kindes der **Personensorgeberechtigte** den Einsatz von Zwang und Gewalt gegen das Kind beantragt, und Schüler nur in Ausnahmefällen, etwa, wenn der Sorgeberechtigte sich weigert, das Kind für eine längere Ferienreise herauszugeben, wird bei Zimmermann die Ansicht, zur Vollstreckung einer Umgangsregelung dürfe Gewalt gegen das Kind angewendet werden, nicht näher begründet. Die zur Begründung genannten Entscheidungen betreffen nicht die gewaltsame Durchsetzung des Umgangsrechts, die dort zitierten Autoren Jansen (§ 33 FGG Rz 49) und Nowka (FamRZ 1960, 218) gehören zu den bereits erwähnten Vertretern der älteren Auffassung; allerdings kritisiert Nowka (aaO 219, 220) gerade die Durchsetzung des Umgangsrechts mit Gewalt und fragt, inwieweit eine solche Justiz „mit unseren Begriffen von Menschenwürde vereinbar ist“. In seiner Entscheidung vom 12. 3. 1986 (NJW-RR 1986, 1264) bejaht der BGH die Anwendung von Gewalt zur Erzwingung des Umgangs (zwischen dem Vater und einem 4jährigen Kind!) offenbar als das mildere Mittel im Verhältnis zu der erwogenen Sorgerechtsänderung (da die Mutter seit Jahren hartnäckig den Umgang zwischen Vater und Kind verweigerte und unterlief); dabei hatte der BGH aber wohl vor allem die abschreckende Wirkung der besonderen Verfügung gem § 33 Abs 3 S 3 FGG im Blick, mit der der widerstrebenden Mutter die Anwendung von Gewalt gegen das Kind angedroht werden sollte, und weniger die tatsächliche Gewaltanwendung gegen das Kind, wie die weiteren Ausführungen in der Entscheidung zeigen.

439 Ein Teil des Schrifttums beschäftigt sich mit diesem Problem nicht, für die Vollstreckung von Umgangsregelungen wird allein auf § 33 Abs 1 FGG verwiesen (MünchKomm-Hinz Rz 59; Soergel-Strätz Rz 37; Palandt-Diederichsen Anm 4 c). Sedemund-Treiber (Johannsen-Henrich-Sedemund-Treiber ZPO § 621 Rz 45) und Knöpfel (FamRZ 1985, 1211, 1216 Fn 97) verneinen dagegen die Anwendung von Gewalt gegen das Kind zur Durchsetzung der Umgangsregelung, Sedemund-Treiber gänzlich, Knöpfel in aller Regel. Der letzteren Auffassung ist zuzustimmen: Zwangsmaßnahmen im Rahmen der Vollstreckung dürfen nur gegen

den Elternteil oder die Eltern, auch gegen den Dritten gerichtet werden, der das Kind herausgeben oder das Umgangsrecht gewähren soll. Denn nur diese Personen sind Adressaten der Entscheidung, nicht das Kind. Rechtsinhaber ist bei der Vollstreckung der Umgangsentscheidung der zur Umgangsgewährung Verpflichtete, also der andere Elternteil, die Pflegeeltern und andere Dritte. Deshalb darf gegen das Kind im Rahmen der Vollstreckung einer Entscheidung nach § 1634 Gewalt nicht angewendet werden. Richtet sich der Wille des Kindes gegen den Umgang, so muß dies bei der Grundentscheidung gem § 1634 berücksichtigt werden (s oben Rz 191 ff) und darf nicht der Vollstreckung überlassen werden, um ein Auseinanderfallen von Sachentscheidung und Vollstreckung zu vermeiden. Bleibt das Kind bei seiner schon im Regelungsverfahren anläßlich seiner obligatorischen Anhörung geäußerten Weigerung oder ist diese Ablehnung erst zwischen der Umgangsregelung und der Vollstreckung entstanden, so müssen die Gründe für die Weigerung von Amts wegen, zB durch die auch im Vollstreckungsverfahren nötige Anhörung des Kindes (BayObLG FamRZ 1984, 197) ermittelt und geprüft werden. Erforderlichenfalls muß ein neues Umgangsregelungsverfahren oder ein Sorgerechtsänderungsverfahren in Gang gesetzt werden, was auch von Amts wegen geschehen kann (Schwab Rz 229). Keinesfalls darf der Wille des widerstrebenden Kindes durch dessen gewaltsame Wegnahme vom Sorgeberechtigten gebrochen werden (vgl oben Rz 316 f). Deshalb hilft auch die Verpflichtung des Jugendamtes, nach § 48 c iVm § 52 a JWG Umgangsregelungen des Gerichtes auszuführen, nicht weiter, wenn das Kind sich sträubt. Denn auch das Jugendamt müßte, wenn es diesen Willen brechen wollte, mit Gewalt vorgehen.

10. Rechtsmittel 440

a) Rechtsmittel gegen die Hauptsachenentscheidung

Die familiengerichtliche Endentscheidung zum Umfang und zur näheren Regelung der Umgangsbefugnis unterliegt gem § 621 e Abs 1 ZPO der durch das 1. EheRG geschaffenen befristeten Beschwerde (auch Berufungsbeschwerde genannt), die an die Stelle der einfachen unbefristeten Beschwerde gem § 19 FGG getreten ist. Nach ihrem Wortlaut richtet sich die befristete oder Berufungsbeschwerde gegen (instanzbeendende) Endentscheidungen, dh solche Entscheidungen, die, wenn das Verfahren der ZPO anwendbar wäre, in der Form des Endurteils, § 300 ZPO, ergehen müßten. Keine Endentscheidungen sind Zwischen- oder Nebenentscheidungen und Entscheidungen in Nebenverfahren sowie Beschlüsse des Rechtspflegers.

aa) Befristete Beschwerde (Berufungsbeschwerde) 441

Die befristete Beschwerde unterliegt diversen Besonderheiten. Nach § 621 e Abs 3 ZPO ist sie berufungsähnlich ausgestaltet. Wie in allen der ZPO unterliegenden Verfahren bedarf die angefochtene Endentscheidung keiner Rechtsmittelbelehrung (OLG München FamRZ 1978, 614). Die befristete Beschwerde wird durch Einreichung einer Beschwerdeschrift analog § 518 ZPO bei dem Oberlandesgericht als Beschwerdegericht eingelegt (§§ 119 Abs 1 Nr 2 GVG, 621 e Abs 3 S 1 ZPO, Spezialregelung gegenüber § 21 FGG). Zwar kann die befristete Beschwerde auch beim Familiengericht in zulässiger Weise eingelegt werden, wenn sie nur innerhalb der Beschwerdefrist an das Oberlandesgericht weitergeleitet wird und dort fristgerecht ankommt (BGH NJW 1978, 1165 = MDR 1978, 478 = FamRZ 1978, 232; NJW 1979, 109, 110 = MDR 1979, 213 = FamRZ 1979, 30; NJW 1979, 1989 = MDR 1979, 1006 = FamRZ 1979, 909, 910). Da der Beschwerdeführer auf die

Schnelligkeit der Weiterleitung keinen Einfluß hat, er jedoch das Risiko der rechtzeitigen Weiterleitung trägt (OLG Düsseldorf FamRZ 1986, 192), handelt es sich bei der Einreichung beim Familiengericht um ein riskantes Verfahren, das vermieden werden sollte (Peschel-Gutzeit, Rechtsmittel in Familiensachen, B II 2 2.1 d, 86). Versehentliche Adressierung an das Landgericht schadet nicht, wenn die Beschwerdeschrift beim OLG abgegeben wird (BGH VersR 1981, 1182 = FamRZ 1982, 262).

442 Die befristete Beschwerde wird durch Einreichung einer Beschwerdeschrift eingelegt. Anwaltszwang besteht nicht, § 78 Abs 2 Nr 3 ZPO, so daß die Schrift von keinem Rechtsanwalt unterschrieben zu sein braucht. Es genügt auch die Einlegung zu gerichtlichem Protokoll (Zöller-Philippi § 621 e Rz 18; Johannsen-Henrich-Sedemund-Treiber § 621 e Rz 14 mwN). Die befristete Beschwerde ist innerhalb einer **Notfrist von einem Monat** einzulegen, die von der Zustellung der in vollständiger Form abgefaßten Entscheidung an läuft, § 516 ZPO. Wird die Entscheidung verkündet, aber nicht zugestellt, so beginnt die Frist entsprechend § 516 ZPO mit dem Ablauf von fünf Monaten nach der Verkündung (OLG Zweibrücken FamRZ 1986, 377). Gegen die Versäumung der Beschwerdefrist besteht die Wiedereinsetzungsmöglichkeit entsprechend § 233 ZPO, nicht gem § 22 Abs 2 FGG (BGH NJW 1979, 109, 110 = MDR 1979, 213 = FamRZ 1979, 30, 31; FamRZ 1980, 347; Zöller-Philippi § 621 a Rz 37 aE; Johannsen-Henrich-Sedemund-Treiber ZPO § 621 e Rz 13 aE; Peschel-Gutzeit, Rechtsmittel, B II 2 e).

443 Die befristete Beschwerde muß innerhalb eines Monats ab Einlegung begründet werden, § 519 Abs 2 ZPO. Diese Frist kann entsprechend § 519 Abs 2 ZPO verlängert werden. Da § 621 e Abs 3 ZPO nicht auf § 519 Abs 3 ZPO verweist, sind nicht dieselben strengen Anforderungen an die Beschwerdebegründung zu stellen wie an eine Berufungsbegründung. Insbesondere braucht die Beschwerdeschrift keine Anträge zu enthalten (BGH NJW 1979, 1989 = MDR 1979, 1006 = FamRZ 1984, 990, 991), was in dem Umgangsregelungsverfahren als Amtsverfahren ohnehin ausscheidet. Immerhin muß die Beschwerdebegründung erkennen lassen, aus welchen Gründen die angefochtene Entscheidung für unrichtig gehalten wird (OLG Karlsruhe FamRZ 1982, 347) oder was der Beschwerdeführer an ihr mißbilligt und was geändert werden soll (KG FamRZ 1978, 729). Die Beschwerde kann auf neue Tatsachen gestützt werden. Wegen des auch im Beschwerdeverfahren herrschenden Amtsermittlungsgrundsatzes, § 12 FGG, kommt eine Zurückweisung neuen Vorbringens als verspätet nicht in Betracht, § 527 ZPO gilt nicht (OLG München FamRZ 1985, 79). Allerdings darf in der Beschwerdeinstanz ein neuer, mit dem Gegenstand erster Instanz nicht kongruenter Verfahrensgegenstand nicht eingeführt werden. So kann im Umgangsregelungsverfahren nicht in zweiter Instanz erstmals die Abänderung der bestehenden Sorgerechtsregelung begehrt werden; das kann auch nicht hilfsweise geschehen. Hat dagegen das Familiengericht über die Regelung der elterlichen Sorge entschieden und einigen sich die Eltern in der Beschwerdeinstanz sowohl über das Sorge- als auch über das Umgangsrecht und billigt das Beschwerdegericht diese Einigung durch eine eigene Entscheidung, so ist diese Erweiterung des Verfahrensgegenstandes im zweiten Rechtszug zulässig (OLG Stuttgart FamRZ 1981, 1105; Johannsen-Henrich-Sedemund-Treiber ZPO § 621 e Rz 17, **str; aA:** BayObLGZ 1968, 164 = NJW 1968, 1726 [LS] = MDR 1968, 850 [LS] = FamRZ 1968, 663; OLG Hamm FamRZ 1980, 488; kritisch Zöller-Philippi § 621 e Rz 22).

444 **bb) Beschwerdeberechtigung**

Beschwerdeberechtigt ist derjenige, in dessen Rechte durch die angefochtene Entscheidung unmittelbar eingegriffen wird, § 20 FGG; der Beschwerte braucht nicht zuvor förmlich am Verfahren beteiligt gewesen zu sein (BGH NJW 1980, 2418 = MDR 1980, 1011 = FamRZ 1980, 989, 990). Beschwerdeberechtigt können hiernach die Eltern, das über 14 Jahre alte Kind (§ 59 FGG) und das Jugendamt (§ 64 k Abs 3 S 3 FGG) sein. An die befristete Beschwerde können sich andere Beteiligte selbständig oder unselbständig anschließen (BGHZ 86, 51, 53 mwN = FamRZ 1983, 154; stRspr). So kann etwa, wenn ein Elternteil mit der Umgangsregelung der ersten Instanz nicht einverstanden ist und deshalb Beschwerde einlegt, der andere Elternteil im zweiten Rechtszuge sich dieser Beschwerde anschließen und nunmehr den Ausschluß des Umgangsrechts begehren. Die Anschließung geschieht schriftlich oder zu gerichtlichem Protokoll. Eine Abhilfemöglichkeit des Familiengerichts besteht nicht, § 18 FGG gilt nicht. Nur das Oberlandesgericht kann entsprechend § 24 Abs 3 FGG die Aussetzung der Vollziehung anordnen, § 24 Abs 2 FGG gilt nicht.

cc) Gang des Beschwerdeverfahrens 445

Die Überprüfung durch das Beschwerdegericht geht grundsätzlich nur so weit, wie die Erstentscheidung angefochten worden ist. Das gilt auch im Amtsverfahren. Eine Bindung des Beschwerdegerichts an „Anträge" besteht nicht. Hat zB das Familiengericht den Umgang in einer bestimmten Weise geregelt, mit der der Beschwerdeführer nicht einverstanden ist, und erstrebt er im zweiten Rechtszug ein erweitertes Umgangsrecht, so kann das Oberlandesgericht von der Entscheidung des Familiengerichts abweichen und nunmehr den Umgang gem § 1634 Abs 2 S 2 gänzlich ausschließen, wenn es die gesetzlichen Voraussetzungen für erfüllt hält. Dies folgt daraus, daß auch in der Beschwerdeinstanz das Kindeswohl in erster Linie maßgeblich ist. Deshalb gilt auch **nicht** das **Verschlechterungsverbot** (Verbot der reformatio in peius). Denn anders könnte das Ziel, die Entscheidung stets am Wohl des Kindes auszurichten, nicht erreicht werden (BGHZ 85, 180, 181 = NJW 1983, 173, 174 = FamRZ 1983, 44, 46; OLG Hamburg FamRZ 1988, 1316; Zöller-Philippi § 621 e Rz 30 u 36; Johannsen-Henrich-Sedemund-Treiber ZPO § 621 e Rz 19; Keidel-Kuntze-Winkler FGG § 19 Rz 120). In Umgangsregelungsverfahren gem § 1634 ist deshalb die Verschlechterung in der zweiten Instanz für unzulässig erachtet worden (BayObLGZ 1966, 102 = NJW 1966, 1322 = MDR 1966, 760 = FamRZ 1966, 453 = Rpfleger 1967, 180; OLG Köln OLGZ 1966, 76; OLG Hamm ZBlJR 1967, 314, 315; KG OLGZ 1969, 62 = NJW 1969, 436 = FamRZ 1968, 664).

Auch im Beschwerdeverfahren gilt die **Anhörungspflicht** gem §§ 50 a f FGG; das 446
Jugendamt ist erneut zu hören, § 48 a Abs 1 Nr 4 JWG. Eine erneute persönliche Anhörung der Eltern ist allerdings nicht erforderlich, wenn die Anhörung zur Sachaufklärung nichts beitragen kann. Soweit es die Anhörung von Kindern angeht, wird diese Einschränkung nur selten zu bejahen sein. Denn erfahrungsgemäß ändern sich die Verhältnisse vor allem bei kleineren Kindern wegen deren raschen Entwicklungsprozesses sehr schnell. Von einer Anhörung des Kindes kann deshalb das Beschwerdegericht nur unter den Voraussetzungen des § 50 b Abs 3 FGG absehen (BGH NJW 1987, 1024 = FamRZ 1986, 895; BayObLG FamRZ 1984, 196, FamRZ 1984, 933; OLG Zweibrücken FamRZ 1986, 1037; Johannsen-Henrich-Sedemund-Treiber FGG § 50 b Rz 17 mwN).

dd) Entscheidung 447

Die Entscheidung des Beschwerdegerichts kann die Zurückweisung oder Verwerfung des Rechtsmittels, die Änderung der angefochtenen Entscheidung oder deren Aufhebung und Zurückverweisung zum Inhalt haben. Daß das Oberlandesgericht auch aufheben und zurückverweisen kann, ergibt sich zwar weder aus § 621 e ZPO noch aus § 621 a ZPO, ist aber allgemein anerkannt (BGH FamRZ 1982, 152); die

Aufhebung und Zurückverweisung muß aber durch besondere Gründe gerechtfertigt sein. Zurückverweisungsgründe sind: wesentliche Verfahrensmängel analog § 539 ZPO, die aus der materiellrechtlichen Sicht des Erstrichters zu beurteilen sind. Hierher gehören vor allem die ungenügende Sachaufklärung, die Verletzung rechtlichen Gehörs, die Unterlassung der Anhörung von Eltern und Kindern, die Nichtanhörung des Jugendamtes, die lückenhafte oder fehlende Begründung der Erstentscheidung. Häufig können diese Mängel aber im Beschwerdeverfahren geheilt werden. In solchen Fällen kann das Beschwerdegericht von der Zurückverweisung absehen, § 540 ZPO, und selbst entscheiden.

Das Beschwerdegericht kann während des Laufens des Beschwerdeverfahrens einstweilige Anordnungen gem § 24 Abs 3 FGG treffen.

448 **b) Rechtsmittel gegen eine vorläufige (einstweilige) Anordnung**

Als verfahrensrechtliche Zwischenentscheidung unterliegt die vAO gem § 621 a Abs 1 S 1 ZPO den allgemeinen Vorschriften der freiwilligen Gerichtsbarkeit, mithin der einfachen unbefristeten Beschwerde gem § 19 FGG, denn die §§ 621 ff ZPO enthalten keine Sonderregelung*. Eine Beschränkung der Beschwerde gem § 620 c ZPO kommt nicht in Betracht (BGHZ 72, 169 = LM § 621 e Nr 7 ZPO = NJW 1979, 39 = JZ 79, 271 m Anm Baumgärtel = FamRZ 1978, 886; KG FamRZ 1978, 269). Auch über diese einfache Beschwerde entscheidet das Oberlandesgericht, § 119 Abs 1 Nr 2 GVG.

449 **c) Rechtsmittel gegen Entscheidungen des Vormundschaftsgerichts**

aa) Entscheidungen des Vormundschaftsrichters

Hat der Vormundschaftsrichter den Umgang geregelt, zB zwischen Kind und Großeltern (§ 1666), zwischen leiblichen Eltern und dem Kind, das in Familienpflege lebt (§ 1632 Abs 4) oder dessen Adoptionsverhältnis aufgehoben ist (1764 Abs 4), zwischen der Mutter und ihrem durch Legitimation ehelich gewordenen Kind (§§ 1723, 1736, 1738), so findet gegen seine Entscheidung die einfache unbefristete Beschwerde nach § 19 Abs 1 FGG statt. Über die Beschwerde entscheidet das Landgericht (§§ 19 Abs 2 FGG, 72 GVG). Zur Beschwerde berechtigt sind hier neben den Eltern, dem über 14 Jahre alten Kind und dem Jugendamt ua die **Pflegeeltern**** sowie die **Großeltern** gem § 57 Abs 1 Nr 8 FGG (Keidel-Kuntze-Winkler § 57 Rz 38, vgl auch OLG Hamm JMBlNRW 1962, 189).

450 **bb) Entscheidungen des Rechtspflegers**

Hat dieser gem § 1634 Abs 3 über das Auskunftsbegehren entschieden (zur Kritik über diese verfahrensrechtliche Aufspaltung vgl oben Rz 82 f, 89 f), so ist hiergegen die sofortige Erinnerung nach § 11 Abs 1 S 2 RPflG, § 22 Abs 1 FGG gegeben (Zöller-Philippi ZPO § 621 e Rz 11 mwN; Johannsen-Henrich-Sedemund-Treiber ZPO § 621 e Rz 5; MünchKomm-Hinz Rz 58 aE).

---

* BGHZ 72, 169 = LM § 621 e ZPO Nr 7 = NJW 1979, 39 = JZ 1979, 271 m Anm Baumgärtel = FamRZ 1978, 886; OLG Köln FamRZ 1978, 530, 533 mwN; KG FamRZ 1979, 859; OLG Bamberg FamRZ 1981, 1094; Keidel-Kuntze-Winkler § 19 Rz 31, § 64 k Rz 55; Bassenge-Herbst § 25 Anm 4; Göppinger AcP 169 (1969) 513, 534.

** BayObLG FamRZ 1976, 163, 165; FamRZ 1977, 473, 474; OLG Frankfurt OLGZ 1978, 394, 395; FamRZ 1980, 826, 827; FamRZ 1980, 826; BayObLGZ 1984, 98 = NJW 1984, 2168 = MDR 1984, 668 = FamRZ 1984, 817 = ZBlJR 1984, 373 = DAVorm 1984, 1036 (LS); **aA:** OLG Bamberg FamRZ 1985, 524: kein Beschwerderecht der Pflegeeltern, wenn die elterliche Sorge einem Vormund übertragen ist.

d) Rechtsmittel gegen Vollstreckungsentscheidungen 451

Die **Androhung** von Zwangsgeld ist als bloße Zwischenentscheidung mit der unbefristeten Beschwerde gem § 19 Abs 1 FGG anfechtbar (BGH NJW 1979, 820 = FamRZ 1979, 224; FamRZ 1979, 696; Z 88, 113 = NJW 1983, 2775 = FamRZ 1983, 1008 = IPRAX 1984, 323; OLG Stuttgart FamRZ 1978, 192; FamRZ 1979, 342; OLG Bamberg FamRZ 1979, 859 [LS], anders noch JurBüro 1978, 136; OLG München FamRZ 1979, 1047; OLG Frankfurt FamRZ 1988, 1315; OLG Karlsruhe FamRZ 1988, 1196; **aA:** OLG Düsseldorf FamRZ 1979, 966). Dasselbe gilt bei der Ablehnung einer Androhung (OLG Karlsruhe OLGZ 1981, 133 = FamRZ 1981, 203 = Justiz 1981, 84).

Die **Festsetzung** von Zwangsgeld und andere Vollstreckungsentscheidungen sind 452
nicht Teil des Umgangsregelungsverfahrens, sondern selbständige Verfahren (vgl oben 430f). Die Zwangsgeldfestsetzung ist Endentscheidung jenes Vollstreckungsverfahrens, aber keine Endentscheidung iSv § 621 e Abs 1 ZPO. Denn diese Norm erfaßt nur solche instanzbeendenden Endentscheidungen, die, falls das ZPO-Verfahren anwendbar wäre, in Urteilsform ergehen würden. Die Festsetzung von Zwangsgeld unterliegt deshalb der einfachen unbefristeten Beschwerde nach § 19 FGG*. Ebenso ist die einfache Beschwerde gegeben gegen die Ablehnung eines Festsetzungsgesuches sowie bei Vollziehung der Anordnung (OLG München FamRZ 1979, 1047; OLG Karlsruhe OLGZ 1981, 133 = FamRZ 1981, 203 = Justiz 1981, 84).

e) Weitere Beschwerde 453

Gegen Endentscheidungen in Umgangsregelungen, die Familiensachen sind, ist die weitere Beschwerde zum BGH statthaft, § 621 e Abs 2 S 1 ZPO, wenn sie zugelassen ist. Ohne Zulassung ist die weitere Beschwerde zulässig, wenn das Oberlandesgericht die Beschwerde als unzulässig verworfen hat. Nicht jede Zulassung macht jedoch die weitere Beschwerde zulässig: Wenn es sich in Wahrheit nicht um eine urteilsähnliche Endentscheidung, sondern um eine Zwischenentscheidung handelt, so bleibt es trotz Zulassung bei der Unanfechtbarkeit der Zwischenentscheidung (zuletzt BGH NJW 1984, 2364 = FamRZ 1984, 669). Für die weitere Beschwerde besteht **Anwaltszwang,** § 78 Abs 2 Nr 3 ZPO. Zu diesem Zweck kann auch ein über 14 Jahre altes Kind einem Anwalt Vollmacht erteilen, § 59 FGG (BayObLG MDR 1985, 765 = FamRZ 1985, 737, 738). Neben- und Zwischenentscheidungen des Familiengerichts unterliegen dagegen nicht der weiteren Beschwerde (BGHZ 72, 169 = LM § 621 e ZPO Nr 7 = NJW 1979, 39 = JZ 1979, 271 m Anm Baumgärtel = FamRZ 1978, 886; NJW 1979, 820 = FamRZ 1979, 224; FamRZ 1979, 696; Z 88, 113 = NJW 1983, 2775 = FamRZ 1983, 1008 = IPRAX 1984, 323; KG FamRZ 1978, 269). Hat das Landgericht über Entscheidungen des Vormundschaftsgerichts entschieden, so richtet sich die weitere Beschwerde nach § 27 FGG; sie ist von einer Zulassung nicht abhängig.

* BGH FamRZ 1981, 25; Z 88, 113 = NJW 1983, 2775 = FamRZ 1983, 1008 = IPRAX 1984, 323; OLG München FamRZ 1977, 824; OLG Frankfurt FamRZ 1979, 75; KG (18. Zivilsenat) FamRZ 1979, 76; OLG Bamberg FamRZ 1979, 859 (LS) unter Aufgabe von JurBüro 1978, 136; FRES 1, 93; OLG Frankfurt FamRZ 1983, 217, 218; MünchKomm-Hinz Rz 52; Soergel-Strätz Rz 37; Palandt-Diederichsen Anm 4 d; Keidel-Kuntze-Winkler FGG § 33 Rz 26 **str; aA:** (Berufungsbeschwerde gem § 621 e ZPO) im wesentlichen ältere Entscheidungen, BayObLGZ 1977, 219 = MDR 1977, 1021 = FamRZ 1977, 736, 739 = Rpfleger 1977, 371; OLG Köln FamRZ 1977, 735; OLG Koblenz FamRZ 1977, 736 (LS); KG (15. Zivilsenat) FamRZ 1978, 440; OLG Bamberg JurBüro 1978, 136; OLG Hamm FamRZ 1980, 481; **offen:** OLG Zweibrücken FamRZ 1984, 508.

II. Umgangsregelung im Verbundverfahren

454 **1. Gegenstand**

Während die Ehesache anhängig ist, kann in jenem Verfahren die Umgangsregelung in zweifacher Weise anhängig gemacht werden: sie kann ausschließlich begehrt werden für den Fall der rechtskräftigen Scheidung. Dann ist sie **Folgesache** (§ 623 Abs 1 S 1 ZPO). Sie kann aber auch als vorläufige schnelle Regelung sogleich, also nicht erst für den Fall der rechtskräftigen Scheidung verlangt werden. Diese Regelung geschieht durch **einstweilige Anordnung** (§ 620 S 1 Nr 2 ZPO). Auch eine solche Anordnung kann Wirkung für die Zeit nach rechtskräftiger Scheidung entfalten. Denn sie tritt erst beim Wirksamwerden einer anderweitigen Regelung außer Kraft (§ 620f Abs 1 S 1 ZPO).

455 **2. Zuständigkeit**

Für beide Arten von Entscheidungen ist das Gericht ausschließlich zuständig, bei dem die Ehesache im ersten Rechtszuge anhängig ist (§ 621 Abs 2 S 1 iVm § 606 ZPO). Wird eine Ehesache rechtshängig, während zB ein isoliertes Umgangsregelungsverfahren bei einem anderen Gericht im ersten Rechtszug anhängig ist, so ist dieses Verfahren von Amts wegen an das Gericht der Ehesache abzugeben (§ 621 Abs 3 S 1 ZPO; § 64 k Abs 2 S 1 FGG). Bei dieser Abgabe ist besonders darauf zu achten, daß das vorher anhängig gemachte isolierte Umgangsregelungsverfahren als solches erhalten bleibt, wenn dies gewollt ist.

456 **3. Verfahrensart und Verfahrenseinleitung**

Anders als bei der Regelung der elterlichen Sorge für den Fall der rechtskräftigen Scheidung handelt es sich bei der Umgangsregelung nicht um einen sogenannten **Zwangsverbund:** Dh eine Regelung des persönlichen Umgangs mit dem Kinde soll nur ergehen, wenn ein Ehegatte dies anregt (§ 623 Abs 3 S 2 ZPO). Diese gesetzliche Regelung führt dazu, daß Umgangsregelungssachen im allgemeinen nicht als Verbundsachen anhängig gemacht werden. Bei einer einverständlichen Scheidung nach § 1565 iVm § 1566 Abs 1 muß die Antragsschrift den übereinstimmenden Vorschlag der Ehegatten über die Regelung des persönlichen Umgangs des nicht sorgeberechtigten Elternteils mit dem Kinde enthalten (§ 630 Abs 1 Nr 2 ZPO). In diesem übereinstimmenden Elternvorschlag liegt noch nicht die Anregung zur Einleitung des Umgangsregelungsverfahrens im Verbund (vgl oben Rz 167ff).

Wird die Umgangsregelung für den Fall der rechtskräftigen Scheidung begehrt, also als **Folgesache** geführt, so hat dies folgende Auswirkungen: Es besteht auch insoweit **Anwaltszwang** (§ 78 Abs 2 ZPO); die Umgangsregelungssache ist, wie alle Folgesachen, keine Feriensache (§ 200 Abs 1 Nr 5 b GVG); die vorläufige Regelungsmöglichkeit folgt für die Folgesache allein aus § 620 ZPO (**einstweilige Anordnung**); wegen der Anfechtungsmöglichkeit und Kostenfolge s unten Rz 463ff.

457 **4. Beteiligte**

Materiell Beteiligte sind, wie im isolierten Umgangsregelungsverfahren, die Eltern, das Kind und das Jugendamt, formell Beteiligte sind die Eltern und das über 14 Jahre alte Kind (s oben Rz 389f).

5. Gang des Verfahrens 458

Wird die Umgangsregelung als Folgesache betrieben, so gilt das oben (Rz 394 f) beschriebene Verfahren; insbesondere gilt die Amtsermittlungspflicht des Familiengerichts, § 12 FGG, die Anhörungspflicht gem § 50 a und 50 b FGG; das Jugendamt ist zu hören, § 48 a Abs 1 Nr 4 JWG.

Als Besonderheit kommt in Betracht, daß das Familiengericht die Folgesache Umgangsregelung **abtrennen** kann: Es kann also dem Scheidungsantrag vor der Entscheidung über die Umgangsregelung stattgeben, soweit die Voraussetzungen des § 628 ZPO erfüllt sind. Das Familiengericht trifft in einem solchen Falle nicht gleichzeitig mit dem Scheidungsurteil eine einstweilige Anordnung über die Umgangsregelung von Amts wegen; § 628 Abs 2 ZPO betrifft nur die Regelung der elterlichen Sorge. Jedoch kann der Umgang, wenn dessen Regelung als Folgesache abgetrennt ist, auf Antrag durch einstweilige Anordnung vorläufig geregelt werden.

6. Entscheidung 459

Wird dem Scheidungsantrag stattgegeben und gleichzeitig über die Umgangsregelung entschieden, so ergeht die Entscheidung einheitlich durch Urteil, das sogenannte **Verbund-Urteil** (§ 629 Abs 1 ZPO). Ist dagegen die Ehe vorab geschieden und das Umgangsregelungsverfahren abgetrennt (§ 628 ZPO), so wird über die Folgesache Umgangsregelung durch Beschluß entschieden. Die **Kosten** der Folgesache Umgangsregelung richten sich nach § 93 a ZPO, auch dann, wenn über die Scheidung nach § 628 ZPO vorab entschieden ist (§ 93 a Abs 1 HS 2 ZPO). Hiernach gilt der Grundsatz, daß die Kosten des gesamten Verbundes gegeneinander aufzuheben sind. Unter diese Regelung fallen auch die Auslagen (insbesondere die durch die gerichtlich angeordnete Einholung eines Sachverständigengutachtens entstandenen Kosten) als notwendige Kosten des Rechtsstreits (§ 91 ZPO). Der Wert der Umgangsregelung als Scheidungsfolgesache beträgt 1500 DM (§ 12 Abs 2 S 3 GKG), und zwar unabhängig davon, wieviele Kinder von der Umgangsregelung betroffen sind (§ 19 a S 2 GKG). Die Scheidungssache und die Folgesache Umgangsregelung gilt als ein Verfahren, dessen Wert nach dem zusammengerechneten Wert der Gegenstände zu berechnen ist (§ 19 a S 1 GKG). Wegen dieser, im Vergleich zum isolierten Umgangsregelungsverfahren kostengünstigeren Ausgestaltung und wegen der risikolosen Regelung in bezug auf die Erstattung von Auslagen und Sachverständigenkosten kann daher Anlaß bestehen, zu erwägen, die Umgangsregelung als Folgesache anhängig zu machen, wenn mit der Entstehung von Sachverständigenkosten zu rechnen ist. Machen die Eheleute die Umgangsregelung als Folgesache anhängig, sind sie nicht gehindert, dennoch in einem isolierten Verfahren die Regelung des Umgangs zu begehren (vgl oben Rz 427 f).

Die Entscheidung über die Folgesache Umgangsregelung wird mit der Rechtskraft 460
des Scheidungsausspruches wirksam (§ 629 d ZPO). Dabei ist zu beachten, daß diese Entscheidung aufgrund des neu geregelten § 629 a Abs 3 ZPO häufig unbemerkt früh rechtskräftig wird, nämlich nach Ablauf der Anschlußberufungsfrist, wenn nur ein anderer oder andere Teile des Verbundurteils angegriffen sind.

7. Einstweilige Anordnung 461

Das Gericht kann im Wege der einstweiligen Anordnung den Umgang eines Elternteils mit dem Kinde auf Antrag regeln (§ 620 S 1 Nr 2 ZPO). Der Antrag ist zulässig, sobald die Ehesache anhängig oder ein Antrag auf Bewilligung der Prozeßkostenhilfe eingereicht ist. Der Antrag kann zu Protokoll der Geschäftsstelle erklärt werden (§ 620 a Abs 2 S 1 und 2 ZPO). Die einstweilige Anordnung ergeht durch Beschluß (§ 620 a Abs 1 ZPO), den das Gericht auf Antrag aufheben oder ändern kann (§ 620 b Abs 1 S 1 ZPO). Die Änderung kann das Familiengericht auch von Amts wegen vornehmen, wenn die einstweilige Anordnung ohne vorherige Anhörung des Jugendamts erlassen worden ist (§ 620 b Abs 1 S 2 ZPO). Die in dem Verfahren der einstweiligen Anordnung entstehenden Kosten gelten als Teil der Kosten der Hauptsache (§ 620 g ZPO).

462 **8. Vollstreckung**

Sowohl die Entscheidung über den Umgang als Folgesache als auch durch einstweilige Anordnung wird nach § 33 FGG vollzogen (BGHZ 88, 113 = NJW 1983, 2775 = FamRZ 1983, 1008, 1010 = IPRAX 1984, 323). Durch das UÄndG ist mit Wirkung ab 1. 4. 1986 die bis dahin strittige Frage, wonach sich die Vollstreckung der einstweiligen Sorge- und Umgangsregelungen gem § 620 ZPO richtet (nach dem Zwangsvollstreckungsrecht der ZPO oder nach § 33 FGG), eindeutig im letzteren Sinne entschieden (Zöller-Philippi § 620 a Rz 34; Palandt-Diederichsen Anm 4 a; Diederichsen NJW 1986, 1462, 1566; Sedemund-Treiber FamRZ 1986, 209, 214).

463 **9. Beschwerde**

a) Beschwerde gegen die Hauptsachenentscheidung

Die Entscheidung in der Folgesache Umgangsregelung wird mit der befristeten Beschwerde entsprechend § 621 e ZPO angefochten (§ 629 a Abs 2 S 1 ZPO). Wird dagegen das gesamte Verbundurteil angegriffen oder werden mit der Umgangsregelung Folgesachen nach § 621 Abs 1 Nr 4, 5 oder 8 ZPO (Unterhalt und Güterrecht) angefochten, so geschieht dies einheitlich durch Einlegung der Berufung (§ 629 a Abs 2 S 2 ZPO).

464 **b) Beschwerde gegen einstweilige Anordnungen**

Eine Beschwerde gegen die durch einstweilige Anordnung vorgenommene Umgangsregelung findet **nicht** statt, § 620 c S 2 ZPO. Die Unanfechtbarkeit der einstweiligen Umgangsregelung ist verfassungskonform (BVerfG NJW 1980, 386 [LS] = FamRZ 1980, 232 [LS]; OLG Saarbrücken FamRZ 1986, 182; OLG Hamburg FamRZ 1987, 497). Ausnahmen von dem Anfechtungsverbot werden zugelassen, wenn die Verfahrensvoraussetzungen für den Erlaß einer einstweiligen Anordnung gefehlt haben, nicht aber schon bei Verfahrensmängeln, etwa fehlender Anhörung, wohl aber bei mangelnder anwaltlicher Vertretung (OLG Zweibrücken FamRZ 1980, 386; OLG Hamm FamRZ 1982, 1094) oder bei Verletzung des rechtlichen Gehörs (BGH MDR 1986, 222 = FamRZ 1986, 150; OLG Frankfurt FamRZ 1986, 183, 184, **str**). Im übrigen wird es bei einstweiligen Umgangsregelungen kaum je „mit dem geltenden Recht schlechthin unvereinbare Entscheidungen" (BGH MDR 1986, 222 = FamRZ 1986, 150) geben, die zur Zulassung einer außerordentlichen Beschwerde führen müßten. Denn wenn die Eltern oder ein Elternteil mit der Entscheidung des Familiengerichts im Verfahren der einstweiligen Anordnung nicht einverstanden sind, so können sie jederzeit ein isoliertes Umgangsregelungsverfahren anhängig machen, das neben der Ehesache zulässig bleibt (vgl oben Rz 427 f). Wird eine unstatthafte Beschwerde gegen die einstweilige Umgangsregelung eingelegt, so ist diese in einen Antrag auf mündliche Verhandlung gem § 620 b Abs 2 ZPO umzudeuten (OLG Stuttgart NJW 1978, 279 = FamRZ 1978, 141).

10. Konkurrenzen

465

Ist die Umgangsregelung als Folgesache anhängig gemacht worden, so bleibt daneben ein isoliertes Umgangsregelungsverfahren zulässig. Umgekehrt kann eine Umgangsregelung auch dann noch als Folgesache beantragt werden, wenn gleichzeitig ein isoliertes Umgangsregelungsverfahren anhängig ist. Auch einstweilige Anordnungen im Scheidungsverfahren hindern nicht die Beantragung vorläufiger Anordnungen im isolierten Umgangsregelungsverfahren. Zu den Einzelheiten der Konkurrenzen vgl oben Rz 427f.